ARMEER
ASIEN
OPA
PAZIFISCHER
OZEAN
ERIKA
INDONESIEN
Diego Garcia
(Chagos-Archipel)
Nosse Bé
Bali
Timor
(Arafurasee)
Salomonen
INDISCHER
OZEAN
MADAGASKAR
Torresstraße
Louisiade-
Archipel
Neue Hebriden
Suva
(Fidschi)
Mozambique
AUSTRALIEN
NEUSEELAND
TARKTIS

Schenk 80 000 Meilen und Kap Hoorn

Bobby Schenk

80 000 MEILEN UND KAP HOORN

Ein Seglerleben

Delius Klasing Verlag

4. Auflage

ISBN 3-7688-0522-0

Printed in Germany 1986

Fotos: Bobby Schenk
Graf. Gestaltung: Siegfried Berning
Gesamtherstellung: May & Co., Darmstadt

Vorwort

Dies ist ein persönliches Buch. Es berichtet vom Leben auf dem Wasser und unseren Reisen rund um den Globus.

Darüber hinaus möchte ich dem Leser einen Einblick gewähren in die internationale Szene jener Yachtleute, die mit ihren winzigen schwimmenden Untersätzen mit Windeskraft die Weltmeere bezwingen - wie einst die großen Entdecker.

Die Yachties haben eine besondere Art zu segeln und zu leben. Daran soll der Leser teilhaben.

Weiter will das Buch diejenigen ermutigen, die glauben, aus Geldmangel, anderweitigen Verpflichtungen oder gesundheitlichen Gründen auf bestimmte Bereiche des Lebens verzichten zu müssen. Sie werden sehen, daß Menschen mit dem anderen Lebensstil, von denen in diesem Buch die Rede ist, keineswegs solche reichen, sorgenlosen und gesundheitsstrotzenden Typen sind, zu denen sie in den Medien häufig hochstilisiert werden. Trotzdem konnten sie den Traum von der letzten Freiheit verwirklichen.

Schließlich möchte ich ungeschminkt die negativen Seiten des Blauwassersegelns aufzeigen - wo gibt es solche nicht. Dem einen oder dem anderen, der mit seinem Schicksal im engen Deutschland hadert, kann ich damit vielleicht etwas Zufriedenheit zurückgeben.

Alle geschilderten Begebenheiten sind wahr. Es kann aber nicht Sinn eines solchen Berichtes sein, Menschen zu kränken. Deshalb habe ich einige Personen durch Namensänderung unkenntlich gemacht.

Ich danke Maria-Theresa Hruschka-Jäger für ihre Mitarbeit und Karl Heinrich Markert, ohne dessen selbstlosen Einsatz mein Buch in dieser Form nicht entstanden wäre.

Bobby Schenk

Inhalt

Bayerische Seemannschaft

Um was ich die „Nordlichter“ wirklich beneide, ist ihr Zugang zum Meer. Wie schön müßte es sein, quasi vor der Haustüre ein Segelschiff liegen zu haben und, wann immer man will, die Segel zu setzen, um hinaus auf die Weltmeere zu gleiten.

„Unser“ Meer hingegen ist das Mittelmeer, weit jenseits der Alpen. Wenn ich gefragt werde, wie wir zum Segeln gekommen sind, kann ich leider nicht sagen: „Ich bin am Wasser aufgewachsen, und soweit ich zurückdenken kann, verbrachten meine Eltern und ich den Urlaub auf den hölzernen Planken eines Segelschiffs.“ Nein, meine erste Begegnung mit einem „Schiff“ (an das großartige Wort „Yacht“ kann ich mich immer noch nicht gewöhnen) fand auf einem bayerischen See statt, dem Chiemsee. Ich war zwölf oder dreizehn Jahre alt.

Mein Spezi Manni und ich mieteten uns bei einem Bootsverleih einen Chiemsee-Schratz'n, und weil offensichtlich das Wetter gar so schön war, dachte sich der Bootsverleiher nichts dabei, uns Lausbuben ein Boot anzuvertrauen. Ich kann mich noch gut erinnern, daß er vorsichtshalber das Vorsegel, die Fock, nicht mitgab, was unsere Begeisterung leicht dämpfte, weil wir meinten, ein richtiges Schiff müsse natürlich unbedingt zwei Segel haben. Manni und ich setzten uns unter das killende Großsegel, Herr Grünäugel gab uns einen leichten Schubs, und los ging's.

Bald hatten wir heraus, daß man mit einem Segelboot nicht einfach in eine beliebige Richtung fahren kann, sondern daß die Windrichtung bestimmt, welches Ziel leicht und welches nur mit Mühe zu erreichen ist. Aber es machte uns einen Riesenspaß, quer zum Wind auf und ab zu fahren.

Ohne daß es uns jemand gezeigt hätte, fanden wir gleich heraus, wie man mit so einem Boot eine Wende fährt, also durch den Wind dreht, und auf der anderen Seite in die entgegengesetzte Richtung weitersegelt. Wir hatten ja kein Vorsegel dabei, und so mußte an den Segeln nichts bedient werden.

Als die 60 Minuten abgelaufen waren und wir wegen unserem beschränkten Taschengeld den Schratz'n zum Bootsverleih Grünäugl zurückbringen mußten, stellten wir fest, daß die Segelei doch nicht so ganz einfach und problemlos war, wie uns die abgelaufene Stunde vorgegaukelt hatte. Ich saß am Ruder, während Manni auf dem Vorschiff mit der Festmacheleine darauf wartete, daß der Schratz auch schön am Steg anhalten würde.

Als wir mit reichlich Raumschotsfahrt den Kopf des Steges erreicht hatten, wurde mir zum erstenmal im Leben klar, daß ein Segelschiff über keine Bremse verfügt und das Abstoppen eines Schiffes schon eine gewisse Segelfertigkeit verlangt hätte. Als die ersten Pfähle an uns vorbeirauschten, das Ufer urplötzlich nahekam, merkte das auch Manni. Ich hatte gerade noch Zeit, ihm zuzurufen, daß er das „Seil" einfach um einen Stempen wickeln solle, als auch schon der letzte Pfahl auf uns zukam. Eben noch rechtzeitig, bevor sich der Bug des schönen Chiemsee-Schratz'n in die Uferböschung gebohrt hätte, gelang es Manni, die Schlinge über den Pfahl zu werfen. Das hatten wir beim Cowboyspielen gelernt.

Unser schwimmender Untersatz wurde schlagartig abgestoppt, und Manni verschwand kopfüber im frühjahrskalten Chiemsee. Ich war von meiner ersten Segelpartie sehr begeistert, im Gegensatz zu meinem Freund, der schlotternd vor Kälte mit mir die 60 Kilometer lange Heimfahrt auf dem Fahrrad antrat. Vielleicht ist auf Grund dieses Erlebnisses in Manni die Liebe zur See erloschen.

Keineswegs aber gab dieses Erlebnis den Anstoß, mich nunmehr ganz intensiv der Segelei zuzuwenden. Das war schon vom Taschengeld her nicht drin. Und wie sollte man in diesen Jahren privat an ein Segelschiff kommen, wenn die Eltern kaum in der Lage waren, das beruflich so dringend benötigte Auto zu bezahlen. So blieben diese 60 Segelminuten ein einzelnes Kindheitsereignis.

Mehr als ein Jahrzehnt später kam ich wieder mit dem Wassersport in Berührung, freilich mit einem ganz anderen als dem lautlosen Dahingleiten mit Windeskraft. Zwischenzeitlich war ich ein leidenschaftlicher Wasserskifahrer geworden, und meine gesamten Ersparnisse, die ich als Student beim Taxifahren verdiente, gingen für diesen – wie ich damals glaubte – sündteuren Sport drauf. Fast die ganzen Semesterferien verbrachte ich in Kärnten am Wörthersee, wo ich wochenlang versuchte, mit 52 Stundenkilometer alle acht Bojen beim Slalom zu erwischen oder auf einem Ski einen Helikopter zu springen.

Obwohl mein Ehrgeiz deutlich größer war als mein Talent, denke ich auch heute noch als Segler gerne an diese Tage im sommerlichen Velden zurück. Zwar ist der Wasserskifahrer auf die mechanische Motorkraft angewiesen, doch hat auch er die Begegnung mit der Natur. Wenn sich im Herbst frühmorgens der Bodennebel verzogen hat, noch kein Hauch Wind sich regt und die Wasseroberfläche von keinem anderen Motorboot bewegt wird, dann glaubt man, hinter dem starken Riva-Motorboot durch Butter zu gleiten - die Karawanken spiegeln sich unverzerrt im Wasser. In diesen Momenten verschwimmt das Motorgeräusch, und für Augenblicke entsteht die Illusion, man könnte aus eigener Kraft über das Wasser gleiten. Später, wenn gegen zehn Uhr der Ostwind aufkommt, dann hat dieses Vergnügen allerdings ein Ende, denn bei einer Geschwindigkeit von nur 50 Stundenkilometern wird die Wasseroberfläche schon bei zwei Windstärken unangenehm wie eine buckelige Skipiste. Dann macht das Wasserskifahren kein Vergnügen mehr.

Diese paar winzigen Wellen am Wörthersee - noch dazu ohne Schaumkronen - haben entscheidend dazu beigetragen, daß ich einen großen Teil meines späteren Lebens auf den Weltmeeren zubrachte. Denn der besagte Ostwind war pünktlich jeden Tag um zehn Uhr da und verurteilte uns den ganzen Vormittag und Nachmittag zum Faulenzen, bis er sich am späten Nachmittag wieder legte und der See so glatt wurde wie am frühen Morgen. Nachdem das Wasserskilaufen während des Tages reine Geldverschwendung gewesen wäre, drängte es sich natürlich auf, mit einem der zahlreichen Segelschiffe rumzufahren, die dort den Touristen angeboten wurden.

Eines hatte es mir ganz besonders angetan. Es war ein Boot mit Kajüte, in meinen damaligen Augen schon ein richtiges Schiff. Dieses wurde nicht an Selbstfahrer und schon gar nicht an so einen Unerfahrenen wie mich vermietet; in dem horrenden Preis war der Schiffsführer mit eingeschlossen.

Und so mieteten wir eines Vormittags dieses stolze Schiff mit seinem Kapitän „Strolchi“. Wir, das waren ich und Carla. Ich hatte Carla beim Tischtennisspielen kennengelernt, wo ich mit großem Fleiß und nicht sehr viel Talent über Jahre hinweg vergeblich danach trachtete, zumindest in die bayerische Spitzenklasse am grünen Tisch vorzudringen. Carla Schulz hatte das längst geschafft, sie hatte sage und schreibe über 40 bayerische und auch eine Deutsche Meisterschaft gewonnen. Klar, daß sie für mich ein richtiger Star war, und ich träumte davon, mit ihr einmal ein gemischtes Doppel zu spielen. Dazu kam es allerdings nie, denn hierfür waren meine Künste mit dem weißen Zelluloidball an der Platte zu dürftig. Zu einem Doppel fürs Leben reichte es allerdings.

Aber mit all unserer Sportlichkeit konnten wir an Bord von Strolchis Boot zunächst mangels Wind nichts anfangen. Der Ostwind, der allemal ausreichte, uns das Wasserskifahren zu verleiden, schob das schwerfällige Kajütboot mit mäßiger Brise von Velden in Richtung Pörtschach. Die ganze Segelpartie wäre tödlich langweilig geworden, wenn Strolchi nicht einer von jenen Kärntner Burschen gewesen wäre, die es fertigbrachten, mit ihrem originellen österreichischen „Schmäh" die für so etwas stets empfänglichen Touristen, die wir ja waren, für den Segelsport zu begeistern. Den fehlenden Wind ersetzte er durch spannende Storys, und er verstand es, glaubwürdig zu vermitteln, daß in seiner Person so ungefähr der Erfinder des Segelns schlechthin vor uns stünde.

Jetzt, einige Jahrzehnte danach, weiß ich, daß Strolchi in diesem Sport, bei dem es keine absoluten Meßwerte wie beim Hundertmeterlauf gibt, nur den Durchschnittssegler verkörpert, der jeden davon überzeugt, nur er und kein anderer würde diesen Sport wirklich beherrschen. Das aber wußte ich damals noch nicht. Ich glaubte, daß ein Seemann schon wegen seiner Verbundenheit mit der Natur in aller Bescheidenheit immer die Wahrheit aussprechen würde. Seemannsgarn, dachte ich, sei allein eine Sache von Berufsskippern.

Und so hing ich dann gebannt an den Lippen von Strolchi, als er von den Stürmen erzählte, die von den Karawanken herunterpfiffen und denen er im Gegensatz zu anderen Wörthersee-Seglern immer auf Grund seiner unerhörten Geschicklichkeit heil entkam. Da merkte ich erst, was mir alles in den vergangenen Jahren entgangen war, als ich mich für diesen „Sport der Könige" (wie Strolchi ihn nannte) noch nicht interessierte.

Es gibt sicher im Leben eines jeden Menschen Worte oder Aussprüche eines Freundes, die für das Ohr eines dritten banal klingen, die aber ungeheuer beeindrucken und für immer im Gedächtnis haften bleiben. Für mich gehört hierzu auch die Antwort Strolchis, als ich ihn fragte: „Wenn das Segeln auf einem kleinen Binnensee schon so aufregend ist, wie ist das erst auf dem Meer?"

Strolchi zögerte nur ein paar Sekunden und sagte dann mit ehrfurchtgebietender Flüsterstimme: „Das ist das Größte!“

Dieses war zu einer Zeit, als es noch keinen Cassius Clay gab und man mit derartigen Superlativen knauserte. Carla und ich waren jedenfalls ungemein beeindruckt und starrten Strolchi an, wie jemand, der von einem anderen Stern kam. Erst viel später hat mir Strolchi gebeichtet, daß er niemals auf einem anderen Gewässer als dem lieblichen Wörthersee gesegelt war.

Für uns tat sich eine neue Welt auf. Hatten wir doch erfahren, daß man mit so einer kleinen Nußschale, die sich „Yacht“ oder „Kajütboot“ nannte, tatsächlich auf einem offenen Gewässer herumsegeln könne. Wie bequem uns das alles schien. Wenn es zu regnen begann, kroch man ganz einfach in die Kajüte, die zwar keine Stehhöhe hatte, wegen ihrer Kleinheit aber eine ungeheure Gemütlichkeit ausstrahlte. Sogar ein Ofen war da, mit dem man eine Konservendose aufwärmen konnte, so daß man selbst auf einer mehrtägigen Reise nicht verhungern mußte.

Nachdem sich unsere Segelerfahrungen zu diesem Zeitpunkt nur auf wenige hundert Meter Chiemsee und Wörthersee erstreckten, dachten wir natürlich nicht daran, daß sich so ein Schiff in den Seen eines Ozeans wesentlich heftiger bewegen würde und es dann keinesfalls sehr gemütlich in der Kajüte sein würde. Aber nur in Gedanken segelten wir auf dem Meer; tatsächlich waren wir vom Hochseesegeln noch Jahre entfernt. Ein Jahr später waren wir dann zwar am Meer, an der Adria. Allerdings nicht mit dem Boot, sondern mit Auto und Zelt, das wir auf einem Campingplatz bei Rimini aufschlugen. Wenn ich heute an diese Zeit zurückdenke, so drängt sich mir der Eindruck auf, daß es uns vorbestimmt war, einmal auf dem Wasser zu leben, denn gleichgültig, was wir anstellten, wir wurden immer wieder mit dem Wassersport konfrontiert.

Ein netter holländischer Zeltnachbar hatte ein kleines Motorboot mit einem kräftigen Außenborder hinter seinem Auto nach Italien geschleppt und lud uns zum Wasserskifahren ein. Ich begann zu rechnen. Zwar braucht so ein Motorboot 30, 40 Liter die Stunde, aber bei einer Geschwindigkeit von 50 Stundenkilometern kann man natürlich auf dem Wasser ungeheure Strecken abfahren. Ich dachte mir, daß so ein Motorboot doch wesentlich praktischer sei als ein Segelboot, wenn man nur schön brav an der Küste entlangfährt.

Um ein Haar hätte ich mir in der Folgezeit ein kleines Boot mit Außenborder gekauft, um in der Adria die Küste abzurasen. Statt der Kajüte hätten wir – so unser Plan – ein Zelt dabeigehabt, das wir jeden Abend „am Strand“ aufbauen wollten.

Heute kann ich über eine derartige Einfalt nur den Kopf schütteln, denn selbst an Küsten wie der italienischen Adria gibt es nicht allzu viele Stellen, wo man über Nacht so mir nichts, dir nichts ein kleines Schiffchen mit einem Außenborder dran liegen lassen könnte, um beruhigt die Nacht im Zelt auf einer Luftmatratze zu verbringen. Aber damals lernten wir eben nur die Badeadria im August kennen, wo sich über Wochen kein Hauch bewegte und die Strände von uns nur aus der Sicht eines Schwimmers oder allenfalls Wasserskifahrers begutachtet wurden.

Die entscheidende Wende in unserem Seglerleben kam, als meine Eltern überlegten, ob sie nicht ein kleines Segelschiff anschaffen sollten, das im Herzen von Oberbayern, am Waginger See, stationiert werden sollte. An sportlicher Betätigung hatten meine Eltern kein großes Interesse mehr. Sie suchten nur nach einer Möglichkeit, den einen oder anderen Nachmittag, nach der beruflichen Tätigkeit, irgendwie am Wasser auszuspannen. Und so überließ man mir großzügig die Auswahl des „Schiffes“. Zur Debatte stand eine Jolle vom Typ Zugvogel oder allenfalls ein Flying Dutchmann.

Besonders der FD ist, wie mir „Fachleute“ bestätigten, ein recht heißes Sportgerät. Das schmälerte mein Interesse an dieser Rennziege. Denn als Sportart habe ich die Segelei nie angesehen; für mich lag der Reiz beim Segeln immer darin, sich frei auf dem Wasser bewegen zu können und den Gesetzen des Windes unterworfen zu sein. Da gefiel mir ein Zugvogel schon besser, denn der führte auch die Bezeichnung Wanderjolle, und dies war genau das, was ich suchte. Nicht mit stotterndem Motor im Stau am Brenner rumzustehen oder mit Reisegruppen überfüllte Hotels und Strände im Urlaub heimzusuchen, sondern beschaulich auf dem Wasser von Bucht zu Bucht zu wandern, davon träumten wir.

Wahrscheinlich würde ich noch heute die acht Längen- und drei Breitenkilometer des Waginger Sees auf einem Zugvogel absegeln, wenn ich nicht an einem für mich sehr denkwürdigen kalten Märznachmittag fröstelnd vor einem Bahnhofskiosk herumgestanden und überlegt hätte, mit welcher Lektüre ich die zweistündige Wartezeit bis zum nächsten Zug nach München am besten überbrücken könnte. Schon wollte ich nach einem technischen Magazin greifen, als mein Blick auf das Titelbild einer Segelzeitschrift fiel, das mich sofort faszinierte. Da stand ein würdiger grauhaariger Engländer –

wegen seines Habitus war das auf Anhieb zu erkennen - am Ruder einer riesigen Yacht. So jedenfalls wirkte das Schiff auf mich, hatte ich mich bis dahin doch höchstens für Jollen am Waginger See interessiert. Die Reling auf der Leeseite tauchte halb ins Wasser, und die See überspülte das Mahagonideck bis zu den Wadeln von Sir Nicholson (den Namen fand ich später im Text). Die Hosenbeine (sicher war es Flanell) klebten an den Beinen des Steuermanns, dessen kühler Gesichtsausdruck diese Ungemach auch nicht andeutungsweise wiedergab. Im Gegenteil, der Blazer mit einem weißen Spitzentüchlein brachte deutlich zum Ausdruck, daß Sir Nicholson die Yacht - und die See, natürlich - voll im Griff hatte. Im Hintergrund dann zur Abrundung jede Menge Schaumkronen. Ich habe seither kein Foto mehr gesehen, das auch nur annähernd so gut die gekonnte Lässigkeit wiedergegeben hätte, mit der man ein Meer befahren kann. „Sie werden ganz naß, Sir“, stand unter dem Foto.

Die „Yacht“ kaufte ich, es war die erste, die ich in die Finger bekam, und ich bin überzeugt, daß der Kauf speziell dieser Nummer der Zeitschrift, von der ich noch Hunderte von Ausgaben lesen sollte, mein gesamtes Leben verändert hat. Schon beim ersten Durchblättern tat sich mir eine ganz neue Welt auf. Zwar hatte ich bei Ferienaufenthalten am Mittelmeer mit der Unwissenheit der Landratte auf die Segelyachten mit den kleinen Fenstern heruntergesehen und kaum glauben wollen, daß das Innere eines solchen Schiffes groß genug zum Übernachten sei. Auf den Fotos in der „Yacht“ blickte ich zum erstenmal in die Kajüte. Da waren richtige Tische, an denen man sitzen und essen konnte. In den Werbeanzeigen waren die Tische meist mindestens so reichhaltig gedeckt wie in einem Schlemmerlokal. Die Abbildungen von den Kartenecken strahlten so viel Wärme aus, daß man zu spüren glaubte, wie wohlig sich der Navigator fühlen mußte, wenn draußen der Sturm tobte.

Ich geb's ganz ehrlich zu, daß diese Wohnwagenatmosphäre mich an der ganzen Segelei mehr beeindruckte als die Tatsache, daß die Riesenpötte in der „Yacht“ immerhin imstande waren, über die Ostsee ins Ausland, nach Schweden oder Dänemark, zu segeln. Spätestens eine Stunde nach Beginn der Lektüre stand für mich fest, daß unser Segelschiff nur eines sein konnte mit einem Dach. Ein Kajütboot also.

Die Eltern waren schnell überredet, die für damalige Zeit ungeheuerliche Summe von 13000 Mark auszugeben („mein Gott, dafür bekommt man ja schon ein Auto!“). Ein Bootsbauer war uns auch gleich empfohlen worden, es sollte der Moser Fredl sein, der ohnehin seinen Betrieb am Wagingersee hatte, wo wir in Zukunft segeln wollten.

An einem regnerischen, naßkalten Frühjahrssonntag war es dann soweit. Wir fuhren nach Waging, um ein Boot in Auftrag zu geben. Zu dieser Zeit wußten Carla und ich noch nicht, mit welchen Aufregungen, Enttäuschungen, aber auch befriedigenden Stunden der Bau eines Schiffes verbunden ist. Damals dachten wir, daß ein Schiff so ähnlich wie ein Auto bestellt wird, ein Verkäufer Prospekte und Kataloge vorlegt, Proben der zur Auswahl stehenden Farben der Sitzgarnituren die Farbauswahl erleichtern und an den Sachverstand des Käufers nicht allzu große Anforderungen gestellt werden.

Mit derartigen Erwartungen fuhren wir also nach Waging zur Werft vom Moser Fredl. Obgleich Sonntag, war die Werkstätte geöffnet - der Geruch nach Sägemehl und frischer Lackfarbe stieg uns in die Nase. An einer Hobelbank stand ein kleiner Mann und bearbeitete mit Hingabe eine Holzplanke. Als wir nähertraten, sah er nur kurz auf, ließ sich aber ansonsten in seiner Arbeit nicht stören. Geduldig warteten wir ein paar Minuten, bis wir ihn dann - aufgrund der für uns ungewohnten Umgebung - recht schüchtern fragten, ob wir den Moser Fredl sprechen könnten. Ein kurzes Gebrummel war mit einigen Schwierigkeiten als „ja“ zu verstehen. Mehr sagte der Mann nicht, unentwegt setzte er seine Arbeit fort. Nach weiteren fünf Minuten wagten wir die gleiche Frage, bekamen aber nur die gleiche Antwort „joooh“, was bayerisch ist und mit „ja“ übersetzt werden könnte.

Mit anbiedernden Fragen und Blicken auf die umherliegenden Jollen versuchten wir uns bei diesem mürrischen Mann einzuschmeicheln: „Schöne Schiffe haben Sie hier!“

„Joooh“, war alles, was zu hören war.

Nach einer Viertelstunde beendete der Mann an der Hobelbank dieses „Verkaufsgespräch“ und ließ uns einfach stehen. Glücklicherweise lief uns kurz darauf ein anderer Mitarbeiter der Werft über den Weg, der etwas zugänglicher war und den wir deshalb nochmals nach dem Moser Fredl fragten. „Sie haben gerade mit ihm gesprochen“, meinte er.

Irgendwie ist es uns dann doch gelungen, mit dem Moser Fredl ins Gespräch zu kommen. „Ja, wenn ihr ein Boot mit Dach haben wollt, dann kommt für euch nur ein 16er Jollenkreuzer in Betracht. Aber könnt ihr überhaupt segeln?“

Übereinstimmend meinten Carla und ich, daß dies schon irgendwie zu erlernen sei. Der Fredl wiegte den Kopf und riet uns dann doch, zunächst mal einen Zugvogel zu kaufen, eine offene Jolle also. Wir bestanden aber auf unserem Kajütboot, und der Fredl gab es schließlich auf, uns den halb so teuren Zugvogel einzureden. Drei Monate später sollte er geliefert werden.

In der Folgezeit fuhren wir fast jedes Wochenende in die Werft, um nach dem Fortschritt unseres Schiffes zu sehen, aber der Fredl vertröstete uns jedesmal mit seiner Arbeitsüberlastung und meinte treuherzig, es würde schon rechtzeitig fertig werden.

Mein Nachbar, ein erfahrener Segler, der allerdings den Fredl nicht kannte, beriet mich inzwischen in Ausrüstungsfragen. Eine Toilette müßte das Schiff haben und eine Pantry mit Gaskocher, eine Küche also. Und ob das Schiff denn überhaupt schon auf Kiel gelegt sei.

„Auf Kiel gelegt", der Ausdruck faszinierte mich, das klang so richtig nach Großschiffahrt und weitem Meer. Der Moser Fredl lächelte nun doch etwas in sich hinein, als ich ihn ebenfalls fragte, ob denn das Schiff nunmehr schon auf Kiel gelegt sei. Er belehrte mich zunächst einmal, daß ein Jollenkreuzer gar keinen Kiel habe, sondern nur ein Schwert, und auf das könne man ein Schiff nicht legen, weil das Schwert üblicherweise in den Schwertkasten eingezogen wird. Auf mein Drängen, daß ich unser Schiff gerne im Bau besichtigen wolle, zeigte er auf einen großen Stapel von Brettern, die nach meiner laienhaften Ansicht gerade aus der Kreissäge gekommen waren, und meinte treuherzig: „Da, ich hab' schon alles hergerichtet."

Das war immerhin 14 Tage vor dem Ablieferungstermin. Meine Wünsche nach Toilette und Gaskocher kanzelte Moser Fredl ehrlich und rüde ab: „Eine Toilette braucht's ihr nicht, und Gas ist sowieso verboten. Wenn euch das nicht paßt, laßt euch euer Schiff woanders bauen."

Um es kurzzumachen: Zwei Wochen später standen wir einem glänzenden Mahagonikunstwerk gegenüber, das jeden beeindrukken mußte, der auch nur ein wenig Sinn für den Werkstoff Holz hatte. Sogar der Moser Fredl strahlte, als er sah, wie wir die Bootsplanken liebevoll mit den Händen abtasteten: „Gei, des gfoit eich!" („Gell, das gefällt euch!")

Unser Seglerleben hatte begonnen. Fredl Moser gab uns einen winzigen, malerischen Liegeplatz an seinem Waginger See, wo wir sofort jede freie Minute auf unserem Jollenkreuzer verbrachten. Natürlich hatten wir keine Ahnung vom Segeln, aber glücklicherweise schämten wir uns unserer Unkenntnis nicht. Zum Segelnlernen hatte ich mir ein dickes Buch, die „Seemannschaft", gekauft und arbeitete dieses auch gleich Seite für Seite durch. Ich verstand kaum etwas, weil die Seemannssprache von Fachausdrücken nur so wimmelt, daß allein mit gesundem Menschenverstand kaum etwas anzufangen ist. „Backbord" für links und „steuerbord" für rechts, das geht noch. Warum man aber für die Küche „Pantry" und für einen Strick je nach Verwendungszweck „Schot", „Trosse", „Fall", „Bändsel", „Leine", „Tau" oder „Tampen" sagt, das habe ich damals noch nicht (und auch heute noch nicht ganz) begriffen. Eines wurde mir aber schon bald nach der Lektüre der schlauen „Seemannschaft" klar: daß Segeln eine relativ harmlose Angelegenheit ist, wenn man ganz, ganz vorsichtig und mit viel Sicherheitsbewußtsein an die Sache herangeht.

Ich muß damals den Mitgliedern im Waginger Segelclub ziemlich auf die Nerven gegangen sein mit meiner Fragerei. Ich löcherte sie mit theoretischen Fragen, und wen immer ich erwischen konnte, lud ich zu einer Segelpartie ein, damit ich möglichst von dem Können der heimischen Cracks profitieren würde. Ich scheute mich auch nicht, gegenüber jedermann meine Unkenntnis einzugestehen, was mir natürlich viele wertvolle Tips einbrachte. Auf dem See rief ich ungeniert andere Segler – heute würde ich natürlich „anpreien" sagen –, um mir eine Halse erklären zu lassen. Glücklicherweise war die Jahreszeit so, daß wir bei unseren ersten Segelversuchen von schlechtem Wetter verschont blieben. Bis auf den Tag, als die Bootstaufe nachgeholt werden sollte.

Wir waren mit unseren Eltern bei wenig Wind in eine kleine Bucht gesegelt, hatten zum erstenmal den Anker aus der Backskiste herausgeholt, daran eine kleinfingerdünne „Schnur" angebunden und ihn über Bord geworfen. Langsam ließen wir uns dann an der Ankerleine zurücktreiben, bis sie sich im leichten Gegenwind straffte und wir das Gefühl hatten, wir lägen hier so sicher wie in Abrahams Schoß. Wie tief es an dieser Stelle war und von welcher Beschaffenheit der Grund war, interessierte uns nicht.

Dann machten wir es uns im Cockpit gemütlich, deckten einen Tisch mit den mitgebrachten Brötchen und holten den Sekt aus der Kühltasche. Die Sonne brannte, der wenig kühlende Wind ließ nach, und bald hielten wir in den Kojen ein Mittagsschläfchen.

Wenige Stunden später wachten wir auf, weil unser Jollenkreuzer, den wir dem Zeitgeist folgend GAMMLER getauft hatten, recht heftige Rollbewegungen machte. Ein Blick aus der Kajüte zeigte über uns ein unheildrohendes, dunkles Firmament, das sich immer mehr verdüsterte. Die ersten Regentropfen fielen vom Himmel, und wir holten die Persenning aus der Backskiste, um sie über unseren GAMMLER zu decken. Wir waren kaum beunruhigt, denn schließlich lagen wir ja „sicher vor Anker".

Die Spirituslampe wurde in der Kajüte angezündet, und wir fanden es richtig gemütlich. Dann aber fiel der Föhnsturm über uns her. Schlagartig merkten wir, daß die Segelei selbst auf kleinen Binnenseen gar nicht so ungefährlich ist. GAMMLER rollte in den kurzen steilen Wellen. Er wurde von jeder See hochgehoben und ruckte jedesmal derart ächzend in die Ankerleine ein, daß es auch uns Laien klar wurde, daß durchaus der Beschlag, an dem die Ankertrosse befestigt war, oder sie selbst brechen könnte. Jetzt traute ich auch meinem „Knopf" am Anker nicht mehr.

Durch die Schaukelei und den stechenden Geruch der Spirituslampe wurde uns allen kotzübel. Seemännisch gesagt, wir wurden seekrank. Nur dachten wir damals nicht daran, denn „Seekrankheit" war etwas, was es nur auf dem Meer gibt. Nein, für seekrank hielten wir uns nicht, denn das wäre uns doch zu blamabel gewesen.

Kurzum: Am frühen Abend ließ der Wind nach, der Himmel hellte sich nochmals auf, und bald war die untergehende Sonne zu beobachten. Auf dem See herrschte totale Flaute, so, als ob nichts gewesen war. Unser Anker hatte uns sicher gehalten. Dort aber, wo die Trosse über den Bugrand zum Decksbeschlag verlief, war sie nur noch halb so dick wie vorher. Keine ganze Stunde mehr hätte sie den GAMMLER im Sturm gehalten. Sie war viel zu kurz gewesen, um das gefährliche Einrucken zu vermeiden. Entsprechend fest saß der Anker. Was wir auch versuchten, er war nicht aus dem Grund zu bringen. Schließlich blieb uns nichts anderes übrig, als an die Ankertrosse einen leeren Benzinkanister zu hängen und mit dem Außenborder nach Hause zu tuckern. Wir hatten unsere allererste eigene Erfahrung in Sachen „Seemannschaft" gemacht.

Abschrecken ließen wir uns dadurch freilich nicht. Kaum 14 Tage im Besitz des GAMMLER, liehen wir uns vom Moser Fredl einen Bootsanhänger, von einem Freund einen kräftigen Pkw und verbrachten unseren ersten Schiffsurlaub am Plattensee in Ungarn. Damals hatte so ein Urlaub mit dem eigenen Schiff in fremden

Binnengewässern etwas Pionierhaftes, ja Abenteuerliches an sich, zumal der ausländische Bootstourismus in Ungarn noch in den Kinderschuhen steckte.

In vier Wochen skipperten wir teils unter Segel, teils mit Außenborder gemächlich alle Häfen des 72 Kilometer langen Plattensees ab. Wir waren das einzige ausländische Schiff, noch dazu aus dem Westen, das sich in diesem Jahr auf dem Plattensee tummelte, und so lernten wir unsere ungarischen Segelkameraden von der herzlichsten Seite kennen. Auch dort luden wir, wann immer es ging, andere Segler ein, und ich kann mich nicht erinnern, daß ich irgendwann einmal jemand an Bord hatte, von dem ich nicht mindestens eine Kleinigkeit über das Segeln gelernt hätte.

Zur großen Verwunderung vom Fredl Moser brachten wir unseren GAMMLER zurück an den Waginger See, ohne daß dieser eine einzige Schramme erlitten hätte.

Mit Seesack Richtung Mittelmeer

Wahrscheinlich würden wir noch heute mit einem Mahagoni-Jollenkreuzer auf dem Waginger See herumsegeln, wenn Carla und ich nicht anläßlich meines bestandenen Staatsexamens auf die Idee gekommen wären, einmal einen ganz besonderen Urlaub zu verbringen. Ehrlich gesagt: Ich hatte dabei nicht an einen Urlaub auf dem Wasser gedacht, sondern eher an einen reinen Badeurlaub, in einem eleganten Hotel, in Tunesien oder Marokko, denn ein Segelboot hatte ich ja zu Hause auch. Als ich dann vom Reisebüro mit einem dicken Packen Prospekte zurück kam, zeigte mir Carla in der „Yacht" ein kleines Inserat:

> *Von Nizza nach Sevilla zur Semana Santa auf der 19-Meter-Ketsch* KALINA. *Pro Person DM 250,–, Essen inklusive. Anfragen an Fa. Obercharter Tel.: 089/ . . .*

Mein Gott, das ist ja fast um ganz Spanien herum, stellten wir fest, als wir gleich in den Atlas sahen. Wir waren wie elektrisiert. Waren wir bisher am Waginger See nur mal in eine andere Bucht zum Kaffeetrinken gefahren oder am Plattensee von einem Hafen drei, vier, fünf Kilometer weiter zum anderen Hafen geskippert, mußte man ja auf der Karte, um von Nizza nach Sevilla zu kommen, richtig von einem Land ins andere segeln. Ja, wenn wir durch die Straße von Gibraltar mußten, könnte man vielleicht sogar auf der afrikanischen Seite einen Stopp einlegen, man würde also nicht nur von Land zu Land, sondern sogar von einem Kontinent zu einem anderen *segeln.*

Robert Werner, der Boß der Firma, meldete sich am Telefon. Ja, es seien noch zwei Plätze frei, und die Reise würde pünktlich beginnen und auch ebenso pünktlich wieder beendet sein.

Wir ließen uns die Unterlagen kommen. Die Firma Obercharter sandte uns einen schönen Katalog mit vielen Schiffen und noch mehr Symbolen darin. Danach hatte die KALINA tatsächlich alles, was man sich für einen Urlaub am Mittelmeer erträumen kann. Tauchsachen, Schlauchboot mit starkem Außenborder zum Wasserskifahren und Angelzeug schienen bei der KALINA zur Standardausrüstung zu gehören. „Captain Harrick kocht persönlich für Sie, seine Küche ist an der ganzen Côte d'Azur berühmt", lockte der Prospekt.

Am meisten aber beeindruckte uns ein weitgehend unscharfes und fast schon verblichenes Polaroidbild. Das war offensichtlich auf der KALINA aufgenommen und zeigte ein älteres Segelschiff, inmitten eines Mastenwaldes, in einem überfüllten Mittelmeerhafen. Überall, wo man hinsah, aber Holz, Teakplanken und schwere Beschläge, mit einer dicken Farbschicht überzogen. Mit einem Wort, so richtig schiffig sah die KALINA auf diesem Foto aus. Ohne zu zögern rief ich die Firma Obercharter an und verabredete ein persönliches Treffen mit Robert Werner.

Gleich am nächsten Tag trafen wir uns in einer Kneipe und ließen uns über die Einzelheiten von der Reise von Nizza nach Sevilla aufklären. Robert Werner war ein beeindruckender Mann. Sportlich gekleidet, braungebrannt, schien er direkt von Bord einer seiner zahlreichen Charteryachten zu kommen. Er drückte sich verständlich aus, das heißt, er verwandte Seemannsausdrücke in seinen Erzählungen gerade so viel, daß man noch kapierte, über was er sprach. Er erzählte uns von seinen zahlreichen zufriedenen Kunden (wobei er verschwieg, daß wir die ersten Kunden seiner Firma überhaupt waren). Er versprach, uns weitere Unterlagen über den Törn von seinen „Damen im Büro" zuschicken zu lassen (später stellte sich heraus, daß er überhaupt keine „Damen" hatte, sondern daß seine Frau die Post erledigte). Auf unsere Frage, ob der Skipper Harrick zuverlässig sei, meinte Robert Werner selbstsicher: „Captain Harrick ist unser zuverlässigster Mann."

Was auch zutraf, da er zu dieser Zeit nur eine einzige Yacht – und damit nur einen einzigen Captain – unter Vertrag hatte. Robert Werner gab uns eine Menge einleuchtender Tips aus seiner eigenen Segelpraxis (daß er kurz zuvor in der R-Schein-Prüfung am Chiemsee durchgefallen war, erzählte er natürlich auch nicht). Aber diese Schwachpunkte der Firma Obercharter (Werbeslogan: „Größte europäische Yachtagentur") ahnten wir damals noch nicht, und selbstverständlich wußten wir auch nicht, daß ein derartiges Gebaren nicht gerade die Ausnahme im Chartergeschäft war. Wir buchten jedenfalls und sehnten den Tag des Törnbeginns herbei.

Die KALINA wartete in einem kleinen Yachthafen bei Nizza auf uns. Im März waren die meisten Yachten noch nicht bewohnt, und so hatten wir einige Mühe, „unser" Schiff zu finden. Aber die Atmosphäre in dem Yachthafen vermittelte mir ein kribbeliges Gefühl, wie ich es auch heute noch empfinde, wenn ich etwa in einer Marina über schwankende Schwimmstege gehe.

Ein Nichtsegler kann kaum dieses Gefühl und die Aufregung nachempfinden, die bedeutet, den Duft von frischem Bootslack einzuatmen, Holz zu riechen, Fallen an den Masten schlagen zu hören, mit einem Wort: Yachtatmosphäre zu schnuppern. So erging es uns auch, als wir unsere Seesäcke keuchend in Richtung KALINA schleppten. Endlich, gleich beim Wellenbrecher, lag sie vor uns. Sie sah so aus, wie ich mir damals ein Segelschiff vorstellte. Etwa 20 Meter lang, zwei Masten, dicke weiße Ölfarbe am Rumpf, Teakplanken an Deck und die Decksaufbauten in Mahagoni (dieses Holz kannte ich natürlich vom GAMMLER und von „meinen" Riva-Motorbooten vom Wörthersee).

Freilich nahm ich auch eine verwirrende Unordnung an Deck wahr, aber in diesem Moment wußte ich nicht einzuordnen, ob dieses Durcheinander nun zu einer Segelyacht gehörte oder ob die KALINA ganz einfach noch nicht aufgeräumt war. Oder, wie ich später zu sagen pflegte, noch nicht „klar Deck" war. Ein Gummischlauchboot lag halb aufgeblasen herum, ein Fahrrad lehnte am Mast, angerostete Taucherflaschen versperrten den Weg zum Niedergang, Fensterscheiben fehlten an dem einen oder anderen Bullauge, halb ausgepackte Segelsäcke lagen an der Reling, und wenn man zum Bug vorgehen wollte, hätte man zwischen unendlich vielen Farbtöpfen hindurchbalancieren müssen.

Heute könnte ich die Situation ganz gut einschätzen: Die KALINA war keineswegs seeklar, und an ein Auslaufen am nächsten Morgen, wie zugesagt, war nicht im Traum zu denken. Wir waren zu sehr von der uns vollkommen neuen Umgebung in einem Yachthafen am Meer verzaubert, als daß wir uns um unsere Abreise oder ähnlich kleinliche Dinge gesorgt hätten. Roger, ein etwa 22jähriger bärtiger, bulliger Mann mit einem gütigen Gesicht, der sich als Bootsmann vorgestellt hatte, schleifte unsere Seesäcke an Deck, wo aus dem Niedergang herauf uns der Skipper, der Captain, entgegenkam.

Hafentage

„Welcome on board", begrüßte er uns mit einer tiefen Stimme. Seinen Mund sah man vor lauter Vollbart kaum. Genauso hatten wir uns einen Seebären vorgestellt. Zerschlissene Hosen, ein dunkelblauer, dicker Wollpullover waren seine Kleidung. Obwohl er also keine Uniform oder sonst etwas trug, was ihn als den Herren dieses Schiffes kenntlich gemacht hätte, erkannten wir ihn sofort als Mike Harrick.

Mike führte uns in den Salon, wo noch andere Mitsegler warteten, die ebenfalls gerade angekommen waren. Wir betrachteten uns gegenseitig und mutmaßten, daß auch die anderen mindestens genauso aufgeregt waren wie wir. Es stellte sich heraus, daß wir alle nur wenig See-Erfahrung hatten, nur Bill, ein Engländer, war mit Captain Harrick schon einmal gesegelt. Herbert und Erika, ein Ehepaar aus Berlin, hatten ebenfalls nur Binnenerfahrungen.

Der letzte im Bunde der Gäste war ein Herr in mittleren Jahren, an seinem ganzen Gesichtszuschnitt und an seiner scharfgeschnittenen Nase sowie am akzentfreien Englisch unschwer als Brite zu erkennen. Sein Pullover war ebenso flauschig dick wie der von Mike; trotz der tiefschwarzen Ölflecken konnte man die einstmals weiße Wolle noch vermuten. Die Hose war von leuchtend orangeroter Farbe, lediglich seine Mütze paßte nicht zur sonstigen Kleidung. Sie war tatsächlich schneeweiß mit viel Goldschnüren daran, so wie sie Offiziere auf einem Passagierdampfer tragen. Er stellte sich als Lord Gilsborogh vor und fügte gleichzeitig seine Adresse hinzu: wohnhaft in Gilsborogh, Gilsborogh Street und Gilsborogh House.

Natürlich ließen wir uns gleich die Seekarte geben, breiteten sie auf dem großen Tisch im Salon aus und steckten die Köpfe darüber, gerade so eng zusammen, wie es die heiße Petroleumlampe eben noch zuließ. Geplant war die Reise also von Nizza durch den Löwengolf zu den Balearen, von dort an der Costa del Sol entlang nach Gibraltar, dann rechts um die Ecke in den Atlantik rein, um anschließend den Guadalquivir nach Sevilla hochzufahren.

Bald begannen wir Pläne zu machen, wie wir die Reiseroute unter Umständen abändern könnten, um den Törn noch abwechslungsreicher zu gestalten. Afrika könnte man da beispielsweise anlaufen und vielleicht sogar die Kanarischen Inseln. Was machten schon 400 Seemeilen mehr oder weniger aus. Mike versicherte uns, daß die KALINA gut und gerne 120 Seemeilen pro Tag, also in 24 Stunden, machen würde. Na ja, da wären ja nur sechs Tage zu veranschlagen, um auch die Kanarischen Inseln mitzunehmen.

Mike Harrick saß dabei und lächelte nur in sich hinein. Zu oft hatte er derartige Gespräche unter Neulingen schon erlebt. Natürlich wußte er, daß Chartertörns grundsätzlich anders ablaufen als geplant. Auf unsere Frage, wann wir auslaufen werden, meinte Mike, daß nur noch morgen Vormittag ein paar Sachen zu erledigen seien, das Schiff aufgeklart werden müsse, und dann stünde einer Abreise nichts mehr entgegen.

Ungefähr das gleiche erzählte er uns zwei Tage später immer noch. Die anderen Gäste begannen bereits unruhig zu werden, aber Carla und mich störte die Verzögerung nicht. Stundenlang streiften wir durch den Hafen und versuchten Kontakte mit anderen Yachtleuten anzuknüpfen. Bald hatten wir heraus, daß es dazu eine ganz einfache Methode gibt. Man stellt sich an die Pier, und wenn jemand im Cockpit erscheint, versucht man, ihn mit geistreichen Fragen ins Gespräch zu ziehen. „Wie lang ist diese Yacht eigentlich?"

Man muß natürlich entsprechend vorbereitet sein, um nicht schon bei der bündigen Antwort „11 m 30" nur schweigend zu nikken. Es bietet sich als sofortige nächste Frage beispielsweise an: „Dann ist innen sicher Platz für mindestens vier Kojen!" Wenn der Yachtmann antwortet: „Oh, wir haben sogar sechs Kojen", dann kann man schon sicher sein, daß die Aufforderung: „Wollen Sie mal einen Blick ins Innere werfen?" nicht mehr lange auf sich warten läßt.

So kann man ganze Tage damit verbringen, sich von Yacht zu Yacht durchzufragen. Mir haben diese Gespräche mindestens die Hälfte all meiner Segelerfahrungen eingebracht, und ich verstehe es auch heute noch nicht, wenn Segler über einen mißglückten Charterurlaub klagen, weil man angeblich soundso viele Tage durch unnötige Hafenaufenthalte verloren hat. Wenn man sich beispielsweise vorstellt, wie viel Geld manche Leute ausgeben, um jährlich ein- oder zweimal auf eine Bootsausstellung zu fahren, um dort vor neuen, unerprobten Schiffen zu stehen, von – meistens – nichtsegelnden Verkäufern weitergereicht zu werden, dann ist es unerklärlich, warum diese „Segler“ sich über die angeblich wertlose Zeit im Yachthafen beschweren.

Besonders gut kann ich mich an ein älteres Ehepaar erinnern, das ein für damalige Zeiten immerhin recht großes Schiff von 15 Meter Länge zu zweit von England um Spanien herum ins Mittelmeer gesegelt hatte. Er war Direktor einer kleinen Fabrik in Rhodesien, hatte diese wegen der politischen Schwierigkeiten aufgegeben und sein ganzes Geld in die Yacht gesteckt. Für seine 80 Jahre war der weißhaarige Herr erstaunlich rüstig, und es machte ihm sichtlich Spaß, Carla und mich, die aus ihrer Unerfahrenheit keinen Hehl machten, etwas einzuweisen: „Wann immer du auf ein fremdes Schiff kommst, nutze jede Minute, um dich umzusehen. Ich verspreche dir, daß du auf jeder Yacht mindestens ein Detail entdeckst, das du für deine eigene Segelpraxis verwerten kannst.“

Man bekommt in seinem Leben so viele Ratschläge, daß es kaum möglich ist, zwischen den besonders guten und den nur wohlgemeinten zu unterscheiden. Die meisten, auch wenn sie recht weise sind, vergißt man ohnehin. Wenige bleiben im Gedächtnis, und von diesen nimmt man auch nur selten bewußt den Vorteil wahr, den sie einem gebracht haben. Dem Tip des klugen Rhodesiers aber verdanke ich sicher den größten Teil meiner seglerischen Erfahrung. Auch heute noch, wenn ich auf eine Yacht gehe, um mich zu unterhalten, verlasse ich sie nie, ohne nach diesem einen Detail zu suchen, von dem jener Skipper damals in Nizza gesprochen hat.

Allmählich merkten auch wir Landratten, daß die KALINA langsam in einen seetüchtigen Zustand gebracht wurde. Wir hatten uns durch viele Gespräche in diesen Tagen schon ein kleines seemännisches Grundwissen angeeignet, auch wenn es noch eine ganze Reihe von Dingen gab, die uns verwirrten. Mein dickes Buch, die „Seemannschaft“, hatte ich natürlich mit an Bord, und so konnte ich Details, die mich interessierten, immer nachlesen.

Aber es gab da doch einige Dinge an Bord der KALINA, die sich mit meinem angelernten theoretischen Wissen nicht in Einklang bringen ließen. So irritierte mich, daß der große Kompaß der KALINA nicht draußen auf dem Ruderstand angebracht war, sondern immer noch auf dem Sofa im Salon lag. Mit einem jede weitere

Diskussion ausschließenden breiten Lächeln beantwortete Mike Harrick meine bohrenden Fragen. Um die Kompensation des Kompasses solle ich mir mal keine Gedanken machen. Schließlich sei man auf einem Holzschiff, und im Mittelmeer würde sich die Deviation mit der Mißweisung genau aufheben.

Gläubig nickte ich, denn damals konnte ich nicht glauben, daß ein ausgewachsener Seebär wie Mike Harrick mir einen derartigen Unsinn erzählen würde. Denn die Deviation ist die Ablenkung des Kompasses, die durch magnetische Störfaktoren wie Metallmassen (Maschine) an Bord hervorgerufen wird. Mißweisung dagegen ist die Ablenkung des Kompasses, die davon kommt, daß der geographische Nordpol mit dem magnetischen Nordpol nicht zusammenfällt. Natürlich gibt es Kurse, auf denen sich die Mißweisung und die Deviation tatsächlich aufheben; aber das ist reiner Zufall, denn auf anderen Kursen können sie sich addieren.

Obgleich also die Auskunft von Mike Harrick grundfalsch war, würde auch ich heute möglicherweise einen lästigen Wissensdurstigen mit einer derartigen Auskunft abspeisen, denn in der Praxis ist das alles gar nicht so wichtig. Die Mißweisung beträgt im Mittelmeer ein paar Grad. Eine Yacht von der Größe der KALINA läßt sich im Seegang höchstens auf zehn Grad genau steuern, so daß es gleichgültig und viel bequemer ist, sich um die Mißweisung keine großen Gedanken zu machen. Heute würde ich diese Erfahrung als Weisheit des Alters bezeichnen, aber davon waren wir Chartergäste damals noch weit entfernt.

Eine kleine Enttäuschung bereitete mir Mike, als ich den Sextanten sehen wollte, jenes Wunderding, mit dem der Seemann – das wußte ich aus vielen Büchern – auch ohne Landsicht mit Hilfe der Gestirne auf wundersame Art und Weise seinen Weg zu einem hinter dem Horizont liegenden Ziel findet. Mike Harrick besänftigte mich: Im Mittelmeer sei ein Sextant nicht erforderlich. Basta.

Das waren ganz neue Dinge für mich. Ich spürte, daß unser Captain die Navigation, für mich der Inbegriff der Seemannskunst, etwas leicht nahm. Mitsegler Bill, der schon einmal mit Mike Harrick unterwegs gewesen war, lobte aber unseren Skipper in den höchsten Tönen und meinte, daß Mike Harrick an der ganzen Küste berühmt sei. Wie ich später erfuhr, resultierte seine Popularität allerdings nicht aus irgendwelchen seemännischen Glanztaten, sondern mehr aus seinen Kochkünsten und anderen Dingen, über die noch zu berichten sein wird.

Am nächsten Morgen verkündete Roger, daß heute tatsächlich ausgelaufen werde, zwar nicht nach Mallorca, sondern nach San Remo, wo noch einiges einzukaufen sei. Obgleich San Remo in entgegengesetzter Richtung von Mallorca liegt, war die gesamte Schiffsbesatzung ganz happy, daß es endlich losging. Zuvor wurde der große Kohleofen im Salon ausgebaut, der in diesen Märztagen abends immer so viel Gemütlichkeit verbreitete, und über Deck zur Gangway gerollt. Unser mitsegelnder Lord, der uns offensichtlich mochte, uns gleichzeitig wegen unseres wortarmen Englisch zutiefst bedauerte, erklärte uns: „It was winter, now it is summer!"

Was dann folgte, war zu erwarten. Damals aber überraschte es mich. Statt den Anker schnell mal raufzuholen, stellte man fest, daß er sich den Winter über mit den unendlich vielen Ketten und Trossen anderer Anker einen Kleinkrieg geliefert hatte und hoffnungslos festhing. Roger mußte also mit seinen rostigen Tauchflaschen in die ölige Brühe steigen. Zwei Stunden später klickerte die Kette endlich in den Kettenkasten. Unter dem leisen Tuckern der Maschine näherten wir uns der Hafenausfahrt. Aus dem grünbraunen, öligen Hafendreck wurde allmählich klares Wasser, bis wir uns auf dem tiefen Blau der Riviera vor der Hafeneinfahrt wiederfanden. Das Meer war spiegelglatt, der Himmel dunstig, wie es in den Frühlingstagen, wo auch am Mittelmeer die Sonne noch kraftlos scheint, eben üblich ist. Ich mußte an Strolchi, meinen Touristensegler vom Wörthersee, denken: „Das Segeln auf dem Meer ist das Größte."

Genau das war in diesem Moment auch mein Gefühl. Es störte uns wenig, daß wir gar nicht segelten, ja, daß nicht einmal die Persenning von den Segeln entfernt worden war. Nur die Maschine schob uns durch das glatte Wasser. Und von wegen „hohe See" und so! Wir schlichen in ein paar hundert Meter Abstand an der Küste entlang. Wenn man zum Bugspriet ging, sich in das darunterliegende Netz legte, in das beim Segelbergen der Klüver fallen soll, dann war die Maschine so weit weg, daß man nicht einmal ihr Tuckern hörte, sondern nur ein leises Rauschen, das durch das langsame Heben und Senken des Buges der KALINA entstand. Captain Harrick beantwortete wieder einmal naive Fragen über die Seefahrt. Er erzählte, daß er um ein Haar einen Charterauftrag nach den Westindischen Inseln bekommen hätte.

Mein Gott, wir waren auf einem Schiff, das notfalls auch nach Westindien segeln konnte! Damals wußte ich nicht genau, wo Westindien liegt. Ich vermutete es irgendwo in der Nähe von Indien.

Aber das machte nichts, denn es klang auf jeden Fall nach ganz weit weg. In Geographie war ich ohnehin immer sehr schlecht, und von der Seefahrt hatte ich naturgemäß überhaupt keine Ahnung. Nur einen einzigen Begriff kannte ich, und der war „Kap Hoorn".

Damals war die Zeit, in der sich ein Engländer namens Francis Chichester gerade auf dem Weg nach Kap Hoorn befand. Die Weltöffentlichkeit begann sich für diesen Mann zu interessieren, der sich anschickte, mit einem vergleichsweise kleinen Schiff von 13 Meter Länge auf den Routen der alten Segelschiffe die Welt zu umsegeln.

Für mich war allerdings Mike Harrick und nicht Francis Chichester der Inbegriff, und so fragte ich ihn, ob er schon einmal um Kap Hoorn gesegelt sei. Kap Hoorn, jener Felsen an der Südspitze von Südamerika, galt als Seemannsschrecken, so daß ich, wenn ich schon keine positive Antwort bekam, zumindest erwartete, daß Mike Harrick seiner Zufriedenheit Ausdruck geben würde, daß er dort noch nicht gewesen sei. Aber Mike Harrick zögerte einen Moment und sagte dann unerwartet: „Leider war ich noch nicht am Kap Hoorn." Das Bedauern war echt, wie ich später erfuhr.

Die ersten Seemeilen

Schnell verging die paar Meilen lange Fahrt nach San Remo. Wir waren noch zu aufgeregt und voller Scheu, als daß wir zu fragen gewagt hätten, ob wir nicht auch einmal ans Ruder dürften. Und weder Mike Harrick noch sein Bootsmann forderten uns dazu auf. Heute weiß ich natürlich, daß sie damit eine Falle stellten, in die jeder unerfahrene Chartergast auf der ganzen Welt blindlings hineintappt. Denn über kurz oder lang wird er einmal seine Neugierde nicht mehr bezähmen können und darum bitten, ans Ruder zu dürfen. Meistens wird er diese schwache Minute noch verfluchen, denn von da ab muß er Stunde um Stunde die Suppe auslöffeln, die er sich selbst eingebrockt hat. Rudergehen ist eine stupide und nervtötende Sache. Jeder Skipper ist heilfroh, wenn er einen Dummen findet, der ihm diese notwendige Arbeit abnimmt. Nur eben: Das weiß der dumme Chartergast zu Beginn nicht.

Die noch dümmeren Chartergäste – ich war damals auch so einer – bitten den Skipper, um ja das Leben auf See voll auszukosten, darum, sie nicht als „Gast“ zu betrachten, sondern als ganz gewöhnliches Mitglied der Mannschaft. Auch diese Bitte kennt ein erfahrener Charterskipper längst, denn fast alle seine Gäste haben diese originelle Idee. Scheinbar zögernd wird der Skipper, so auch Fuchs Harrick, den Novizen dann in die Wache einteilen, und dieser wundert sich, wenn er sich, während alle anderen den Schlaf des Gerechten schlafen, nachts allein an Deck, frierend am Ruder wiederfindet.

Alle tappten in die Falle des Mike Harrick, und so geschah es von da an, daß sich Mike Harrick jeden Abend vergnüglich verabschiedete, seine Gäste die Nacht über am Ruder ließ und morgens schön ausgeschlafen wieder nach dem rechten sah. Rückblickend muß ich die Nerven von Mike bewundern, nicht nur Segelanfänger, sondern totale Ignoranten ohne den geringsten Schimmer von Lichterführung und Verkehrsvorschriften eine 20-Meter-Yacht durch die Nacht steuern zu lassen. Aber offenbar wimmelt es auch auf dem Meer von Schutzengeln. Bald lernten wir die echten Vorzüge von Mike Harrick kennen. Neben der Tatsache, daß er stets unerschütterliche Ruhe ausstrahlte - die brauchte er auch noch im Verlauf des weiteren Törns -, war er tatsächlich ein Meister der Küche. Schon vom Aussehen her hätte der Mittags- und Abendtisch, den Mike Harrick im Salon angerichtet hatte, in jedes bessere französische Restaurant gepaßt, wenn er sich nur nicht bewegt hätte.

Er war nämlich kardanisch aufgehängt. Versehen mit schweren Bleigewichten und in der Längsachse gelagert, blieb der Tisch bei leichtem Schaukeln immer waagerecht, gleichgültig, nach welcher Seite die KALINA sich im Seegang legte. Leider ließ unsere Begeisterung für das Essen an diesem Schlingertisch schon nach ein paar Minuten schlagartig nach, wenn wir nämlich jenes flaue Gefühl im Magen verspürten, das recht schnell den Appetit auf grüne Salatblätter in Mayonnaise oder feinste französische Salami mit Paprikaschoten vergehen läßt. Jeder grabschte sich schnell noch ein paar Brote und lud sie auf seinen Teller, bevor er zum Niedergang stürzte und die frische Luft einsog.

Von der Seekrankheit hatten wir schon viel gehört und waren entsprechend mit Tabletten ausgerüstet. Leider haben diese Tabletten recht unangenehme Nebenerscheinungen. Sie machen müde, was die Schiffsbewegungen noch verstärken. Zudem verursachen sie bei den meisten Menschen eine depressive Grundstimmung. Trotzdem sind die Begleiterscheinungen viel leichter in Kauf zu nehmen, als wirklich seekrank zu werden. Davor hatte ich schon immer eine panische Angst, die ich auch später nie mehr abgelegt habe. Heute noch nehme ich zumindest die ersten Tage Medikamente, wenn ich auf einen Törn gehe, obwohl ich mich noch nie in meinem Leben auf einem Schiff habe übergeben müssen.

Auf der KALINA erwischte es einige von uns bereits auf den ersten Seemeilen in Richtung Mallorca, als wir den Löwengolf überquerten. Der Golf von Lion ist eine der sturmreichsten Gegenden der Welt, mit einer Sturmhäufigkeit, die dreimal so hoch ist, wie die der berüchtigten Biskaya. Die sturmreichste Zeit ist neben dem Winter der Frühling, genau die Zeit, als wir uns im Löwengolf befanden. Aber das wußten wir damals nicht. Wir hatten grenzenloses Vertrauen zu „unserem alten Seebären“ Mike Harrick. Er hatte uns nichts davon erzählt, daß es etwas wilder werden könnte.

Rückblickend betrachtet, war es eine recht ruhige Überfahrt. Uns Landratten waren die zwei Meter hohen Wellen, die uns entgegenrollten, und die fünf bis sechs Windstärken schon wie ein kleiner Sturm erschienen. Die KALINA legte sich – diesmal unter Vollzeug – auf die Seite, und bald zeigten sich die Nachteile eines Holzschiffes. Langsam sogen sich die Kojen voll mit Seewasser, das durch die Planken des arbeitenden Schiffes und natürlich durch das leckende Bullauge seinen Weg in die Bettwäsche gefunden hatte. Wir legten uns in die Leekojen, meistens auf den Bauch mit gegrätschten Beinen, was das Herumrollen etwas milderte.

So lauschten wir im Halbschlaf dem Gurgeln des Wassers und blinzelten in das grünliche Dämmerlicht, das durch die halb unter Wasser liegenden Bullaugen drang. In dieser mißlichen Lage befielen uns zum erstenmal Zweifel, ob denn unser Entschluß richtig gewesen war, eine Fahrt auf der maroden KALINA dem Luxus eines guten Hotels mit Swimmingpol und Campari Soda vorzuziehen.

Die Nachtwachen waren alles andere als gemütlich. Einerseits verstärkte sich das Übelsein sofort, wenn man die Koje verließ, andererseits konnte man ohne Ölzeug das Deck nicht mehr betreten, weil pausenlos vom Bug her Gischt über das ganze Schiff flog, wenn die KALINA donnernd gegen die See einstampfte. So quälte man sich in dicken Pullovern in das enge Ölzeug, ungeduldig, weil man genau wußte, daß der Magen höchstens noch Sekunden unter Deck mitmachen und sich erst in der frischen Luft an Deck wieder beruhigen würde. Wenn man sich dann hinter das Rad klemmte und die Augen an der Kompaßnadel festen Halt fanden, kehrte die innere Ruhe wieder ein. Ich begann, *dieses* Segeln langsam wieder zu genießen.

Wie auf der Bühne beleuchtete in der dunklen Nacht das Kompaßlicht das Ölzeuggelb des Steuermanns und des Mannschaftskameraden, der neben dem Rudergänger stand und auf seine Ablösung wartete. Der eiskalte Maestrale brachte die Wangen unter dem Südwester zum Glühen, und die Segel hoben sich deutlich gegen das tiefe Dunkel des nächtlichen Firmaments ab, weil sie von der Gischt angestrahlt wurden, die die KALINA in Form eines weißen Teppichs am Heck zurückließ. Strolchi fiel mir ein: „Das Segeln auf dem Meer ist das Größte."

Dank meiner Tabletten hatte ich auch die Seekrankheit gut im Griff. Ich fühlte mich wieder ganz in Ordnung. Lord Gilsborogh, der mit mir die Wache von Mitternacht bis vier Uhr morgens teilte, gehörte zu den Helden, die nur mit Verachtung auf jene Mitmenschen herabsehen, die nicht einmal stark genug sind, ohne Tabletten gegen die Seekrankheit anzugehen. Ich bin froh über seine Einstellung, denn sie hat mir einen noch tieferen Einblick in englisches Benehmen gewährt als beispielsweise der reizende Film mit Alec Guinness „Adel verpflichtet".

Trotz des schwachen Kompaßlichtes hatte ich schon längere Zeit beobachtet, wie sich das Gesicht des Lord Gilsborogh unter seiner goldbetreßten Seeoffiziersmütze (Südwester war nicht exklusiv genug) verfärbte. Wortlos ging er zum Heck der KALINA, kniete sich auf seine orangeroten Hosen, nahm, wie in der Kirche, die Schirmmütze ab und beugte sich über Bord.

Ganz offensichtlich kotzte der Lord. Ich habe das in meinem Leben schon oft als Zeuge miterlebt. Bei gewöhnlichen Menschen ist dies von einem lauten Stöhnen oder von einem todesschreiähnlichen Gebrüll begleitet. Seine Lordschaft übergab sich jedoch total lautlos, was mich verblüffte. Er setzte sich seine Mütze wieder auf, erhob sich und stakte geraden Schrittes wieder zum Ruderstand, wo er sich neben mich hinstellte, als sei nichts geschehen. Seine rechte Hand steckte er wieder zwischen die Knöpfe seines Ölzeugs und meinte: „Ich habe gerade nach dem Kielwasser gesehen, die KALINA macht gute Fahrt."

In der Tat, wir liefen mit sieben Knoten in Richtung Mallorca. Ich kam mit der Seemannsprache schon ganz gut zurecht. Man hatte mir erklärt, daß ein Knoten eine Meile per Stunde sei, also 1,85 Kilometer. Sieben Knoten waren also etwa 13 Stundenkilometer. Man braucht die Meilen (Knoten) nur zu verdoppeln und etwas abzuziehen, dann kommt man ziemlich genau auf die Stundenkilometer. Die Bezeichnung Knoten kommt daher, daß die Seeleute früher ein Stück Holz mit einer Leine daran über Bord warfen, in die in einem festgelegten Abstand Knoten geknüpft waren. Die Anzahl der Knoten, die in einer bestimmten Zeitspanne von einer Rolle abliefen, ergab dann die Schiffsgeschwindigkeit.

Auf der KALINA benutzte man, wie auf vielen tausend anderen Yachten und auf den alten Rahseglern, den Walker Knotmaster, ein primitives englisches Gerät, das nichts anderes als eine Art Wasseruhr ist, an der eine Leine mit einem Propeller befestigt ist. Der wiederum wird im Fahrtstrom über das Heck nachgeschleppt. Je schneller die Fahrt, desto mehr Umdrehungen im Propeller und damit an der „Wasseruhr", desto mehr zurückgelegte Meilen werden angezeigt. Die Geschwindigkeit selbst kann man nicht ablesen. Aber man kann die Umdrehungen des Propellers im Wasser an einer Schwungscheibe des Anzeigegerätes mitzählen und so mit Hilfe einer Tabelle direkt in Geschwindigkeit umrechnen. Dies wurde während der langen und in der Erinnerung so schönen Stunden auf der KALINA zu unserer Hauptbeschäftigung.

Der frische Wind, der über den Löwengolf pfiff, gab uns die nötige Geschwindigkeit, um nach zwei Tagen vor Mallorca zu stehen. Das heißt, wir befanden uns nicht nur vor Mallorca, sondern wir befanden uns ziemlich genau vor der Hauptstadt von Mallorca, vor Palma, wo wir hinwollten. Wir bewunderten unseren Kapitän Harrick maßlos, weil er es ohne Sextant und nach ein paar Tagen ohne Landsicht geschafft hatte, uns dort hinzubringen, wo wir hin wollten. Daß es eigentlich die selbstverständlichste Sache der Welt war, übersahen wir in unserem Enthusiasmus.

Mike Harrick wurde für uns zum Inbegriff des kühnen Seefahrers, der nicht nur das rechte Feeling (wie seine Lordschaft meinten) für die Navigation hatte, sondern sich auch moderner technischer Möglichkeiten bediente. So hatte er mir auch die erste Funkpeilung, die ich erlebte, demonstriert. Für die Nachrichten befand sich im Salon ein Kofferradio, auf dem eine Scheibe - offensichtlich von Amateurhand - montiert war, die in 360 Grade unterteilt war. Als Mallorca noch im Dunst lag, erschien mit gewichtiger Miene Mike an Deck, stellte den „Funkpeiler" auf das Deckhaus, klemmte einen Draht mit einer Krokodilsklemme an ein Want, legte ein Ohr an den Lautsprecher und drehte die Scheibe so lange, bis die Morsezeichen vom Funkfeuer Palma am lautesten eingestellt waren. Mit zufriedenem Gesicht deutete er zum Bug der KALINA und meinte: „Dort ist Palma." Sprach's, nahm seinen „Funkpeiler" unter den Arm und verschwand unter Deck.

Zwei Tage waren für Palma di Mallorca geplant, aber es sollte ganz anders kommen. Nach einem fürstlichen Abendessen (Mike Harrick kaufte persönlich am Markt ein) holten wir gegen elf Uhr nachts den Anker auf, um nach Ibiza zu laufen, wo wir dann am frühen Morgen anlegen wollten. Mike, der uns gönnerhaft an seiner Erfahrung teilhaben ließ, hatte uns zuvor erklärt, wie spannend es sei, nachts auszulaufen und in das Dunkel der offenen See hineinzusegeln. Aber unter „Spannung" hatte Mike sicher etwas ganz anderes gemeint als das, was wenige Minuten später geschah.

Der Anker war bereits an Deck, und Mike Harrick schob langsam den Gashebel in Richtung volle Fahrt voraus. Gleichzeitig suchte er mit den Augen im Dunkeln nach der Hafenausfahrt, wobei er mit der Hand das blendende Kompaßlicht abschirmte. Roger stand vorne am Bug und versuchte Mike den Weg durch das Lichtermeer zu zeigen.

Wir anderen Mitsegler standen neben Harrick und freuten uns auf das erste Auslaufen bei Nacht. Ich glaubte, rechts voraus ein anderes Schiff zu erkennen, jedenfalls leuchtete dort ein grünes Licht. Soweit war ich schon, daß ich wußte, daß ein grünes Licht auf der rechten Seite und ein rotes Licht auf der linken Seite keine Gefahr bedeuteten. Harrick am Ruder bestätigte meine Meinung, denn er blickte schon wieder geradeaus in Fahrtrichtung. Plötzlich veränderte sich das Licht des anderen Schiffes in ein Rot *und* Grün, was mir zwar auffiel, ohne jedoch eine Signalwirkung auszulösen, wie es heute der Fall sein würde. Vom anderen Schiff her erschollen plötzlich Rufe: „Uno, uno, uno!“ Und wie eine Antwort kam es aus Rogers Mund vom Bug her: „Captain, you are on collision course!“ (Kapitän, du bist auf Kollisionskurs).

Jetzt war der andere schon so nah, daß man ihn gut erkennen konnte. Es war ein Fischer, doppelt so groß wie die KALINA, und sein spitzer Bug wies genau auf uns. Ich lernte Neues: Im Straßenverkehr passiert ein Unfall blitzschnell, es bleibt meist keine Zeit, um richtig zu reagieren. Vor einem Schiffsunfall geht alles sehr langsam, man hat genügend Zeit zur Reaktion. Und trotzdem kommt sie meist zu spät, weil das Schiff zu träge ist.

So war es auch hier. Blitzschnell warf Captain Harrick das Ruderrad nach Steuerbord, um den scharfen Bug des Schiffes nicht in seine Seite krachen zu lassen, sondern möglichst „nur“ einen Frontalzusammenstoß herbeizuführen, was bei zwei Schiffen glimpflich abgehen kann, wenn die beiden Buge aneinander vorbeischrammen. Wie gebannt – so langsam ging das alles – blickten alle nach Steuerbord, wo sich der dunkle stählerne Spriet des Gegners langsam, aber bedrohlich näherte.

Carla ging sogar auf die Steuerbordseite, um alles genau mitzubekommen. Ich riß sie zurück, und dann war der Bug schon über uns. Ich konnte genau beobachten, wie er auf den Besanmast zufuhr, ihn glücklicherweise um 20 Zentimeter verfehlte und anschließend Achterstag und Besanwanten wegrasierte. Der Bug des Fischers rammte unser Heck, Holztrümmer flogen durch die Luft, und ein ohrenbetäubendes Krachen übertönte das Geschrei vom Fischdampfer. Dann war der Spuk schon vorbei, und der Fischer verschwand im Dunkel der Nacht.

Das von der Kompaßlampe geisterhaft erleuchtete Chaos auf dem Achterschiff allerdings erinnerte deutlich daran, daß wir nahe an einer Katastrophe vorbeigegangen waren. Mike Harrick lag unter Holztrümmern am Boden, rappelte sich jedoch gleich wieder hoch. Als er sich verlegen grinsend das Blut von der Stirn wischte, bekam ich so richtig seeräuberromantische Gefühle und glaubte mich auf ein Schiff Seiner Majestät unter Admiral Hornblower versetzt. Ein fürchterlicher Fluch Harricks, in dem er den anderen Skipper der Trunkenheit bezichtigte, rief mich in die Gegenwart zurück.

Glücklicherweise war bei diesem Zusammenstoß niemand verletzt worden, und auch Harricks blutende Schramme erwies sich als harmlos. Während die KALINA mit reduziertem Gas weitertuckerte und Harrick etwas von einem gottverdammten betrunkenen Fischer murmelte, betrachteten wir, so gut es eben bei den Lichtverhältnissen ging, den Schaden. Von der schönen Teakumrandung des Hecks war nicht mehr viel da, und durch die eingedrückten Planken konnte man gut ins Schiffsinnere sehen. Der Besan zitterte bedenklich, nachdem die meisten seiner Stagen, immerhin zehn Millimeter stark, abgerissen waren. Vom Besanbaum war nur noch Kleinholz übrig. Es herrschte ein ziemliches Durcheinander.

Mike Harrick schien das gar nicht richtig zu registrieren. Er hatte sich wieder gefangen und wirkte zumindest nach außen so, als habe er die Situation fest im Griff. Zu unserem ungeheuren Erstaunen machte er es sich wieder am Rad bequem und ging auf volle Fahrt voraus.

Herbert aus Berlin und ich stellten uns etwas abseits und berieten flüsternd, was zu tun sei. Als „gute Deutsche" waren wir natürlich gleich mit dem Begriff „Fahrerflucht" bei der Hand. Das konnte doch nicht möglich sein, daß unser hochgeachteter Skipper sich ganz einfach auf leisen Wellen davonmachte. Wir waren uns darüber im klaren, daß wir energisch auf Harrick einwirken mußten, um ihn zum Umdrehen zu bewegen. Wir verstanden seine Handlungsweise (damals) nicht, denn im Grunde genommen war doch bis auf einen nicht ganz unerheblichen Sachschaden auf der KALINA nicht viel passiert. Nach dem, was wir in den wenigen Sekunden mitbekommen konnten, hatte der andere fast gar nichts abbekommen. Verletzt war bis auf Harrick selbst auch niemand. Warum bloß wollte er abhauen?

Die KALINA war nun wirklich nicht mehr in seeklarem Zustand. Also redeten wir entsprechend auf Harrick ein. Mike kaute auf der Lippe und schien sich seine Entscheidung abzuringen. Nach einigen Minuten des Nachdenkens drehte er zu unserer Erleichterung endlich langsam das Ruder herum, und 30 Minuten später waren wir wieder in der Dunkelheit des Hafens, genau an der Stelle, wo wir zuvor abgelegt hatten.

Als wir am nächsten Morgen den Schaden betrachteten, waren wir uns eigentlich sicher, daß wir uns lediglich einen zusätzlichen Mallorca-Aufenthalt von ein oder zwei Tagen eingehandelt hatten. Aber nach zwei Tagen war bei den Arbeiten noch kaum ein Fortschritt festzustellen, wenn auch zwei Schreiner den ganzen Tag am Heck herumpütscherten. So flossen unsere Urlaubstage dahin, und wir wurden langsam ungeduldig.

Tatsächlich war Mike Harrick aber gar nicht unfroh über den langsamen Fortgang der Arbeit, denn wie wir später erfuhren, hätte er gar nicht das Geld gehabt, die Reparatur sogleich zu bezahlen. Er wartete täglich auf die Anzahlung der nächsten Chartergäste, die er telegraphisch angefordert hatte.

Schließlich war die Arbeit getan, und Mike Harrick mußte erklären, daß wir aus den verschiedensten Gründen nicht auslaufen könnten.

Zu allem Überfluß wurde das Schiff danach noch auf das Werftgelände verlegt – laut Harrick ein wesentlich ruhigerer Platz, aus der Sicht der Werft aber ein sicherer Platz, solange die Rechnung nicht bezahlt war. Den ersten Verdacht schöpften wir beim Essen. Zwar sah der Mittagstisch immer noch so reichhaltig aus wie zu Beginn der Reise, doch die Fleischportionen wurden sichtlich geringer.

Unter den Gästen kam Unmut auf, und man beschloß bei einer „Mannschaftssitzung", den Skipper endlich zur Rede zu stellen. Das aber war leichter gesagt als getan, denn Mike ließ sich ganz einfach bei seinen Gästen nicht mehr sehen. Schon frühmorgens nahm er seine alte Aktentasche unter den Arm und ging mit geschäftiger Miene an Land, angeblich um dort dringende Angelegenheiten zu erledigen. Spätabends, als seine Gäste aufgrund der zollfreien Alkoholika wieder gut in Stimmung waren, kam er zurück und murmelte etwas von einem schweren Tag. Aber so weit konnte es mit den Geschäften nicht hergewesen sein, denn ein paarmal hatten wir ihn an der Bar des königlichen Yachtclubs in Mallorca mit dem damaligen spanischen Thronfolger Juan Carlos zusammensitzen sehen.

Als das in der Mannschaft bekannt wurde, öffnete in seiner Abwesenheit ein neugieriger Gast die schäbige Aktentasche von Mike und fand lediglich einen Pack Prospekte von der KALINA.

Am ungeduldigsten und nervösesten war Herbert, ein Mathematiker aus Berlin, unfähig, sich am Hafenleben zu erfreuen, wo es eigentlich jeden Tag etwas Interessantes und Neues gab. Er war der erste, der den Gedanken von der vorzeitigen Abreise laut aussprach. Mit diesem Wunsch stieß er bei seiner Frau Erika nicht auf Gegenliebe. Er ließ sich anmerken, daß sie seinen Argumenten wenig entgegenzusetzen hatte. Darauf versuchte sie ihn abzulenken und mobilisierte seinen Basteltrieb, das einzige Hobby, das der durchgeistigte Herbert hatte. Über die schlechten Positionslampen, die wahrscheinlich an unserer nächtlichen Kollision schuld waren, hatte sich der Sicherheitsfanatiker schon des öfteren geärgert.

Und so machte er sich eines Tages mit Schraubenzieher und Zange bewaffnet auf die Suche nach Kriechströmen. Er schraubte die Abdeckung zu den Kabelsträngen auf und fand tatsächlich die Zuleitung zu den roten und grünen Lampen. Dem Baujahr der KALINA entsprechend waren die elektrischen Leitungen in einem desolaten Zustand. Die Isolierung aus Gummi – Kunststoff verwendete man damals noch nicht – war zum Teil schon abgebröckelt. Herbert stocherte vorsichtig mit dem Schraubenzieher darin herum, und prompt zischte ihm eine gut 30 Zentimeter lange Stichflamme entgegen. Leichenblaß ließ er den Schraubenzieher fallen.

Als die Schrecksekunde vorüber war, wollte Herbert die Sicherung erneuern. Da gab es jedoch nichts zu erneuern, denn trotz des gewaltigen Kurzschlußstromes, der die bösartige Stichflamme entfachte, war die Sicherung nicht rausgeflogen. Konnte sie gar nicht, denn sie war mit einem dicken Kupferdraht „geflickt". Resigniert legte Herbert sein Werkzeug beiseite und dachte sicher darüber nach, daß es reiner Zufall war, daß die KALINA bei dieser Art von Bordelektrik noch nicht unter unserem Hintern weggebrannt war.

Erika tat uns leid. Sie hatte doch den Herbert mit ihrem Vorschlag nur von seinen Abreiseplänen ablenken wollen und dabei genau das Gegenteil erreicht. Am nächsten Morgen stellten sich Herbert und Erika mit gepackten Koffern Captain Harrick in den Weg. Herbert murmelte etwas von einem Agreement unter Gentlemen, aber Mike Harrick schnitt ihm mit einer Geste, die keinen Widerspruch duldete, das Wort ab: „No discussions about financial questions!"

Sagte es und verschwand – mit seiner Aktentasche unterm Arm.

Als wir uns nach drei Wochen Mallorca schon damit abgefunden hatten, daß unser Chartertörn nicht in Sevilla, sondern eben in Mallorca ein unrühmliches Ende finden würde, kam plötzlich strahlend Mike Harrick den Niedergang herunter und drängte zum Aufbruch, als sei dies die selbstverständlichste Sache der Welt. Am nächsten Morgen liefen wir schon in Ibiza ein, wo wir die ersten Hippies persönlich kennenlernten: eine ganz besondere Art, nämlich langhaarige Yachtleute. Ihre Art zu leben war nicht unattraktiv.

Wir ertappten uns bald bei dem Gedanken, daß es eigentlich nichts Schöneres geben könne, als so ganz ohne Ziel auf einem Schiff herumzusitzen und schon morgens die Rotweinflasche kreisen zu lassen. Plötzlich schien uns das Büroleben in München mit Krawattenzwang und allem ähnlichen Drum und Dran als etwas ganz Absonderliches, und wir fragten uns, wie wir das Leben in der Stadt, eingeengt durch gesellschaftliche Zwänge, bisher überhaupt hatten ertragen können. Was konnte es Freieres geben als jene Leute auf einem Schiff, mit dem man sogar ein so großes Meer wie das Mittelmeer befahren und von Insel zu Insel trampen konnte, ungebunden wie ein Zugvogel sozusagen?

Der Rest der Reise ist schnell erzählt. Mike Harrick segelte an der Costa del Sol entlang, die damals noch nicht durch Abschreibungsgesellschaften zugebaut war, zeigte uns ursprüngliche Dörfer vor den schneebedeckten Hängen der Sierra Nevada, wo er mit seiner Familie jahrelang als Maler gelebt hatte, und besuchte mit uns den Yachthafen Gibraltar.

Ach ja, eine kleine Begebenheit rundet vielleicht das Bild von Mike Harrick ab: Von Gibraltar liefen wir bei herrlichen fünf Windstärken unter Vollzeug hinüber nach Afrika zur spanischen Enklave Ceuta. Als die ganze Schiffsbesatzung dort, auf spanischem Boden, einen Ausflug machen wollte, wurde Mike Harrick von der Polizei wieder aufs Schiff zurückgeschickt und ihm strikt verboten, es zu verlassen. Warum? Mike Harrick hatte schon seit langem in Spanien Einlaufverbot; das war auch der Grund, warum er in Mallorca nach unserem Unfall wegen befürchteter Schwierigkeiten mit den Behörden nicht zurückwollte. Bill erzählte uns auch, warum Harrick des Landes verwiesen worden war. Da war so eine lächerliche Bagatelle mit 4000 Flaschen Whisky an Bord ...

Ja, Mike Harrick war wirklich an der ganzen Küste bekannt.

Den Guadalquivir erreichten wir zwar nicht, aber immerhin Cadiz am Atlantik, von wo es dann per Taxi zum Flugplatz nach Sevilla ging. Als wir etwas schmuddelig, ich mit langem Seemannsbart, unsere Seesäcke am Zoll vorbeischleiften, fragte uns der Beamte: „Ist das Ihre persönliche Habe?“ Irgendwie machte mich diese Frage ganz heiter.

Unseren Vercharterer Robert Werner rief ich an und erklärte ihm wahrheitsgemäß, daß wir den schönsten Urlaub unseres Lebens hinter uns hätten. Erleichtert legte er die Karten auf den Tisch und erzählte uns jetzt offen und ehrlich, daß wir seine ersten Chartergäste gewesen seien, und lud uns zum Essen ein. Als wir an diesem feuchtfröhlichen Abend unsere Erlebnisse zur großen Heiterkeit der Gäste zum besten gaben, griff unser Gastgeber ins Bücherregal, nahm ein kleines Buch heraus und meinte: „Eure Geschichte ist nicht neu. Hier hat der holländische Schriftsteller Jan de Hartog fast die gleiche Begebenheit geschildert, als ein Kapitän aus dem hohen Norden, der in seinem Beruf auf den korrekten Seefahrtsschulen eingewiesen wurde, zum erstenmal die Ausfahrt einer Mittelmeeryacht mit einer Besatzung beschrieb, die halt ebenso alles ziemlich locker nahm und mit dementsprechend vielen Kinken in der Schiffsführung zu kämpfen hatte.“ Robert Werner las die zwei, drei Seiten aus dem Büchlein vor, und tatsächlich war es fast so, als würden wir unseren Lord in den orangeroten Hosen, Roger und vor allem Mike Harrick wiedererkennen.

Der Titel des Buches hieß „Thalassa“.

Thalassa entsteht

Uns war klargeworden, daß wir ein neues Schiff brauchten. Der Schiffsname stand schon fest, und zwar als allererstes. Natürlich sollte er THALASSA lauten. Nicht, daß unser GAMMLER kein gutes Schiff gewesen wäre. Er war ein schneller Jollenkreuzer, und wir verdankten ihm einen wunderbaren Segelurlaub am Plattensee, wo wir – das war uns wichtiger als die Segeleigenschaften – unzählige gemütliche Abende im Hafen verbracht hatten. Carla vermochte angesichts ihrer Koch- und Improvisationskünste trotz unseres einfachen Spirituskochers stets einen abwechslungsreichen, ja geradezu kulinarischen Speisezettel zu gestalten. Daß keine Toilette an Bord war, sondern nur ein Eimer, konnte unsere Begeisterung für die „Seefahrt" nicht mindern.

Ein Jollenkreuzer ist ein Schiff mit Kajüte. Es hat keinen Ballast, sondern nur ein Schwert, das zur Verbesserung der Segeleigenschaften ausgefahren wird. Ein tüchtiges Schiff für einen Binnensee. Auf dem Meer hätte eine solche Yacht nichts zu suchen, denn unter besonders schlechten Bedingungen könnte sie auch kentern. Wir sind mit dem GAMMLER zwar nie in diese Gefahr gekommen, doch es war eben *möglich.* Und das brachte eine ganze Reihe von Einschränkungen mit sich. So konnten wir keine Wertsachen mitnehmen, und Ersatzausrüstungsgegenstände für den Notfall mußten in wasserdichten Behältnissen gestaut werden.

Genaugenommen war GAMMLER nur bewohnbar, wenn es nicht regnete. Denn ein Jollenkreuzer hat keine selbstlenzende Plicht, das heißt, Wasser, das einmal überkommt und ins Schiffsinnere gelangt, bleibt auch dort. Auf einer hochseetüchtigen Kielyacht kann Wasser im Cockpit zumindest durch die sogenannten Lenzrohre wieder abfließen. Im Hafen mußte eine Persenning über den ganzen Jollenkreuzer gezogen werden, wodurch die Frischluftzufuhr unterbunden wird. Damit ist die Bewohnbarkeit ganz erheblich beeinträchtigt.

Auch sonst ist ein Jollenkreuzer für die offene See ungeeignet. Sein Boden ist viel zu flach. Er würde sich im Seegang immer wieder feststampfen, was nicht nur extrem ungemütlich wäre, sondern auch die Fahrt erheblich herabsetzen würde.

Wir konnten es drehen und wenden, wie wir wollten: Der naturholzlackierte GAMMLER war für das größte Abenteuer, das Segeln auf See, nicht geeignet.

Schiffskauf – das unterscheidet sich vom Erwerb eines Autos nicht nur hinsichtlich des Kaufgegenstandes. Denn zumindest hat man schon ein gewisses Bild von dem Wagen, der zu einem paßt, der die Bedürfnisse am besten erfüllen kann und der vor allem vom Preis her in Frage kommt. Bei einem Schiffskauf ist das ganz anders. Diese Erfahrung mußten auch wir erst im Laufe der Zeit machen. Beim Segeln stimmt nämlich die Phantasie mit der Wirklichkeit nie überein.

Der Schiffskauf ließ sich zunächst ganz einfach an. Aus dem Anzeigenteil der „Yacht“ suchte ich mir ein paar Adressen von Werften und Verkäufern heraus und bat auf einer Postkarte um Unterlagen. Zwei antworteten. Vielleicht glaubten die anderen, aus der Postkarte schließen zu können, daß bei mir nichts zu holen sei.

Und in der Tat: Wir wußten zu jener Zeit noch nicht, wie wir ein seegehendes Schiff überhaupt bezahlen sollten. Ich kann mich noch sehr wohl an eine Frage von Carla erinnern: „Kannst du mir sagen, wie wir jemals 40000 Mark für so ein Schiff zusammenbringen wollen?“

Nein, das konnte ich damals nicht. Aber ich hatte gelernt, daß ein Törn selbst über 1000 Seemeilen stets mit der ersten Meile beginnt, auch dann, wenn das Ziel jenseits eines Meeres unsichtbar hinter dem Horizont liegt. Also blätterte ich die wenigen Prospekte mit Begeisterung durch und kümmerte mich recht wenig um die Preise. Ein großer Batzen würde sicher durch den Verkauf von GAMMLER zusammenkommen. Wenn ich damals freilich geahnt hätte, wie schwierig ein Schiffsverkauf sein kann, wäre der Plan, ein anderes Schiff anzuschaffen, möglicherweise wieder gestorben.

Den Weg zu einem neuen Schiff eröffnete mir ein schöner glänzender Prospekt. Darin wurde allein die Schale angeboten, die dann schrittweise auszubauen war. Diese Broschüre hatte es mir überhaupt angetan, und zwar wegen der übersichtlichen Pläne des kompletten Schiffes. Da konnte man sich so richtig vorstellen, wie man abends gemütlich am Tisch sitzt, sich beim Licht seiner Petroleumlampe unterhält, Musik hört oder ein Buch liest, während draußen das Schiff seinen Weg durch die aufgewühlte See sucht. Auch eine Dusche war in den Plan eingezeichnet, ein Detail, das letztlich wahrscheinlich den Ausschlag für die Wahl gerade dieses Schiffes gab. Den möglichen Segeleigenschaften oder gar dem „Deckslayout“ (ein Wort, mit dem man gegenüber einem dummen Schiffskäufer immer Eindruck schindet, wenn es gilt, ihm sein Geld aus der Tasche zu ziehen) widmete ich kaum Aufmerksamkeit, denn mir fehlte jegliche Sachkenntnis. Letztendlich bin ich auch heute noch der Meinung, daß es ohnehin kaum jemanden gibt, der aufgrund von Plänen zuverlässige Schlüsse hinsichtlich der Segeleigenschaften ziehen kann. Ein Schiffskauf ist reine Glückssache. Und wir hatten Glück, allerdings im Unglück.

Wir besuchten also die Werft in Norddeutschland. Wie allen Neulingen erging es auch uns: Bei dem Wort „Werft“ dachten wir natürlich an Fabrikhalle, Fließbandarbeit, Auslieferungslager und so weiter. Zu unserer Überraschung war aber alles ganz anders: viel, viel kleiner und mickriger, aber auch heimeliger, wärmer und persönlicher.

Über Nacht fuhren wir mit dem Zug Richtung Norden. Um acht Uhr früh standen wir leicht fröstelnd im Büro der Werft, wo ein rotglühender Kohleofen vor sich hinbullerte und die Sekretärin uns einen Kaffee aufbrühte. Er war der erste von vielen hundert, die wir noch in den behelfsmäßigen Büros von Schiffswerften trinken sollten. Dieses hier war klein und eng, und doch glaubte man den Duft der großen weiten Welt zu spüren, wenn man die vergilbten Risse an den Wänden betrachtete, die Halbmodelle, die unbeachtet in der Ecke lagen, oder die lieblos an die Wand geklebten Schwarzweißfotos von Yachten unter Segel, im Bild in ausgeblichener Tintenschrift die Schiffsbeschreibung oder ein Autogramm.

Der Werftbesitzer, ein schlanker, etwa 45jähriger Mann, dem es gelang, bereits in den ersten fünf Minuten so nebenbei ins Gespräch einfließen zu lassen, daß er zum Ende des Zweiten Weltkrieges hin noch U-Boot-Kapitän geworden war, hatte uns sofort für sich eingenommen. Herr Maller hatte so die richtigen Sprüche drauf, um seine Sachkenntnis von der Segelei erkennen zu lassen und den Kunden glauben zu machen, daß auch dessen dümmste Frage den Anstoß zu einer Idee geben würde, die mit Sicherheit in den nächsten Neubau integriert würde. Wir Landratten liefen ihm sozusagen voll ins Messer.

„Sie werden staunen, welch ein günstiges Angebot ich Ihnen machen kann, wenn Sie auf jeden Firlefanz verzichten und sich auf das seemännisch Notwendige beschränken." Natürlich war es genau das, was wir wollten: Sicherheit nämlich und keine Ausrüstungsgegenstände, die wir uns sowieso nicht leisten konnten und die - das weiß ich jetzt - ohnehin ständig Anlaß zu Ärger gegeben hätten. Aber dieses Urteilsvermögen fehlte uns damals noch völlig. Auf meinen Vorschlag hin, auf ein Zehn-Meter-Schiff gleich zwei Masten zu setzen (damit es mehr nach einem richtigen Segelschiff aussah), zuckte Herr Maller nur kurz, hatte sich aber sofort wieder voll in der Gewalt: „Das ist eine ganz ausgezeichnete Idee, die ich sofort morgen mit dem Konstrukteur besprechen werde."

Heute kann ich beurteilen, daß Herr Maller uns bestimmt nicht hereinlegen wollte. Vielmehr hatte er uns ganz hervorragend beraten, allerdings immer unter der Prämisse: „Zunächst muß ich sie soweit bringen, daß sie ein Schiff kaufen. Dann machen wir das Beste daraus."

Herr Maller setzte sich an eine klappernde Additionsmaschine und begann die einzelnen Posten zusammenzurechnen. Bei der Schale setzte er den ersten fünfstelligen Betrag ein: 16000 DM. Anschließend kam das Kleinzeug: Echolot, Anker, Kette, Kocher, Radsteuerung (die, wie ich mir eingebildet hatte, ebenso wie die zwei Masten unwahrscheinlich nach Schiff ausschaute), Kompaß und Radio. Langsam näherte sich das Ganze der 20000-Mark-Grenze.

Dann die Maschine: 5000 DM. „Unverständlich", dachte ich, wo doch ein VW-Austauschmotor nur 450 DM kostet.

Bald war auch die 30000-Mark-Grenze überschritten.

Dann wieder ein Hammer: Der „Holzausbau" schlug mit schlichten 15000 DM zu Buche.

Jedenfalls, am Ende signalisierten nüchterne 56000 DM auf dem weißen Papier das Ende unserer Yachtträume.

Aber Herr Maller gab sich nicht geschlagen. „Sie sind noch so jung, Sie könnten doch die Schale selbst ausbauen oder bei einem kleinen Handwerksbetrieb ausbauen lassen!"

Da sah die Rechnung schon ganz anders aus: Schale 16000 und Deck 6000 DM, zusammen also 22000 DM. Das andere konnte doch unmöglich so teuer sein.

„Ich zeige Ihnen einmal so ein paar Schalen."

Wir betraten die Werfthalle. Der typische Polyestergeruch zog uns in die Nase.

Der Geruchssinn des Menschen registriert und assoziiert bedeutend intensiver, als man gemeinhin glaubt. Sobald ich heute frisches Polyesterharz rieche, erscheint vor meinem geistigen Auge ein riesiger Saal mit einer Reihe größerer Yachtrümpfe, die so hoch aufragen, daß sie den Dachfenstern zum Teil das Licht rauben. Wenn eine Yacht im Wasser liegt, wirkt sie nicht halb so mächtig, weil das ganze Unterwasserschiff nicht sichtbar ist. In der Halle aber, wo die Größenverhältnisse durch das Dach und das spärliche Licht, das durch die Fenster dringt, ohnehin verfälscht werden, erscheinen die unfertigen Yachten wie eine Herde riesiger weißer Elefanten.

Herr Maller sah mich an und wartete auf meine Reaktion, denn wie sich später herausstellte, war er ein guter Menschenkenner und wußte natürlich genau, daß ich von Schiffen nicht die geringste Ahnung hatte. Auf seinen fragenden Blick hin hatte ich das Bedürfnis, unbedingt etwas ganz Fachmännisches von mir zu geben, und meinte: „Ja, jetzt, wo ich das Unterwasserschiff sehe, weiß ich erst, was das für eine schnelle Yacht ist."

Mir schien es, als ob Herr Maller leise lächelte. Wahrscheinlich deshalb, weil bei einer solchen Gelegenheit von Laien häufig derart einfältige Bemerkungen gemacht werden.

„Wollen Sie ins Innere sehen?" Über eine schwankende Leiter kletterten wir hinauf und standen auch sogleich auf ein paar Brettern, die über die leere Schale gelegt waren. Von hier aus sah man erst, wieviel Platz in einer solchen Zehn-Meter-Yacht war. Ohne Einbauten wirkte die nackte Schale wie ein riesiges leeres Faß. Der Betrachter in der Halle bekommt den Eindruck der absoluten Sicherheit vermittelt. Es ist kaum vorstellbar, daß ein so großes Schiff bei stürmischer See hilflos zum Spielball der Wellen wird, ja, sich in den menschenfeindlichen Regionen der stürmischen Westwinde um Kap Hoorn sogar überschlagen kann.

Wir waren beeindruckt, von der Stärke der Schale, von der Einfachheit des Ausbaus und natürlich von Herrn Maller, der immer wieder – sehr dezent zwar, aber regelmäßig – auf seine Marinevergangenheit hinwies. Als richtig patent empfanden wir ihn, weil er uns gleich mit Tips versah, wie wir den eigenen Ausbau der Yacht preiswert gestalten könnten.

„Sehen Sie, Sie benötigen etwa zwei bis drei Tonnen Blei für den

Ballast, das sind 2000 bis 3000 Kilogramm. Ein Kilogramm Blei kostet vier Mark, macht zusammen etwa 10000 DM. Wenn Sie aber in irgendwelche Installationsgeschäfte gehen und dort nach Altblei fragen, so bekommen sie das Kilogramm schon für eine Mark. So schnell haben sie 7000 oder 8000 DM gespart."

Das war wirklich einleuchtend, und plötzlich zeichneten sich durchaus realisierbare Finanzierungsmöglichkeiten ab.

Rückblickend war es eigentlich die mutigste Tat in meinem ganzen Seglerleben, dieses Schiff zu bestellen. Denn nüchtern betrachtet hatten wir damals keine Möglichkeit, es aus eigener Kraft zu finanzieren. Hinzu kam, daß wir nicht wußten, ob unsere handwerklichen Fähigkeiten ausreichen würden, es auszubauen. Noch dazu verfügten wir nicht über die seemännischen Fertigkeiten, um einen solchen Ausbau überhaupt beurteilen zu können. Und wo die THALASSA einmal liegen sollte, stand auch noch in den Sternen. Für den Waginger See war sie jedenfalls viel zu groß, schon aufgrund ihres Tiefgangs von über 1,5 Meter. Ja, wir hätten sie dort nicht einmal zu Wasser lassen können mangels Slip oder Kran. Am benachbarten Chiemsee gab es einen Slip, der die sechs Tonnen der THALASSA dann später verkraftete.

In unserer ersten Begeisterung sahen wir diese Probleme nicht, sondern begannen, den Innenausbau vorzubereiten. Dann aber erlebten wir die erste herbe Enttäuschung, die uns glücklicherweise auf den Boden der Tatsachen zurückholte.

Entsprechend dem Rat von Herrn Maller wollten wir schon einmal Bleivorräte für den Ballast der THALASSA kaufen. Zu diesem Zweck hatten wir uns einen Korb besorgt und betraten hoffnungsfroh ein Installationsgeschäft. „Nein, derartige Abfälle gibt es bei uns nicht", erklärte uns der freundliche Verkäufer.

Im nächsten Geschäft erging es uns nicht viel besser, und als wir am Abend in unseren Korb sahen, lag dort ein einziges, vielleicht zehn Zentimeter langes Bleirohr, sicher nicht viel schwerer als ein Kilogramm. Es war allerdings kostenlos, denn der Verkäufer hatte so viel Mitleid mit uns, daß er es uns geschenkt hatte. Es war nicht schwierig, eine überschlägige Hochrechnung anzustellen, wieviel Jahre wir brauchen würden, um drei Tonnen Blei für unsere THALASSA zusammenzubringen. Fazit: Sie verteuerte sich schon wieder um rund 8000 DM.

Die gute Seite an dieser Episode war die Einsicht, daß uns zum Selbstausbau nicht nur die handwerklichen Fähigkeiten und die seemännischen Kenntnisse fehlten, sondern ganz einfach auch das Vermögen zu organisieren, zu improvisieren und hart durchzuhalten.

Wir fuhren nach Waging, wo wir inzwischen unseren GAMMLER an einen Holzbootliebhaber verkauft hatten, und klagten dem Moser Fredl unser Leid. Ganz vorsichtig fragten wir an, ob er uns nicht die Schale ausbauen könne. Wir hatten den Moser Fredl als herzensguten, jedoch zur Unzeit auch recht rauhen Zeitgenossen kennengelernt, erwischten ihn aber glücklicherweise in seiner zugänglichen Phase. Ohne lange zu überlegen erklärte er, daß er den Ausbau des Schiffes in Waging übernehmen würde. Über das Finanzielle könne man noch reden, meinte der Fredl großzügig.

Von diesem Augenblick an drehte sich unser ganzes Leben eigentlich nur noch um die THALASSA. Wir hängten große Pläne von ihr ins Wohnzimmer, wälzten Kataloge, riefen bei anderen Seglern an und baten um Tips für die Ausrüstung, feilschten mit Ausrüstungsfirmen um größere Rabatte und orderten schon einmal Kompaß, Echolot und die komplette Maschinenanlage mit dem Vermerk: „Nach Waging zum Moser senden."

An einem Maiabend erhielt ich dann endlich den ersehnten Anruf von Herrn Maller. Schale und Deck seien fertig, und das Ganze würde am nächsten Tag zur Bahnstation gebracht.

Ein Telefongespräch mit der Bootswerft Moser ließ mich dann fast vom Stuhl fallen. Ich hatte den Fredl diesmal bedauerlicherweise in seiner ruppigen Phase erwischt. „Ich werde euch das Schiff nicht ausbauen."

„Warum?"

„Weil i net mog."

Diese Begründung ist unter Bayern die härteste Form der Ablehnung; ich wußte sofort, daß es sinnlos war, ihn umstimmen zu wollen. Immerhin hatten wir das Glück, daß wir gerade noch rechtzeitig davon erfuhren, denn schon am anderen Morgen wäre die THALASSA auf einem Güterwaggon in Richtung Bayern gerollt. So konnte ich das Ganze stoppen. Ich brauchte Herrn Maller nicht lange zu überreden, das Schiff auszubauen. So sparsam wie möglich, versteht sich. Die Eltern hatten sich bereit erklärt, uns etwas unter die Arme zu greifen.

So schien der Fertigstellung der THALASSA nichts mehr im Wege zu stehen. Wir besuchten die weiße Kunststoffschale mehrmals in der Lübecker Werft, planten mit Herrn Maller den Innenausbau, dirigierten den riesigen Dieselmotor, der beim Moser Fredl am Waginger See stand, nach Norddeutschland um und freuten uns auf unsere ersten Segeltage. Wir hatten ein Fotoalbum mit der Aufschrift „THALASSA“ angelegt und beklebten die ersten Seiten mit Vergrößerungen unserer halbfertigen Yacht, die unser Leben so sehr verändert hatte – und die wir doch niemals segeln sollten.

Der Liefertermin rückte langsam näher. Unsere Anrufe in der Werft wurden spärlicher, nachdem wir aufgrund unseres zwischenzeitlich recht herzlichen Kontaktes zu Herrn Maller davon überzeugt waren, daß schon alles in Ordnung gehe. Eines Tages fiel Carla ein, doch einen anderen Gardinenstoff zu wählen, und sie rief in der Werft an, erwischte aber nur die Sekretärin. Ahnungslos meinte Carla, sie hätte sich jetzt doch für grüne Gardinen entschieden.

„Grüne Gardinen?“ echote die Sekretärin. „Ja, wissen Sie denn nicht?“ Wir wußten nichts. „Die Werft ist vor drei Wochen mit allen Schiffen abgebrannt.“

Kurze Zeit danach hatte ich Herrn Maller an der Strippe: „Selbstverständlich bekommen Sie sofort Ihr ganzes Geld zurück.“

Zehn Stunden später saß ich Herrn Maller in seinem Büro in Lübeck gegenüber. Er beteuerte nochmals: „Selbstverständlich bekommen Sie Ihr ganzes Geld zurück.“ Das beruhigte mich, aber er fuhr fort: „Natürlich nicht gleich, denn erst muß die Versicherung zahlen.“

Als ich Herrn Maller unmißverständlich drängte, legte er seine Stirn in Falten und spielte seinen stärksten Trumpf aus. „Genügt das Wort eines deutschen Seeoffiziers nicht mehr?“

„Bei 45 000 Mark nicht“, erwiderte ich verbittert.

Was zunächst wie eine Katastrophe ausgesehen hatte, erwies sich als Glücksfall. Herr Maller konnte tatsächlich zunächst nichts zurückzahlen, weil die Versicherung sich bis zur endgültigen Klärung der Brandursache weigerte, auch nur einen Pfennig zu bezahlen. So fragte ich verzweifelt einen Käufer des gleichen Schiffstyps, dessen Yacht gerade noch rechtzeitig vor dem Brand übergeben worden war, wieviel er der Werft noch schulde. Das war ein ganz schöner Batzen. Ich vereinbarte mit ihm, daß er mir sein Schiff zum Neupreis überließe. So hatte zwar die Werft eine erhebliche Forderung an mich als neuen Schiffseigner, ich jedoch konnte meine Forderung gegenrechnen und so einen großen Betrag des Geldes „retten“, wie ich damals glaubte. Zur Ehre von Herrn Maller ist festzuhalten, daß die Versicherung dann doch den gesamten Betrag ausbezahlte.

Wir waren jetzt - fast über Nacht - Besitzer eines nagelneuen Schiffes, der KIMM, geworden. Schon nach einigen Tagen teilte man mir telefonisch mit, die Yacht sei am Bahnhof in Prien angekommen, und man wäre gerade dabei, sie zum See zu transportieren. Kaum eine Stunde brauchten Carla und ich mit dem Auto, bis wir von München aus Prien erreichten. Als wir in die Straße hinunter zum See fahren wollten, gerieten wir in einen Stau. Uns schwante nichts Gutes, als Polizisten uns weiterwinkten. Nach der nächsten Kurve sahen wir das Hindernis: Quer zur Straße stehend, blockierte die KIMM den gesamten Verkehr. Was war geschehen?

Nachdem das Schiff vom Eisenbahnwaggon abgeladen worden war, stand nur ein kleiner Traktor zur Verfügung, um die sechs Tonnen schwere Yacht auf dem Slipwagen zum See zu transportieren. Diese sechs Tonnen waren für den Traktor eine Nummer zu groß. An einer leicht abschüssigen Stelle begannen sie zu schieben, drückten den Traktor zur Seite und knickten die Deichsel. Der Fahrer suchte sein Heil in der Flucht. Die KIMM setzte ihren Weg alleine fort. Gott sei Dank hielt der führungslose Slipwagen die Richtung zum See nur ein paar hundert Meter bei, stellte sich dann quer und kam vor einer Mauer zum Stehen. Wie durch ein Wunder erlitt das Schiff nicht den geringsten Schaden. Uns kam der Gedanke, daß die KIMM offensichtlich wenig Neigung zeigte, ihr Dasein auf einem Binnengewässer zu fristen.

Durch diesen Zwischenfall war nur wenig Zeit für Stapellauf und Schiffstaufe übriggeblieben. In einem nahegelegenen Kolonialwarengeschäft wurde noch schnell eine Flasche „Henkel trocken“ gekauft, und als die KIMM auf dem Slipwagen langsam in das Wasser des Chiemsees rollte, folgte ihr Carla voller Stolz und rief, den schneeweißen Rumpf besprühend: „Ich taufe dich auf den Namen THALASSA!“

Lehrjahre

Es begannen zwei schöne Lehrjahre am Chiemsee. Lernen auf was? Ja, das wußten wir selbst nicht. Auf die Frage mancher Leute, was wir denn mit diesem Riesenkahn auf dem Chiemsee wollten, hatten wir keine Antwort. Wir träumten zwar vom „Größten", dem Segeln auf dem Meer, der Weg dorthin aber lag für uns damals noch völlig im Ungewissen.

Zwischenzeitlich hatten wir uns, wie es wohl jeder Segler tut, eine ansehnliche Fachbibliothek zugelegt und lasen in unserer Freizeit eigentlich nichts anderes mehr als Segelbücher. Mir hatte es besonders der englische Schriftsteller Eric Hiscock angetan. Er war mit seiner Frau schon einmal um die Welt gesegelt – ein hervorragender Fachmann also, der seine reichen Erfahrungen in bestechend anschaulicher Form zu Papier gebracht hatte. Bücher deutscher Autoren (die meisten stammten von der Küste) lagen mir dagegen weniger. Es wimmelte darin nur so von gescheiten, aber unverständlichen Fachausdrücken, von Belehrungen, Vorschriften, komplizierten Formeln und von Hinweisen auf gutes Benehmen an Bord, wie etwa, daß die Fahne (pardon, die „Flagge") auch ja an der richtigen Stelle auf dem Schiff gefahren werde, daß an Bord nicht gepfiffen werden dürfe (warum eigentlich nicht?) und daß die Kleidung auf Segelyachten selbstverständlich in den Farben Weiß und Dunkelblau zu sein habe.

Dagegen fand Eric Hiscock, ein Gentleman gesetzten Alters, nichts dabei, sich barfuß und in Bermudashorts abbilden zu lassen. Mir gefiel Eric besser, er konnte im Gegensatz zu den meisten anderen Autoren auf großartige eigene seglerische Leistungen verweisen. Seine Bücher las ich nicht nur einmal. Und auch heute noch, nach vielen Jahren eigener Erfahrung, könnte ich ihm kein einziges unrichtiges oder auch nur ungenaues Detail nachweisen.

Eine der Farbaufnahmen in Erics Büchern aber sollte unser Leben verändern. Sie zeigt eine Yacht vor Buganker und zu Palmen am Ufer ausgebrachten Trossen auf smaragdgrünem Wasser. Im Hintergrund ein steil aufragender, felsiger Berg, der im Segelhandbuch mit einem Tigerzahn verglichen wird. Unverkennbar eine Südseebucht, dieses wahrscheinlich meistfotografierte Motiv in Weltumseglergeschichten: die Robinsons Cove auf Moorea. Immer häufiger stellten wir uns die Frage: „Warum segeln wir nicht nach Moorea, wir haben doch eine Yacht?“

Der flüchtige Gedanke verdichtete sich. Ich bestellte bei einem Mastenbauer die Grundausrüstung für Passatsegel. Passatsegel sind zwei gleiche Vorsegel, die auf den langen Strecken der Passatwinde gefahren werden, um die Selbststeuereigenschaften der Yacht zu verbessern. Für einen See sind sie vollkommen ungeeignet, weil man, bevor sie aufgeriggt sind, schon am anderen Ufer angelangt ist und sie zudem nur auf einem bestimmten Kurs gefahren werden können.

Ohne lange zu beraten oder darüber zu sprechen, erwarb ich bei einer Düsseldorfer Firma eine Selbststeueranlage jenes Typs, den Eric Hiscock auf seiner Reise benutzt hatte. Auch eine solche Anlage ist auf einem See nicht sehr sinnvoll, weil die gleichmäßigen Winde fehlen, die ihre einwandfreie Funktion erst ermöglichen. Und schließlich orderte ich einen Funkpeiler, der ebenfalls auf einem Binnensee nicht eingesetzt werden kann, weil es dort keine Funkfeuer gibt.

Ehe ich mich versah, war die THALASSA hochseetüchtig ausgerüstet.

Wir konnten keine begründete Auskunft geben, wenn uns irgendein Neugieriger fragte, warum wir am Mast plötzlich Beschläge für Passatsegel hätten. Denn für eine große Reise, möglicherweise über viele Jahre, fehlten uns die Voraussetzungen. Unsere THALASSA hatten wir so gerade eben noch bezahlen können. Von was wir aber während einer mehrjährigen Abwesenheit von Deutschland leben wollten, hätten wir nicht erklären können. Und die seglerischen Fähigkeiten fehlten uns auch; das war mir bewußt.

Das Bild von Moorea lockte indessen, und fast unbewußt trachteten wir danach, nicht nur das Schiff seeklar für die Welt herzurichten, sondern auch selbst das notwendige Rüstzeug zu erwerben, um mit einer Segelyacht umgehen zu können.

Ich kann mir selbst heute noch keine besseren Lehrer vorstellen, als ich sie damals am Chiemsee gehabt habe. Es muß schon so gewesen sein, daß wir einen Segelschutzengel hatten, der uns immer genau das Richtige tun ließ. Vielleicht hatte auch Eric Hiscock seine Hand mit im Spiel, denn er wies mir in seinen Büchern den Weg, vorbei an Blazern, Prinz-Heinrich-Mützen und Vorschriften über Yachtgebräuche, die mir die salzige, fischige Seeluft nur vermiesen.

Und wenn ich nach meinen Segellehrern gefragt werde, so nenne ich ohne zu zögern zwei Leute vom Chiemsee, den Holmy Lex und den Karl Sailer.

Holmy lernte ich auf eine Weise kennen, für die ich mich später noch häufig schämte. Damals waren Bojen und Liegeplätze am Chiemsee schon äußerst rar. Man käme nur durch Beziehungen daran, erzählte man sich. Der zuständige Oberfischer, der alte Lex von der Fraueninsel, sei für die Vergabe zuständig, und man müsse sich bei ihm halt etwas einschmeicheln. Das ginge am besten, wenn man deutlich zum Ausdruck brächte, daß man kein „Zuagroaster" sei, sondern eben ein richtiger Bayer.

Also machten wir uns auf den Weg zur Fraueninsel, und ich bat Carla, ja ihren Mund zu halten, weil sie als gebürtige Pommerin den Gesamteindruck von uns sicher nur in Frage stellen würde. In breitestem Bayerisch begrüßte ich Herrn Lex. Der Vertreter der Binnenfischer am Chiemsee jedoch erwies sich keineswegs als so primitiv, wie ich ihn nach dem Geschwätz eingeschätzt hatte.

Herr Lex - über siebzig, wie ich später erfuhr, denn sein hohes Alter sah man ihm nicht an - betrachtete mich mit klugen, gütigen Augen forschend. Er durchschaute mich sofort, fragte dann aber nach unserem Schiff. Seine Bemerkungen verrieten großen Sachverstand. Er erzählte uns, daß er bereits vor dem Kriege die bekannten Schärenkreuzer nicht nur am Chiemsee, sondern auch am Bodensee zum Sieg in großen Regatten geführt habe.

Mit seinem Fischerboot, einem langen, hochbordigen Kahn, kam er heraus zur THALASSA, die vor der Insel vor Anker lag, und betrachtete sie fachmännisch. Wir faßten Vertrauen zu diesem freundlichen Herrn und erzählten ihm von unserer Unerfahrenheit. Er beschwichtigte uns und meinte, das Leben auf einem Schiff beginne mit dem richtigen Gehen an Bord. Das hatte ich noch nirgendwo gelesen oder gehört. Er sagte das so nebenbei, ohne zu belehren, er, der ein Leben lang auf dem Wasser zugebracht hatte, wenn auch „nur" auf einem Binnensee.

„Das Gehen und Laufen auf einem Schiff ist ganz einfach. Man darf nie, auch nicht für eine Sekunde, die Knie durchdrücken." Dieser Rat erstaunte mich außerordentlich, hatte ich doch von einem Fischer, der so lange schon in der Auseinandersetzung mit der Natur lebte, etwas Komplizierteres erwartet. Nicht so etwas, das offensichtlich deshalb nicht in meinen gescheiten Büchern erwähnt war, weil es zu primitiv schien. Und trotzdem war es der Tag, an dem ich lernte, mich auf meiner THALASSA auch in starkem Seegang und bei Sturm sicher zu bewegen.

Vater Lex registrierte natürlich meinen etwas zweifelnden Gesichtsausdruck und fuhr ernsthaft fort: „Schauen Sie, weil ich dies mein Leben lang beherzigt habe, kann ich mit meinen zweiundsiebzig Jahren jetzt auf der Kante dieses Kahns freihändig vom Heck bis zum Bug vorlaufen."

„Nein, nein, bitte nicht, ich glaub' Ihnen auch so!" Natürlich glaubte ich dem freundlichen Herrn nicht, ich wollte ihn nur vor einem Sturz bewahren. Ich wußte, daß eine Chiemseeplätte wie sein Kahn gerade ihrer Rankheit und Schlankheit wegen ein reichlich wackeliges Ding ist, bei dem man nur in der Mitte stehen darf, sonst kentert der ganze Apparat. Als Wasserskifahrer waren mir zudem Balancierkünste auf Brettern im Wasser nicht fremd. Auch deshalb hatte ich gelinde Zweifel daran, ob Herr Lex in der Lage sein würde, uns sein Kunststück erfolgreich vorzuführen.

Der alte Herr ließ sich nicht abhalten, ging zum Heck, schob den Kahn etwas von der THALASSA weg, und ehe wir uns versahen, hatte er - tripp, tripp, tripp, tripp, tripp - die ganze Länge vom Heck bis zum Bug der Plätte freihändig auf der ganzen eineinhalb Zentimeter breiten Bordwand zurückgelegt. In diesem Moment wurde mir bewußt, daß die Seefahrt - und Herr Lex war in meinen Augen ein Seefahrer - nicht nur in Büchern steht, sondern daß die Natur, die Lehrmeisterin des alten Herrn Lex, immer noch die beste Schule ist. Bücher, auch wenn sie noch so gescheit geschrieben sind, können nur unterstützen.

Von da an segelte Herr Lex häufig mit uns; er ließ es sich nicht nehmen, auch bei strömendem Regen am Ruder zu stehen. Den gelben Südwester tief ins Gesicht gezogen, lehnte er an der Backskiste, selbst bei dreißig Grad Krängung, zog an der Großschot ein, zwei Zentimeter, fierte wieder etwas, ließ die Pinne für einen Moment aus, und wenn ich gerade glaubte, die THALASSA würde so richtig rauschende Fahrt machen, murmelte er in sich hinein: „Nein, es läuft nicht richtig!" Dann fierte er die Fockschot wieder ein wenig, ein zufriedenes Lächeln ging über sein Gesicht, und er fragte: „Segn's, Herr Schenk, jetzt läuft's, spürn's Sie's?"

Ich spürte nichts, denn wie ich heute weiß, erfordert so ein Gespür viele Jahre auf dem Wasser.

Außer dem alten Lex hatte auch der Holmy, sein Sohn, das richtige Gespür. Holmy, der zunächst nur als Gast an Bord gekommen war, segelte immer häufiger mit uns, und selbstverständlich fühlte ich mich auf meiner Yacht nur noch als Mannschaftsmitglied, wenn Skipper Holmy das Ruder übernahm. Er lehrte uns jeden Tag etwas Neues: Verhaltensweisen, die nicht in den Büchern standen, Dinge und Zusammenhänge, die nur dem aufgehen können, der jahraus, jahrein mit seinem Kahn draußen auf dem See seinen Lebensunterhalt verdient und daran noch Spaß hat.

Holmy konnte den richtigen Stand des Segels so erklären, daß ich es auch kapierte. Er machte mir vor, wie man selbst unter schwierigsten Bedingungen mit einem Sechstonnenschiff wie der THALASSA unter Segeln anlegen kann („auf den Schärenkreuzern hatten wir keine Maschine"), und brachte mir bei, daß von den vielen, vielen Knoten, die in den Segelbüchern beschrieben waren, eigentlich nur zwei oder drei zum Segeln wirklich notwendig sind.

Es war aber nicht so, daß Holmy nur das Elementare des Segelns beherrschte und weitergeben konnte, nein, er brauchte sich auch vor den Regattacracks nicht zu verstecken. Als am Chiemsee einmal die Deutsche Meisterschaft in einer Jollenkreuzerklasse ausgetragen wurde und eine Berliner Mannschaft wegen Krankheit nicht starten konnte, wurde Holmy gebeten, doch mitzufahren. Holmy, dem Schiff und Mannschaft fremd waren, gewann die Regattaserie. Daß er fünfmal mit einer 20-Quadratmeter-Rennjolle das Blaue Band vom Chiemsee gewonnen hatte, erzählte er uns erst, als wir uns schon sehr gut kannten und Holmy ständiger Mitsegler auf der THALASSA war.

Klar, daß der Wunsch in mir wach wurde, auch einmal eine Regatta zu segeln. Die THALASSA war sicher nicht das schlechteste Schiff, und mit Holmy hatten wir einen hervorragenden Skipper. Aber Holmy, Carla und ich waren eine zu kleine Mannschaft, um die THALASSA regattamäßig segeln zu können.

Freunde und Kollegen interessierten sich dafür, einmal eine Nachtregatta mitzusegeln, die – das war der besondere Gag – als Nacht-Navigationsregatta ausgetragen werden sollte. Bei Neumond, versteht sich, weil ja neben der Schnelligkeit des Schiffes auch die Navigationskenntnisse der Mannschaft zu werten waren. In der Dunkelheit mußten kleine Bojen irgendwo auf dem See gefunden und die darauf notierten Punktzahlen so schnell wie möglich im Ziel gemeldet werden.

Als ich Carla meine Vorstellungen von einer Mannschaft erzählte, natürlich alles Nichtsegler, aber gute Freunde, erntete ich nur Protest: „Ich hab mein Leben lang Sport getrieben. Wenn ich irgendwo teilnehme, dann möchte ich auch gewinnen und nicht nette Leute spazierenfahren."

Schließlich sah die Mannschaft dann ganz anders aus. Neben Skipper Holmy wurde Erwin ausgewählt, weil er, von Beruf Seilermeister, das Rigg in einen regattamäßigen Zustand versetzen konnte. Selbst wenn man sich gewählt ausdrückt, kann man Erwins Eßgewohnheiten nur als Gefräßigkeit bezeichnen. Sein Wahlspruch war: „Wenn's Essen stimmt, stimmt alles." Recht hat er, der Erwin. Gutes Essen bringt gute Laune, gutgelaunte Leute leisten mehr, und gute Leistungen sind wesentliches Element des Erfolges. Erwins Motto haben wir auf unseren Reisen getestet. Es trifft zu, was er sagt.

Auch Maurermeister Schmiedai beherzigte diesen Wahlspruch. Als Deutscher Meister in der Tempestklasse war er der richtige Mann, den Segelstand optimal zu beurteilen. Die übrigen Crewmitglieder waren kräftig und wollten gewinnen.

Entsprechend ernst nahmen wir die Vorbereitung. Wochenlang fuhren wir jeden Tag auf den See und übten Segelmanöver, vor allem mit dem Spinnaker, einem schönen, wenn auch schwer zu handhabenden Segel. Allein um den Spinnaker schnell setzen und – was noch schwieriger war – auch blitzschnell bergen zu können, hatten wir zwei Mannschaften an Bord. Beide Teams trugen mit der Stoppuhr in der Hand richtige Wettkämpfe aus, um ja noch die eine oder andere Sekunde schneller zu werden.

Der große Tag kam. Nachdem ich vom Segeln wenig und vom Regattasegeln fast gar nichts verstand, versuchte ich das Schiff zumindest durch Knochenarbeit schneller zu machen. Stundenlang räumte ich jeden überflüssigen Gegenstand von Bord, um das Gewicht zu verringern. Das sollte die zum Sieg nötigen Zehntelsekunden bringen. Erwin und Schmiedai hatten andere Rezepte, wie man ein Schiff schnell macht. Bereits in recht guter Stimmung, trafen sie ein paar Stunden vor dem Startschuß auf der THALASSA ein. Sie hatten meine Anweisung befolgt, keine überflüssigen Kleidungsstücke mitzubringen (wegen des Gewichts!). Statt dessen schleppte jeder zwei Träger zu je 24 Flaschen Bier. Nachdem ich zuvor das Schiff leergeräumt hatte, war dafür jetzt reichlich Platz.

Die Regatta verlief zunächst gar nicht wunschgemäß. Wir konnten zwar einen zweiten Platz ganz gut halten, doch so sehr Schmiedai auch aufmerksam unter dem Spinnaker lag und die Schoten aus der Hand fuhr, um gefühlvoller zupfen zu können, so toll unsere Segelmanöver auch flutschten, die SUBEBA, eine etwa gleich große Kunststoffsloop, zog uns unaufhaltsam davon.

Ich sah im Kompaßlicht, wie Skipper Holmy die Stirn runzelte: „Also, wir haben nur noch eine Chance, wenn wir da durchfahren!“ Ich begriff nicht ganz, was Holmy meinte, denn der Regattakurs war so ausgelegt, daß man eine Boje diesseits von Herren- und Krautinsel finden mußte, um dann jenseits der Krautinsel an der Autobahn drüben eine weitere Bojenaufschrift zu identifizieren. Es war nicht ausdrücklich vorgeschrieben, um die Krautinsel herumzugehen, denn zwischen Krautinsel und Herreninsel gab es so wenig Wasser, daß man mit einem Tiefgang von einem Meter fünfzig gar nicht daran denken konnte, da durchzusegeln – schon gar nicht in der Nacht.

„Holmy, du meinst doch nicht zwischen Kraut- und Herreninsel?“

„Kannst du mir eine Möglichkeit sagen, wie wir die SUBEBA sonst noch einholen können?“

„Ja aber ...“

Nein, durch diese Furt konnte man mit einem Kielboot gar nicht durchfahren, jedenfalls hatte ich das noch nie gesehen und auch nie davon gehört. „Bitte, du bist der Skipper, ich mische mich da nicht ein“, meinte ich mit einiger Überwindung.

Holmy drehte in dieser stockfinsteren Nacht tatsächlich ab und hielt auf die unbeleuchtete Furt neben der unbewohnten Insel zu. Ich hatte ein ganz schlechtes Gefühl, denn ich war mir sicher, daß wir dort aufbrummen mußten. Ich ging nach unten, legte mich auf die Koje und hielt mir zunächst die Ohren zu, damit ich das erwartete häßliche Knirschen des Kiels auf dem Grund nicht zu hören brauchte. Doch dann siegte die Neugier, und ich hörte die Stimme Holmys im Cockpit.

„Bei der Rinne, wo es durchgeht, müssen zwei Schwäne sitzen, die zeigen mir schon den Weg. Gebt mir mal eine Taschenlampe! Mehr nach rechts, da muß es ungefähr einen Meter sechzig haben, also genau zehn Zentimeter für uns. Es hat ja in der letzten Zeit viel geregnet. Aaahh, da sind die beiden Schwäne, die sitzen abends immer da, das weiß ich vom Renkenfangen."

Ich spürte den Aufprall förmlich voraus, obwohl ich mir eigentlich denken konnte, daß Holmy vom Netzeauslegen her jeden Zentimeter des Chiemseegrundes kennen mußte. Aber keinem war bekannt, daß schon einmal eine Kielyacht über diese seichte Stelle gesegelt war.

„Noch zwanzig Meter, und wir sind durch!" Das Echolot in der Navigationsecke schwirrte. Ich sah gar nicht mehr hin, denn das flimmernde Lichtpünktchen befand sich seit Minuten auf der Nullmarke. „Wenn nur das Wetterleuchten in den Bergen etwas näherkommen würde, dann hätten wir genügend Licht, um den Baum an der Ecke der Herreninsel zu sehen. Auf den bräuchten wir nur zuzuhalten. Bitte, noch einen Himmitza*." Ein paar Augenblicke später sah ich durch das Kajütfenster einen erneuten Blitz, weit entfernt, weil kein Donner folgte.

„Jetzt sind wir durch, schaut mal, wo der Alfred mit seiner SUBEBA ist!" Die SUBEBA lag weit, weit entfernt an zweiter Stelle.

Niemand von der Regattaleitung hatte daran gedacht, daß irgendein Teilnehmer auf eine so verrückte Idee kommen könnte. Deshalb war die Möglichkeit dieses Husarenstreichs in den Segelanweisungen auch nicht berücksichtigt.

Das Ende der Regatta gestaltete sich zu einem gemächlichen Nachhausesegeln eines überlegenen Siegers. Erwin, der große Freund reichlichen Essens, der eigens seine Flitterwochen unterbrochen hatte (auf die Frage, wie seine Hochzeitsreise bisher verlaufen sei, meinte er treuherzig: „Weißt schon, wenn's Essen stimmt, dann stimmt alles"), konnte endlich in Ruhe seine Brotzeitbestände sichten. Zwei Hühnchen, sechs Semmeln, vier Eier, zwei Koteletts und zwei Schweinebraten waren von seinem treuen Weibe eigens für ihn eingepackt worden. Auf einen Schweinebraten allerdings mußte er verzichten. Er war spurlos verschwunden. Viel später fand er sich im riesigen Spinnaker wieder. Ein großer Fettfleck erinnert noch heute an Erwin, den Vielfraß.

* Bayrisch: Blitz.

Das Wichtigste ist der Segelschein

Zwei Sommer lang nahm die THALASSA erfolgreich an Chiemseeregatten teil. Das Skipperehepaar lernte und lernte. Aber nicht nur das machte uns Spaß, fast mehr noch das Wohnen auf dem Wasser. Wir hatten in einem malerischen Winkel in Breitbrunn eine Boje. Es gab für uns nichts Schöneres, als uns schon am Freitagabend nach Arbeitsschluß ins Auto zu setzen, um zum Schiff zu fahren.

Der abendliche Drink ließ uns den Großstadtlärm vergessen. Eine zauberhafte Stille lag über dem See. Die Schwäne, die, mit dem Schnabel an den Bootsrumpf klopfend, ungeduldig ihren Tribut in Form von Brotbrocken forderten, vervollständigten die Idylle. Ein Gefühl der Geborgenheit breitete sich aus, so, wie man es allenfalls aus Kindertagen in Erinnerung hat, wo man aus Betten Burgen baute, die Schutz vor allem Bösen boten. Mit der Sonne standen wir auf und nahmen ein erstes Bad im - wie Carla meinte - größten Swimmingpool von Bayern. Erst montags früh verließen wir die THALASSA, um gleich von Bord aus zur Arbeit zu fahren.

Heute ist so etwas als „Wohnen auf einem Häuslschiff" natürlich verpönt (denn Segeln ist schließlich ein richtiger Sport). Uns jedenfalls hat es viel Freude und innere Ruhe gebracht. Für mich gehört das genauso dazu wie hartes Regattasegeln. Das macht dieses Hobby doch so reizvoll, daß es so viele Gesichter hat, vom Spielen mit dem Schiff bis zum Leben auf dem Schiff.

Es wurde mit der Zeit immer deutlicher, daß wir um die Welt segeln wollten. Nicht, daß dies in aller Klarheit einmal ausgesprochen wurde, wir lebten halt so dahin - eben in Richtung Weltumseglung. Auf viele Fragen mußten wir uns selbst die Antwort geben, denn damals gab es in Deutschland niemanden, der schon einmal rundum gesegelt war.

Das meiste lernte ich von Holmy und Karl Sailer. Mit Holmy fuhr ich an einem eiskalten Spätwintertag frühmorgens in seiner Plätte zum Einholen der Renkennetze. Das Eis hatte den See erst kurz zuvor wieder freigegeben, so daß die Wassertemperatur kaum über vier Grad lag. Holmy arbeitete mit roten Händen verbissen, um die Netze in seinen Nachen zu ziehen. „Ohne Handschuhe ist's das beste, wenn du nur richtig hinlangst, dann wird es dir ganz warm in den Fingern."

Das war ein Rat, der mir nicht nur viel später am Kap Hoorn half, sondern bereits beim Frühjahrslehrgang beim Sailer Karl.

Karl, den man getrost als geistigen Vater aller süddeutschen Hochseesegler bezeichnen kann, war ein Mann mit zwei Gesichtern. Seine mehr als rauhe Schale vermochte dem Neuling, der ihn nicht kannte, durchaus Furcht einzuflößen. Denn Karl konnte saugrob werden (oder wie anders soll man das bezeichnen): „Der gheert gfotzt, beitelt und firegstess'n!"* Es fällt schwer, jemanden davon zu überzeugen, daß hinter den Grobheiten des nur 1,60 Meter großen Mannes, der in seiner abgewetzten Lederkluft aufgeregt den Steg auf und ab rannte, nicht die Absicht stand, zu beleidigen.

Es gab eine stattliche Anzahl von Leuten, denen die rauhe Schale gar nicht gefiel. Sie wollten segeln lernen, aber nicht von einem Grobian. Eigentlich schade, sie lernten das große Herz dieses kleinen Mannes, sein zweites Gesicht, nie kennen.

Wie gesagt, mit Navigation und dem sonstigen theoretischen Kram, der nun mal notwendig ist, ein Segelschiff sicher über einen Ozean zu skippern, hatte ich mich nie beschäftigt. Ich glaubte, das müsse mit dem gesunden Menschenverstand zu schaffen sein. Dann aber meldete mich ein Bekannter, der wohl merkte, daß ich da ziemlich falsche Vorstellungen hatte, beim Sailer zum Kurs an.

Damals gab es in Bayern keine Segelschulen, die auch Hochsee-Segeltheorie lehrten. Da waren nur die „Sailer-Kurse". 30 Mark kostete das für den ganzen Winter. Sailer bezahlte damit die Saalmiete. Als Gegenleistung für soviel Idealismus verlangte er von seinen Schülern, daß sie das bei ihm Erlernte später einmal genauso selbstlos weitergeben sollten. Fast alle Segelschulen, die heute das lehren, was Sailer uns geschenkt hat, werden von ehemaligen Sailer-Schülern und deren Schülern betrieben, die damit ein ganz gutes Auskommen haben. Sailers Wirken hat also gute Früchte getragen – für seine Schüler.

* Bayrisch: „Der gehört geohrfeigt, gebeutelt und vor einem hergestoßen!"

Die erste Stunde bei Sailer geriet zu einem ziemlichen Schock für mich, weil ich auf einmal merkte, daß ich völlig ahnungslos war und daß zur Vorbereitung auf die große Reise wesentlich mehr gehörte, als einen Kurs auf der Seekarte abzusetzen. Selbst so trockene Materie wie Gesetzeskunde - das sah ich ein - war für die Sicherheit notwendig. Denn ein kleines Segelschiff nimmt am Verkehr auf dem großen Wasser in gleicher Weise teil wie ein 500-Tausend-Tonnen-Tanker. Wenn der Segler da nicht richtig reagiert, kann er leicht ein Unglück heraufbeschwören - nicht nur für sich selbst.

Sailer war ein ausgezeichneter Redner, der stundenlang auch schwierige Sachverhalte lebendig darstellen konnte. Nur vermochte er als Techniker - er war Diplomingenieur und betrieb ein Architekturbüro - nicht zu begreifen, daß es Leute gibt, die nicht zeichnen können und die auch von Trigonometrie keine Ahnung haben. So war es für mich ein ziemlich hoffnungsloses Unterfangen, bei Sailer astronomische Navigation zu erlernen, also die Kunst, mit Hilfe der Gestirne den Standort zu ermitteln. Und gerade das reizte mich am meisten, denn ich fand es unheimlich aufregend, mit den Mitteln, die den Seefahrern schon seit Hunderten von Jahren zur Verfügung stehen, die Position zu bestimmen und damit ein Schiff in der Unendlichkeit eines Weltmeeres sicher zum Ziel zu bringen.

Im April, und zu der Zeit kann es am Chiemsee vor den Alpen noch bitterkalt sein, nahm ich beim Karl an einem praktischen Kurs teil. Der fand in der Chiemsee-Yachtschule statt, die noch nicht in Betrieb war, weil kein „vernünftiger“ Segler um diese Jahreszeit auf die Idee gekommen wäre, einen Segelkurs zu besuchen. Wir hatten ein besonders kaltes Frühjahr erwischt, was aber nur dem Karl nichts ausmachte. Die Hände tief in den Hosentaschen, stand er am Steg und hetzte uns von einem Anlegemanöver zum anderen.

Die Leinen waren in der nachwinterlichen Kälte noch starrig, und den meisten von uns schmerzten die Hände. Der See hatte bestimmt nicht mehr als fünf Grad. Ich dankte innerlich dem Holmy, denn durch hartes Zupacken mit bloßen Händen waren sie warm geworden, und ich hatte viel weniger Probleme mit der Kälte als jene, die Handschuhe trugen.

Sailer schrie und tobte, wenn wieder ein Manöver danebenging, was häufig geschah, denn selbst bei fünf auflandigen Windstärken galt es, mit der zwölf Meter langen DIDO unter Segeln an- und auch abzulegen. Manch einer mußte später noch mit Farbe und Pinsel anrücken, um die Schrammen an der Bordwand zu kaschieren. Todmüde sanken wir abends ins Bett und fragten uns, was für Idioten wir wohl seien, uns freiwillig dieser Tortur zu unterziehen.

Nach einer Woche aber merkten wir, daß die Schiffe sich mehr und mehr so benahmen, wie wir - und natürlich auch Sailer - uns das vorgestellt hatten. Das gab uns ein tiefes Gefühl der Befriedigung, wie ich es später auf den Weltmeeren nicht schöner erlebt habe. Vor allem lernten wir, eine große Yacht auch unter extremen Wetterbedingungen wie bei schnell drehenden Winden und Schneegestöber zu beherrschen. Am Ende waren wir sogar in der Lage, allein mit Segelkommandos, also ohne selbst mit Hand anzulegen oder am Ruder zu stehen, mit der Yacht unter Segeln an- und abzulegen, was sicher zur hohen Schule des Kajütbootsegelns gehört. Tatsächlich habe ich später auf den Ozeanen keinen Weltumsegler getroffen, der eine derart gute Ausbildung auf die Reise mitbekommen hatte wie ich vom Karl Sailer. Denn nicht die Segelscheine, die nach bestandenen Lehrgängen verteilt wurden, halfen mir, ohne Havarie unsere Schiffe um die Welt zu führen, sondern Sailers harte Ausbildung, der Drill und der Schliff.

Tatsächlich mußte ich bisher kein einziges Mal einen Segelschein vorlegen, obgleich der Deutsche Segler-Verband uns damals glauben machen wollte, so ein Schein sei mit dem Autoführerschein vergleichbar. Doch vorgeschrieben ist er, selbst der „amtliche Sportbootführerschein", in keinem anderen Land. Mit den obrigkeitsgläubigen Deutschen läßt sich indessen ein gutes Geschäft machen. Ein Schein in der Tasche ist vielen allemal einige Mühe und einiges Geld wert, auch wenn es sich dabei nur um ein wertloses Papier handelt.

Die meisten der Sailer-Schüler dachten ähnlich, und so wurde am Biertisch eine Idee geboren, welche die Scheingläubigkeit unserer Landsleute beweisen sollte. Von uns war das als Jux gedacht.

Unser Anliegen bestand lediglich darin, darüber aufzuklären, daß man in einem freien Land wie Deutschland (damals) nach Herzenslust segeln konnte, und zwar ohne jegliche Erlaubnis in Form eines Segelscheins. Um ein Publikum hierfür zu finden, gründeten wir die UDSK („Unabhängige Deutsche Seefahrerkameradschaft") und inserierten in der YACHT:

> *Segelscheine für 5 Mark zu verkaufen.*
> *Keine Prüfung erforderlich. Bitte kein*
> *Geld einsenden. Anfragen an* UDSK ...

Das Echo war beeindruckend. Wir erhielten Tausende von Zuschriften. Wir beantworteten jede einzelne mit der Erklärung, daß in Deutschland zum Segeln überhaupt kein Schein erforderlich sei und daß die Segelscheine des Deutschen Segler-Verbandes genausoviel wert seien wie Scheine, die ein Radfahrerverein zum Führen eines Zweirades ausstellen würde, nämlich nichts. Wenn die Interessenten dennoch von der UDSK einen Segelschein haben wollten, sollten sie fünf Mark und ein Paßfoto einsenden und gleichzeitig mitteilen, für welches Fahrtengebiet der Schein gelten solle: Binnen, Küste oder Hochsee.

Wir hatten – auf fälschungssicherem Papier – Segelscheine drukken lassen, in denen ausdrücklich darauf hingewiesen wurde, daß nach den deutschen Gesetzen jeder zum Segeln berechtigt ist. Die fünf Mark deckten ziemlich genau unsere Unkosten, denn einen schönen runden Stempel hatten wir auch anfertigen lassen.

Jetzt geschah Überraschendes: Kaum einer der Interessenten verzichtete darauf, fünf Mark für ein wertloses Papier auszugeben. Der Postkasten quoll von Bestellungen über. Einige der „Käufer" entschuldigten sich, daß sie diesen Weg nehmen müßten, da sie aus beruflichen Gründen keine Zeit für die Teilnahme an einem Segelkurs aufbringen könnten, den Schein jedoch gerne haben wollten. Man wisse ja nicht, zu was der eines Tages gut sein würde.

Viele begnügten sich bescheiden mit der Ausgabe für „Binnen". Aber auch solche Briefe flatterten ins Haus, und zwar nicht wenige:

> *Ich bestelle 2 Segelscheine. 10 Mark und je ein Paßfoto von mir und meiner Frau anbei. Personalien wie folgt . . .*
> *Der Segelschein für mich soll für „Hochsee", der für meine Frau für das Fahrtengebiet „Küste" gelten . . .*

Tagelang waren die Leute von der UDSK damit beschäftigt, die wertlosen Segelscheine auszustellen. Dann wurde abgerechnet und der bescheidene Überschuß an die Deutsche Gesellschaft zur Rettung Schiffbrüchiger überwiesen. Die paar letzten Scheine nahm ich mit auf unsere erste große Reise und verschenkte sie unterwegs an Landsleute, von denen sie erfreut entgegengenommen wurden. Als ich einmal einem Amerikaner so ein Papier überreichte, und zwar ausgestellt auf seinen Namen, sah der sich den „Segelschein" nur verständnislos an und gab ihn mir zurück. Vielleicht hat er ihn als einziger als Jux erkannt, wohl weil wir als Umrahmung für das

Dokument den Rauscheknoten gewählt hatten, einen Knoten, der seemännisch aussieht, bei Belastung aber leicht aufgeht.

Die Buchstaben „U" „D" „S" „K" brachte ich eingedenk dieses gelungenen Spaßes auf dem Spiegel der THALASSA an, dort, wo man üblicherweise den Namen des Vereins oder Heimathafens placiert. Häufig bin ich dann in fremden Häfen gefragt worden: „Wo kommen Sie denn her? Einen Hafen UDSK kenne ich gar nicht."

Als wir am Ende des Lehrgangs allesamt die Abschlußprüfung bestanden hatten, überreichte Karl uns die Zeugnisse. Vor lauter Rührung rollten ihm dabei ein paar Tränen über die Wangen. Schade, daß diejenigen das nicht mehr erlebten, die sich von seiner saugroben Art abschrecken lassen und nach ein paar Tagen aufgegeben hatten.

Einer von denen war Dr. Jörgen Meyer, ein freundlicher, gütiger älterer Herr, der kurz zuvor als Chemiker pensioniert worden war und es sich auf seine alten Tage in den Kopf gesetzt hatte, um die Welt zu segeln. Jörgen Meyer und ich fanden bald zueinander, hatte er doch den gleichen Schiffstyp wie die THALASSA in Auftrag gegeben.

Obgleich glücklich mit seiner patenten Trude verheiratet, war Jörgen Meyer ziemlich starrsinnig, wie seine weitere Geschichte zeigen sollte. Er wollte alleine um die Welt, einhand, wie die Segler sagen. Warum, das begriff eigentlich niemand so recht, denn ich sehe den Sinn einer Weltumseglung vor allem darin, die Welt kennenzulernen und lustig zu leben. Jörgen Meyer aber wollte mehr, er wollte auf der Passatroute, also nördlich oder südlich des Äquators, mit wenigen Stopps so schnell wie möglich um die Erde segeln. Er wollte eine Rekordreise machen.

Obwohl ich das nicht nachvollziehen konnte, entwickelte sich zwischen Jörgen Meyer und seiner Frau sowie Carla und mir ein ausgesprochen herzliches Verhältnis. Die beiden segelten mit uns auf der THALASSA, während wir auf Meyers PALOMA mehrere Tage lang auf der Ostsee Probeschläge machten. Klar, daß es dabei zu nicht ernst zu nehmenden Meinungsverschiedenheiten kam, zumal der eine Kapitän auf Karl Sailer eingeschworen, der andere aber von ihm vor den Kopf gestoßen worden war und meine Begeisterung für Karl auf sehr geringes Verständnis stieß.

Ich fand Jörgen Meyer ganz schön mutig. Meine Bedenken galten seinem körperlichen Zustand. Er war nicht mehr der Jüngste und dennoch rücksichtslos sich selbst gegenüber. Aber er war von seiner

1 16-Quadratmeter-Jollenkreuzer GAMMLER auf dem Waginger See.

2 Mein Lehrer am Chiemsee, Fischermeister Holmer Lex.

3 Acht Tage Flaute quälten uns auf dem Atlantik.

4 THALASSA – eine zehn Meter lange und acht Tonnen schwere Kunststoffyacht.

5 Landechse auf Galapagos.

6 Wreck Bay, die Hauptstadt von Galapagos.

7 Die Höhle von Gusch Angermayer – als Sitzgelegenheiten dienen Wal-Wirbel.

8 Auf Galapagos gibt es keine Slipmöglichkeiten. Zum Malen des Unterwasserschiffes lehnt die THALASSA an einem Wrack.

9 Ankerplatz von Santa Cruz, der Heimat der Angermayers.

10 Der König der Inseln, Gusch Angermayer, vor seiner Höhle.

11 Karl Angermayer

12 Markt in Suva/Fidschi.

13 Der korrodierte Mastfuß bringt viel Ärger und Unbequemlichkeit auf unserem Ankerplatz bei der Moskito-Insel.

1

2

3

4

5

6

7

8

10

9

1

2

3

Idee so besessen, daß ihn kaum jemand mit vernünftigen Argumenten davon abgebracht hätte. Und schließlich: Hatte nicht auch Francis Chichester im hohen Alter noch die Erde umsegelt (und dafür von der Queen den Titel „Sir“ verliehen bekommen)?

Die Aussteiger

Auch für uns war es inzwischen zur Gewißheit geworden, daß wir um die Welt segeln würden. Nicht, daß wir eines Tages sagten, so, jetzt fahren wir rundum. Vielmehr war der Plan hierzu plötzlich da. Wer eine solche Reise noch nicht gemacht hat, kann nicht ermessen, was es heißt, sich darauf vorzubereiten. Eigentlich hätten wir uns in erster Linie um unsere „bürgerliche" Sicherheit kümmern müssen, aber wir waren in einem Alter, wo man sich darüber keine großen Gedanken macht. Was interessierte uns beispielsweise die Krankenversicherung oder gar Altersversorgung. Ja, ich fand es geradezu pervers, jetzt schon darüber nachzudenken. Da könnte man sich ja gleich lebendig begraben lassen! Ist es nicht komisch? Da geht man länger als ein Jahrzehnt auf die Schule und wird dann ins Berufsleben eingegliedert (wie das so schön heißt), damit man auf seine Altersversorgung hinarbeitet.

Nein, wir fanden es erstrebenswert in der milden Sonne des Mittelmeeres am Kai zu sitzen, womöglich noch mit einer Rotweinflasche in der Hand. Geld hatten wir gerade so viel zusammengebracht, daß die THALASSA gut ausgerüstet werden konnte und 30000 Mark als Reserve blieben. Das, glaubten wir, würde für ein paar Jahre wohl reichen.

Gott sei Dank hatte ich einen verständnisvollen Vorgesetzten, der meine Idee des „Aussteigens" zwar schätzte, sich aber wesentlich mehr Sorgen um meine Zukunft machte als ich selbst. Er redete mir zu, ich solle doch zu meinem obersten Chef gehen und ihm alles erzählen. Der wisse vielleicht, welche Möglichkeiten es für eine Wiedereinstellung geben würde.

Damals verstand ich die Sorgen meines Vorgesetzten nicht, weil es in den goldenen Jahren der beginnenden Siebziger für niemanden schwierig war, Arbeit zu finden, wenn er nur wollte. Ich begab mich dann doch mit größten Bedenken ins Ministerium. Was ich vorhatte, war in den Dienstvorschriften nicht eindeutig geregelt. Man hatte uns immer wieder darauf hingewiesen, daß man gefälligst den Dienstweg einzuhalten habe. Ob ich jedoch auf diesem langen Weg die Chance gehabt hätte, zur entscheidenden Stelle vorzustoßen, wäre nicht so sicher gewesen. Aber was hatte ich schon zu verlieren? War ich doch so oder so entschlossen, meinen Dienst zu quittieren.

Der Ministerialdirektor war einen Moment lang ziemlich verdutzt, als ihm sein Beamter erklärte, er möchte für ein paar Jahre zum Segeln gehen. Das hatte er in seiner langen Laufbahn noch nicht gehört. Er sagte zunächst gar nichts, begann dann aber zu meiner großen Erleichterung zu lächeln und meinte, daß ihm eigentlich ganz gut gefiele, daß ich nicht einfach alles hinter mir ließe und mir Gedanken um meine Rückkehr machen würde. Er versprach, einen Weg für meine spätere Wiedereinstellung ausfindig zu machen. Schließlich, meinte er, habe es noch niemandem geschadet, wenn er sich ein paar Jahre im Ausland umsehe; das erweitere sicher den Horizont und würde dann schon wettmachen, daß ich den einen oder anderen Paragraphen vergessen hätte.

Das Berufliche war also geklärt.

Dann ließen wir uns beide den Blinddarm entfernen. Das würde ich heute nicht mehr machen. Die Chance, eine akute Blinddarmentzündung zu bekommen, ist nicht sehr groß, wenn man noch nie Beschwerden hatte. Und wenn sich an Bord ein Radio befindet, mit dem über weite Entfernungen eine Funkverbindung hergestellt werden kann, ist die Überlebenschance zwar nicht hundertprozentig. Dennoch meine ich, daß unter dem Strich angesichts eines nie ganz auszuschließenden Risikos ein so schwerwiegender Eingriff wie eine Blinddarmoperation unnötig ist. Allerdings hat uns die Operation bei harmlosen Leibschmerzen manche Ängste erspart.

Es ist schon ein eigenartiges Gefühl, wenn man seinen Hausstand auflöst, also nicht einfach nur umzieht, sondern seine bürgerliche Existenz quittiert. Die persönlichen Sachen wurden in zahlreichen Kartons verpackt eingelagert. Die Wohnung vermieteten wir und zogen mit unseren Segelsäcken und unendlich vielen Ersatzteilen zu segelbegeisterten Freunden, die uns für die letzten Wochen aufnahmen. In meinem alten Büroanzug – Krawatte einschließlich – ging ich noch jeden Morgen zur Arbeit, während Carla den Transport der THALASSA vom Chiemsee nach Jugoslawien organisierte.

Das war gar nicht so einfach, denn Carla verstand nichts vom Transportwesen und die Bahnbeamten nichts von Segelyachten – letzteres hätte meinen Freund Manni um ein Haar das Leben gekostet. Manni wollte uns im Mittelmeer begleiten und hatte seine Siebensachen bereits an Bord gebracht. Eines Abends fiel ihm ein, daß er unbedingt noch etwas davon brauchte. Die THALASSA aber befand sich schon transportfertig auf einem Güterwagen am Bahnhof Prien.

Spätabends erreichte Manni einen Beamten, dem er sein Problem schilderte. Der gab ihm aus Gutmütigkeit und sicher nicht ganz vorschriftsmäßig die Erlaubnis, zum Abstellgleis zu gehen und den Transportwaggon zu besteigen. Manni konnte seine Sachen trotz Dunkelheit gleich finden und machte sich daran, wieder herunterzuklettern, als der Bahner mit der Taschenlampe rumfuchtelnd ankam. „Mein Gott, was machen Sie da oben?“ schrie er und leuchtete auf die Hochspannungsleitung nur wenige Dezimeter über dem Kopf von Manni, der im Cockpit gerade das Steckschot eingeschoben hatte. Manni wurde klar, daß er um Haaresbreite dem Tod entkommen war. Er murmelte vorwurfsvoll: „Mein Gott, an so was denke doch ich nicht. Sie müssen das doch wissen!“

„Ich kenne mich mit Schiffen nicht aus. Ich rechnete nicht damit, daß Sie da oben einsteigen; ich hab mir gedacht, Sie können da herunten irgendwo hinein.“

Endlich begannen die Räder für THALASSAS Weltumseglung zu rollen, während Carla mit dem Personenzug hinterherfuhr. Ich ließ mir zwischenzeitlich beim Hersteller den Hilfsmotor genau erklären, damit ich im Notfall zu Reparaturen in der Lage sein würde. Obwohl die Angestellten größtes Verständnis für meine Probleme hatten, war es gar nicht so einfach, die entsprechenden Auskünfte zu erhalten. Denn als ich fragte, was am ehesten kaputtgehen würde, meinten sie natürlich: „Gar nichts!“ Heute weiß ich, daß diese Art von Vorbereitung etwas übertrieben ist, denn geschickte Mechaniker, die einen Motor reparieren können, gibt es überall auf der Welt. Wichtig ist allein, die richtigen Werkzeuge und Ersatzteile mitzuführen.

Dann war es soweit. Freund Ernst brachte mich mit dem Auto nach Zadar in Jugoslawien, wo Carla schon wartete. Es kommt einem doch etwas merkwürdig vor, wenn man vor seinem neuen Zuhause steht, einem solchen, das schwimmt, das mit Leinen vor dem Wegtreiben gesichert wird, das vom Sturm in der Nacht weggerissen werden kann, wenn man keinen zweiten Anker ausbringt, das an Felsen zerschellt, wenn bei Strom oder Flaute der Motor versagt, das sich im Seegang überschlagen und absaufen kann.

Es ist sicher nicht jedermanns Sache, auf so etwas zu leben, wie mir Ernst gleich am ersten Abend demonstrierte. Beim Abendessen nahmen wir plötzlich ein leichtes Plätschern wahr. Ich ahnte schon, daß die Toilette überlief, und nahm mir vor, nach dem Essen das Ventil zuzudrehen. Ernst aber war sichtlich beunruhigt, ohne daß ich das bemerkte. Nachdem ein paar Minuten vergangen waren, sprang er plötzlich kreideweiß auf und flüchtete: „Ihr erwartet doch wohl nicht, daß ich auf einem sinkenden Schiff bleibe!“

Ernst hatte das sicher nicht böse gemeint; trotzdem berührte es mich eigenartig, daß er sich nur Gedanken darum machte, daß er vielleicht naß werden könnte, während immerhin unser gesamtes Hab und Gut hätte absaufen können.

Wir sind frei

Als die THALASSA unter Maschine langsam zum Hafentor von Zadar hinausschlich, nahm Carla meine schwarzen Halbschuhe, den abgewetzten Büroanzug und die Krawatte und warf das Ganze Stück für Stück über Bord. Im Kielwasser, das wir um die ganze Welt ziehen wollten, schwammen die Spuren meiner bürgerlichen Existenz. Nicht nur, daß ich diese Sachen in naher Zukunft nicht mehr brauchen würde, nein, das Zeug würde auf dem Schiff ohnehin vergammeln. Lebt man ständig an Bord, so muß man viele schöne und nützliche Dinge entbehren, ganz einfach deswegen, weil es an Stauraum mangelt. Manches würde auch im feuchtheißen Klima der Tropen verderben.

Aber darüber machten wir uns damals keine allzu großen Gedanken. Wir waren guten Mutes, glaubten wir doch, in jeder Hinsicht perfekt ausgerüstet und vorbereitet zu sein. Mit den höchsten Segelscheinweihen versehen, sollte eine Weltumseglung für uns keine großen nautischen Schwierigkeiten mehr bieten. Aber schon die ersten Meter vor dem Hafen von Zadar lehrten uns, daß wir seglerisch ganz am Anfang standen und daß die See noch viele Kapitel Lehrstoff für uns bereithielt.

Es war ein schöner, sonniger Mittelmeertag mit recht bewegter See. Gleich als wir das offene Wasser erreicht hatten, stoppte ich die Maschine und setzte die Segel. Das war gar nicht so einfach, denn die THALASSA schlingerte stark, und wir mußten uns jeweils mit einer Hand festhalten, damit wir Fallen, Winschen und Stagreiter bedienen konnten. Als wir nach einer halben Stunde endlich die Segel oben hatten und die Schoten dichtnehmen wollten, merkten wir, daß das Schlingern in der Dünung keineswegs aufhörte, wie wir angenommen hatten. Im Gegenteil, das Ganze wurde durch den ohrenbetäubenden Lärm der knallenden Segel noch verschlimmert, ein nervendes Geräusch, das dann entsteht, wenn Segel ohne Winddruck vom Mast hin und her geschnalzt werden. Was wir nämlich gar nicht bemerkt hatten, war, daß mitten in einer Flaute eine Restdünung stand, die wahrscheinlich von der letzten Brise zurückgelassen worden war. Für uns Chiemseesegler aber war eine bewegte Wasseroberfläche gleichbedeutend mit Wind. Für das Meer gilt das keinesfalls, schon gar nicht für das Mittelmeer.

Das Mittelmeer, zumindest das westliche, ist sicher das schlechteste Segelrevier, das ich kenne. In den Sommermonaten ist die Flautenhäufigkeit derart hoch, daß man nur selten ohne Maschine größere Strecken zurücklegen kann. Das gilt auch dann, wenn man zu den sogenannten echten Seglern gehört, die höchstens im Notfall Zuflucht zum Diesel nehmen. Im Frühjahr und Herbst dagegen übertrifft die Sturmhäufigkeit beispielsweise im Löwengolf die in der berüchtigten Biskaya, wobei wegen der kurzen, steilen See die Mittelmeerstürme sogar noch eine Spur bösartiger sein können. Eine vernünftige Brise bei möglichst glatter See trifft man nach meinen Erfahrungen höchst selten an.

Trödeln durch das Mittelmeer

Wir hatten uns reichlich Zeit genommen, das Mittelmeer zu durchqueren, denn unseren Fahrplan schrieb jetzt die Natur.

Die Reiseplanung für eine Weltumseglung ist eine einfache Sache, solange sie im Passatgürtel nach Westen führt. Der Passatwind, ein vergleichsweise gleichmäßiger Wind, weht nördlich und südlich des Äquators generell in westlicher Richtung. Er wird letztlich durch die Erddrehung hervorgerufen und hatte großen Anteil an der Menschheitsgeschichte der letzten tausend Jahre. Denn die frühen Segelschiffe konnten noch nicht wie moderne Yachten gegen den Wind ankreuzen, sondern mußten „mit dem Winde" segeln. Die Angelsachsen bezeichnen die Passate treffend als „trade winds", also die Winde, mit deren Hilfe die Handelsschiffahrt möglich war.

Grob gesagt, wehen sie in einem Bereich von 25 Grad bis 25 Grad nördlich und südlich des Äquators. Am Äquator selbst sind die in der Segelschiffahrt unbeliebten Doldrums, eine extrem flautenreiche Zone. Wie groß der Einfluß der Passate auf das ganze Naturgeschehen ist, ergibt sich daraus, daß die Tropen ebenfalls etwa von 25 Grad Süd bis 25 Grad Nord reichen, ein Gebiet, in dem auch das Korallenriff zu Hause ist. Letztlich spielt auch der Lauf der Sonne eine große Rolle. Sie verläßt nie das Reich der Passatwinde zu den Polen hin. Das heißt, in unserem Hochsommer kann man sie nur im Bereich der nördlichen Passate genau senkrecht über sich sehen und im Winter im Bereich der südlichen Passate.

Im Hochsommer werden die Passate vor allem auf der westlichen Seite der Ozeane manchmal durch andere Wettersysteme gestört. Das kann zu den gefürchteten tropischen Orkanen führen. Der Seemann richtet seine Reiserouten und -zeiten deshalb so ein, daß er die gefährdeten Gebiete meidet, wenn mit Orkanen zu rechnen ist, oder er versucht zumindest, in dieser Zeit in einem sogenannten

„Hurricane-Hole“ zu sein, einem hurrikansicheren Hafen. Jedes andere Verhalten hat nichts mit Mut zu tun, sondern ist ganz einfach unseemännisch. Das heißt nicht, daß nicht ein Segler mal so ein gefährliches Gebiet zur Unzeit heil überquert hat. Doch ist das für mich dasselbe, wie bei Rot über eine Kreuzung zu fahren.

Man muß nun heute nicht mehr die Wetterkarten der Erde im Hinblick auf die günstigen Zeiten durcharbeiten und dann generalstabsmäßig einen Reiseplan festlegen. Es reicht aus, in einem gescheiten Buch nachzusehen, wie das abläuft. Unser gescheites Buch war immer zu allen Fragen „der Hiscock“. So wußten wir, daß wir im Herbst auf den Kanarischen Inseln eine Menge Gleichgesinnter treffen würden. Wenn schon nicht für eine Weltumseglung, so doch zumindest für eine Atlantiküberquerung.

Bis dahin hatten wir ein paar Monate Zeit, die wir dazu nutzten, uns das Mittelmeer anzusehen. Von Jugoslawien trödelten wir langsam bei wenig Wind und vielen Flauten über Malta, Korsika und die Balearen zur Ostküste Spaniens, an der entlang die THALASSA dem Tor zum Atlantik, Gibraltar, zustrebte. Wir sammelten fleißig Erfahrungen und lernten das erstemal die Typen besser kennen, die in den Häfen des Mittelmeers herumgammelten und auf ihren Schiffen lebten. Großartige Leute, die es so wie wir fertiggebracht hatten, aus der Gesellschaft zu Hause „auszubrechen“, und die es sich leisten konnten, den Tag so zu gestalten, wie sie es für richtig fanden, ohne Zwänge von außen also.

Wir selbst empfanden zwar noch nicht die ersehnte ganz große Freiheit, denn wir waren zu sehr unserem Schiff mit seinen unzähligen kleinen Problemen untertan. Trotz allem: Es ist ein Unterschied, ob ich mir vornehme, in der Maschine das Öl zu wechseln oder – wie früher – pünktlich um acht im Büro zu erscheinen. Den Ölwechsel kann ich auf den nächsten Tag verschieben. Oder auf die nächste Woche. Allerdings trafen wir viele, die sich nur deshalb noch im Mittelmeer herumtrieben – was sie bei Reisebeginn natürlich nicht vorhatten –, weil sie den notwendigen Maschinenservice und alle anderen Arbeiten eben nicht in der nächsten Woche und auch nicht im nächsten Monat und möglicherweise auch nicht im nächsten Jahr vornahmen.

Damals fanden wir diese Leutchen, meist junge Pärchen, häufig mit Kind und ohne Barmittel, lustig, weil wir noch nicht das Ende solcher Reisen erlebt hatten.

Das Mittelmeer stellt geringe Anforderungen an die Navigationskünste. Es ist aber das ideale Revier, um für den „Ernstfall", nämlich den weiten Atlantik, zu üben. Besonders die Navigation mit den Sternen fiel mir anfangs ausgesprochen schwer, das Messen, wohlgemerkt, bei dem mit Hilfe eines schön altmodisch aussehenden Sextanten der Winkel zwischen dem Lichtpunkt am Firmament und dem Horizont ermittelt wird. Das Problem liegt darin, daß in der Abenddämmerung, die im Mittelmeerraum sehr kurz ist, entweder der Horizont nicht mehr oder der Stern noch nicht zu sehen ist. Das Ausrechnen solcher Gestirnsschüsse ist mit Hilfe moderner Tafelwerke zwar nicht mehr so kompliziert wie früher, doch hat Neptun bei fast jedem Navigator vor den genauen Schiffort die Seekrankheit gesetzt. Unter Deck, am Kartentisch, war es am schwersten auszuhalten, und oft konnte ich die Berechnungen erst dann zum Ende bringen, wenn ich zwischendurch ein paarmal meinen Kopf durch den Niedergang gesteckt hatte, um frische Lust zu atmen.

Auch heute noch muß ich nach einem längeren Hafenaufenthalt ein Medikament gegen die Seekrankheit nehmen. Erst nach ein paar Tagen habe ich mich an die Schaukelei gewöhnt. Aber so richtig gut geht es mir und auch all meinen Bekannten bis zum Ende einer Reise nicht. Apathie, Lustlosigkeit, Depressionen sind die typischen Symptome, die häufig nicht als solche erkannt werden. Es scheint für viele eine Art Erniedrigung zu bedeuten, zugeben zu müssen, sie seien seekrank gewesen. Ich habe schon Leute erlebt, die sich vor meinen Augen erbrachen und dennoch die Stirn hatten, zu behaupten, sie seien gar nicht seekrank, sondern das Essen sei verdorben gewesen.

In Gibraltar wollten wir nur ein paar Tage bleiben, um dann endlich in den Atlantik zu laufen. Doch beim Schnorcheln, wobei ich routinemäßig das Unterwasserschiff inspizierte, waren mir ein paar braune Flecken am Ruder aufgefallen. Die Yacht bestand zwar aus Kunststoff, indessen war man damals von diesem Baustoff noch nicht so überzeugt, daß man auch den wichtigsten Teil, das Ruder, daraus angefertigt hätte. Man vertraute lieber dem bewährten Marinesperrholz. Da, wo sich eigentlich Bolzen aus Nirosta befinden mußten, waren nun Flecken. Ich holte einen Schraubenzieher und versuchte, sie zu entfernen.

Butterweich versank die Metallspitze im Material. Nur noch Löcher! Das ganze Ruderblatt wurde überhaupt nur noch vom Druck zweier Metallplatten gehalten und hätte eigentlich gar nicht mehr vorhanden sein dürfen. Mein Gott, wenn wir damit in den Atlantik gesegelt wären! Wie leicht hätte das in einer Katastrophe enden können. Denn das Schlimmste, was einem Schiff zustoßen kann, ist der Verlust des Ruders. In Büchern finden sich zwar unzählige Vorschläge, wie mit Bordmitteln ein Notruder hergestellt wird, doch allzu oft erweist sich das als unmöglich. Es ist sicher leichter, auf hoher See mit einem Mastbruch fertig zu werden als mit dem Bruch oder gar dem Verlust des Ruders.

In Gibraltar bekamen wir zum Glück gleich einen Termin für den Slip. John Nichols führte die Reparatur in Rekordzeit durch. Er war ein paar Jahre zuvor nach Gibraltar gekommen. Wie viele hatte ihn der Traum vom großen Geld bei gleichzeitigem Leben auf dem Wasser ins Mittelmeer gelockt. Aber schon hier an diesem Tor, in Gibraltar, merkte er, daß nur unter ganz glücklichen Umständen eine Existenz aufzubauen ist. Nichols hatte kein Geld, aber er war fleißig und besaß geschickte Hände. Seine Arbeit für die kleine Kunststoffwerft von Mr. Scott ermöglichte ihm den Erwerb eines uralten Wracks, ein ehemaliges Motorboot von vielleicht zehn Meter Länge, dessen einziger Vorzug darin bestand, daß es noch schwamm. Er legte die Schale an die Pier und benutzte sie als Wohnung für sich, seine Frau Carol und seine fürchterlich bissige Hündin Linda, eine Mischung, in der sich alle Hunderassen des Mittelmeers und Afrikas wiederfanden.

Johns erste Arbeit bestand darin, auf das Brett, das sich Gangway nannte, eine Tür zu bauen, damit Linda nicht unbemerkt abhauen und alle Nachbarn in Angst und Schrecken versetzen konnte. Dann arbeitete er sich langsam vom Achterschiff nach vorn vor. Im Inneren befand sich gar nichts. John stellte einen elektrischen Ofen auf und baute für seine Frau beim Niedergang einen Kleiderschrank ein. Was er da tischlerte, konnte sich sehen lassen, denn er war ein nahezu begnadeter Handwerker in Holz, ob nun tischlern, schreinern, drechseln oder zimmern von ihm verlangt war. Grenzen wurden ihm nur von den schlechten Versorgungsmöglichkeiten in Gibraltar gesetzt, wo er einmal auf ganz ordinäres Resopal sechs Monate lang warten mußte.

John wollte seine Wohnung einmal soweit bringen, daß sie nicht nur vollständig eingerichtet war, sondern sich auch eines Tages – ob unter Segel oder Motor – wieder bewegen ließ. Sein Optimismus war bewundernswert, denn von den zehn Meter Innenraum hatte er bis dahin erst etwa zwei Meter geschafft. Der Rest war leer.

Die Reparatur an der THALASSA erwies sich als schwierig. Nicht das Ersetzen der Bolzen, die sich im Seewasser buchstäblich aufgelöst hatten, sondern das Herausfinden und Beseitigen der Ursache für ihr Verschwinden. John demonstrierte mir, wie man Elektrolyse im Holz riechen kann. Wenn in Salzwasser zwei verschiedene Metalle in leitender Verbindung stehen, fließt ein geringer, aber meßbarer Strom zwischen beiden Metallen, wobei das unedlere aufgefressen wird. Bei Stahlschiffen ist das eine bekannte und gefürchtete Erscheinung. Nicht alle Segler sind sich darüber im klaren, daß das gleiche bei Kunststoff- und Holzschiffen passiert. Als ich die Löcher in meinem Ruder sah, da wußte ich es auch. Per Luftfracht ließen wir aus England Niro-Stangen kommen, denn in Gibraltar gab es sie nicht, und die Grenze nach Spanien war geschlossen.

Bald wurde es ernst. Die THALASSA setzte Segel und lief an den Bergen Nordafrikas durch die Straße von Gibraltar hinaus in den Atlantik. Das Mittelmeer schien uns angesichts der ungeheuren Entfernungen, die vor uns lagen, wie ein Binnengewässer, ja wie ein Teich. Jetzt mußten sich zum erstenmal meine Navigationskünste bewähren. Im Mittelmeer kann man sich schon mal einen Fehler leisten; von der jugoslawischen Küste hinüber nach Italien etwa läßt sich das Ziel kaum verfehlen. Etwas anderes ist es schon, wenn sich die Yacht ihren Weg von Gibraltar zu der vergleichsweise kleinen Insel Madeira sucht. Stimmt die Navigation nicht, segelt man leicht vorbei, mit verheerenden Folgen. Aber in der Praxis sollte das nicht passieren.

Die Navigation stellt sich derjenige, der im Winter auf dem Schreibtisch Kartenaufgaben löst, viel schwieriger vor, als sie tatsächlich ist. Vor allem vergißt er, daß der Navigator auf hoher See ja praktisch unbeschränkt Zeit für seine Berechnungen hat und sie bei Unsicherheit immer und immer wieder nachrechnen kann. Und wenn er ganz von der Rolle ist, dreht der ratlose Skipper bei und überdenkt in Ruhe seine Position.

Die steil aufragende Küste von Madeira tauchte genau zum vorausberechneten Zeitpunkt vor dem Bugkorb auf, ein Erfolgserlebnis, das uns bei unseren zahlreichen Landfällen stets von neuem zuteil wurde. Auch später passierte es nicht ein einziges Mal, daß mit der Navigation etwas nicht stimmte.

Noch etwas hatte sich zu unserer Erleichterung auf diesem ersten großen Schlag auf den Atlantik hinaus bewährt: unsere Selbststeueranlage. Ein Segelschiff steuert sich nie allein. Es hilft also nichts, wenn man die Pinne festlegt. Die Yacht wird nur eine gewisse Zeit geradeaus segeln, bis sie dann irgendwann langsam in den Wind dreht und mit killenden Segeln liegenbleibt. Das bedeutet in der Praxis, daß das Ruder 24 Stunden lang besetzt sein müßte. Ganz klar, daß das eine zahlenmäßig so kleine Mannschaft wie die unsrige geschwächt hätte.

Es sind einige Weltumseglungen von Ehepaaren durchgeführt worden, die sich ständig an der Pinne ablösten. Aber das war zu einer Zeit, als es noch keine Selbststeueranlagen gegeben hat. Dementsprechend zieht sich das Jammern um das Rudergehen wie ein roter Faden durch deren Reiseberichte.

Elektrische Selbststeueranlagen gibt es schon ziemlich lange. Sie fressen jedoch soviel Strom, daß eine kleine Yacht Schwierigkeiten hat, ihn zu produzieren. Wir besaßen eine Anlage, die ihre Kraft vom Wind bezog.

Auf Madeira hielten wir uns nicht lange auf, und ein paar Tage später liefen wir im Atlantikseglerbahnhof Las Palmas ein.

Atlantikbahnhof Kanaren

Das Einlaufen in den Hafen von Las Palmas war enttäuschend. Schließlich wollten wir ungefähr zwei Monate dort bleiben, um uns in Ruhe auf den großen Schlag über den Atlantik vorzubereiten. Natürlich hatten wir, wie wir es vom Mittelmeer her gewohnt waren, einen heimeligen kleinen Hafen erwartet, zumindest einen Ankerplatz, der rundum geschützt war. Nichts von dem fanden wir in Las Palmas. Der innere Fischereihafen war gesperrt. Kein Verlust, denn damals genierte sich noch kein Kapitän, auch nicht im Hafen, allen Dreck außenbords zu lassen. Deshalb schwammen die meist unter asiatischen Flaggen fahrenden Fischdampfer in einer sagenhaft schmutzigen Brühe mit einer zentimeterdicken Fett- und Ölschicht obenauf. Das machte es schier unmöglich, an Land zu gehen. Auch der riesige Ankerplatz vor dem Fischerhafen, den wir uns mit einer ganzen Fischereiflotte aus Korea und etwa 20 Yachten teilen mußten, war alles andere als einladend. Zur Ozeanseite hin war er völlig offen, also ungeschützt.

Ein kräftige Dünung kam von draußen herein. Sie ließ die Yachten vor ihren Ankern heftig stampfen. Ich war grenzenlos enttäuscht. Daß man so wie hier in Las Palmas um sein Schiff, also um sein Heim, bangen mußte, weil die Ankerkette dem harten Stampfen vielleicht nicht standhielt, damit hatten ich und auch Carla, die Problemen gegenüber immer mehr Gleichmut zeigte, nicht gerechnet.

Mein erster Gedanke war: sofort abhauen. Carla aber, für die Reiseplanung zuständig, enttäuschte mich: „Wenn du die guten Versorgungsmöglichkeiten von Las Palmas nutzen möchtest, ist dies der einzig richtige Liegeplatz.“ Auch die Jungs von einer Yacht im Oldtimerlook beruhigten mich etwas, als sie mir zuriefen, daß dieser Wind von der offenen See her ungewöhnlich sei. Normalerweise wäre es viel ruhiger hier.

Ich schaltete das Echolot ein und fuhr langsam den Ankerplatz ab. Wenn ich etwas hasse, dann Ankerplätze, die bei bestimmten Wind- oder Wetterbedingungen unsicher werden. Ist der Anker erst ausgebracht, will ich die Freiheit haben, mich nach einer langen Reise in die Koje zu hauen und die Nacht durchzuschlafen, ohne den Gedanken daran, nachts aufstehen und einen zweiten Anker ausbringen oder gar den Ankerplatz verlassen zu müssen. Dieser Ankerplatz aber entsprach bei weitem nicht meinen Vorstellungen.

Das Echolot zeigte zum Teil recht geringe Tiefen an, und ich fragte Jean Bluche, einen älteren Herrn mit auffallender Glatze, nach einem günstigeren Platz. Dessen Yacht unterschied sich von den anderen, weil eine unheimliche Menge an laufendem Gut im Mast, in den Wanten, über dem Großbaum und im Cockpit herumhing. Leinen über Leinen. In Bayern würde man das einen Haufen „Schnürlzeig" nennen. Der freundliche, etwas dürre Alt-Yachtie wies zu einem Platz in einer Hafenecke, aus der ich gerade kam.

„Aber da ist es zu seicht!"

Mißbilligend fragte Jean Bluche: „Woher weißt du das?"

„Mein Echolot hat es mir gesagt, und das ist sehr genau."

„So, das Echolot? Und deine Augen hast du wohl nicht benutzt? Wohin möchtest du von hier aus segeln?"

Unter Yachtleuten gibt es keine indiskreten Fragen. Ungeniert erkundigt man sich nach dem Woher und Wohin, nach dem Preis des Schiffes, der Ausrüstung und so weiter. Man weiß, der andere hat die gleichen Fragen auf der Zunge, man sitzt ohnehin im gleichen Boot. Aber bei einem Reiseziel, das Weltumseglung heißt, zögert man doch. Wohl aus Aberglauben, denn die Götter der Meere dürfen nicht durch zuviel Selbstüberschätzung verärgert werden. Sie sind nämlich eitel. Sie wollen um ein gutes Gelingen einer Seereise gebeten werden. Wenn der Segler allzu selbstsicher von einer Weltumseglung spricht, ohne die Götter der Winde gefragt zu haben, so grollen sie: „Was, der spricht von einer Weltumseglung? Er ist doch gerade erst durch das Mittelmeer gesegelt. Was will der? Der kennt uns doch gar nicht! Der hat wohl noch nicht mitbekommen, daß ohne unsere Hilfe und unser Wohlwollen gar nichts geht. Wir sind mächtig genug, wann immer wir wollen sein Schiff zu versenken; da mag in den Yachtzeitschriften noch soviel Unsinn über angeblich unbegrenzt seetüchtige Yachten stehen. Na, demnächst werden wir es ihm zeigen müssen, daß er sich gefälligst erst mit uns auseinanderzusetzen hat."

Deshalb sagte ich zu Jean Bluche ganz leise: „Ah, wir segeln mal in die Karibik, und dann sehen wir weiter."

Der alte Mann, der schon so viele Seemeilen auf dem Buckel hatte, daß er damit fünfmal um die Welt gekommen wäre, wußte gleich Bescheid: „Paß nur auf, daß du nicht zuviel auf die Instrumente siehst, sonst strandest du garantiert irgendwo im Pazifik auf einem Riff!"

Jean Bluche war auf diesem Ankerplatz sozusagen der Vater für alle jungen Möchtegern-Atlantiküberquerer. Tagaus, tagein sah man an seinem Aluminiumschiff mit dem vielen „Schnürlzeig" fremde Dingis hängen. Dann wußte man, daß wieder jemand an Bord war, der sich Tips für die bevorstehende Reise holte. Bereitwillig half Bluche, wo er nur konnte.

Uns zeigte er voller Stolz seine CHIMERE. Eigentlich war ich enttäuscht. Alles sah ziemlich vergammelt aus. Nicht so, wie man sich eine Atlantikyacht vorstellt, mit viel Lack und gepflegtem Holz. Die Inneneinrichtung war roh zusammengezimmert, und in der Mitte der Kajüte stand ein unförmiger, riesiger Kasten, an dem man sich auf dem Weg zum Vorschiff vorbeiwinden mußte. Das sei sein besonderer Stolz, wie Bluche ausdrücklich feststellte.

Ich mußte lächeln. Wir hatten ebenfalls einen Kühlschrank, der im Vorschiff eingebaut war und nicht störte. Aber das war auch sein einziger Vorteil. Weil elektrisch, war fast nie Strom da, ihn zu betreiben. Damals wußte ich noch nicht, daß auf einer Weltumseglung fast nie Landstrom erhältlich ist, weil man eben draußen auf Reede liegt. Ein Petroleum- oder ein wegen der Explosionsgefahr nicht ungefährlicher Gas-Kühlschrank hätte dieses Problem nicht aufgeworfen. Statt dessen aber funktionieren sie nur so lange, wie sie waagerecht stehen – auf einer Segelyacht, die unter Segeln schon mal 30 Grad „Lage" erreichen kann, also ein ziemlich unbrauchbares Möbel.

Was aber war dem Fuchs Bluche eingefallen? Er hatte seinen Kühlschrank schwingend aufgehängt, so daß das Monstrum in der Kajütenmitte unabhängig von der Schräglage der Yacht immer schön waagerecht blieb – und weiterfunktionierte. Mit Raumopfer erkauft, aber immerhin. Später lernten wir, daß es dieses Opfer wert ist, wenn man dafür in den Tropen eine Kühlmöglichkeit und sogar Eiswürfel erhält.

Zu mir kamen die Jungs vom Oldtimer SERVABO, um sich vor der Atlantiküberquerung noch schnell beibringen zu lassen, wie man mit Hilfe der Sonne seinen Schiffsort auch fernab der Küste feststellen kann. Die SERVABO prägte das Bild der Reede von Las Palmas. Mit den beiden Gaffeln, an denen, recht schlampig aufgetucht, gelohte, rostbraune Segel hingen, vermittelte das Holzschiff einen Hauch von Seeräuberatmosphäre.

Die SERVABO war der letzte segelnde Brixhamtrawler, ein altenglisches Fischerboot, das in den rauhen Nordseegewässern tagaus, tagein seinem Broterwerb ausschließlich unter Segeln nachgegangen war. In den dreißiger Jahren hatte man ihr, dem Zug der Zeit folgend, einen Hilfsmotor verpaßt, wonach sie ihrem Herrn nochmals 30 Jahre lang das tägliche Brot in Form von Dorschen einbrachte. In den sechziger Jahren war die SERVABO praktisch am Ende ihrer Zeit angelangt, denn die Berufsschiffe von damals wurden nicht für die Ewigkeit gebaut. Absichtlich verwendeten die Werften billiges Holz. Die Lebensdauer wurde in ein vernünftiges Verhältnis zum Ertrag gesetzt, und da reichte es den Eignern schon, wenn so ein Kahn seine 20 oder 30 Jahre hielt. Dann hatte er seine Kosten und einen erheblichen Gewinn reingesegelt.

Der Eigner der SERVABO jedoch glaubte an den Optimismus von Yachtseglern und schrieb das gute Schiff nochmals zum Verkauf aus, ein letzter Versuch, sie vor dem Abwracken zu bewahren und noch einen Batzen englische Pfund zu verdienen. Die alte Dame war zu diesem Zeitpunkt bereits in einem desolaten Zustand. Ihr Rigg bestand aus einem Haufen vergammelten, rostbraunen Segeltuchs (aus Baumwolle natürlich), einer Unmenge Leinen und Trossen aus Kokos und Sisal und aus zahlreichen Spieren, deren Bedeutung niemand mehr so richtig kannte.

Zur gleichen Zeit träumten zwei junge Deutsche, Gerd und Willi, einen Traum, den viele träumen. Mit ihren Ersparnissen wollten sie sich ein Schiff kaufen und damit um die Welt segeln. Möglichst groß sollte es sein, denn unterwegs wollten sie von Taucharbeiten und von der Mitnahme Gleichgesinnter leben. Wie viele tausend andere glaubten sie, auf diese Weise nicht nur zur großen Reise voller Abenteuer zu kommen, sondern sie waren sicher, auch ihr bescheidenes Vermögen mehren zu können. Zunächst aber standen sie in England im Bauch der altersschwachen SERVABO vor einem Haufen von Trossen und Spieren.

Zunächst ging alles schief. Der Verkäufer machte sich aus dem Staub, als er das Geld in den Händen hatte, und ließ die Jungs mit der SERVABO und dem Haufen Spieren und Trossen allein. Sie fanden einen alten Seebären, der ihnen mit Ratschlägen weiterhalf, wie sie das ungewöhnliche Rigg wieder aufbauen könnten. Bei Gerd und Willi lag die Schwierigkeit nicht allein darin, daß sie nichts über englische Segeltrawler wußten, vielmehr hatten sie insgesamt keine Ahnung von der Segelei.

Irgendwie schafften sie es dann doch, die alte SERVABO zum Auslaufen zu bringen, worauf sie wegen Zoll- und ähnlicher Fragen prompt Ärger mit den Behörden bekamen. Endlich ging die Reise los. Gegen geringe Geld- und größere Arbeitsleistung nahmen die stolzen Eigner des letzten segelnden Brixhamtrawlers Hippies mit, und zwar ziemlich wahllos alles, was da auf einen Lift wartete. In Hamburg aber kam schon der nächste Ärger auf sie zu. Wegen einer Streiterei um eine Mechanikerrechnung geschah dem alten Fischerboot etwas, was man ihm in all den harten Berufsjahren noch nie angetan hatte: Ein Gerichtsvollzieher legte die SERVABO an die Kette – Oldtimer hin, Oldtimer her.

Doch auch damit wurde die Crew fertig – ein altes 30-Meter-Schiff aus Holz macht hart. Die Bordkasse konnte durch Filmaufnahmen aufgefüllt werden, und schließlich gelangten Schiff und Hippies nach Gran Canaria auf eben „unseren“ Ankerplatz.

Gleich hinter diesem öligen Platz befand sich der Real Club Nautico, der königliche Segelclub von Las Palmas. Die Yachties waren willkommen, ein großer Vorteil. Man hatte einerseits einen guten Landeplatz für das Beiboot, andererseits konnte man die Vorteile des Clubs nutzen. Wie die meisten spanischen Segelclubs unterschied sich der Real Club Nautico beträchtlich von dem, was wir in Deutschland unter einem Segelclub verstehen. Den 5000 Mitgliedern stand oben auf der riesigen Terrasse mit Blick über den ganzen Hafen ein wunderschönes 50-Meter-Schwimmbecken zur Verfügung, das mit seinem smaragdgrünen Wasser einen beruhigenden Kontrast zu der graubraunen Ölbrühe der Ankerreede bot. Eine umfangreiche, gut sortierte Bibliothek und diverse Billardhallen gab es auch.

Wir Yachties hatten mehr Freude an den sauberen Duschanlagen und am Sekretariat, das unsere Post in Empfang nahm. Die Bar bot für wenig Geld kaltes Bier mit Tapas, einer kleinen Beigabe, meist Oliven, Sardinen, Schinken oder sonstige Nettigkeiten, die kostenlos dazu gereicht wurden. Manchmal vertrug es die Bordkasse auch, sich am Schwimmbad von einem der zahlreichen schneeweiß gekleideten Kellner einen feuerroten Campari servieren zu lassen, der einem dann etwas über den Kummer hinweghalf, den jeder von uns mit den verschiedenen Reparaturarbeiten am Schiff hatte.

Die zahlreichen Mitglieder des Clubs, die mit ihren Familien ihre Freizeit meist am Schwimmbad verbrachten (gelegentlich wurde auch gesegelt), hatten für die Yachties sichtlich etwas übrig. In den Mitgliederversammlungen wurde immer wieder betont, daß man den Yachtleuten auf dem Weg nach Amerika Gastrecht einräumen müsse, natürlich kostenlos.

Die SERVABO war nicht allein daran schuld, daß sich die Einstellung der Clubmitglieder zu ihren Gästen änderte. Aber einen guten Teil hat sie sicher dazu beigetragen. Immerhin lag sie nun schon seit sechs Monaten in Las Palmas. Die Crew bestand, Gerd und Willi einmal ausgenommen, aus einer stets wechselnden Anzahl von Hippies, die wiederum Freunde auf das Schiff schleppten, um ihnen für ein paar Tage Unterkunft zu gewähren. Die Großzügigkeit der sonst so toleranten Clubmitglieder wurde dadurch reichlich strapaziert. Nach weiteren Monaten, in denen die SERVABO-Crew einen großen Teil des Strandes für die Reparatur des Besanmastes belegt hatte, machte die Clubleitung keinen Hehl daraus, daß sie froh wäre, wenn das Schiff endlich abhauen würde. Doch daran war noch lange nicht zu denken, denn Willi versuchte mit Nachdruck, bei den Behörden eine Genehmigung zu bekommen, um gegen klingende Münze nachmittags Touristen spazierenzusegeln. Wer die spanischen Behörden kennt, weiß, daß so etwas ziemlich lange dauern kann.

Der Tag unserer Abreise rückte näher. Ich ließ mich von Carla nochmals in den Mast winschen, um alles durchzuchecken. Heinrich half dabei. Heinrich war mit einem winzigen Stahlschiff allein unterwegs. Zu den Kanarischen Inseln wollte er eigentlich gar nicht. Er wollte um die Welt segeln, so wie er sich das vorgestellt hatte, zunächst nach Süden um das Kap der Guten Hoffnung herum – ein ziemlich gewagtes Unternehmen für ein derart kleines Schiff. Als Heinrich, den wir wegen seiner einfachen, aber geraden, herzlichen Art alle gut leiden mochten, schon ziemlich weit im Süden von Afrika war, geriet er in schwere Stürme, die sein Vorsegel zerfetzten und ihm auf diese Art klarmachten, daß diese Route doch sehr ungemütlich sein kann. Kurzerhand entschied Heinrich sich, dann eben andersherum die Welt zu umrunden. So einfach ist das.

Hätten wir unseren Abfahrtstermin eine Woche früher gelegt, so wäre uns ein turbulenter und unangenehmer Tag erspart geblieben. Vormittags änderte der leichte Wind, der auf der Reede vor dem

Real Club Abkühlung gebracht hatte, die Richtung. Kaum jemand hatte dies bemerkt, bis plötzlich die Boote anfingen, in einer schweren Dünung, die vom offenen Meer hereinstand, hin und her zu fallen. Kurze Zeit später war der Seegang schon etwa zwei Meter hoch, ohne daß der Wind besonders stark geworden wäre. Nur, er kam eben aus der falschen Richtung und trieb die Dünung in den Hafen. Die ersten Anker brachen aus, und unter lautem Geschrei versuchten die Besatzungen ihre Maschinen zu starten. Drüben krachte die TOSABITEN in das Schiff von Bluche und zertrümmerte dessen Bugkorb. Im Nu entstand auf der friedlichen Reede ein ziemliches Durcheinander. Den anderen Yachten mit dem Beiboot zu Hilfe zu kommen, war nicht mehr möglich. So sprangen die Yachties ins Wasser, um ihr Ziel schwimmend zu erreichen. Besonders die Jungs der SERVABO taten sich dabei hervor.

Auf der THALASSA herrschte ebenfalls Aufregung, obwohl der Anker noch hielt. Das verführte mich zu einem Fehler. Ich fuhr mit der Maschine etwa 30 Meter gegenan, so daß unser Anker zumindest unter uns stand, und warf einen zweiten Anker und dann gleich zur Sicherheit noch einen dritten über Bord. Damit, da war ich mir sicher, war die Gefahr gebannt, daß die THALASSA auf den Strand treiben würde.

Doch die Dünung nahm weiter zu, und obwohl ich soviel Kette wie nur irgend möglich gegeben hatte, stampfte THALASSA derart und riß so an ihren Trossen und Ketten, daß ich Angst um ihre stabilen Bugbeschläge bekam. Es konnte nicht mehr lange dauern, bis die Klampen und die Ankerwinsch ausbrechen würden.

Schlagartig wurde uns klar, daß es aus dieser Situation nur einen einzigen Ausweg geben würde: schleunigst diesen Platz zu verlassen und irgendwo anders Zuflucht zu suchen, bis der Wind drehen würde. Schnell stand dieser Entschluß fest, aber er war leichter gefaßt als ausgeführt. Denn immerhin hatte ich nun alle unsere Anker draußen, und die mußte ich wieder einholen. Der Ankerplatz war schlecht, das wußte hier jeder, aber ich hatte dabei immer an die schlechte Haltekraft des Grundes gedacht. Als ich noch weit vom ersten Anker entfernt war, zeigte die Trosse schon senkrecht nach unten. Ich ahnte, daß wir hier erhebliche Schwierigkeiten haben würden. Denn offenbar hatten sich die Geschirre meiner drei Anker nicht nur untereinander verdreht, sie hingen auch noch an den Unterwasserfelsen in zehn Meter Tiefe fest. Jedenfalls konnte ich meine schwächliche Ankerwinde noch so sehr bemühen: Ketten und Trossen kamen zwar gut steif, dann aber rührten sie sich keinen Zentimeter mehr.

Guter Rat konnte hier sehr teuer werden. Denn eigentlich gab es nur eine Lösung, nämlich alle drei Ankergeschirre über Bord zu geben und bei Gelegenheit wieder zu bergen. Nachdem wir wußten, daß die Berufsfischer wie die Raben klauten, durften wir es nicht riskieren, die Anker - sichtbar für jedermann - mit einer Boje zu sichern. Also warfen wir Trossen und Ketten schweren Herzens über Bord, in der vagen Hoffnung, unser Ankergeschirr wieder rauftauchen zu können, wenn sich alles beruhigt hatte.

Wir befanden uns in einer peinlichen Situation. Ohne Anker fühlten wir uns wie ein Fallschirmspringer ohne Fallschirm. Nicht nur, daß wir momentan gar nicht wußten, wo wir Schutz suchen sollten, nein, unsere ganze Abreise war in Gefahr. Denn ohne Anker nach Westindien zu segeln, wäre sträflicher Leichtsinn gewesen. Dort gibt es fast ausschließlich Ankerplätze und keine Piers zum Anlegen.

Wir motorten in unserer Not langsam in den stinkenden inneren Fischerhafen und hielten Ausschau nach einem Platz an der schmutzigen Pier. Aber die war voll belegt mit unbemannten Fischerbooten in Fünferreihen, und die schwarzen schmierigen Bordwände waren viel zu hoch, um da hinaufzuklettern. Es gab keinen Liegeplatz für die THALASSA, sie war quasi zum Fliegenden Holländer geworden. Stunde um Stunde drehten wir in diesem kleinen stinkenden Loch von Hafen unsere Kreise, ratlos und nervös durch fehlende Erfahrung.

Als es schon dämmerte, kam eine 13-Meter-Ketsch mit Commander Wardley herein, dem es ebenfalls draußen zu ungemütlich geworden war. Im Gegensatz zu uns war er aber ungeschoren geblieben. Mit sieben Atlantiküberquerungen auf dem Buckel war er erfahren genug, unser Problem zu sehen. Er lud uns ein, bei ihm längsseits zu gehen, worüber wir natürlich mehr als froh waren. Seine Crew, ein sympathischer Hippie, den Wardley auf den Kanaren aufgegabelt hatte, nahm die Leinen wahr.

Wardley befand sich auf seiner letzten Atlantiküberquerung. Als er später in Westindien einsah, daß er auf Grund seines Alters nun doch die Segel streichen müsse, hatte er noch das Problem, sein Schiff loszuwerden, denn die potentiellen Käufer sitzen in Europa oder in Amerika. Seine Crew, eben jener Hippie, löste das Problem, indem er seinem Skipper kurzerhand das Schiff abkaufte. Bezahlung in cash - natürlich!

Am nächsten Tag konnte ich in stundenlanger Taucharbeit meine Siebensachen auf dem Grund der Reede von Las Palmas zusammensuchen. Nicht besonders schwierig, denn kaum war man mit der Tauchflasche durch die obere Ölschicht getaucht, wurde die Sicht klar. Zum erstenmal hatte sich meine Tauchausrüstung bezahlt gemacht, zumal ich auch Anker für andere Yachten barg.

Am Tag vor der Abfahrt kam ein Brief von meiner Schiffsversicherung, die es ablehnte, uns weiterzuversichern, weil mit nur drei Meter Breite unsere THALASSA nicht hochseetüchtig und deshalb eine Atlantiküberquerung zu gefährlich sei. Tolle Fachleute müssen die haben. Als ob es gefährlicher ist, über 5000 Meter Wassertiefe zu segeln statt über 50 Meter.

Als ich mir nach dem letzten Abendessen in Europa die Zähne putzte, löste sich eine riesige Plombe, was mich in arge Gewissensbisse stürzte. Einerseits hatte ich eine geradezu hysterische Angst vor dem Zahnarzt, andererseits gehört es zu den schlimmsten Alpträumen aller Ozeansegler, auf offener See Zahnschmerzen zu bekommen. Unter Seeleuten wird gerne der Rat weitergereicht, in solchen Fällen mit einem glühenden Draht ganz einfach den Zahnnerv abzutöten. Diese Vorstellung erleichterte den Kampf mit mir selbst.

Es siegte schließlich die Vernunft, und unmittelbar vor dem Auslaufen, als letzter Landgang in Europa sozusagen, suchte ich einen Zahnarzt auf, der seinerseits Angst vor meiner hysterischen Angst bekam und mir erklärte, man müsse an diesem Zahn gar nichts machen, es sei alles in Ordnung. Ein Gutachten, das mir natürlich paßte. Der Zahn machte dann auch keinen Ärger. Zufall?

Von Land zurück, verabschiedeten wir uns von unseren zahlreichen neuen Freunden auf dem Ankerplatz. Sie würden jetzt lange nichts mehr von uns hören, denn wir hatten keinen Funk an Bord. Wir waren nicht die erste Yacht, die dieses Jahr nach Westindien segelte. Eine Woche zuvor hatte sich schon PETIT JEAN auf den Weg gemacht. Die mußten jetzt so ungefähr 700 Seemeilen vor uns sein. Drei Tage nach dem Start konnte sie ihre Position noch über Grenzwellenfunk durchgeben, bis ihre Stimmen immer leiser und schließlich unverständlich wurden.

Wir hatten den Anker an Deck, und ich machte mir gerade Gedanken darüber, wann und wo er wohl wieder auf Grund fallen würde, da kam das Beiboot der SERVABO längsseits und brachte uns ein Päckchen. Dann lief die THALASSA durch die Hafenausfahrt, und wir atmeten bewußt zum letztenmal für ungewiß lange Zeit den Geruch von Land ein. Carla öffnete das Päckchen von der SERVABO und zeigte mir den Inhalt: zwei T-Shirts mit dem Aufdruck „SERVABO AROUND THE WORLD“. Wir beschlossen, uns ähnliche Trikots machen zu lassen: „THALASSA AROUND THE WORLD“. Aber erst nach Beendigung der Weltumseglung, in ein paar Jahren. Die Götter der Meere wollen zu solchen Dingen immer vorher gefragt werden.

Törnziel: Horizont

Vor uns lagen 2700 Seemeilen. Der Segler erwartet von seinen Göttern im Durchschnitt ein Etmal von 100 Seemeilen, also in 24 Stunden 100 Seemeilen oder 185 Kilometer. Eine Reisedauer kürzer als 27 Tage würde also ein gutes Ergebnis sein. An den ersten Tagen, nachdem wir in den Kreuzseen um die Kanaren arg mit der Seekrankheit kämpfen mußten, lief es auch ganz gut. Wir hatten ein bemerkenswertes Buch an Bord, in dem unsere Vorgänger, Ernst-Jürgen und Elga Koch, beschrieben, wie sie um die Welt gesegelt waren. „Hundeleben in Herrlichkeit" war der treffende Titel. Die in diesem Buch peinlich genau aufgeführten Positionen der KAIROS bei ihrer Atlantiküberquerung hatte ich auf eine Überseglerkarte übertragen. So konnte ich das Vorankommen der Kochs gut mit dem unseren vergleichen.

Anfangs lieferten wir ihnen ein spannendes Kopf-an-Kopf-Rennen, doch langsam zogen unsere unsichtbaren Gegner davon. Das war nicht besonders ermutigend, denn die Kochs hatten auch keine übermäßig schnelle Überfahrt. Die Tage verliefen zwar ruhig, aber eben auch langweilig. Anstrengend war es, weil Carla und ich uns vorgenommen hatten, zumindest nachts stur Wache zu gehen: abwechselnd zweieinhalb Stunden Schlaf, zweieinhalb Stunden Wache.

Wir sind oft gefragt worden, wieso wir ausgerechnet auf diese recht unübliche Wacheinteilung gekommen seien, die dem Schlafenden nicht besonders viel Zeit gönnt. Sie beruht auf der Tatsache, daß die Nächte in den Tropen mindestens zehn Stunden lang sind. Aufzuteilen sind also zehn Stunden unter zwei Leute. Da ergeben sich zweimal fünf oder viermal zweieinhalb Stunden. Man könnte auch nur insgesamt drei Wachperioden pro Nacht ansetzen, aber das hätte den Nachteil, daß jede Nacht gewechselt werden müßte, also kein gleichmäßiger Rhythmus erzielt würde.

Bei uns hat sich obige Einteilung jedenfalls bewährt. Wir lernten sehr schnell, in die Koje zu gehen und im Nu weg zu sein. Wenn mich Carla dann allerdings mit den Worten „du bist dran“ wachrüttelte, meinte ich jedesmal, erst ein oder zwei Minuten geschlafen zu haben.

Mit einer Selbststeuerung im Rücken Wache zu gehen, ist nicht besonders anstrengend. Man kuschelt sich mit einer Decke gegen die Kälte geschützt in eine Ecke des Cockpits unter dem Klappverdeck, das den kühlen Fahrtwind abhält, und döst vor sich hin. Alle fünf Minuten beleuchtet man mit der Taschenlampe den Kompaß, um festzustellen, ob der Wind sich verändert hat, denn die Windfahnensteuerung steuert nach Stärke und Richtung des Windes. Alle zehn Minuten oder so steht der „Rudergänger“ auf, um nach anderen Schiffen Ausschau zu halten. Andere Schiffe - wenngleich selten - sind für eine kleine Yacht eine tödliche Gefahr. Es ist schon mehr als eine unbeleuchtete Yacht in der Finsternis überlaufen worden, und zwar ohne daß das auf dem großen Schiff bemerkt worden wäre.

Kleine Yachten können es sich wegen der geringen Batteriekapazität nicht leisten, ununterbrochen ein elektrisches Licht zu setzen, erst recht nicht die vorgeschriebenen starken und besonders stromfressenden Positionslichter. So geht man als kleine Mannschaft einen Kompromiß ein. Nachts wird stur Wache gegangen, und die vorgeschriebenen Lichter werden erst dann gezeigt, wenn man ein Schiff am Horizont ausmacht.

Der fehlende Schlaf wird untertags nachgeholt, im Vertrauen darauf, daß auf den anderen Schiffen nicht gepennt und das Vorfahrtsrecht eines Segelschiffes, das auch gegenüber den ganz großen Tankern besteht, beachtet wird.

Das klingt alles viel riskanter, als es ist. Denn die Segelyachten, die mit Hilfe der Passatwinde über die Ozeane ziehen, sind fernab von den Schiffahrtsrouten. Es hat tatsächlich Seltenheitswert, auf einer Atlantiküberquerung ein anderes Schiff überhaupt zu sichten, geschweige denn, mit ihm auf Kollisionskurs zu sein.

Am 14. Tag blieb der Wind weg. Das war nicht besonders beunruhigend, denn Flauten sind nicht ungewöhnlich im Passatgürtel. Auf unserer Position betrug die Flautenhäufigkeit nach den Spezial-Windkarten zwar null Prozent, was aber nur bedeutet, daß sie dort so selten sind, daß sie keine nennenswerte Prozentzahl erreichen. Mit unserem Dieselvorrat hätten wir etwa 200 Seemeilen weit kommen können, also nur ein Tropfen auf die fehlenden 1500 Seemeilen. So verfielen wir gar nicht erst auf die Idee, die Maschine zu starten. Der Sprit war für Notfälle (Mastbruch, Krankheit) gedacht, auch zum Nachladen der Batterien und um am anderen Ende des Ozeans einen Hafen anzulaufen.

Es gibt nicht wenige, die glauben, eine Flaute sei nur deshalb lästig, weil es nicht mehr weitergeht. Der Zeitverlust ist ein Teil der Flaute. Der andere ist die nervliche Belastung, die daraus resultiert, daß Mensch und Material erheblich gefordert werden. Es ist keineswegs so, daß das Schiff liegenbleibt und sich nichts mehr rührt. Auf der offenen See ist die Wasseroberfläche fast nie ganz ruhig. Eine Restdünung bleibt immer zurück, und die Yacht rollt darin heftig von einer Seite zur anderen. Sind die Segel geborgen, hat das Schiff keine Stütze mehr, die es sonst auch in bewegter See einigermaßen stabil hält. Läßt man das Tuch dagegen stehen, damit die Yacht in der Dünung weniger torkelt, dann schlagen die Segel so erbärmlich, daß man sich wundert, wie selbst die starke Kunstfaser dies länger als ein paar Minuten aushält. Hinzu kommt ein entnervendes Scheppern von Mast und Wanten. Kurzum: Flaute kann mehr belasten als hartes Wetter.

Eine Flaute hält ein paar Stunden an oder auch mal einen ganzen Tag. Manchmal glaubt man, es käme Wind auf. Aber meistens täuscht es, wenn man im Gesicht einen leichten, kaum kühlenden Hauch verspürt. Denn dieser Windzug entsteht durch die Dümpelei. Wir hatten eine erstklassige Flaute erwischt. Nach dem ersten Tag ohne Wind wurden wir noch nicht nervös, nach dem zweiten stellte sich schon Ungeduld ein. Ich vertrieb mir die Zeit damit, daß ich mehrmals am Tag mit Hilfe der Sonne so genau wie möglich unseren Standort maß. Wir hatten Strom aus unserer Zielrichtung – auch sehr ungewöhnlich, weil der Strom auf offenen Gewässern fast immer mit dem Wind setzt.

Nach drei Tagen nervenaufreibender Dümpelei unter der sengenden Tropensonne wurde das Leben an Bord insofern erträglicher, als tatsächlich die Dünung einschlief und die THALASSA bald vollkommen ruhig auf dem tiefblauen Atlantik lag. Eine solche Ruhe haben wir auch später nie mehr erlebt. Keine Wolke zeigte sich am Himmel, wir hatten das Gefühl, als ob uns die Götter hier draußen schlicht vergessen hätten. Spaßeshalber stellten wir uns die Frage, was wir wohl machten, wenn wir nie mehr Wind bekämen; so richtig zum Lachen war uns dabei jedoch nicht zumute.

Nach fünf Tagen war die Versuchung groß, einmal ein Bad zu nehmen. Aber wir trauten uns dann doch nicht. Eine Angst, die wir auch später nie ablegten, obwohl wir zwischenzeitlich ziemlich viele, recht hautnahe Kontakte mit Haien hatten. Doch die fanden immer in Riffnähe statt, wo Haie Nahrung in jeder Menge finden und meistens satt sind. Auf der offenen See dagegen hätten wir es mit ganz anderen Typen zu tun gehabt, jedenfalls wären sie unberechenbarer gewesen.

In den wenigen Fällen, wo ich unbedingt auf offener See ins Wasser mußte, wurde es mir stets ganz mulmig, wenn ich mit Maske nach unten in das Blau blickte, das sich immer mehr zu verstärken schien. Abkühlung verschafften wir uns dadurch, daß wir mit dem Eimer Wasser hochholten und uns gegenseitig begossen - bei 35 Grad im Schatten eine schweißtreibende Arbeit.

Einige Tage schon trieb sich eine besonders schöne und große Goldmakrele in Begleitung einer etwas kleineren um unsere THALASSA herum. Auf meine Angel zeigten die beiden überhaupt keine Reaktion. Also versuchte ich sie von Deck aus mit der Harpune zu schießen, aber ich war halt doch kein Indianer, der im Bach einen Fisch speeren kann, oder ein Polynesier, der es ebenfalls versteht, die Brechung des Lichts beim Übergang von Luft in Wasser so zu berechnen, daß seine Harpune trifft. Mein Pfeil ging regelmäßig um zehn Zentimeter daneben, obwohl es beim Abschuß so aussah, als könne man die herrliche Makrele, bestimmt einen Meter lang, gar nicht verfehlen.

Am fünften Tag schwamm „Gustav", wie wir die Riesenmakrele nannten, immer noch um uns herum. Längst war sie uns so ans Herz gewachsen, daß ich keinen Versuch mehr machte, sie zu töten. Die langanhaltende Flaute rief eine bislang nicht gekannte Gleichgültigkeit hervor. Unser Tagesablauf war eigentlich nicht viel anders als im Urlaub an Land. Wir standen morgens auf, deckten den Tisch, ohne Angst haben zu müssen, daß Seegang etwas herunterkatapultierte, und frühstückten gemütlich. Anschließend vertieften wir uns in irgendwelche Bücher, die wir schon lange mal lesen wollten. Um die Segelei kümmerten wir uns nicht mehr. Die Segel waren längst geborgen, ja, das Großsegel war mit der Persenning abgedeckt, so, wie man ein Schiff im Hafen aufklariert, wenn man nach einem Segelwochenende wieder nach Hause fährt.

Unsere Welt bestand nur noch aus der THALASSA, Wasser und einem Kreis um uns, dem Horizont, ganze vier Kilometer weit entfernt. Das ist alles, was der Segler aus zwei Meter Augeshöhe überblicken kann. Rein geometrisch waren wir der Mittelpunkt dieses Kreises, aus unserer Sicht jedenfalls. Aber wir haben uns bei weitem nicht so gefühlt. Unsere Situation zeigte sehr deutlich, wie hilflos der Mensch ist, wenn das, was er als selbstverständlich erachtet, sich nicht programmgemäß einstellt, so wie hier der Wind.

Abends gingen wir in die Koje. Vorbei waren unsere guten Vorsätze, nachts immer Wache zu gehen. Zwar hatten wir eine kleine Petroleumfunzel gesetzt, aber Carla und ich wußten sehr wohl, daß dies nur der Beruhigung diente, denn gesehen werden konnte der schwache Lichtpunkt keine 200 Meter weit. Zu Zeiten der Segelschiffahrt wäre das wohl gerechtfertigt gewesen, denn ein eventueller Kollisionsgegner hätte sich ja auch nicht vom Fleck rühren können. Heute ist das nicht mehr so, denn ein Tanker, ein Fischer, ein Passagierliner oder was sich sonst noch alles auf den Weltmeeren herumtreibt fährt zwischen 10 und 25 Knoten schnell.

Jedoch, Wacheschieben wäre wirklich zu blöde gewesen, zumal es während einer Flaute gar nichts zu tun gibt. Vor unserem Start hatten wir davon geträumt, wie schön es wäre, mit der eigenen Yacht ganz allein unter dem tropischen Sternenhimmel auf dem Ozean sein zu können. Aber wenn man täglich das gewiß großartige Schauspiel von Millionen funkelnden Lichtpunkten am Firmament erleben kann, verliert auch das an Reiz, zumal wenn man zum x-ten Male das kleine Reiterlein auf der Deichsel des Großen Wagens gesucht und ausgemacht hat.

Am achten Flautentag zeigten sich am Horizont einige Wölkchen. Das Meer begann wieder zu atmen. Die THALASSA hob sich kaum merklich, verharrte einige Sekunden, um dann ganz langsam ins Tal der Dünung abgesenkt zu werden. Wir deckten das Groß ab und schlugen die Genua an. Als das Wasser sich kräuselte, wußten wir, daß der Passat zurückgekommen war. Bald füllten sich die Segel, und aus dem Plätschern der Bugwelle wurde wieder ein machtvolles Rauschen, das mir auch ohne Blick auf die Schlepplogge am Heck verhieß, daß wir Fahrt von über fünf Knoten machten. Schon war unser Lebenskreis mit seinen lächerlichen 50 Quadratkilometern wieder übersät mit friedlichen Schaumkronen, die uns beidseits ständig überholten.

Das ist wohl das Schönste am Segeln: mit achterlichen oder raumen Passatwinden von Stärke vier bis fünf ein Ziel voraus am anderen Ende des Ozeans zu suchen. Man wird nicht müde, die von achtern heranrollenden Wellenhügel, mit einem weißen Käppchen verziert, mit Blicken zu verfolgen. Faszinierend ist der Gedanke, daß auch der Mensch des 20. Jahrhunderts mit seinen Errungenschaften in Elektronik und Atomtechnik nichts an diesem Bild verändern konnte. Eingriffe in die Natur der Wellenberge sind nicht möglich. Wenn ich das Meer um mich herum betrachtete, war es exakt das gleiche Bild, gleichgültig, ob wir nun das Jahr 2000 vor oder 2000 nach Christus schreiben.

In unserem Kielwasser schwammen Gustav und seine Begleiterin, er unverkennbar durch seine Größe, mit der er „gewöhnliche" Goldmakrelen weit überragte. Meine Schleppangel brachte ich nicht mehr aus. Ich fürchtete, Gustav würde sich in sie verbeißen. Nachts, wenn ich zum Spaß das Hecklicht einschaltete, sah ich ihn, wie er mit ruhigen Schwanzschlägen ein paar Meter hinter der THALASSA herschwamm. Wenn der Wind nachließ und das Schiff nur noch ein oder zwei Knoten machte, dann konnte es schon passieren, daß Gustav ein paar Extrarunden zog. Über tausend Meilen war er nun schon mit dabei.

Am 31. Tag auf See entdeckte Carla weit drüben an Backbord einen weißen Fleck. Das Fernglas beseitigte jeden Zweifel. Es war ein Schiff. Kein gewöhnlicher Dampfer (wir sagen immer noch Dampfer, obwohl Dampfmaschinen natürlich längst ausgestorben sind), sondern eine Motoryacht. Das war nun wirklich nicht alltäglich: das erste Schiff seit über vier Wochen auf See eine Motoryacht. Üblicherweise haben derartige Yachten nicht annähernd die Reichweite für eine Ozeanüberquerung; mit der mußte es etwas Besonderes auf sich haben. Sie kam eindeutig irgendwo von Europa oder Afrika und wollte auf dem gleichen Kurs wie wir nach Amerika. Sie änderte deutlich ihren Kurs. Schön, sie hatte uns gesehen!

Für Carla blieb genügend Zeit, sich umzuziehen – für was sonst, wenn nicht eine Begegnung auf dem Ozean? Schon war der Name zu entziffern: LA CORONADA. Mindestens ein Dutzend Leute stand an der Reling, als die weiße 20-Meter-Yacht uns langsam passierte. Der Skipper preite uns an. Wir verglichen unsere Position. Sie kamen von den Kapverden, eine beachtliche Leistung, immerhin 2000 Seemeilen nach Antigua. „Braucht ihr irgend was?" rief der Skipper. Überrascht verneinte ich.

Ein paar Stunden später, als die LA CORONADA längst hinter dem Horizont verschwunden war, ärgerte ich mich noch immer über meine Begriffsstutzigkeit. Natürlich hätten wir eine Menge gebraucht, ein kaltes Bier zum Beispiel, einige Steaks aus der Tiefkühltruhe oder ein paar Zeitungen und Magazine, denn an Bord der Thalassa hatten wir schon alles durchgeschmökert, und ein Ende des Törns war nicht abzusehen.

Die Thalassa war langsam geworden. Ich merkte das nicht so sehr an unserem Speedometer, sondern an den schwachen Etmalen. Bei einem Vierer- oder Fünferwind hätten eigentlich 130 bis 140 Seemeilen rausspringen müssen, aber wir erreichten kaum noch unser Soll-Etmal von 100. Die Ursache war der Bewuchs am Unterwasserschiff, darunter vor allem langstielige Entenmuscheln, die wir von Deck aus zwar nicht sehen konnten, die sich aber mit Sicherheit angesetzt hatten, wie ich durch Berichte anderer Segler wußte und wie die verminderte Geschwindigkeit vermuten ließ. Ein recht ärgerlicher Kreislauf schloß sich: je mehr Bewuchs, desto länger die Reise; je länger die Reise, desto stärker der Bewuchs! Unsere bei Chiemseeregatten so erfolgreiche Thalassa war drauf und dran, auf der Strecke Gran Canaria – Barbados einen Negativrekord aufzustellen.

Am 37. Tag seit unserer Abreise, gerade nachdem ich unseren Mittagsort berechnet hatte, konnten wir Barbados vor dem Bug ausmachen. Eine letzte Standortbestimmung brachte Gewißheit, daß wir den Kurs nach Bridgetown, der Inselhauptstadt, nicht zu ändern brauchten. Aber unser Landfall zog sich hin. Nachts suchte uns noch ein Regenguß heim, und im Hecklicht konnte ich zum letztenmal zwischen den Regentropfen den schönen Gustav ausmachen, der uns immerhin über 1500 Seemeilen begleitet hatte. Als wir dann nach Steuerbord, Richtung Carlisle Bay, abfielen, verließ er uns für immer.

Sollte jemals einer meiner Leser über den großen Teich in die Tropen segeln, dann wünsche ich ihm eine Ankunft nach einem Regenschauer, wenn sich die Morgensonne eine Öffnung in der Wolkendecke sucht. Ankommen ist ohnehin das Schönste beim Segeln (die Engländer meinen, der Drink auf der anderen Ozeanseite sei der Höhepunkt), erst recht bei diesen Wetterbedingungen, wenn eine Tropenlandschaft am meisten strahlt. Vor allem in den Westindies, wo zwischen den buschigen Palmen, die das smaragdgrüne Wasser umsäumen, die feuerroten Dächer der Negerhütten leuchten. Dem Anker braucht man nun nicht mehr zu mißtrauen; man kann zusehen, wie er sich in zehn Meter Tiefe in den gelben Sand eingräbt.

Wir hatten Schwierigkeiten, unseren Ankerplatz anzusteuern, denn die THALASSA weigerte sich, beim Wenden durch den Wind zu gehen. Die Entenmuscheln hatten sie manövrierunfähig gemacht, was uns eher belustigte als störte. Nach 38 langen Tagen auf See kamen wir genau am Heiligen Abend an. Die Bescherung war gelungen, denn sie war einzigartig.

Das Atlantiksyndrom

Alle waren heil angekommen oder trödelten zumindest in den nächsten Tagen ein. L'AFFRANCHI machte uns zunächst noch Sorgen, war sie doch lange vor uns gestartet. Und wir hatten uns, ohne daß es uns peinlich war, für die langsamsten gehalten. Aber eines Tages tauchte auch die L'AFFRANCHI auf. Als sie nach einer 48tägigen Reise an uns vorbei zu ihrem Ankerplatz kreuzte, sahen wir, daß Bernhard und Whiskey, ein schäferhundgroßer Mischling, in dem sich die meisten Hunderassen der Bretagne vereinigten, okay waren.

Heinrich hatte da nicht soviel Glück. Sein Dackel, den er auf Gran Canaria an Bord genommen hatte und dem er beibringen wollte, nachts auf Schiffe zu reagieren, war eines Morgens nicht mehr da. Bei den Haien landete auch Tusse, das kleine Kätzchen von der TOSABITEN. Aber sonst war in diesem Jahr nichts passiert, außer ein paar unwesentlichen Episoden.

So hatte eine Yacht – ähnlich wie wir mit unserem Gustav – einen ganzen Schwarm Goldmakrelen über Hunderte von Meilen nachgezogen. Wenn jemand an Bord Appetit auf Fisch hatte, hing man einfach die Schleppangel raus. Die Tiere waren so blöd, anzubeißen. Als die Crew dann mitten auf dem Atlantik bei ruhiger See eine andere Yacht traf, kurz mal für einen Drink rüberruderte und sich wieder verabschiedete, wechselte der Makrelenschwarm zu jener Yacht über und folgte ihr bis nach Westindien.

Mit uns Yachties hatte sich fast unmerklich eine Veränderung vollzogen. Vor dem Atlantiktörn waren wir alle ziemlich verunsichert angesichts der Dinge, die da auf uns zukommen würden. Nun erkannten wir einander in Westindien kaum wieder. Auf Gran Canaria hatten wir noch zum alten Bluche aufgesehen, schwärmten von seinem Freund Moitessier und lasen andächtig die Tips für Atlantiksegler bei Hiscock nach. Jetzt fanden wir das eine und das andere ein bißchen übertrieben. Wir zitierten gegenseitig Passagen aus den betreffenden Büchern und lachten uns fast krumm, glaubten, etwas besonders Unsinniges entdeckt zu haben. Kurzum, wir hielten uns für die Weltmeister im Blauwassersegeln schlechthin.

Der Atlantik, der hinter uns lag, schien wie eine Droge auf uns gewirkt zu haben. Dementsprechend waren unsere Briefe an die Daheimgebliebenen. Sie strotzten geradezu vor Selbstsicherheit. Wir erklärten, daß alles ungleich einfacher gewesen sei, als es in den Büchern stünde. Rückblickend wundere ich mich über unsere arrogante Einfalt. Denn der Dümmste zu Hause mußte doch merken, was wir, nicht nur Carla und ich, sondern all die anderen auf dem Ankerplatz, vor allem die Deutschen, damit ausdrücken wollten: Wir beherrschen alles viel, viel besser als die gescheiten Buchschreiber.

Dieses Atlantiksyndrom ist interessant. Es war keine Erscheinung allein bei „unserem“ Jahrgang; ich erlebe es immer und immer wieder, im Freundeskreis, bei Bekannten und auch bei Fremden. Da holen sich ausgesprochen nette Leute ganz schüchtern Ratschläge für die bevorstehende Atlantiküberquerung, hängen an deinen Lippen, saugen förmlich die Informationen auf, und wenn sie aus Westindien zurückkommen, sind sie nicht mehr wiederzuerkennen. Dann haben sie plötzlich ein gefestigtes Urteil zu der Frage, ob ein Langkieler kursstabiler ist als ein Kurzkieler (obwohl sie beim Atlantiktörn einen Kurzkieler benutzt hatten und auch noch nie vorher mit einem Langkieler gesegelt waren), dazu, ob ein Zweimaster wirkungsvoller als eine Sloop ist (immer das ist das Bessere, was sie auf dem Atlantik gefahren hatten) oder welcher Anker die beste Haltekraft hat (obwohl nur zweimal ein Anker benutzt wurde, nämlich in Westindien und auf den Kanarischen Inseln).

Es ist stets von neuem deprimierend zu sehen, wie 2700 Seemeilen oder 25 Tage auf See einen einstmals etwas schüchternen, jedenfalls aber bescheidenen Menschen zu seinem Nachteil verändern können. Das einzige, was gegen diese Atlantikkrankheit hilft, ist ein längerer Ankerplatzaufenthalt unter altgedienten Yachties, die den Super-Seemann wieder auf das angemessene Seemanns-Maß zurechtstutzen. Darum sind auch diejenigen besonders gefährdet, die im Urlaub auf die Canaries fliegen, eine Charteryacht besteigen und sich dann nach Westindien segeln lassen, um dort den nächsten Jet nach Hause zu nehmen. An der heimatlichen Bar im Yachtclub jedenfalls läßt sich ihre Krankheit nicht so leicht auskurieren.

Jene aber, die weiter nach Westen ziehen, lernen, daß die Segelgötter so manches Riff in den Weg gelegt haben und so manchen tragischen Unfall inszenieren, nur um zu zeigen, daß der Mensch niemals, auch in tausend Jahren nicht, die Natur beherrschen wird. Möglicherweise ahnen die Menschen das auch. Wie sonst ist es zu erklären, daß sie in diesem Jahrhundert zielstrebig versuchen, nicht nur sich selbst, sondern auch die Natur zu zerstören?

Ich bin weit davon entfernt, zu behaupten, daß wir von diesem Atlantikbazillus verschont geblieben wären. Ganz im Gegenteil. Ich war plötzlich der allergrößte Seemann, in erster Linie der Welt bester Navigator. Ich hörte einen Amerikaner immer wieder von seiner Navigationsmethode erzählen. Der behauptete tatsächlich, er würde die Länge der Position ohne Tafeln sehr genau bestimmen können. Das war wirklich lachhaft, denn ich wußte zwar, wie man die Breite ohne Logarithmentafeln ausreichnen konnte – Kolumbus kam so immerhin nach Amerika –, aber für die Länge, und damit die Position, waren wirklich komplizierte Berechnungen nötig. Wenn es anders gewesen wäre, so hätte mir Karl Sailer sicher etwas darüber erzählt oder es hätte zumindest in einem der vielen Bücher gestanden, die ich an Bord hatte, ja, die auch auf den Seefahrtsschulen im Unterricht benutzt wurden.

Der Amerikaner versuchte, sein System zu erklären; von je einer Messung vor und nach Mittag bekam ich am Rande gerade noch etwas mit. Ich hörte nicht richtig hin, denn nach meiner Meinung handelte es sich um eine Methode, die zur Not eine ungefähre Ortsbestimmung ermöglichte. Für jemand, der sich wirklich ernsthaft mit der Navigation beschäftigte, so wie ich, war das viel zu ungenau. Aber mehr nicht. Basta. Hoch lebe ein gesundes Selbstbewußtsein.

Dieser Amerikaner, seine Methode zur Bestimmung der Schiffslänge, sollte in meinem Seglerleben noch eine ganz wichtige Rolle spielen. Die Segelgötter hatten offensichtlich dafür gesorgt, daß ich in meinem Hochmut zwar nicht mitbekam, was dieser Ami Wichtiges von sich gab, aber immerhin war dieses bis zu meinem Bewußtsein vorgedrungen: eine Messung vor Mittag und den gleichen Winkel nach Mittag.

Westindien enttäuscht

Carla und ich waren offenen Herzens nach Westindien gekommen, schon deswegen, weil die Antillen unser erstes Traumziel darstellten. Auf der ganzen Reise dorthin hatten wir nur immer davon gesprochen. Weitere Planungen hatten wir nicht gemacht. Wir wußten, daß es irgendwie nach Westen weitergehen sollte, aber wohin genau, das stand in den Sternen. Von Hawaii und Tahiti hatten wir viel gelesen, doch ich konnte diese geographischen Begriffe überhaupt nicht einordnen. Hawaii, Haiti und Tahiti brachte ich immer durcheinander, obwohl diese drei Inseln auch nicht annähernd in derselben Gegend liegen.

Insgesamt waren die Westindies, besonders die ehemaligen Kolonien der britischen Krone, eine herbe Enttäuschung. Die Schwarzen, mit denen wir Kontakt hatten, benahmen sich ausgesprochen unfreundlich, zum Teil sogar bösartig. Ich habe ein Verständnis für die Menschen dort. Sie sind über Jahrhunderte von ihren weißen Kolonialherren ausgebeutet worden und wollen jetzt im Hochgefühl der Unabhängigkeit heimzahlen. Nur können Carla und ich nichts für die Kolonialherrschaft. So gesehen, ist es sicher ein Glücksfall, daß Deutschland nach 1914 keine Kolonien mehr besaß.

Aber es waren nicht nur die Rassenvorurteile, die den Aufenthalt auf den britischen Inseln Westindiens zum Teil recht unerfreulich machten, es war auch die deutliche Geringschätzung der Yachten. Viele der Schwarzen waren nur am Geld der Yachtleute interessiert. Vielleicht hielten sie die Yachties, die den ganzen Tag auf dem Schiff saßen und nichts arbeiteten, für Millionäre. Der Zöllner in Bequia forderte mich unumwunden auf, ihm eine Flasche Whisky zu schenken, dann wäre mit unserem Boot alles okay. Ich wollte ihm die Flasche um des lieben Friedens willen bringen, doch Carla protestierte mit Erfolg: „Wir bestechen nicht!“

Bevor wir Richtung Westen weiterliefen, nahmen uns die alltäglichen Yachtprobleme wieder gefangen, erheblich erschwert allerdings durch westindische Zustände. Wieder einmal warteten wir auf Ersatzteile von zu Hause, zumindest auf das Telegramm, das uns die Nummer des Frachtbriefes mitteilen sollte. Telefonisch war uns das Telegramm schon avisiert worden. Also wanderten wir täglich zum Postamt. Wären nicht gerade wir betroffen gewesen, so hätten wir die Szene dort ja ganz lustig gefunden. Hinter dem Schalter lagen ungeordnet auf dem Boden Tausende von Briefen und Päckchen. Der Haufen hatte einen Durchmesser von mindestens drei Metern und eine Höhe von vielleicht einem Meter, wenn niemand draufgesessen wäre.

Die „Postbeamtin“, sehr dunkler Teint und sehr krauses Haar, mit einem Gewicht von an die 180 Pfund, hatte es sich auf diesem Haufen Post bequem gemacht. Sie schien noch ganz aufgeschlossen zu sein, als wir nach einem Telegramm für die THALASSA fragten. Was dann allerdings kam, brachte mich eigentlich jedesmal wieder zur Raserei, denn diese Szene spielte sich täglich ab. Auf unsere Frage nach dem Telegramm griff die dunkle Lady geschäftig in den Haufen, zog wie die Lotteriefee im Fernsehen irgendeine Postkarte heraus, besah sich interessiert die Adresse und meinte sodann: „Sorry, no mail for THALASSA!“

Auf unseren leisen, aber ziemlich verzweifelten Protest hin war sie fast beleidigt. Wir würden doch sicherlich nicht erwarten, daß sie, die sie als einzige im Amt sei, nunmehr den riesigen Haufen Post durchsehen würde. Nein, wir hatten die Hoffnung ohnehin aufgegeben. Auf das Telegramm warten wir heute noch.

In Lebensgefahr vor Panama

Leichten Herzens sagten wir Westindien auf Wiedersehen. Die französischen Inseln bilden einen starken Kontrast zu den englischen. Die Leute sind locker und freundlich, die Einkaufsmöglichkeiten eben französisch. Es war kein Problem, die Schlappskiste, so nannte Carla das Fach unter dem Tisch, mit Konserven und Spirituosen wiederaufzufüllen. In einer Bucht auf der Nordseite von Martinique setzten wir gleich die Passatsegel, ohne das Groß, das ja wegen der Windabdeckung bei achterlichem Wind ziemlich hinderlich ist, überhaupt aufzumachen. Der Passat hatte uns wieder, und mit sechs Knoten rauschten wir in Richtung Panamakanal. Nach drei Stunden konnten wir von Westindien nichts mehr sehen.

Die Karibik ist recht gefürchtet. Die Windkarten geben für den Februar durchschnittlich fünf bis sechs Windstärken an. Die Sturmhäufigkeit ist fast gleich Null, doch ließen die Durchschnittswerte für den winterlichen Passatwind hartes Wetter erwarten. So war es auch. Es war schweres Segeln, obwohl es sozusagen bergab oder, wie die Amis sagen, „downwind" ging. Das Problem auf diesen Kursen ist die Rollerei. Die beiden gleich großen, ausgebaumten Vorsegel haben natürlich keine Stützwirkung. Das Schiff rollt also ständig im Seegang, 30 Grad nach jeder Seite, und das eine Woche lang.

Nach acht schnellen Tagen lagen schon 1100 Seemeilen achteraus. Wir standen in tiefdunkler Nacht vor der Hafeneinfahrt nach Colon, der Stadt auf der Atlantikseite des Panamakanals. Carla schlief, und ich beschloß, bis zum Morgengrauen zu warten, um dann in aller Ruhe in den Hafen von Panama einlaufen zu können.

In meiner nautischen Vergangenheit habe ich sicher sehr viele Fehler begangen, aber nur zwei, die uns in eine lebensgefährliche Situation brachten - einen davon in dieser Nacht.

Auf der THALASSA waren zwei voneinander unabhängige Batteriesysteme installiert. Beide konnten wahlweise auf das Bordnetz geschaltet oder als Starterbatterien verwendet werden. Wir schenkten dem Ladezustand der Batterien nur geringe Beachtung, denn die Maschine ließ sich auch mit der Hand starten. Zugegeben: mit kleinen Komplikationen, denn während ich beidarmig die Kurbel drehte, mußte Carla den Dekompressionshebel ziehen.

Wir lagen nun also bei fast völliger Windstille vor Colon, die Segel waren geborgen, Carla schlief tief, und ich saß in der Dunkelheit im Cockpit und beobachtete - schon etwas übermüdet - den Horizont, wo fernab von uns unaufhörlich Schiffe in Richtung Pazifik oder in die Karibik hineinzogen. Einen Dampfer konnte ich besonders gut ausmachen. Ganz deutlich sah ich seine Lichter. Ich rekapitulierte, was ich im Segelkurs über Lichterführung gelernt hatte: Dieses Schiff fuhr von uns weg. Aber das war falsch!

Ich hatte ganz einfach Rot und Grün verwechselt. Als Entschuldigung kann ich nur die Übermüdung anführen, aber das ist für so ein Versagen wenig tröstlich. Mir wäre das sicher nicht passiert, wenn ich die Lichterführung nicht stupide auswendig gelernt hätte, sondern die Seestraßenordnung konsultiert hätte, die immer griffbereit im Brückendeck steckte.

Als ich meinen Irrtum bemerkte, hielt der Dampfer schon voll auf uns zu. Jetzt konnte ich die riesigen Positonslichter Rot und Grün nebeneinander sehen - nicht vor mir, sondern über mir. Ich war voll da, denn instinktiv bekam ich mit, daß ich mir jetzt nicht mehr den geringsten Fehler leisten durfte. Sonst wäre es aus gewesen. Der andere konnte uns nicht sehen, denn wir waren unbeleuchtet. Alle Lichter einzuschalten wäre ebenfalls Blödsinn gewesen, denn der Dampfer war schon zu nahe, um uns ausweichen zu können, und außerdem wäre damit die letzte Chance dahin gewesen, die Maschine zu starten, denn die volle Christbaumbeleuchtung hätte die Batterien endgültig in die Knie gezwungen.

Also betete ich und fingerte nach dem Zündschlüssel. In diesem Moment schoß es mir durch den Kopf, daß ein Diesel, der zum Starten 30 Sekunden lang vorgeglüht werden mußte, das Ende für uns gewesen wäre. Daran hatte ich bei der Bestellung meines Einspritzmotors natürlich nicht gedacht. Ich hatte jetzt nur wenige Sekunden Zeit, die Maschine anzulassen, und selbst wenn sie gleich kommen würde, war es noch fraglich, ob der andere nicht doch schon zu nah war.

Meine Nerven vibrierten mit der Maschine. Bei der zweiten Umdrehung wurde der Starterton merklich dumpfer, und ich wußte, daß die nächste Sekunde über das Schicksal der THALASSA, ja, mehr noch, über unser Leben entscheiden würde. Entweder ist die Batterie so schwach, daß der Anlasser die Maschine kein weiteres Mal mehr durchzieht, oder sie springt an. Als sie aufheulte, schob ich – mit Blick nach oben zu den drohenden Positionslichtern – den Gashebel nach vorne und schrie zu Carla in die Koje: „Alle Lichter an!“ Das konnte nicht mehr schaden, denn die Maschine lief ja schon, und der Zustand der Batterien interessierte mich in diesem Moment nicht mehr.

Während der Nacht läßt sich schwer beurteilen, wie knapp man einem „Biggy“ aus dem Weg gegangen ist. Aber es muß wirklich haarscharf gewesen sein, denn trotz des hochgequälten Diesels konnte ich ganz deutlich des anderen Schraubenwasser rauschen hören. Uns blieb das Schicksal erspart, das wahrscheinlich den Bruder von Wilfried Erdmann, Deutschlands ersten Einhand-Weltumsegler, ereilt hat. Der kam in Panama nie an.

Der Kanal

Ohne den Panamakanal gäbe es lange nicht so viele Weltumseglungen wie heute. Denn die Yachten müßten ja, um an Amerika vorbeizukommen, bis hinunter nach Feuerland segeln, wo sie um Kap Hoorn oder durch die etwas mildere Magellanstraße steuern müßten, um den Pazifik zu erreichen. Der Kanal aber eröffnet den Yachties die Südsee.

Zwei Abenteuer hat der Panamakanal zu bieten: die Passage durch den Einschnitt zweier Kontinente und die Bekanntschaft mit neuen Yachtleuten. Amerikaner sind andere Yachties als die Deutschen: Nachdem es in Amerika keine Segelscheine gibt, haben die Amis auch keine Segelkurse über sich ergehen lassen müssen. Das heißt zunächst einmal, daß unsere amerikanischen Yachtfreunde noch eine eigene Meinung zu ihrem Sport haben. Sie gehen an Segel- und Ausrüstungstechnik viel unvoreingenommener heran als wir.

In Panama lernte ich zum Beispiel, daß es nicht unbedingt notwendig ist, zum Setzen, Bergen und Reffen des Großsegels in den Wind zu gehen (ein glatter Verstoß gegen ein Dogma der Segelpäpste in Deutschland). Das funktioniert meistens genausogut vor dem Wind, weil die Yacht viel ruhiger liegt und dem Mann am Mast nicht dauernd ein Segel um die Ohren schlägt. Aber auf solche Ideen kommt man nicht, wenn einem im Segelkurs immer wieder eingebläut wird, daß dies unseemännisch ist. Für Jollen, auf denen unsere Segler ausgebildet werden, trifft diese Technik ja auch zu; daß viele später jedoch auf unkenterbaren Kielyachten segeln, kümmert niemanden. Uns mit unserer Atlantik-Überheblichkeit tat es jedenfalls sehr gut, frischen Wind aus Amerika zu spüren.

Eine ganze Gruppe von „neuen" Seglern von der Ostküste stieß zu uns: Kitty und Scotty, ein New Yorker Ehepaar auf einem Zehn-

Meter-Kunststoffschiff, dann die KUAN YIN mit dem Kanadier Roger und seiner Sheila, die aus Südafrika stammte und einmal nach ihren Eltern schauen wollte, und dann vor allem Cliff und Joyce auf der knapp elf Meter langen MORIAH. Cliff war unter uns sicher der Reichste. Er war gerade als Vietnampilot, 43jährig, pensioniert worden, bekam also jeden Ersten ein hübsches Sümmchen auf sein Konto, mit dem es sich, jedenfalls beim damaligen Dollar-Wechselkurs, hervorragend leben ließ. Wir anderen dagegen hatten nur eine bestimmte Summe zur Verfügung, die wesentlich schneller abnahm, als wir es uns ausgerechnet hatten.

Mit von der Partie bei Cliff und Joyce war noch deren 14jähriger Sohn Matt, den die Eltern in einem verständlichen Optimismus mit Hilfe von Fernkursen durch die Schule schleifen wollten. Auf der MORIAH segelte außerdem noch Larry, sonst Kassierer in einem Supermarkt, wo Cliff ihn kennengelernt und als Partner zum Kauf der gebrauchten Segelyacht gewonnen hatte. Die Schiffsgröße hätte für die vier Leute ausgereicht, aber Amerikaner haben einen Hang zu Spielzeugen, und die waren reichlich an Bord. Eine Koje mußte allein für Matts Gitarre herhalten, die sicher nicht nur zur guten Stimmung an Bord beitrug. Wenn man die MORIAH betrat, dann kam einem Larry im Cockpit schon entgegen und bat flüsternd, doch ja nicht nach der Gitarre zu fragen. Er konnte Matts Seitenzupfereien nicht mehr hören. Dabei waren sie erst am Anfang ihrer Weltumseglung.

Panama ist ein Nadelöhr für die Weltumsegler. Wenn man die einzelnen schon nicht persönlich trifft, dann hört man dort aber zumindest, wo die anderen stecken. Ein paar Wochen zuvor war Dr. Jörgen Meyer, mein alter Bekannter aus dem Sailer-Kurs, hier gewesen. Hatte er es also geschafft, loszukommen. Ich bewunderte die Sturheit von Jörgen Meyer. Er war nicht wie Hunderte von Atlantikseglern erst mal runter in die Passatwindzone gegangen, sondern direkt von Cuxhaven nach Panama gesegelt. Eigentlich eine unmögliche Route, weil nach der Statistik dort überhaupt keine günstigen Winde wehen. Aber dem Mutigen gehört das Glück. Nach 55 Tagen schon hatte Jörgen Meyer ohne Stopp den Panamakanal erreicht und damit wohl die schnellste Segelschiffsreise von der Nordsee zum großen Kanal gemacht.

Das Hauptgesprächsthema unter den Yachtleuten war die Kanaldurchfahrt. Es ist Vorschrift, mindestens vier Mann Besatzung – Damen gelten als vollwertige Crew – und einen Lotsen der Kanalgesellschaft an Bord zu haben. Nachdem gemeinsam mit der Großschiffahrt geschleust wird, hat jeder Angst, daß seinem zerbrechlichen Kahn etwas passiert, was auch gelegentlich vorkommt. Viel hängt von der Laune des Lotsen ab, der sonst auf der vollklimatisierten Brücke eines Tankers fährt und natürlich einen gewissen Servicestandard gewohnt ist. Dazu kommt, daß die Fahrzeit der Großen wegen der höheren Geschwindigkeit kürzer ist; mit einer Yacht dauert es meistens von vier Uhr morgens bis in die Dunkelheit des Abends hinein, ehe man in Balboa auf der Pazifikseite des Kanals an die Boje gehen kann.

Viele Storys ranken sich um die Lotsen, übrigens hochqualifizierte Berufsseeleute. Sie müssen jahrelang mit dem großen Kapitänspatent in der Tasche auf den Weltmeeren gefahren sein, ehe sie im Kanal wie Lehrjungen zunächst ein paar Jahre geschult werden. Dann dürfen sie selber Schiffe durch den Kanal bringen. Erst einmal läßt die Kanalgesellschaft sie auf kleinen Schiffen, auch auf Yachten, Erfahrung sammeln, bevor man ihnen die Verantwortung für die ganz großen anvertraut.

Die riesigen Tanker von mehreren hunderttausend Bruttoregistertonnen sind allerdings bei weitem zu groß für den Panamakanal. An solche Giganten haben die Amerikaner um die Jahrhundertwende beim Bau des Kanals noch nicht gedacht. Nur Schiffe von ungefähr 50000 Tonnen können ihn passieren. Die meisten dieser Größenordnung sind in die Kanalmaße hineinkonstruiert worden. Manchmal geht es in den Schleusen so knapp zu, daß in der Länge nur wenige Meter und zu den Seiten hin nur Zentimeter Platz bleibt. Derartige Feinarbeit erfordert die Anwesenheit von bis zu vier Lotsen. Für Yachten reicht einer, aber der muß sein. Der Lotsenzwang wird so streng gehandhabt, daß man sich erzählt, man dürfe deshalb nicht durch den Kanal schwimmen, weil man keinen Lotsen mitnehmen könne.

Jede Crew versucht, den Lotsen so heiter wie möglich zu stimmen. Da werden dann auf Yachten, wo ansonsten Schmalhans Küchenmeister ist, Speisen serviert, die dem Büffet eines Grandhotels zur Ehre gereichen würden. Auch für Drinks wird die Bordkasse geplündert, wobei es nichts ausmacht, wenn sich herausstellt, daß der Lotse Antialkoholiker ist. Alkoholika auf Yachten sind allemal eine gute Kapitalanlage, denn in Polynesien ist Whisky ein wirkungsvolles Zahlungsmittel.

Glücklicherweise gibt es im Yachtclub von San Cristobal auf der

Atlantikseite Eis, denn warme Getränke, speziell in den Tropen, sind den Amis ein Graus. Kaum eine Yacht hatte die Möglichkeit – außer die CHIMERE von Jean Bluche natürlich –, selbst Eiswürfel zu produzieren. In der Yachtclub-Bar gab es sie zentnerweise, wenn man wollte, und das 24 Stunden lang. Dort wurde also gegen vier Uhr morgens noch gebunkert und mit Spannung auf den Lotsen gewartet. Wehe, wenn er, wie schon geschehen, mit den mürrischen Worten das Schiff betrat: „I hate yachts."

Unser Lotse führte die THALASSA mit der von der MORIAH ausgeliehenen Crew sicher durch die riesigen sechs Schleusen des Panamakanals. Wir hatten die Südsee vor uns.

Moderne Robinsons

Mein Gott, was hatten wir Yachties uns über die Galapagos-Reise den Kopf zerbrochen. Da war in unseren Büchern von Flauten, Gegenwinden, Gewitterböen und widrigen Strömungen die Rede. Doch nichts dergleichen geschah. Wir hatten Glück, nach acht Tagen fiel unser Anker in der Wreck Bay. Gespannt waren wir, wie die Behörden uns empfangen würden. Denn eines der Hauptthemen in Panama war die Beschaffung eines Visums für die ekuadorianische Inselgruppe, den Galapagos-Archipel. Unsummen hatten manche von uns beim ekuadorianischen Konsul in Panama für die Genehmigung ausgegeben, Galapagos überhaupt anlaufen zu dürfen. Uns war das einfach zuviel, und so riskierten wir es, erst in Wreck Bay nach der Erlaubnis zu fragen.

Die Behörden, das war im wesentlichen der Kommandant der dortigen Militärs, ein schlankes, schwarzhaariges Bürschchen in frischgebügelter Uniform, vielleicht 22 Jahre alt. Diese Leute sind es, die das Anlaufen der Galapagosinseln so problematisch machen. Denn die Offiziere, die für ein Jahr dort den Kommandanten spielen müssen, betrachten ihre Abkommandierung auf die entlegenen Inseln immer als eine Art Strafversetzung und lassen ihren Unmut deshalb häufig an der Bevölkerung oder an den Yachtleuten aus. Wehren kann man sich dagegen nicht, denn meistens kommen sie in einer Barkasse an Bord, begrüßen Kapitän und Besatzung und verlangen höflich die Ausweispapiere, die sie dann einstecken – zum Stempeln an Land, wie sie sagen. Von da an ist man in ihrer Hand, denn man kann es sich im Notfall schon mal leisten, ein Land ohne Ausklarierung zu verlassen, nicht aber ohne Paß!

Es gab lange Gesichter unter den Yachtleuten, denn der Kommandant erklärte kurz und bündig, sein Konsul in Panama sei ein Bandit, und die dort für viel Geld erworbenen Visa wären ungültig.

Jetzt mußten einige zweimal bezahlen. Für Peter und Joan auf ihrer schnellen DREAM MACHINE war das zu teuer. Sie hatten mit ein paar Freunden in England jahrelang unter großen Entbehrungen einen recht stabilen Trimaran zusammengebaut, der wesentlich besser hielt als die Freundschaft der Partner, die auf Barbados auseinanderbrach. Peter und Joan mußten ihre Freunde auszahlen, was die Reisekasse bis auf ein paar lumpige Dollars auffraß. Um ihre Reise nach Neuseeland fortsetzen zu können, kam Peter auf den für einen Engländer wahrscheinlich gar nicht so absonderlichen Gedanken, sich nur noch von Margarine und Crackers zu ernähren. Im Gegensatz zu Konserven erforderten die Cracker zwar viel Stauraum, waren aber ziemlich leicht - also geradezu ideal für das geräumige, jedoch sehr gewichtsempfindliche Mehrrumpfboot. Peter und Joan waren wildentschlossen, ins gelobte Land Neuseeland zu gelangen. Dort wollten sie heiraten und eine neue Existenz aufbauen.

Ihre letzten, hart vom Mund abgesparten Dollars wollten sie dem Kommandanten nicht aushändigen. So betrat also Joan eines Nachmittags unter einem Vorwand das Büro und lenkte den Schreibstubensoldaten von seiner Arbeit und vom Fenster ab, derweil Peter von draußen durch das Gitter langte und ihre Pässe aus dem Stoß am Fensterbrett herausfingerte. Bemerkt wurde dieser Coup erst am nächsten Morgen, als auf dem Ankerplatz DREAM MACHINE und auf dem Fensterbrett die Pässe fehlten.

Der Kommandant jedoch war so leicht nicht kleinzukriegen. Er befahl seinen Mannen, ein ehemaliges Kanonenboot, das die Amis Ekuador großzügig geschenkt hatten und das einen ruhigen Dienst auf den Inseln versah, klarzumachen und DREAM MACHINE zu verfolgen. Das war gar nicht so einfach, denn Trimarane sind bekanntlich recht schnell. Die Matrosen benötigten den ganzen Tag, bis sie auf hoher See mit vorgehaltenen Pistolen Peter und Joan befahlen, sich zurückschleppen zu lassen.

Das war nun ganz etwas anderes, als mit dem Passatwind in den Pazifik hineinzusegeln. Jedenfalls dauerte es so lange, daß die Matrosen ziemlich Hunger bekamen. Mit einer derart weiten Exkursion hatte niemand gerechnet; deswegen war keine Verpflegung an Bord. Peter lieh den Militärs sein Angelzeug, so daß sie sich wenigstens ein paar Fische rausholen konnten. Der Kommandant, vom Erfolg seiner Marine gnädig gestimmt, gab sich gönnerhaft. Er begnügte sich damit, daß Peter eine horrende Visumgebühr bezahlte. In der Schiffskasse war endgültig Ebbe.

Mit viel Schadenfreude wurde der Reinfall des Kommandanten mit Bernard von der L'AFFRANCHI quittiert. Bernard war ziemlich ahnungslos nach Wreck Bay gekommen und natürlich gleich zur Kasse gebeten worden. Bernard hatte überhaupt kein Bargeld und fragte, ob es auch Reiseschecks sein dürften. Er habe aber nur Fünfhunderter von der American-Express-Bank. Selbstverständlich nehme man die Schecks; das Restgeld könne man aber nicht in Dollars, sondern nur in ekuadorianischen Sucres herausgeben. Der Kommandant versprach sich natürlich gleich wieder ein Extrageschäft durch einen besonders schlechten Wechselkurs. Bernard nickte nur. Weder konnte er Spanisch noch hatte er eine Ahnung, welchen Wert die Stöße von schmuddeligen Sucres hatten, die ihm der Kommandant hinzählte.

Doch ganz so dumm, wie der Kommandant dachte, war Bernard nicht. Er hatte durchaus gemerkt, wie der Kommandant in seiner Geldgier übersah, daß auf den schönen blauen Reiseschecks unter der Zahl „500“ nicht wie sonst „American Dollars“, sondern ganz klein „Suisse Francs“ stand. Und das bei einem Wechselkurs von drei zu eins. Mit den vielen, vielen tausend Sucres hätte Bernard natürlich außerhalb Ekuadors nicht viel anfangen können, wenn nicht ein deutscher Siedler ihm das Geld in Dollars umgetauscht hätte, bevor Bernard ziemlich übereilt die Galapagosinseln verließ – zum erstenmal mit einer vollen Bordkasse.

Wir segelten von Wreck Bay weiter, so wie es uns Bernard Moitessier geraten hatte. Der Franzose, ein Meister im Segeln und Schreiben, beschreibt nämlich in seinem Buch „Kap Hoorn – der logische Weg“ genau jene Reise, die wir von den Kanaren bis zu den Galapagosinseln auch gemacht hatten. Wir lasen dieses Buch wie die Bibel. Aus jeder Zeile sprach ein echter Seemann, der sich trotz allen Salzes noch viel feinfühligen Sinn für die Schönheiten an Land bewahren konnte.

Carla hatte mir dieses Buch einst geschenkt, wegen der packenden Schilderungen vom Kampf am Kap Hoorn, doch erst auf unserer Reise hierher war uns klargeworden, was für einen Schatz wir da an Bord hatten. Von nun an folgten wir fast ausschließlich den Empfehlungen von Moitessier. Unsere Reise setzten wir, wie Bernard, über Barrington nach Santa Cruz fort.

Als wir dort einliefen, kam uns ein alter Kahn entgegen, in dem ein breitschultriger, nicht allzu großer muskulöser Mann stand und in gelassenem Rhythmus die Riemen von sich wegdrückte. Sein langes, hellbraunes Haar umgab ein breites, selbstbewußtes und freundliches Gesicht. Mit dröhnender Stimme rief der Mann uns an: „Hey, was wollt ihr hier, ich bin der König dieser Inseln!"

Ehe ich in meiner Überraschung reagieren konnte, fuhr der Mann fort: „Aha, du bist auch so einer von den Zeitgenossen, die ständig die Zeit mit sich rumschleppen!" Er wies auf meine Armbanduhr. „Wenn ihr zu mir wollt, braucht ihr keine Zeit. Vor Sonnenuntergang erwarte ich euch in meinem Haus dort drüben."

Er deutete auf das Ufer, wo aber kein Haus zu sehen war, nur ein Gebilde, das aus der Entfernung wie ein großer Steinhaufen aussah. „Ja, du siehst schon richtig, das ist meine Höhle."

Abends saßen wir Gusch in seiner Höhle gegenüber. Er war einer von den Angermayer-Brüdern, die in den dreißiger Jahren aus Deutschland hierher verschlagen wurden. Sie kamen mit einer großen Werkzeugkiste und wenig Geld. Mit dem Geld konnten sie auf den Inseln kaum etwas anfangen; dennoch war es schnell aufgebraucht. Gusch verliebte sich nämlich in eine südamerikanische Indianerin, und das Porto für die Liebesbriefe zum Festland verschlang die wenigen Ersparnisse. Karl, Fritz und Gusch rangen den rauhen Galapagosinseln ihre Existenz ab, lebten so, wie sie sich ihr Leben vorstellten, und nicht, wie irgendeine Gesellschaft es forderte.

In den fünfziger Jahren – damals kannte man das Wort Aussteiger noch nicht, wahrscheinlich, weil man noch nicht so satt war – wurden die Angermayers von einer großen deutschen Illustrierten als die modernen „Robinsons" entdeckt. Ein Reporterteam reiste zu den Galapagos, und dann erschien eine Serie über die Robinsons. Karl, der große Geschichtenerzähler, wurde nach Deutschland eingeladen und hielt in Großstädten vor zigtausend Menschen Vorträge über die Galapagosinseln und ihre Menschen.

Karls Bild prangte an allen Plakatsäulen, und es gab ein paar Wochen, da war der moderne Robinson wohl ebenso populär wie sein Nachbar auf den Litfaßsäulen, Elvis Presley. Ein Filmregisseur entdeckte Karl ebenfalls, wollte ihn unbedingt nach Hollywood verpflanzen. Karl sah sich die Maschinerie im sonnigen Kalifornien an und entschied sich gegen das hektische Treiben in Amerika und für das beschauliche Leben auf Galapagos mit seinen Leguanen. Auf dem Felsen, wo Karl sein Haus baute, leben seit Millionen von Jahren Seeleguane, vorsintflutlich anzusehende Echsen mit einem harmlosen Gemüt. Karl wollte die Tiere nicht vertreiben, andererseits aber auf sein Haus nicht verzichten, und so nahm er sie kurzerhand mit auf. Nun liegen sie unter dem Tisch, in der Wanduhr und auch mal im Bett von Karls Schwiegermutter.

Mit den Einheimischen kamen die Angermayers gut zurecht, wenn es auch auffiel, daß die Siedler, also die Angermayers und die Nachahmer aus Deutschland, der Schweiz, Amerika und aus Belgien, ihre eigene Siedlung haben – deutlich getrennt vom Dorf der Südamerikaner. Am meisten wird Gusch geachtet, wahrscheinlich wegen seiner Körperkräfte. Sie nennen ihn „hombre forte", starker Mann. Gusch ist auch Meister von Galapagos im Haifischweitwurf, einer Sportart, die sicher keine Chancen hat, jemals olympische Disziplin zu werden. Die Spielregeln sind einfach: In Barrington drüben spielen manchmal Haie im knietiefen Wasser am Ufer. Wenn sich dann einer besonders weit heraustraut, gilt es, hinzuspringen, ihn am Schwanz zu packen und, so weit es geht, landeinwärts zu schleudern.

Per Passat in die Südsee

Haie gibt es viele in Galapagos, die meisten sind harmlos. Aber, wer weiß! Bei unseren Schnorchelausflügen, die wir mit dem Beiboot unternahmen und wo wir zwischen Seelöwen herumtauchten, verließen wir das Wasser immer schleunigst, wenn wir irgendwo so einen Burschen sahen. Man sollte eigentlich mit ruhigen Schwimmstößen zum Ufer schwimmen, um den Hai nicht zu reizen, doch wer hat dazu schon die Nerven. Den nächsten Hai sahen wir erst wieder, als wir Galapagos schon ein paar tausend Meilen achteraus hatten.

Wir dösten gerade in unseren Kojen, als wir von achtern plötzlich ein knirschendes, recht lautes Geräusch hörten. Ich stürzte hinaus und sah ein riesiges Tier, das sich in das Ruderblatt der Selbststeueranlage verbissen hatte. Erst als Carla mir einen Revolver gereicht und ich eine Kugel in den braunen Schwanz geschossen hatte - um zu verletzen, nicht um zu töten -, schwamm der Hai mit ruhigen Stößen davon. Das Servoruder aber war ab, deutlich konnte man darin die Abdrücke der Haizähne sehen. So hatte ich zumindest einen Beweis für diese recht unglaubliche Geschichte.

Später hörte ich von anderen Yachtleuten, daß dies gar nicht so selten vorkomme, mindestens ein Dutzend ähnlicher Vorfälle seien bekannt. Mal war es ein Weißspitzenhai, mal sogar ein Killerwal, der sich in das Hilfsruder der Selbststeueranlage verbissen hatte. Ein Meeresbiologe hielt es für möglich, daß das Ruder, das sich im Fahrtstrom ständig verkantet, die Raubfische sexuell stimuliere.

Das war eigentlich der einzige Zwischenfall auf der 3200 Seemeilen langen Strecke von den Galapagos zu den Marquesas, der nordöstlichsten Inselgruppe Französisch-Polynesiens. Ansonsten war bemerkenswert, daß wir so stetigen Wind später nicht mehr erlebten. Als wir die Insel Floreana hinter uns hatten, setzten wir die Genua, drehten drei Reffs ins Groß - nicht wegen der Windstärke, sondern wegen des Ruderdrucks – und kuppelten die Selbststeueranlage ein. Nach 16 Tagen auf See wurde die Großschot etwas dichter geholt. Dazwischen kein Segelwechsel, keine Halse, keine Wende. Was aber die Segelei auf dieser Strecke so friedlich machte, war die Gewißheit, keinen Sturm erleben zu müssen. Denn, wie schon gesagt, die Sturmhäufigkeit im Passat liegt rund um die Welt ziemlich konstant bei null Prozent.

Nach 22 Tagen fiel unser Anker in der Bucht von Hiva Oa, sicher einer der malerischsten Plätze, die von Yachties angelaufen werden. Alle unsere Bekannten waren schon da: Bernard von der L'AFFRANCHI, der uns auf Grund seines Coups beim Kommandanten von Galapagos eine Party schuldig war, und natürlich Peter und Joan von der DREAM MACHINE, froh, von uns wieder einmal zu einer Dose Corned beef eingeladen zu werden. Sie klagten bitter über ihre Verpflegung; Peter verstieg sich zu der Übertreibung, daß die Sodabix-Cracker ihnen aus den Ohren stauben würden.

In seiner Verzweiflung brachte er ein paar Kartons davon ins Dorf zum Kaufmann und bettelte, er möge ihm irgend etwas anderes dagegen eintauschen. Darauf wollte der Kaufmann nicht eingehen, denn die Versorgungsmöglichkeiten auf den Marquesas sind nicht sehr gut, besonders wenn der Kopraschoner einmal ausbleibt, der sonst monatlich vorbeikommt. Also bot der Kaufmann Peter Geld an. Nachdem Polynesien schon immer extrem teuer war, übertraf das Angebot den in Barbados bezahlten Preis bei weitem.

Peter war hocherfreut, als in seiner Bordkasse plötzlich wieder Bargeld klingelte. Er erbot sich, noch weitere Kartons anzuschleppen. So verscheuerte er seinen gesamten Vorrat an Sodabix. Anschließend lieferte er auch noch Blueband-Margarine. Das war schon schwieriger, weil er sie frühmorgens ins Dorf bringen mußte; bei den extrem hohen Tagestemperaturen hätte sie sich verflüssigt.

Nach diesem Erfolg schaffte es Peter, der sich inzwischen so gebärdete, als sei er auf eine Goldader gestoßen, 20 Dosen scheußliches Corned beef aus unserer Bilge loszuwerden – mit einem gesunden Aufpreis auf den Neuwert.

Ein paar Tage später traf ich einen frischangekommenen amerikanischen Yachtmann, der gerade im Dorf war und nun mit seinem vollbeladenen Dingi auf seine Yacht zusteuerte. „Ich weiß gar nicht, was die Leute haben", meinte er, „die Versorgungsmöglichkeiten sind doch gar nicht so schlecht hier. Margarine gibt es, europäisches Corned beef haben sie und sogar Sodabix!"

Es gibt wohl nur wenige Segler, die auf den wuchtigen Marquesas nicht von Landschaft und Leuten verzaubert werden. In jedem wird der Wunsch wach, für immer in diesem Paradies zu leben. Auf dem rolligen Ankerplatz in Hiva Oa erging es allen so. Doch alsbald setzte sich unsere europäische Mentalität durch. Wir machten uns Gedanken darüber, von was man leben könnte. Denn das stand in dieser noch ganz natürlichen Landschaft mit ihrer außerordentlich gastfreundlichen Bevölkerung außer Zweifel: Auch hier brauchte man zum Leben Geld. Ohne Geld ist es vielleicht um die Jahrhundertwende gegangen, als Paul Gauguin nach Hiva Oa kam, um hier zu leben (und zu sterben).

Bernard hatte die Idee: „Wißt ihr eigentlich, warum hier die Eier so teuer sind, obwohl es jede Menge Hühner gibt?“ Ja, die Eier waren mit umgerechnet einer Mark pro Stück wirklich hochbezahlt. Warum das so war, das wußten wir nicht. „Alle Eier sind eingeflogen“, fuhr Bernard fort, „denn die Hühner laufen hier frei in der Gegend herum und legen die Eier irgendwohin. Dann kommen die wilden Hunde und fressen sie auf. Alles, was wir tun müßten, wäre, ein paar Zäune zu ziehen und die Eier dann aufzusammeln.“

Ein beeindruckender Gedanke. Den Zaun könnten wir mit dem nächsten Kopraschoner bringen lassen und uns einstweilen nach einem geeigneten Grundstück umsehen.

Die ersten Gespräche mit den Polynesiern verliefen hoffnungsvoll. Sie schienen sich richtig darüber zu freuen, daß ein paar Yachties für immer bleiben wollten. Die Grundstückspreise waren kein Problem, sie lagen jedenfalls weit unter deutschem Niveau für Akkergrund. Dabei konnte man bauen, wie und wo man wollte. Vom Bürgermeister brauchten wir nur noch die Genehmigung zum Landkauf. Der stellte gleich einen Tilgungsplan auf, und ich hielt die Sache schon für perfekt. Am Ende fragte er mich noch, ob ich schon wisse, welches Mädchen ich aus seinem Dorf heiraten wolle.

„Natürlich keine, denn ich habe schon eine Vahine auf dem Schiff, sie ist mit mir gekommen.“ Der vorher so freundliche Bürgermeister beendete das Gespräch: „Keine Heirat, kein Land!“

So scheiterte unser erster von vielen Versuchen, uns irgendwo außerhalb Europas niederzulassen. Zwei Wochen später liefen wir in Papeete, der Hauptstadt Tahitis, ein und machten an der berühmten Wasserfront mit Buganker und Heckleinen fest. Unser Aufenthalt im „Zentrum der Südsee“ wurde weitgehend von einem kleinen Stück Nirosta bestimmt, ganze fünf Zentimeter lang und fünf Millimeter breit. Der Fachmann nennt es eine Feder, was die Verbindung zwischen unserem Ruderstock und dem Ruderblatt darstellte.

Ruderärger und die Maharani

Schon kurz nach den Marquesas war mir aufgefallen, daß das Ruderblatt auf meine Ausschläge mit einer gewissen Verzögerung reagierte. In Manihi, einem Atoll in den Tuamotus, hatte ich dann beim Schnorcheln das Spiel zwischen Stock und Blatt bemerkt, konnte mir als Nichttechniker aber keinen Reim darauf machen, wie es wohl in der Nirohülle aussieht, die den Stock umspannte. Auf unserem Liegeplatz an Papeetes Wasserfront lag die THALASSA auf sechs Meter Wassertiefe. Mit Schnorchel und Maske ausgerüstet, öffnete ich mit einer großen Rohrzange - einen Schraubenschlüssel konnte man aus Platzgründen nicht ansetzen - behutsam eine große Mutter am Ende des Ruderstocks, während Carla oben den Stock abzog. Als er die Hülse am Blatt verließ, blitzte es kaum merkbar auf. Eben jene Feder versank in die Tiefe.

Als wir die ausgebauten Teile an Deck ausgebreitet hatten, fiel mir endlich auf, daß dieses Verbindungsstück fehlte. Auf Tahiti war so etwas nicht oder nicht passend zu bekommen. Also holte ich meine Tauchflasche raus, ohne daran zu denken, daß ich mir, wie die meisten Yachties, die Tahitigrippe eingefangen hatte. Erst nach zahlreichen Versuchen fand ich das wertvolle Stück, wobei ich kaum auf die Ohrenschmerzen achtete, die nach jedem Tauchgang stärker wurden. Nach zwei Tagen konnte ich auf einem Ohr überhaupt nichts mehr hören, und ich machte mir Gedanken, ob ich nicht endlich zu einem Arzt gehen müsse.

In diesem Augenblick steuerte eine der berühmtesten Hochseeyachten, die holländische STURMTAUBE, in die Paßeinfahrt. Das freute mich riesig, denn den Skipper kannte ich, und ich wußte auch, daß ihm bekannt war, daß die THALASSA mit den Schenks hier liegen würde. Denn „Kokosnuß Radio", wie hier der Küstenklatsch heißt, hatte mir schon Grüße von Mike Harrick ausgerichtet, eben jenem

Skipper, mit dem wir den denkwürdigen Chartertörn auf der KALINA im Mittelmeer fuhren. Ich lief gleich zum Anlegeplatz der STURMTAUBE, und wir begrüßten uns auf das herzlichste. Harrick war direkt stolz darauf, daß „sein Schüler" immerhin schon um die halbe Welt gesegelt war. Ganz Mann von Welt, sprach er fließend Französisch und kannte sich auch auf Tahiti aus. Ich erzählte ihm von meinen Problemen mit dem Ohr, und er meinte, das träfe sich hervorragend, denn er müsse ohnehin zum Krankenhaus, um seinen Chartergast zu besuchen, der hier auf Tahiti erkrankt sei.

Der Ohrenarzt, der mich untersuchte, stellte völlige Taubheit auf einem Ohr fest und behielt mich gleich da. Ich kam sofort ins Bett und wurde über eine Infusion mit Medikamenten vollgepumpt. Am dritten Tag meines Krankenhausaufenthalts wachte ich nachmittags aus einem wegen der vielen Arzneien recht tiefen Schlaf auf und sah wie durch einen Schleier am Fußende meines Bettes ein bildhübsches Mädchen mit gürtellangen Haaren sitzen, das ich noch nie in meinem Leben gesehen hatte und das mich anlächelte. Ich glaubte zu träumen.

Die Schönheit begann mich in fließendem Englisch vorsichtig zu fragen, ob ich Mike Harrick kenne. „Natürlich", antwortete ich leicht grinsend, denn ich ahnte schon, daß der gute Mike wieder mal was angestellt hatte. Offensichtlich faßte sie nun etwas Vertrauen zu mir.

„Ich bin Amerikanerin und mit einem Inder verheiratet. Mein Mann ist in seiner Heimat ein Maharadscha; seine Paläste wurden jedoch durch mehrere Reformen enteignet. Wir haben nur noch Geld. Da mein Mann nun nicht mehr soviel Arbeit hatte, kam er auf die Idee, sich eine große Segelyacht zu kaufen. Bar jeder Erfahrung, rieten ihm seine Berater, zunächst bei einem erstklassigen Segler in die Lehre zu gehen, am besten beim berühmten Mike Harrick. So wurde die STURMTAUBE gechartert, und der Maharadscha stieg hier zu. Schon beim ersten kurzen Törn passierte dann das Unglück. Als das Großsegel geborgen werden sollte, knallte der Großbaum der 25-Meter-Yacht, der eigentlich hätte angedirkt sein sollen, auf das Niedergangsluk, wo der Maharadscha gerade seinen Kopf herausstreckte. Mit Verdacht auf schwere Verletzungen des Schädels und der Halswirbel wurde mein Mann hier ins Krankenhaus eingeliefert; er liegt ein paar Zimmer weiter."

Nach dieser Geschichte wußte ich gleich, was die Dame von mir wollte. Sie war unsicher geworden, ob sie mit Harrick wirklich den besten Mann als Segellehrer ausgewählt hatten. Ich beruhigte sie und meinte, Harrick sei sicher am meisten geeignet. Der Unfall sei wohl allein auf einen unglücklichen Zufall zurückzuführen. Erleichtert verließ sie mein Krankenzimmer.

Mein Gott, was hätte ich der Frau sonst schon sagen sollen? Aber, dachte ich mir, durchschnittliche, stinknormale Dinge gibt es offensichtlich bei Harrick nicht. Zweimal hast du ihn getroffen; einmal gab es einen Zusammenstoß mit einem Fischerdampfer, das andere Mal findest du eine Maharani auf der Bettkante.

Tahiti – Treffpunkt der Hochseevögel

Diesem unscheinbaren Nirosta-Stück, das mich zunächst so beunruhigte und ursächlich für meinen Krankenhausaufenthalt und den Besuch der charmanten Maharani war, verdankte ich die Bekanntschaft mit Bernard Moitessier. Ich ahnte damals noch nicht, wie groß sein Einfluß auf unser späteres Seglerleben sein würde.

An der Wasserfront Tahitis lagen wirklich wunderliche Schiffe, den Vogel aber schoß die JOSHUA von Moitessier ab. Wenn man die chromblitzenden Schiffe auf einer Bootsausstellung betrachtet oder sich über die herrlichen Yachten in Nizza oder Monte Carlo freut und sie als Yachtstandard ansieht, so ist man leicht verführt, die Nase zu rümpfen über die Schiffe an der Wasserfront, die sich ja auch Yachten nennen. Sie sind rostig oder ungepflegt – wie ihre Besatzungen häufig auch. Überheblich könnte man sagen: „Das muß nicht sein, ein bißchen Seemannschaft würde da nicht schaden!"

Jedoch, es ist ein Leichtes, von der Pier aus zu kritisieren, und etwas ganz anderes, so ein Schiff in einem Zustand zu halten, daß auch der, ach, so gescheite Cäptn an Land, den dies ja einen Dreck angeht, zufrieden sein kann.

Zunächst einmal: Jede Yacht an der Wasserfront hat mindestens 3000 Seemeilen über den offenen Pazifik auf dem Buckel. Sie ist das Zuhause einer Familie und wird dementsprechend hart hergenommen. Es macht einen Unterschied, ob ich ein Haus in der Stadt habe, das höchstens einmal einen Regen „abwettern" muß, also nur ein dichtes Dach braucht, oder ein Schiff, das sich Tausende von Meilen durch die Weltmeere vorkämpfen mußte, meist unter Getöse hart gegenanbolzend, so daß der Skipper manchmal Angst haben mußte, es würde den Rumpf zerreißen.

Dann macht die Yacht im Hafen fest, wo sie erst einmal wieder technisch auf Vordermann gebracht wird. In den Tropen gibt es keine so schönen Geschäfte wie in Hamburg oder in München, wo der Skipper unter vielen Nirosta-Herrlichkeiten auswählen kann. In der Südsee sind Schäkel häufig nur aus einfachem Eisen zu haben, halt das, was auch die Fischer benutzen. Denn die stört es nicht, wenn über das rohe Holzdeck, das ohnehin mit altem Fischblut vollgesogen ist, ein paar Rosttränen laufen.

Wenn gar an der Maschine etwas nicht in Ordnung ist, dann muß sie zerlegt werden. Das verleiht der Kajüte meist ein Aussehen, als ob eine Bombe eingeschlagen hätte. Ersatzteile sind an Ort und Stelle äußerst selten zu bekommen, also wird gefeilt, geschweißt und gebohrt. Das meiste läßt sich tatsächlich selbst fabrizieren, wenn man Zeit hat. Und Zeit haben die meisten Yachties genug – wenn sie nicht allzuviel für das Aussehen der Yacht investieren. Also heißt die Wahl: eine schöne Yacht oder ein funktionsfähiges Schiff. Erfahrene Segler entscheiden sich immer für das letztere.

So sehen die Yachten an der Wasserfront entsprechend vergammelt aus. Meist hängt auch die Wäsche im Rigg, denn wo sonst sollte sie getrocknet werden? Wir sind schließlich nicht nur am Wochenende unterwegs.

Moitessiers JOSHUA aber nahm eine Sonderstellung ein. Zwölf Meter lang, außen dunkelrot, was nicht mehr sonderlich gut zu erkennen war, weil sich die Farbe nur noch undeutlich von den großen Rostflecken dazwischen abhob. Das ursprüngliche Weiß des Decks war unter dem Rost überhaupt nicht mehr auszumachen. Die Masten jedoch waren die eigentliche Schau des Rosteimers. Statt brauner Holzmasten aus Spruce oder goldeloxierten Alumasten standen da – ja, ich konnte es gar nicht glauben und ließ es mir von Bernard später bestätigen – graubraune Holzpfosten, alte Telefonmasten, durchzogen von langen, senkrechten und grob mit Teer ausgefüllten Rissen. Bei fünf Windstärken wäre ich damit nicht mal vor den Hafen gefahren, so wenig vertrauenerweckend sahen sie aus. Aber diese Pfosten, deren Bestimmung einst gewesen war, Nachrichten über Land, rund um die Welt, zu übermitteln, hatten die Segel der JOSHUA auf allen Weltmeeren getragen und ihrem berühmten Skipper ermöglicht, das berüchtigte Kap Hoorn, „das Hoorn“, wie die Yachties kurz sagen, zu bezwingen. Sie kürten Bernard zum Cap Hornier.

Diese Reise hatte Segelgeschichte, ja, sie hatte Bernard zu einem gallischen Seehelden gemacht. Zu einer Zeit, als noch kein Segler auf die Idee gekommen wäre, ohne Stop um die Welt zu segeln, hatte eine englische Zeitung (nur Engländer können auf einen solchen Einfall kommen) einen Preis für denjenigen ausgesetzt, der dies zum ersten Male schaffte. Eine Handvoll Abenteurer trat an, darunter Bernard mit der JOSHUA. Er besaß das geeignete Schiff und auch die größte Erfahrung. Warum sollte er den Preis nicht gewinnen? 50000 Mark hätte Bernard, der immer unter Geldmangel litt, gut gebrauchen können.

Bernard setzte sich gleich an die Spitze des Feldes, rundete das „Kap der Stürme“, das Kap der Guten Hoffnung, durchquerte den Indischen Ozean, segelte dann in den stürmischen Vierzigern durch den Pazifik, bezwang schließlich auch das Hoorn und hätte nur noch nach England hochfahren müssen, um seinen Preis abzuholen, wenn . . . Ja, wenn Bernard auf diesem langen Weg durch die Wasserwüsten der Erde nicht zu besseren Einsichten gekommen wäre. „Europa ist am Ende“, wußte Bernard, „der Götze Mammon frißt alles und alle auf.“ Für seinen Seelenfrieden sah er nur einen Ausweg: Europa Adieu zu sagen und ins gelobte Land weiterzusegeln, nach Tahiti.

Bernard bog also nicht nach Norden ab, wo vergeblich das große Geld auf ihn wartete, sondern behielt Ostkurs bei, kreuzte seinen Abfahrtskurs, womit er als erster die Erde nonstop umsegelt hatte, passierte nochmals das Kap der Stürme, durchsegelte an der Eisberggrenze entlang ein zweites Mal den Indischen Ozean, ließ wiederum Australien und Neuseeland links liegen und bog dann nach Tahiti ab, wo er nach einer fast einjährigen Reise seine JOSHUA vor Buganker und Heckleine legte und zunächst einmal in tiefen Schlaf versank.

Als ich Bernard traf, hatte die JOSHUA den Liegeplatz seit der langen Reise nicht mehr verlassen. Jetzt machte er sich allmählich daran, an seinem Schiff zu arbeiten, denn da war er zu sehr Yachtmann und noch zu wenig Philosoph, als daß ihn das Aussehen seines berühmten Schiffes nicht gestört hätte.

Bernard deutete auf das Deck seiner JOSHUA. „It is a shame“, grinste er unter seinen langen Haaren hervor, die sein asketisches, ja ausgemergeltes Gesicht fast verdeckten. Ich saß in meinem Dingi und hielt mich mit der Hand an der eisernen Scheuerleiste seiner Yacht fest. Ich hatte jemanden gebraucht, der etwas von Yachten verstand und der ermessen konnte, wie sehr mich mein Problem mit dem Ruder beschäftigte. In Moitessier hatte ich ihn gefunden.

Ich verhehle nicht, daß ich Moitessier bewundere. Nicht allein wegen seiner Segelei oder seiner großartigen Schreibkunst, nein, am meisten gefallen mir sein Mut und seine Kunst, zu improvisieren. In seinen Büchern findet man zum Beispiel Anleitungen, wie man eine Taucherglocke zum Heben eines Wracks baut, wie man auf hoher See mit Bordmitteln einen Bugspriet, den ein Dampfer gerammt hat, wieder geradebiegt oder wie man am besten Nachrichten für die Heimat an ein vorbeifahrendes großes Schiff weitergibt (ganz einfach: Man schreibt sie auf einen Zettel, faltet den ganz klein und schießt ihn mit einer Steinschleuder auf die Brücke des großen Bruders - nur, wer hat außer Bernard schon eine Steinschleuder an Bord?).

Jedenfalls, wenn einer das Problem mit meinem Ruder lösen konnte, dann nur Moitessier. Er zögerte nicht lange und kam mit Schnorchel und Maske zur THALASSA herübergeschwommen. Stunde um Stunde arbeitete er an meinem Ruder, bis er vor Kälte derart bibberte, daß ich mir ernsthaft Sorgen um seine Gesundheit machte. Aber dann schaffte er es mit seiner einzigartigen Zähigkeit. Millimeter um Millimeter zog er die große Mutter am Ruderschaft an - mein kleiner Nirokeil war fest.

Von nun an war Bernard häufig Gast auf der THALASSA, die ihm offensichtlich gefiel. Er versuchte uns einzureden, daß dies genau das richtige Schiff sei, um rund Kap Hoorn zu segeln. Ich fand das ein nettes Kompliment für unser Schiff, wer hört das nicht gerne. Aber wir hatten ja nur den Ehrgeiz, in Ruhe um die Welt zu segeln, ohne große Aufregung und vor allem ohne Gefahr. Mir reichte es schon, mich auf hoher See in der Koje damit auseinandersetzen zu müssen, daß mein Ohr ja lediglich durch eine fünf Millimeter dicke Kunststoffwand von der See mit immerhin 5000 Meter Wassertiefe getrennt war. Nein, mit Kap Hoorn konnte er uns nur schrecken.

Bernard war sicher einer der ersten, der erkannt hatte, in welch großer Gefahr sich die Welt durch die Umweltverschmutzung befindet. Aber er redete nicht nur darüber, sondern er handelte auch, und er brachte dafür finanzielle Opfer. So stritt er mit der Regierung auf Tahiti so lange, bis er durchgesetzt hatte, daß die Bananenbäume, die er in der Nähe seines Liegeplatzes gepflanzt hatte, nicht der neuen Teerstraße weichen mußten. Die Einnahmen aus einem seiner Bücher trat er an eine Umweltschutzorganisation ab, ohne Gegenleistung - er erwartete natürlich auch keine. Bernard engagierte sich für alles, von dem er glaubte, die Rechte des einzelnen könnten über Gebühr beansprucht werden. Aber er war kein Sektierer, er blieb liebenswürdig dabei. So regte er sich maßlos darüber auf, daß die Polizeibeamten auf Tahiti einen schußbereiten großkalibrigen Revolver trugen; wie ihm offensichtlich jeder Polizist ein Dorn im Auge war. Andererseits zögerte er nicht, lautstark nach der Polizei zu rufen, als es einmal nachts auf einer Nachbaryacht zu laut herging.

Jedenfalls hatte ihm die lange Reise – nonstop eineinhalbmal um die Welt – nicht geschadet. Im Gegensatz zu den anderen Teilnehmern an diesem verrückten Wettrennen. Chay Blyth war der erste, der aufgegeben hatte. Aber statt nun „vernünftig" zu werden, überlegte er sofort, was er noch Verrückteres anstellen könnte, um die Schmach des Scheiterns zu tilgen. Er schwankte zwischen einer Weltumseglung, diesmal andersherum gegen Strom und Wind, und einem Fallschirmabsprung mitten im Urwald in Südamerika, um sich danach auf einem Fluß zur Küste vorzuarbeiten.

Härter hatte es Donald Crawhurst getroffen, der bereits vor dem Rennen in Cassius-Clay-Manier ausposaunte, niemand könne ihn und seinen Trimaran schlagen. Die jeweiligen Positionsmeldungen, die er über Funk durchgegeben hatte, schienen dies auch zu bestätigen, bis in der Öffentlichkeit die ersten Zweifel aufkamen. Tatsächlich waren alle Positionsmeldungen getürkt, und Crawhurst hielt sich im Südatlantik auf. Dort wollte er so lange bleiben, bis die Zeit ihm reif erschien, als Sieger nach England zurückzusegeln. Möglicherweise hatte Nigel Tetley ihn aus der Ruhe gebracht, der plötzlich in Führung lag. Das veranlaßte ihn wahrscheinlich, über Bord zu springen. Es sei ihm zugute gehalten, daß er es aus Scham tat. Jedenfalls wurde Monate später sein verlassener Tri auf hoher See treibend gefunden.

Auch der Trimaran Tetleys erreichte sein Ziel nicht. Noch auf den letzten paar tausend Meilen, schon im Nordatlantik, brach das Sperrholzboot auseinander. Den sicheren Sieg vor Augen, zerbrach vielleicht auch Nigel Tetley daran. Vor ein paar Jahren fand man ihn in einem Wald. Er hatte sich – in Frauenkleidern – an einem Baum erhängt.

Vielleicht hatte Moitessier doch recht, als er dieses verrückte Rennen abbrach, um sich seinen Seelenfrieden zu bewahren.

Keine Sorgen um sein psychisches Gleichgewicht brauchte sich ein anderer Liegeplatznachbar an Tahitis Wasserfront zu machen: der österreichische Katamaransegler Wolfgang Hausner. Wenn jemand von der großen Segelei auf eigenem Kiel über die sieben Meere träumt, von der ganz großen Freiheit also, und keine Möglichkeit sieht, das zu finanzieren, dann kann er sich Wolfgang Hausner zum Vorbild nehmen. Wolfgang wanderte in jungen Jahren nach Australien aus. Als er den fünften Kontinent betrat, hatte er in seiner Tasche nur die Fahrkarte und fünfzig Cents.

Damit kaufte er sich die Tageszeitung und las im Inseratenteil: „Zwei starke Männer gesucht." Der Job wurde gut bezahlt. Wolfgang mußte eine Mauer einreißen - ein ungewöhnlicher beruflicher Start. Später wurden die Jobs besser und abenteuerlicher. Über Akkord in einem Kupferbergwerk bis hin zu einer Tätigkeit als Krokodiljäger arbeitete Wolfgang sich nach oben. Schließlich hatte er soviel Geld beisammen, um das Material für einen Katamaran kaufen zu können. In den Abendstunden entstand dann die TABOO. Seine Ersparnisse waren aufgebraucht; für den Lebensunterhalt in den nächsten Jahren blieb gerade soviel, um täglich einen einzigen Dollar ausgeben zu können.

Wolfgang traf auf Tahiti Vorbereitungen, um als erster mit einem Katamaran allein um die Welt zu segeln. Er war auch im Begriff, sich eine Existenz aufzubauen. Wolfgang wollte, wie er stolz erzählte, in das Muschelgeschäft einsteigen. Wissenschaftler sprechen von Schnecken, auch wenn diese Naturschönheiten nur unter Wasser zu finden sind. Es war für uns ganz neu, daß es tatsächlich Leute gab, die für so etwas Geld bezahlen, ja, die ganz verrückt darauf waren, mit seltenen Stücken ihre Sammlung zu vervollständigen. Von Wolfgang lernte ich, daß sich der Wert einer Muschel nicht nach ihrem Aussehen, sondern mehr noch nach ihrer Seltenheit bemißt. Wie bei Briefmarken wird die Schnecke aber auch danach taxiert, wie makellos sie ist.

Muscheln, die man am Strand findet, sind praktisch wertlos. „Totfunde", sagt der Konchologe verächtlich. Wenn man die Sache also ernsthaft betreiben will, müssen die Tiere vom Grund heraufgeholt und dann zunächst in Süßwasser gelegt werden, um sie abzutöten. Es ist gar nicht so einfach, das tote Tier aus seinem Gehäuse zu entfernen, ohne es zu beschädigen. Jeder schwört auf eine andere Methode. Die Polynesier, die nahezu einen Kult aus der Sammelei machen, vergraben die Muscheln im Sand, wo das Tier verfault und die Reste von den Ameisen abtransportiert werden.

Auf einer Yacht läßt sich das schwierig durchführen, und so bedient man sich aller möglichen Tricks. Eine Yacht, auf der Muscheln gesammelt werden – und das sind in der Südsee die meisten, denn kaum jemand kann sich diesem Hobby entziehen –, macht man schon von weitem aus. Die toten Tiere stinken nämlich bestialisch. So war das auch bei Wolfgang, mit dem wir uns schnell anfreundeten.

Bald hatten wir die ersten gemeinsamen Tauchgänge hinter uns. Wolfgang war sozusagen verpflichtet, nach Conus-Schnecken zu suchen. Das sind kegelförmige Tiere, mit denen er in Deutschland – gegen D-Mark, versteht sich – einen Apotheker belieferte, der darüber eine Doktorarbeit schrieb. Aber auch auf Tahiti hatte Wolfgang schon ganz gut an dem Verkauf von Cowries verdient (das sind jene glänzenden, porzellanartigen Schnecken), jedenfalls soviel, daß er bei seinen bescheidenen Ansprüchen wieder für ein paar Wochen sein Auskommen hatte.

Nicht aber, daß Wolfgang auf Tahiti so wertvolle Muscheln gefunden hätte. Das wäre unmöglich gewesen, denn dort taucht und sammelt jeder Polynesier nach Muscheln. Wolfgang hatte die Caputdraconis von den Osterinseln mitgebracht. Diese Art gibt es nur auf jener abgelegenen Inselgruppe im Südosten des Pazifiks, sonst nirgendwo auf der Welt. Deshalb sind sie auch recht teuer.

So handeln die einen Yachties mit Muscheln, die anderen mit Whiskey.

Inselsprünge

Nach den Feierlichkeiten zum 14. Juli verließen wir über Moorea, Tahaa, Huahine und Bora-Bora Französisch-Polynesien. Die Landschaft ist im wahrsten Sinne des Wortes unbeschreiblich schön. Das Licht der Tropen bringt immer neue Variationen von Farben hervor. Hochaufragende, in sattes Grün gehüllte Berge begrenzen ein grandioses Panorama. Der flirrende, smaragdgrüne Schimmer der Lagune bildet einen eigenartigen Kontrast.

Auch auf den Marquesas beherrschen die mächtigen Berge die prachtvolle Szenerie. Das Grün des Waldes scheint dort noch um eine Spur intensiver zu sein. Es ist kein Riff vorgelagert. Dadurch wird der Sand weggespült, und die Brandung läuft bis zum Ufer auf.

Gleiches gilt für Hawaii. Auch dort gibt es kein Riff, keine Lagunen wie in Polynesien und in der übrigen Südsee. Auf Fidschi oder gar auf den Salomonen dagegen findet man die größten Lagunen der Welt, aber es fehlt der Kontrast der grünen Berge. Kurz, wenn Gott das Paradies auf Erden geschaffen hat, dann sind es gewiß die Gesellschaftsinseln.

Die landschaftliche Schönheit war es sicher nicht allein, die Menschen wie James Cook, die Meuterer der BOUNTY, Paul Gauguin, Jack London oder Somerset Maugham anlockte. Den eigentlichen Reiz der Südsee machen die Polynesier aus. Es sind fröhliche Menschen, die sich nicht im Kampf um Arbeitsplätze aufreiben müssen, die Raum haben zum Leben, die nicht arbeiten müssen, um zu überleben, und die kein Öl brauchen, um nicht zu erfrieren. Wo die Natur so reichlich gibt, läßt es sich leicht fröhlich sein. Die Gastfreundschaft der Tahitianer kommt von innen heraus. Sie geben – wie ihre Natur – überreichlich. Aber sie glauben auch, das Recht zu haben, zu nehmen, was sie wollen. Das Wort „danke“ kennen sie nicht. Wenn man gibt, dann gibt man doch gerne – meinen sie.

14 *Auf den Salomon-Inseln findet man auch heute noch überall Spuren des zweiten Weltkrieges. Schrott lockt die Schatzsucher.*

15 *Die Gloria Maris, einst eine der wertvollsten Schnecken der Welt (Foto und Kollektion von Hans Rösch†).*

16 *Die Mühle von Jenny und Johnny „Windmill" auf Horta/Azoren.*

17 *Karl, der Segelmacho.*

18 *WHITEFIN, fast 30 Meter lang, legt sich aufs Ohr. Bange zehn Minuten vergehen, bis sie sich wiederaufrichtet.*

19 *Dieter, der den Horrortrip auf der APOLLONIA überlebt hat.*

20 *Start zum Antigua Race. Die deutsche SAUDADE verliert gleich ihre Mylar-Genua.*

21 *Ein Traum aus Holz: WHITEFIN.*

22 *KIALOA mit ihrem Eigner Kilroy am Ruder.*

23 *Cunha-Indianerinnen auf den San-Blas-Inseln bieten ihre Mola-Arbeiten an.*

24 *Die Frauen kümmern sich mit viel Geschick um das Geschäft. Ein Foto 25 Cents, aber in meinem Fall einen Dollar: „Big camera – big money!"*

25 *Die Männer legen auf Geld wenig wert. Ab und zu gibt es schon mal eine Languste geschenkt.*

14

15

16

7

8

9

21

20

22

23

24

25

Man kann nicht sagen, daß der Tourismus Polynesien verdorben hat. Das geschieht sicherlich nur in solchen Ländern, wo Besucher Fremdkörper sind, wo das Land sich den Touristen zuliebe anders darstellt, als es ist. Von jeher hat der „Tourismus" zu Tahiti gehört. Seit der weiße Mann Ende des 18. Jahrhunderts den Archipel entdeckte, haben sich die Tahitianer über die Besucher aus fernen Ländern gefreut und sie gastfreundlich aufgenommen. Von jeher begrüßen sie die Fremden mit polynesischen Liedern, oft auch mit Tänzen, und tragen zu ihren Ehren die Landestracht. Früher haben sich die Tänzer vor den Schiffen von James Cook oder von Captain Wallis, dem Entdecker Tahitis, versammelt; heute zeigt man die Tänze im Beachcomber-Hotel.

Auf den kleineren Inseln sind die Dörfer meist zu klein, als daß sich eine Tanzgruppe bilden könnte. Doch gesungen und die Okolele gespielt wird überall. In einer kleinen Bucht von Tahaa kamen die Bewohner gleich nach unserer Ankunft zu uns herausgerudert und empfingen uns mit riesigen Körben voll Obst und Dutzenden von Muschelketten, so wie es in der Südsee Brauch ist.

In jedem Weltumseglerbuch findet sich die Story von den hübschen Mädchen, die mit vollen Händen in ihren Pirogen zur Yacht herausrudern und dort ihre Gastgeschenke aufs Deck legen. Davon aber, daß umgekehrt ein Yachtie sein Dingi mit Mitbringseln belud und als erstes den Einwohnern einen Besuch abstattete, habe ich nie gelesen.

Die kleine Bucht von Tahaa lag nur fünf Kilometer von einem Hotel hinter der nächsten Huk entfernt, und doch waren wir die erste Yacht, die sich dorthin verirrt hatte, und die zweiten fremden Besucher der Bucht überhaupt. Kein Wunder, daß sich die braven Leute aus Tahaa von der Welt draußen keine rechte Vorstellung machen konnten: „Der erste Besucher, elf Jahre vor euch, war ein Holländer. Jan Mueller hat er geheißen. Kennt ihr ihn?"

Schwer beladen und schweren Herzens liefen wir an einem regnerischen Morgen aus der Bucht von Tahaa aus. Bei bedecktem Himmel sind die Unterwasserriffe nicht zu sehen. Und das Echolot hätte hier, wie in der Südsee überhaupt, nichts geholfen. Denn die Korallenköpfe ragen steil hoch, und man sitzt abrupt auf. Aber die Leute von Tahaa fuhren in ihrer Piroge mit dem lauten Außenborder vor uns her und lotsten uns zum Paß.

Nur einen Teil ihrer Abschiedsgeschenke hatten wir annehmen können, schon des Platzes wegen. Zurücklassen mußten wir auch einen Hund, weil wir niemals ein Tier auf unserem Schiff einsperren wollten. Zu viele Tragödien hatten wir um uns herum mit Hunden und Katzen an Bord erlebt. Und ein besseres Leben als in Tahaa hätte der winzige Mischling ohnehin nirgendwo haben können.

Nach einem kurzen Aufenthalt in Bora-Bora lag Französisch-Polynesien hinter uns. Von der Reise nach Fidschi gibt es nichts Besonderes zu berichten. Doch halt, beinahe hätte ich es vergessen: Auf Amerikanisch-Samoa lernte ich Mike kennen, der eine große Bedeutung in unserem Seglerleben hat. Und das hängt mit der Funkerei zusammen.

Bei den Reisevorbereitungen hatte ich mich auch mit der Frage beschäftigt, ob ein Funkgerät eine sinnvolle Anschaffung sei, und beinahe wäre ich von einem geschäftstüchtigen Verkäufer dazu überredet worden, ein Grenzwellengerät zu kaufen. Damals dachte ich noch, daß man da nur den Hörer abzuheben brauche, und schon sei man mit der Welt verbunden. Gott sei Dank erkundigte ich mich nochmals und stellte fest, daß der mir empfohlene Sender nur eine Reichweite von vielleicht 200 Kilometer hatte, auf den menschenleeren Meeren, auf denen wir uns herumtrieben, also ziemlich witzlos war. Was ich wollte, so wurde mir gesagt, gäbe es gar nicht. Auf den großen Schiffen würden eben riesige Sender gefahren, mit denen man diese weiten Entfernungen überbrücken könne. Damit gab ich mich zufrieden und schrieb die Funkerei endgültig ab.

Als wir bei strömendem Regen in den dampfenden Kessel von Pago Pago einliefen, stand der Amerikaner Mike schon an der Pier und lud uns in sein Haus ein. Das war reichlich leichtfertig; sagt man doch, wenn du Yachties zur Türe reinläßt, dann hast du sie gleich im Bad und in der Waschküche. Doch Mike freute sich über unsere Gesellschaft. Es kam auch noch die MORIAH-Crew mit Cliff und Joyce dazu.

Mikes Frau, nach den Fotos an der Wand eine hübsche Japanerin, war nach Amerika zurückgefahren. Und so nahmen wir das Haus in Besitz, während Mike die meiste Zeit im Schlafzimmer vor einem Sender saß, der kaum größer als eine Zigarrenkiste war. Ich schenkte diesem Spielzeug wenig Beachtung, denn wenn man auf einer Yacht lebt, sind Dinge, die nicht für das Schiff in Frage kommen, uninteressant. Bis Mike mal nach mir rief und fragte, ob ich mit einem Landsmann sprechen wolle. Um ihm einen Gefallen zu tun, ging ich in sein Schlafzimmer, ziemlich sicher, daß er gerade Kontakt mit einem Deutschen auf irgendeiner Nachbarinsel hatte.

Sekunden später war für mich die Sensation perfekt. Die Stimme, die da laut und klar aus dem kleinen Lautsprecher kam, gehörte einem Mann auf der anderen Seite der Welt, aus München. Wie war das möglich?

Mike grinste: „Das ist eben Ham-Radio, Amateurfunk.“

Am nächsten Tag schon hatte Mike auf der THALASSA so ein fantastisches Gerät eingebaut und mich mit der energischen Ermahnung nach Fidschi verabschiedet, dieses Gerät nicht eher zu benutzen, bis ich im Besitz einer Sendelizenz sei.

Den Grund übrigens, warum seine Frau sich nach Amerika abgesetzt hatte, nannte Mike uns nicht. Denken aber konnten wir es uns, denn Mike saß schließlich in seiner gesamten Freizeit am Radio und quatschte mit Gott und der Welt. Das Radio war vom Ehebett aus gut zu bedienen, und die besten Sendezeiten lagen so zwischen zwei und vier Uhr morgens.

Der Sturm aller Stürme

Erst in Fidschi wollten wir uns entscheiden, wie es mit unserer Weltumseglung weitergehen sollte. Denn die Fidschiinseln liegen im Hurrikangebiet, so daß wir uns überlegen mußten, ob wir von dort nach Süden, nach Neuseeland, weitersegeln oder in Fidschi auf einem geschützten Ankerplatz bleiben wollten. Gleich weiter nach Westen konnten wir auf keinen Fall, denn während der Hurrikanzeit ist es lebensgefährlich, in diesen Gegenden zu segeln.

Andererseits waren wir ein bißchen segelmüde, und so beschlossen wir, nur dann auf Fidschi mit seinen nicht gerade übermäßig sicheren Häfen zu bleiben, wenn wir für unsere THALASSA für die Hurrikanzeit eine Versicherung abschließen konnten.

Nach der Ankunft gingen wir unverzüglich zu einem Agenten von Lloyd's London, der uns versprach, sofort nach London zu kabeln. Eine besondere Eile bestand nicht, denn wir hatten erst den 22. Oktober, und vor Mitte November waren tropische Wirbelstürme noch nicht verzeichnet worden. Außerdem wird Fidschi selbst recht selten von Hurrikanen heimgesucht; den letzten hatten sie in den fünfziger Jahren, aber immerhin.

Der Agent bestellte uns für den nächsten Tag; dann läge die Antwort der Versicherung aus London vor. Zu diesem zweiten Besuch aber kam es nicht mehr.

Wie immer um diese Jahreszeit war der königliche Yachtclub von Suva noch voll von Yachten. Ich glaubte an einen Scherz, als ein Yachtie, der gerade mit dem Beiboot an der THALASSA vorbeiruderte, mir zurief: „Hast du es gehört? Im Radio ist gerade eine Hurrikanwarnung durchgegeben worden."

Nein, das konnte nicht sein, das mußte für ein ganz anderes Gebiet gelten, nicht für Fidschi.

Eine Stunde später hörte ich die Meldung mit eigenen Ohren.

Etwas erleichtert nahmen wir zur Kenntnis, daß es sich um einen tropischen Zyklon handelte, sozusagen die Miniaturausgabe eines Orkans.

Erst bei elf Windstärken und darüber spricht man von einem Hurrikan. Die Skala für ein solches Naturereignis ist dann nicht mehr groß, denn die internationale Beaufort-Einteilung endet bei zwölf Windstärken. Das entspricht einer Windgeschwindigkeit von 64 bis 71 Knoten. Man kann sich den Winddruck eines solchen Orkans gut vorstellen, wenn man bei 130 Stundenkilometern die Hand aus dem Auto hält. 130 km/h entsprechen ungefähr 70 Knoten. Aufrecht zu gehen, ist bei dieser Windstärke nicht mehr möglich; kann der Druck doch Bäume entwurzeln. Viele Windmesser enden, wie die Windskala von Beaufort, bei 70 Knoten.

Der Zyklon war weit weg. 1000 Kilometer lagen zwischen seinem Auge und Suva, so daß wir nicht einmal seine Ausläufer zu spüren bekamen. Hurrikane haben einen begrenzten Wirkungsbereich. Es kann durchaus passieren, daß eine Yacht in der Flaute hängt, während 200 oder 300 Seemeilen entfernt ein Wirbelsturm tobt. Was los ist, merkt man allein an der gewaltigen Dünung.

Im Laufe des nächsten Tages kam leichte Unruhe unter dem Yachtvolk auf, denn der Zyklon näherte sich unaufhörlich. So ein Wettergebilde hat keine besonders hohe Zuggeschwindigkeit, zumal dann, wenn es gefährlich ist: fünf bis zehn Knoten, kaum schneller als eine Yacht. Immerhin begannen wir, die Positionen des Zyklonauges in die Karte einzutragen.

Als am Nachmittag des 23. Oktober der Sprecher meldete, daß das Unwetter auf Rotuma 16 Tote gefordert hatte, war nicht mehr von einem Zyklon die Rede, sondern bereits von einem tropischen Sturm. Nachträglich scheint es mir, als habe man das Unglück nicht heraufbeschwören wollen und deshalb zunächst von einem Zyklon gesprochen. Einen Namen hatte man ihm aber längst gegeben, einen Namen, den ich zeit meines Lebens nicht vergessen werde: „Bébé“.

Allmählich begannen die Yachties das Unfaßbare zu realisieren, wenn auch der Clubmanager immer noch beschwichtigte: „Seht, nach dieser Hurrikankarte macht die Wahrscheinlichkeit gerade zehn Prozent aus, daß ein Zyklon, der über Rotuma geht, auch Suva erreicht.“ Dennoch machten wir uns Gedanken, wohin wir vor „Bébé“ flüchten könnten, wenn er so weitermarschierte wie jetzt.

Hier vor dem Royal Suva Yacht Club konnten wir nicht bleiben;

dieser Platz war zum Meer hin offen wie ein Scheunentor. Bernard mit seiner L'AFFRANCHI kam von draußen wieder herein. Die Dünung, die das kommende Unheil ankündigte, hatte sich bereits so hoch aufgebaut, daß die kleine Yacht nicht mehr segeln konnte, allein schon, weil sie in den Wellentälern vom Wind abgedeckt wurde. Er war froh, wieder auf dem noch ruhigen Ankerplatz bleiben zu können – eine Dauerlösung weder für Bernard noch für uns, denn 20 Jahre zuvor, beim letzten großen Hurrikan, hatte es hier jede Menge Schiffe erwischt, selbst Berufsschiffe.

Wo wir uns auch erkundigten, jeder gab uns den gleichen Rat: „Geht in die Bay of Islands!" Wir motorten als erste, zu einer Zeit, als noch jeder hoffte, „Bébé" würde vorüberziehen. Einige lächelten über uns. Sie nannten es wohl Feigheit. Eines aber weiß ich: Wegen meiner Ängstlichkeit habe ich mir in meinem Leben viel Ärger erspart.

Tatsächlich waren wir in der riesigen Bay of Islands allein. In Ruhe konnten wir unsere Anker ausbringen. An einen Landgang war nicht mehr zu denken, wir konzentrierten uns viel zu sehr auf die kommenden Ereignisse. Obwohl es sich jetzt natürlich rentiert hätte, nochmals den Versicherungsagenten aufzusuchen, bei dem die Zusage von Lloyd's London längst eingetroffen sein mußte. Zu diesem Zeitpunkt wäre mir die Höhe der Prämie wahrhaft gleichgültig gewesen.

Für die Zeit, die „Bébé" uns fest im Griff hielt, lasse ich im folgenden mein Logbuch sprechen. Ungeschönt, so wie ich damals an Ort und Stelle meine Eintragungen gemacht habe. Denn häufig werden Logbücher nachträglich geschrieben; wer hat auch schon im „Sturm seines Lebens" Zeit und Muße, Zeilen zu füllen. Daß ein Ereignis nachträglich nicht mehr ganz realitätsbezogen dargestellt wird, liegt wohl in der Natur der Sache.

Während des Orkans fühlte ich mich häufig wie einer, der bei einem Bombenangriff gottergeben im Keller sitzt und auf sein Ende oder die Entwarnung wartet – eine Situation, die zu meinen frühesten Kindheitserlebnissen gehört. Da beruhigt es die Nerven, wenn man sich ablenken kann, und sei es durch die Logbuchschreiberei.

Anderen Yachties erging es ähnlich; auch sie haben sich in diesen hektischen Stunden ihrem Log- oder Tagebuch anvertraut oder eine Kassette besprochen. Aufregende Dokumente sind dabei entstanden.

Und so wurden die Ereignisse im Logbuch der festgehalten:

22. Oktober

Small craft warning für Suva. Wind nicht zu stark, aber noch könnten wir bequem unseren Standort wechseln und in die Bay of Islands vor die Mosquito Island gehen. Wetterbericht um 1800: Hurricane warning für Rotuma. Bébé nördlich von Rotuma, bewegt sich südlich (Richtung Suva) mit 5–10 kn. Noch keine Sturmwarnung für Suva, aber „Wind increasing“.

23. Oktober

Wetterbericht: Bébé 50 sm NE von Rotuma (300 sm nördl. v. Suva). Wind in Rotuma bis 80 kn.

Sturmwarnung für Fiji. Beim Ankern in Bay of Islands kleine Havarie (Bugkorb etwas verbogen). Lotse kommt vorbei und meint, Ankerplatz sei gut. Auf die Frage, wie lange es dauere, meint er: „Couple a week.“

*1200. Radio Fiji verbreitet Aufruf, Kinder heimschicken + Schule zu schließen. „Bébé expecting tomorrow to reach the northern part of the Fiji Group.“**

1800. Wetterbericht: Bébé war um 1000 50 sm südlich von Rotuma, bewegt sich mit 8 sm ssw. Vorläufige Hurricane warning für ganz Fiji.

1900. Nachrichten: Bébé mit 150 kn in Rotuma. 95% aller Häuser zerstört. In Ellice Island 6 Menschen durch Tidalwave getötet. Wir sind etwas nervös.

24. Oktober

0100. Wind nimmt zu. Plötzlich bumst es. Wir sitzen auf. Wir müssen wieder Kette einholen mit Hilfe der Maschine.

Wetterbericht nicht ermutigend: Bébé 100 miles north von Yasava, moving south mit 10–12 kn. 80 kn Wind für Yasawa. Hurricane warning für ganz Fiji, außer Lau. Wind hier herinnen 6–7 ENE. CQR-Anker scheint nicht zu halten.

0200. Durch ein eigenartiges Geräusch, das nach Plätschern klingt, werde ich geweckt. Ich traue meinen Augen nicht. Die Fähre, der schwarze Schatten, treibt an Bb vorbei, obwohl wir sie vorher Stb voraus hatten. Wir sind höchstens 15 m von ihr entfernt. Wir wissen nicht, was wir tun sollen. Jedenfalls starte ich die Maschine, komme aber nicht recht an gegen den Wind. Die Fähre im Nacken, die mit ihrem riesigen

* Es wird erwartet, daß Bébé morgen den nördlichen Teil der Fiji-Gruppe erreicht.

flachen Bug nach uns schlägt, schieße ich Rot, aber natürlich haben die alle mit sich selbst zu tun. Wir werden nur angeleuchtet.

Ich glaube, beide Anker sind unter dem Drahtseil. Wir überlegen, ob wir kappen sollen, aber die Gefahr ist so groß, daß wir auf die Fähre treiben und erschlagen werden. Ich opfere den CQR und versuche mit voll voraus, den Anker rauszufahren. Beim 5. oder 6. Mal gelingt es mir. Wir ankern ein Stück voraus, soweit wir halt ohne abfallen kommen, aber der Anker hält nicht. Wir legen Schwimmwesten an. Auch treiben wir Richtung Shebessa, die kurz vorher von einem Fischer gerammt worden ist. Nach mehreren Versuchen kriegen wir ihn gegen 0530 raus.

Es dämmert. Wir beschließen zu versuchen, den Fluß zu erreichen, es ist bald Hochwasser. Bei der 1. Ecke kommen wir auf, kommen aber ohne weiteres frei nach ca. ¼ Stunde. Kurz vor Flußmündung zum 2. Mal, weil eine Bö uns unter Maschine anluven und aus dem Kurs laufen läßt. Endlich erreichen wir den Fluß und sehen in einem Nebenarm die anderen, aber alles ist fast vollkommen voll. Wir werfen den letzten noch verbliebenen Badeanker, haben Schwierigkeiten mit der Strömung. Dann wecke ich Scott. Er leiht mir Anker; wir bringen an Bb 3 Anker aus und außerdem 3 Leinen zu Bäumen.

0900. Nachrichten: Bébé 60 sm vor Nadi, geht südl.

1200. Bébé wird 1600 in Nadi erwartet: 120–140 kn Wind. „Schwere Überschwemmungen." Unser Fluß ist auch schon reißend.

In Suva alle Geschäfte geschlossen. 2 Seenotrufe.

1330. Nachrichten: Bébé bewegt sich SSW!! Seit 0800 ist Barograph um 10 mm gefallen. Sehr starke Böen. Bébé soll um 1600 in Nadi sein, aber wir bekommen keine Nachrichten mehr. Um 1700 fällt Sender aus. Aber wie angesagt, geht es auf Radio Neuseeland weiter.

Bald kann ich nicht mehr glauben, daß die Bäume halten, an denen wir Leinen ausgebracht haben. Radio kommt wieder, nur Katastrophenmeldungen. In Lautoka 95 % aller Gebäude zerstört. Der Wind heult nicht mehr, er kreischt. Ich finde achtern nicht mehr unser Beiboot im Wasser. Ist der Festmacher gerissen? Nein, er zeigt senkrecht nach oben. Das Beiboot schwebt über uns, der Sturm läßt unser Dingi wie einen Spielzeugdrachen steigen. Ich nehme eine Beruhigungstablette. Meine Schwimmweste bläst sich mit lautem Krachen auf. Die hohe Luftfeuchtigkeit hat sie ausgelöst. Wir sind fertig zum Aussteigen, aber wohin?

1800. Totale Flaute. Barograph stagniert. Wir glauben das Zentrum querab, aber eine unverständliche Meldung von Radio Neuseeland zerstört alle Hoffnungen: Bébé ist in Zentral-Viti-Levu, bewegt sich SE (Richtung Suva!) und soll S-Küste um 2400 erreichen.

2300. Starke, sehr starke Böen, dann wieder absolute Flaute. Wir bringen noch eine Leine aus. Fiji meldet eine Yacht auf Riff Lami und eine Yacht auf Riff in der Einfahrt.

Scotty erzählt: Skylark ist zum Fiji-Hotel gefahren, konnte aber Hafen nicht mehr verlassen. Der Hafen ist total ungeschützt. Sie haben alles abgeborgen, die Yacht verankert und verlassen.

2315. So still, daß man Strömung hört. Bald wird es wieder aufgehen. Hoffentlich hält alles. Nicht nur die Leinen, sondern auch die Klampen. Ich hab den Zug möglichst gleichmäßig verteilt. Die Dünung weit draußen hören wir bis hier in den Mangrovenwald. Unheimlich, diese Stille. Barograph steht. Hoffentlich ist das nur der Rand des Zentrums. 25 Minuten schon diese Stille, auch kein Regen mehr.

2325. Alles sieht mies aus nach den Katastrophenmeldungen, aber immer noch besser hier herinnen als draußen in der Bay of Islands.

2330. Radio Wellington: „Bébé just West of Suva, moving SSE with 10 kts."

Ich bringe noch eine Leine aus, demontiere Selbststeueranlage. Carla fendert Heck ab.

2340. Immer noch unheimliche Stille. Hoffentlich halten die Leinen. Oft ist der Wind nach dem Auge des Orkans stärker als vorher. Wie mag es den anderen ergehen?

2345. Wir haben aus dem Nebenarm heraus Strom. Das ist günstig, so brauchen die Anker nicht allzu viel halten.

2355. Immer noch nichts. So ruhig, man hört jemanden ca. 200 Meter weit weg das Dingi ausschöpfen. Himmel ist bedeckt, aber von einer eigenartigen Helligkeit, fast ein Leuchten. Typisch ist, daß wir bei dieser Flaute gleich wieder guter Dinge sind, obwohl die 2. Hälfte genauso schlimm werden kann.

25. Oktober

0005. Bin gespannt, wie wir bei dem zu erwartenden Windsprung liegen werden. Sicher etwas schlechter. Schwer vorstellbar, daß wir hier heil rauskommen sollen, wo nahe des Zentrums 150 kn festgestellt und Gebäude zerstört wurden.

0015. Habe das Gefühl, daß Baro langsam steigt.

0025. Die ersten Windpfiffe sind wieder zu hören, aber nur vereinzelt.

0045. Doch noch nichts. Der Baro steht jetzt seit 2300 auf 975, aber immer noch besser als die 963 von Rotuma. Wir sind jetzt sehr müde, haben wir doch schon gestern nicht mehr geschlafen.

0100. Ich bin müde. Gehe zu Bett.

0800. Bis jetzt geschlafen. Ich schaue gleich zum Barographen: Es geht aufwärts. Windstille. Wo ist er geblieben?

0900. Radio Wellington: Der stärkste jemals in der Südsee verzeichnete Hurricane, genannt Bébé, hat heute nacht die Fiji-Inseln heimgesucht. Der Orkan, der mehr als 150 Knoten Windgeschwindigkeit erreichte, hat eine Straße der Verwüstung hinterlassen. Flüsse stiegen teilweise um 30 Fuß und verursachten weite Überschwemmungen. Welche Verluste bei dieser größten Katastrophe für Fiji zu verzeichnen sind, läßt sich noch nicht feststellen, weil die Nachrichtenverbindungen zu weiten Teilen des Landes unterbrochen sind.

1000. Fiji Radio: „All clear for Fiji."

Soweit die Logbucheintragungen. Nachdem wir uns aus unserem Schlupfloch zwischen den Mangroven herausgetraut hatten, fanden wir in der Bay of Islands ein mittleres Schlachtfeld vor. Wracks lagen herum, manche Yachten hatte es in den Wald getrieben. Eine neun Meter lange Yacht stand, ja stand aufrecht mitten im Wald – an einen Baum gelehnt. Der Eigner saß im Cockpit und fragte das Yachtvolk, das ihn und sein Schiff von unten her begaffte, wie er hier jemals wieder rauskommen solle. Aber er war glimpflich davongekommen, im Gegensatz zu zahlreichen Yachten im Nordwesten von Fidschi. Auf dem offenen Wasser hatte es keinen von unseren Kameraden erwischt. Unter den Yachties herrschte mittlerweile Einigkeit darüber, daß es bei einem derartigen Orkan auf See kein überleben geben kann. Vor dem Hurrikan war noch heftig diskutiert worden, ob es nicht besser sei, nach draußen zu laufen und dort sein Heil zu versuchen, wie es in vielen Büchern gerade für diesen Fall empfohlen wird. Aber nicht ein einziger unter den Yachties, allesamt erfahren und befahren, hatte die Nerven hierzu.

Rückblickend muß ich sagen, daß es Cliff mit seiner MORIAH am besten gemacht hatte, obwohl wir alle damals auf ihn sauer gewesen waren. Im Gegensatz zu unseren Yachten war die MORIAH nämlich versichert. Also legte er sie in der Nähe des Trade-Wind-Hotels, wo ebenfalls einige Dutzend Yachten Bébé abwettern wollten, vor alle Anker und mietete sich mit seiner Familie im Hotel ein. Natürlich wäre seine Yacht eine Gefahr für die anderen gewesen, wenn sie sich losgerissen hätte. Aber war es nicht wichtiger, daß Cliff, Joyce und Matt in Sicherheit waren?

Cliff hatte als Amerikaner immer das Wesentliche im Auge, und genau dieser Zielsicherheit verdanke ich einen der besten Ratschläge, die ich jemals bekommen habe.

Viele Yachtleute - das ist kein Geheimnis - spielen mit der Idee, ihre Reiseerlebnisse, die sie für ihre Freunde und Verwandten ohnehin aufzeichnen, zu veröffentlichen. Nur gibt es inzwischen tausendmal mehr Möchtegern-Schriftsteller als Verleger, und die Chance ist nicht sehr groß, gedruckt zu werden - es sei denn, man kommt mit einer Superstory an.

Die Ereignisse um „Bébé" wären sicher ein Knüller für eine Yachtzeitschrift gewesen, das meinte auch Cliff, mit dem ich mich darüber unterhielt. „Doch wenn ich nicht weiß, daß ich gedruckt werde, kann ich auch nicht schreiben", sagte ich meinem Bedürfnis nach Sicherheit entsprechend.

Worauf Cliff haarscharf feststellte: „Also, wenn du nicht weißt, daß du gedruckt wirst, kannst du nicht schreiben, meinst du. Da magst du recht haben, aber eines ist doch sicher: Wenn du nicht schreibst, wirst du auch nicht gedruckt."

Cliff lieh mir seine Schreibmaschine. Ich tat mich etwas schwer damit, denn sie hatte keine deutsche Tastatur. So fehlten die Umlaute und das scharfe S. Die Tasten waren auch etwas anders angeordnet, aber das machte angesichts meines Zweifingersystems nicht viel aus. Nach ein paar Tagen war der Artikel fertig, und ich sandte ihn ohne viel Hoffnung an die Zeitschrift „Yacht". Zurück kam ein knapper Brief, direkt vom Chefredakteur Harald Schwarzlose: „Wir werden Ihren Bébé-Artikel demnächst zum üblichen Honorar abdrucken. Wenn Sie noch weitere solche Storys haben, sind wir immer interessiert."

Na also, meinte Carla, das ist sicher der Beginn einer großen Schriftsteller-Karriere. Ich wußte, daß sie mich auf den Arm nahm, denn so eine Geschichte wie die mit Bébé erlebte man hoffentlich nur einmal. Aber war es denn zwingend notwendig, über sich selbst zu schreiben? Gab es nicht von den anderen Yachties Storys, die bemerkenswerter waren? Beispielsweise die lange Reise von Moitessier, von der in Deutschland noch niemand wußte.

Und so begann ich, an Bernards Geschichte zu arbeiten. Gleichzeitig nahm ich mir vor, nicht mehr über uns zu schreiben, sondern einfach in unserer Umgebung die Ohren offenzuhalten.

Ein halbes Hafenjahr in Fidschi

Bébé hatte Fidschi und die Yachties verändert. Es lohnte nicht mehr, den Markt in Suva aufzusuchen. Wo vorher Berge von Obst und Gemüse angeboten worden waren, lagen jetzt ein paar vergammelte Tomaten zu horrenden Preisen. Die Briefmarken trugen den Sonderaufdruck „Bébé“, für ein Notopfer. Palmenwälder waren flachgelegt, die Felder verwüstet. Manche Berghänge sahen aus, als habe ein Feuer sie leergebrannt.

Die Yachties waren vor Bébé voller Pläne gewesen, was sie während der Hurrikanzeit in Fidschi alles unternehmen wollten. Immerhin gibt es hier mehrere hundert vom Tourismus unberührte Inseln und viele tausend Ankerbuchten. Jetzt aber blieben die meisten wie paralysiert auf den Ankerplätzen um Suva, nicht weit vom erprobten Hurricane-Hole entfernt. Sogar Wolfgang Hausner, sonst voller Unternehmungsgeist, hatte die Lust an größeren Unternehmungen verloren und legte seine TABOO neben unsere THALASSA. Langweilig wurde es uns nicht. Die Beseitigung der zahlreichen Schäden, die Bébé hervorgerufen hatte, nahm uns voll in Anspruch.

Eintönig verliefen die Tage auf dem Ankerplatz nicht, denn die meisten von uns hatten eine ganz neue Beschäftigung. Wenn man sich mit dem Dingi einer Yacht näherte, konnte man es schon aus 20 Meter Entfernung hören, was dort los war, denn die Piepserei ließ sich leicht identifizieren: Wir lernten morsen.

Das Interesse an der Amateurfunkerei hatte sich wie eine Seuche ausgebreitet. Jeder, dem ein Funkamateur die ungeahnten Möglichkeiten eines Funkgerätes demonstriert hatte, war sofort von der Notwendigkeit überzeugt, so einen Kasten an Bord zu haben. Rein technisch wäre es ohne Genehmigung gegangen, denn die Bedienung des Senders ist nicht allzu schwierig. Und Probleme mit Behörden hätte es auf hoher See auch nicht gegeben. Aber wer spricht schon mit einem „Piraten", wie die „richtigen" Funkamateure zu den Nichtlizensierten sagen.

So bemühte sich jeder nach Kräften, an eine Lizenz zu kommen. Die Amis hatten es am einfachsten; sie konnten die theoretische Prüfung per Post ablegen, und ihre Morsekenntnisse brauchten sie nur einem amerikanischen vollizensierten „Ham" gegenüber zu beweisen. Ich hatte an die Deutsche Bundespost geschrieben, hatte angeboten, die Prüfung auf einem deutschen Schiff bei einem Berufsfunker abzulegen, aber: „Es tut uns leid, die Vorschriften ..." Immerhin gab der freundliche Beamte mir den Rat, es doch bei den Behörden vor Ort zu versuchen; später könne man, sofern die Prüfungen vergleichbar seien, die Lizenz umtauschen.

Nachdem uns der Postmeister in Suva Hoffnungen auf eine Prüfung gemacht hatte, das unbedingt erforderliche Morsen aber nicht von heute auf morgen zu erlernen war, piepsten eine ganze Menge Yachties auf dem Ankerplatz an der Mosquito-Insel wochen- und monatelang um die Wette. Für einen selbst kann die Morserei ganz unterhaltsam sein. Für die Bordfrau aber, die Stunde um Stunde die Piepserei ertragen muß, ist es nervtötend.

Nach mehreren Monaten Übung zeigten die Behörden in Suva plötzlich keine Lust mehr, einer Horde von Yachties die Prüfung abzunehmen. Für mich war das bitter. Ich schrieb Briefe über Briefe, aber weder in Fidschi noch im 2000 Kilometer entfernten Neuseeland wollte man mich zur Prüfung zulassen. Als ich eines Morgens in dieser Sache wieder einmal auf dem Postamt in Suva war, kam ich im Hafen an einem großen Schiff vorbei, das eine ganz merkwürdige Nationale trug, zumindest hatte ich das Emblem mit sieben gelben Zacken noch nie gesehen. Auf dem Heck stand „ENNA G, Nauru".

Ein Land namens Nauru? Das mußte etwas ganz Kleines sein. Vielleicht könnte dort etwas mit einer Funkprüfung laufen. Wir stiegen die Gangway zur ENNA G hinauf und fragten uns nach dem Funkoffizier durch. Der bat uns freundlich in seine Funkbude, wühlte in einer riesigen Eisbox zwischen Eiswürfeln herum und offerierte uns ein „Coldy", wie er sagte. Daran erkannte ich, daß wir einem Neuseeländer gegenübersaßen. Mit Vergnügen hörte er sich meine Story an. Als Berufsfunker hatte er größtes Verständnis für meinen Ehrgeiz.

Norm stellte uns die üblichen Fragen, nach dem Wohin und Woher, nach dem Schiff. Ein Coldy nach dem anderen wurde geleert, obwohl wir die tropische Hitze nicht spürten – die ENNA G war vollklimatisiert. In den Tropen ist es nichts Ungewöhnliches, wenn man schon frühmorgens Alkohol konsumiert. Viele Schiffsoffiziere beginnen den Tag damit, daß sie gleich nach dem Frühstück in die Bar gehen und sich eine große Box mit Eiswürfeln und Bier füllen lassen. Als Trinker würden sich die Seeleute auch dann nicht bezeichnen, wenn ihr Bierkonsum bei einem Kasten pro Tag angelangt wäre. Erst wer vom Bier zum Whiskey überschwenkt, über den beginnen die Kameraden zu reden. So sind die Tropen.

Norm White verrichtete schon mehrere Jahre auf der ENNA G seinen Dienst als Erster Funker. Ein ruhiger Job, denn der Zehntausendtonner war ein kombiniertes Fracht- und Passagierschiff. Nur, Ladung hatten sie ganz selten an Bord. Wie das?

„Da müßt ihr mehr über das Land Nauru wissen. Wenn es euch interessiert, dann bleibt doch zum Abendessen. Der Kapitän kann euch einiges darüber erzählen."

Wir ließen uns nicht zweimal bitten, und bald saßen wir auf roten Plüschsesseln am Kapitänstisch im Speisesalon. Außer uns, dem Chefingenieur und dem Kapitän war niemand in diesem großen Raum, ausgenommen die Stewards, die uns die gedruckte Menükarte unter die Nase hielten. Ein jüngerer Mann in Zivil schlenderte herein und fragte den Kapitän, ob er etwas Klaviermusik wünsche. Der winkte ab: „Auch so einer, der sich hier zu Tode langweilt."

Wir wir jetzt erzählt bekamen, versetzte uns in größtes Erstaunen. „Nauru hat das höchste Einkommen der Welt und besitzt die größte Handelsflotte – jeweils pro Kopf gerechnet. Dabei verfügt es nicht einmal über einen Hafen, sondern nur eine Mooring mit einer einzigen Boje daran, auf immerhin 250 Metern Wassertiefe. Doch man liegt da ruhig, unmittelbar am Äquator gibt es keine Stürme. Wenn Sie Nauru, das von Fidschi aus ziemlich genau im Norden liegt, besuchen wollen, müssen Sie sich zuerst versichern, ob die Boje frei ist. Meistens nicht, denn wir, der Sechstausendtonner CENPACK ROUNDER oder der Fünfzigtausendtonner IGEMOYA sind häufig in Nauru. Also besser, Sie lassen es bleiben.

Sie würden auch nicht viel versäumen, denn Nauru ist nur eine kleine Insel, kaum zehn Kilometer im Durchmesser. Sie besteht aus lauter Kratern – seit einem halben Jahrhundert wird dort Phosphat abgebaut. Sie würden dort sicher gerne gesehen sein, denn die Deutschen stehen immer noch hoch im Kurs, so wie damals, als vor dem Ersten Weltkrieg ein deutsches Kriegsschiff vorbeikam und Nauru zur deutschen Kolonie machte. Diese Deutschen hatten sich in den Augen der heutigen Nauruaner große Verdienste um die Insel erworben, weil sie den sieben feindlichen Stämmen - daher die sieben Zacken in der Flagge - kurzerhand die Waffen wegnahmen und damit das Land befriedeten.

Dann hatten die Deutschen mit ihrem Mutterland eigene Probleme, fuhren nach Hause und ließen das wegen des Phosphats begehrte Nauru in den Turbulenzen der Weltpolitik zurück.

Im Zweiten Weltkrieg wurde auf Nauru eine Leprastation eingerichtet, deren Ende sich neben den in Europa erlebten Grausamkeiten durchaus sehen lassen kann. Die Japaner, die sich das wehrlose Nauru angeeignet hatten, setzten die Kranken auf schrottreife Schiffe, schleppten sie auf die offene See hinaus und bombardierten ihre gequälten Opfer.

Nach dem Krieg waren die Australier zur Stelle, um in Nauru Reichtümer zu ernten. Aber inzwischen war die Öffentlichkeit wachgeworden. In der UNO mehrten sich die Stimmen, die die Unabhängigkeit für die paar tausend Leute auf Nauru forderten. Die Australier konnten sich diesem Druck nicht widersetzen und entließen Nauru in die Selbständigkeit.

Seit dieser Zeit aber fließen die riesigen Einnahmen den Leuten von Nauru direkt zu, die davon profitieren, daß die umliegenden Länder sich argwöhnisch und eifersüchtig beobachten, damit sich ja niemand mehr am Reichtum der Eingeborenen vergreift. Sie sind im leidvollen Umgang mit den Weißen erfahren geworden. Alle Regierungsposten befinden sich in der Hand von Eingeborenen. Nachdem sie sich auch zahlreiche diplomatische Vertretungen leisten können, bekleidet ein großer Prozentsatz der erwachsenen Bevölkerung ein hohes politisches Amt.

Steuern gibt es nicht, und um damit nicht etwa weiße Schmarotzer anzulocken, müssen Verträge mit Ausländern kurz befristet sein. Ihren Reichtum haben die Leute vor allem in Hochhäusern der großen Städte Australiens, in ihrer Handelsflotte und in ihrer Luftverkehrsgesellschaft angelegt. Mit den Jets ist kein Geld zu verdienen, denn wieviele Leute fliegen schon regelmäßig jede Woche nach Nauru, auch wenn die ‚Air Nauru' die letzte Fluglinie ist, wo in allen Klassen Champagner serviert wird.

Vom Frachtgeschäft verstehen die netten Leute von Nauru gar nichts", fuhr der Kapitän fort, „aber es ist ihnen auch gleichgültig, ob sie mit ihren Schiffen etwas verdienen oder nicht. Häufig laufen wir in einen Hafen ein und blasen das Horn, bis eine Barkasse rauskommt. Die fragen dann, was wir eigentlich da wollen. Aber das wissen wir auch nicht. Wir halten nur den Fahrplan ein. Neulich bin ich telegrafisch angewiesen worden, meinen Kurs zu ändern und nach Nauru zu kommen. Mehrmals wurde nachgefragt, ob ich es wohl bis zum nächsten Abend schaffen würde. Na ja, wir haben dann die Maschine so hochgedreht, wie es der Chiefy gerade noch zulassen konnte.

Tatsächlich waren wir kurz vor Dunkelheit vor Ort. Sogleich kam ein Motorboot raus, um unseren Koch abzuholen. Hatte doch der Premierminister ein Festessen angesetzt, und nun war sein Koch erkrankt."

„Ja, und waren Ihre Passagiere über die Änderung der Route nicht verärgert?" fragte ich.

„Wir haben praktisch nie Passagiere an Bord. Wir sind zu teuer, das kann sich niemand leisten. Sehen Sie, der Klavierspieler ist festangestellt. Selbst zum Fünfuhrtee erscheint er pünktlich, denn von den Offizieren könnte ja mal einer da sein. Er klimpert fünf Minuten – wahrscheinlich, damit er nicht aus der Übung kommt –, dann schlägt er den Deckel zu, nimmt sein Coldy und geht wieder."

Der Chefingenieur grinste: „Und die Semester-Fahrgäste vergißt du?"

„Na ja, wenn in Australien das Semester beginnt, dann fahren wir jedesmal 160 junge Nauruanerinnen ins Lyzeum nach Sydney, ein paar Monate später dann die ganze Ladung wieder retour. Aber", fügte der Kapitän fast entschuldigend hinzu, „wir haben auch sonst eine ganze Menge Spaß auf der ENNA G."

Natürlich wurde es mit der Funkprüfung nichts. Norm White, der den Postminister darauf angesprochen hatte, kam mit der entsprechenden Nachricht zwei Wochen später aus Nauru zurück. Trotzdem trainierte mich Norm im Morsen – das machte ihm Spaß. Inzwischen war ich bei Tempo 90 angekommen; ein Funker erster Klasse wie Norm muß 120 Zeichen pro Minute bringen. Norm war sicher ein Meister seines Faches. Er konnte zu gleicher Zeit mit der linken Hand einen Text morsen, mit der rechten einen zweiten auf die Morsetaste hämmern und noch dazu einen dritten aufnehmen.

Ansonsten war er nicht so trickreich oder besser gesagt: Er war naiv, ja harmlos. Ich mag solche Menschen, denn sie sind berechenbar. Seine Kameraden auf der ENNA G, die aus Langeweile immer wieder auf dumme Gedanken kamen, nutzten das weidlich aus – Norm war häufig das Opfer ihrer Streiche. Einmal sogar wurden

Carla, Wolfgang Hausner und ich in so einen Blödsinn mit hineingezogen.

Eines Nachmittags drückte der Obermaat dem gutmütigen Norm einen Zettel in die Hand und meinte: „Hör mal, meine Tante, sie lebt in Suva, gibt heute eine Party, zu der ich kommen soll. Ich kann aber nicht weg, weil ich Dienst habe. Vielleicht kannst du mit deinen Freunden dorthin gehen. Meine Tante würde sich gewiß freuen, wenn mehr Leute kommen. Die Anschrift findest du auf dem Zettel da."

Das war nun wirklich reichlich albern, aber wir fielen auf diesen Unsinn herein. Der Taxifahrer konnte sich nur mühsam eines Lächelns erwehren (was uns erst nachträglich auffiel) und sah Carla ganz merkwürdig an, als ihm Norm den Zettel mit der Adresse zeigte: „Miß Enna, Canavaran Street".

Nachdem wir in eine dunkle Straße eingebogen waren, deutete der Taxifahrer auf ein ziemlich verwahrlostes Haus. Norm öffnete die Tür, hinter der nicht viel zu sehen war, denn unsere Augen mußten sich an das schummrige Licht erst gewöhnen. Das Ganze machte den Eindruck, als seien wir zu einem Faschings-Hausball eingeladen; da dauert es auch einige Sekunden, bis man sich orientiert hat.

Aber in Fidschi gibt es keinen Fasching. In diesem Zimmer hingen auch keine Luftschlangen oder ähnliches herum, sondern es war ziemlich kahl, wie ich trotz des abgedunkelten Lichtes erkennen konnte. Hätte da nicht ein Klavier gestanden, hätte ich geglaubt, wir seien in einem Wartezimmer. Auf den einfachen Stühlen an der Wand saßen jede Menge „Damen" aller Haut- und Haarfarben und starrten uns neugierig an.

Wolfgang schaltete als erster: „Leute, wir sind im Puff!"

Carla wollte Norm, der kein Deutsch verstand, am Ärmel packen, aber der war in seiner Naivität nicht zu bremsen. Er schritt auf eine matronenhafte Figur in der gegenüberliegenden Zimmerecke zu und fragte höflich: „Kann ich bitte Miß Enna sprechen?"

Bevor jedoch die Puffmutter eine Antwort geben konnte, zogen wir den guten Norm gemeinsam aus dem Raum und sprangen in ein Taxi. Er hatte endlich begriffen und grinste: „Mein Gott, wenn das meine Frau wüßte! Die würde mich wieder mal einen naughty boy nennen."

Der Fahrer machte uns darauf aufmerksam, daß uns drei andere Taxis nachfuhren. Wir wurden regelrecht von einer Schar von Huren verfolgt. Gott sei Dank war es schon finster, als wir die Gangway zur Enna G hinaufstürmten und uns bei Norm in der Kabine versteckten.

Sechs Monate blieben wir auf dem Ankerplatz vor Mosquito Island. Von den besonders in den Tropen so lästigen Insekten, denen die Insel wohl ihren Namen verdankt, blieben wir weitgehend verschont. In der Regel ankert eine Yacht einige hundert Meter vor dem Ufer. Normalerweise reicht dieser Abstand aus, um vor den Plagegeistern sicher zu sein. Bei ablandigem Wind, so sollte man meinen, würden die Biester sogar noch „by air" zu ihren Opfern transportiert. Das Gegenteil ist jedoch der Fall. Der auflandige Wind läßt die Mosquitos die Menschen wittern; dann fallen sie mit peinigender Vehemenz über sie her.

Gesegelt wurde wenig. Wir bereiteten uns für den Indischen Ozean vor, den wir durchqueren mußten, sobald die Hurrikansaison mit Sicherheit vorüber sein würde. Ich wollte auch noch meine Zähne in Ordnung bringen lassen. In Fidschi aber, wo die großen, dunkelhäutigen Männer mit ihrem weitabstehenden krausen Haar für ihre Schmerzunempfindlichkeit bekannt sind, hatte ich Bedenken, ob da nicht der Zahnarzt bezüglich meiner Schmerzschwelle fidschianischen Standard anlegen würde. Schließlich wurde mir Dr. Emberson, selbst Segler, empfohlen.

Über dem alten Zahnarztstuhl drehte sich müde ein großflügeliger Ventilator, der die feuchtschwüle Luft in der stickigen Praxis nur unmerklich bewegte. Dr. Emberson, ein dunkelhaariger, freundlicher Mann in meinem Alter, dem Aussehen nach mit viel europäischem Blut in seinen Adern, legte nach einem kurzen Blick in meinen Mund den kleinen Spiegel zur Seite, hielt die Spritze gegen das Licht und sagte: „Machen Sie bitte den Arm frei."

Ich glaubte, mich verhört zu haben, denn wenn schon eine Spritze vor dem Plombieren meiner großen Löcher, dann doch wohl in das Zahnfleisch.

„Herr Doktor, was soll das?"

„Ich verpasse Ihnen eine kleine Vollnarkose, bitte legen Sie sich jetzt zurück."

Das konnte doch nicht wahr sein, schließlich befand ich mich nicht bei einem Chirurgen im Operationssaal. Ich war weder nüchtern noch hatte ein Arzt meinen Kreislauf untersucht. Und seelisch war ich erst recht nicht darauf vorbereitet, denn von einer derartigen Behandlungsmethode hatte ich noch nie etwas gehört. Berichte über tödliche Narkosezwischenfälle in hochmodernen OP-Sälen schossen mir durch den Kopf.

„Nein, das kommt auf gar keinen Fall infrage, Herr Doktor“, sagte ich energisch und war schon an der Tür.

„Gut, überlegen Sie es sich noch einmal, und wenn Sie wollen, kommen Sie wieder.“ Dr. Emberson lächelte verständnisvoll.

Eigenartigerweise wunderte sich niemand in Suva darüber. „Ja freilich, er bringt dich zum Schlafen“, meinten alle, die ich befragte. Offensichtlich hatten sie nie eine andere Behandlungsmethode kennengelernt als eine Vollnarkose - wegen einer Zahnplombe, wohlgemerkt.

Eine Woche später hatte ich mich durchgerungen und saß erneut im Behandlungsstuhl von Dr. Emberson. Was sollte ich schon anderes machen, meine Zähne mußten gerichtet werden.

Ich sah, wie Dr. Emberson die kleine Spritze an meiner Vene ansetzte . . . und wie er mich anlächelte und mir eine Tasse reichte. „Hier, trinken Sie. Sie sind jetzt noch etwas benommen von der Narkose, der Kaffee wird Ihnen guttun. Wir haben doch etwas länger gebraucht, immerhin habe ich Ihnen acht Zähne plombiert.“

Das war für mich ein kleines Wunder. Ich hatte die ganze schmerzhafte Behandlung verschlafen. Wenn der Arzt mir nichts erzählt hätte, wüßte ich heute noch nichts davon. Von der Narkose spürte ich auch hinterher nichts.

Als ich Tage später nochmals bei Dr. Emberson war und mir erklären ließ, wie man über dem Petroleumbrenner eine Zahnbürste so biegt, daß man auch die letzten Winkel im Mund erreicht, erzählte er mir, wie er auf seine so ungewöhnliche, aber sicher auch umstrittene Behandlungsmethode gekommen war. Er konnte es einfach nicht mehr ertragen, zusehen zu müssen, wie sich seine Patienten mit Schweiß auf der Stirn und krank vor Angst im Stuhl einkrallten und vor Schmerz stöhnten. Da erfuhr er von einer weltweiten Gesellschaft von Ärzten, die es sich zur Aufgabe gemacht hatte, ihre Patienten nach Möglichkeit schmerzlos zu behandeln. Er besuchte einige Kurse in Narkosetechnik, wobei er sich leichttat, denn er war auch vollausgebildeter Arzt für Allgemeinmedizin. Seit dieser Zeit hatte er schon Tausende von Patienten, die zum Teil weit über das Meer aus Französisch-Polynesien eingeflogen waren, ohne jeden Zwischenfall behandelt.

So lieferte der wunderliche Dr. Emberson seinen Beitrag, die Mannschaft der THALASSA für lange Törns wieder fit zu machen. Ich mußte seine Dienste bald auch noch für die THALASSA in Anspruch nehmen.

Der Aluminiummast unserer Yacht stand in einem Nirostafuß. Unbemerkt hatte sich in der Nirowanne Seewasser angesammelt, was – hinterher weiß man es immer besser – äußerst gefährlich ist. Denn wenn zwei Metalle gleichzeitig von Salzwasser umspült werden, entstehen elektrische Ströme, die das unedlere Metall zersetzen – in unserem Fall das Aluminium. Als ich das Unglück bemerkte, war vom Mastfuß bereits soviel verschwunden, daß der Mast nur noch auf ein paar Zacken stand. Und das alles nur, weil die Werft vergessen hatte, ein kleines Loch zu bohren, damit das Seewasser abfließen konnte. Mit diesem Mast über den Indischen Ozean zu segeln, wäre verantwortungslos gewesen. Der Mast mußte gelegt werden.

Das ist normalerweise kein Problem. Man fährt an die Pier und hebt den Mast mit einem Kran vom Schiff. Nur: In Suva gab es weder eine geeignete Pier noch einen erschwinglichen Kran. So erbot sich der Kapitän der ENNA G, uns mit dem kleinen Kran auf dem Deck seines Schiffes zu helfen. Wir fuhren also in den Handelshafen von Suva und gingen bei der ENNA G längsseits. Das Wasser war nicht so ruhig, wie wir es erhofft hatten. Die THALASSA ächzte unruhig in den Festmacheleinen und quietschte mit den Fendern.

Als die Wanten und Stagen endlich gelöst waren, passierte es. Eine Hafenbarkasse fuhr in ein paar Metern Entfernung vorbei und warf soviel Schwell auf, daß die THALASSA wie wild umhertanzte und an ihren Leinen immer wieder zurückgerissen wurde. Der Mast, der gerade längsseits aufs Deck gelegt werden sollte, begann ebenfalls unruhig zu werden und drehte sich ins Achterstag hinein. Zunächst bemerkten wir von der Bescherung gar nichts; erst als wir den Drahtseilverhau ordneten, entdeckten wir im Achterstag einen deutlichen Knick.

Dieses Drahtseil, das zum Halten des Mastes dient, ist auf einer Fahrtenyacht, bei der Gewicht keine so große Rolle spielt, besonders stark dimensioniert. Es muß auf Zug belastet werden. Biegebelastungen aber, die dann auftreten, wenn der Draht geknickt ist, ermüden das spröde Material, mit der Folge, daß es bricht. Beim Achterstag ist das besonders fatal. Es wird zwar am geringsten belastet, aber wenn es reißen sollte, ist kein Segel, kein zusätzliches Stag oder ähnliches da, das dem Mast noch Halt geben könnte. Dann kommt der Mast von oben. Nicht auszudenken, wenn das mitten auf dem

Indischen Ozean passieren würde. Das Mißliche an unserer Situation: Man sah dem Stag nicht an, ob der Knick um etwa 20 Grad harmlos war oder ob man jederzeit mit einem Bruch rechnen mußte.

Ich schrieb nach Hause und fragte meinen Freund Seilermeister Deller um Rat. „An der tiefsten Stelle versenken und neues Achterstag kaufen", meinte der treuherzig. Aber das half nicht weiter, denn in ganz Fidschi gab es kein Niro-Material zu kaufen.

„Statt Niro galvanisierten Draht nehmen", lautete die nächste Anweisung, aber auch der war in der erforderlichen Stärke nicht zu bekommen.

Wir standen also vor der Wahl, entweder weiterzusegeln, als sei nichts passiert, oder ein neues Achterstag per Post kommen zu lassen. Luftfracht war indiskutabel teuer, so weiterzusegeln unseemännisch, leichtsinnig. Per Schiffsfracht den Draht anzufordern, hätte etwa drei Monate dauern können, was uns wegen der Hurrikanzeit letztlich ein ganzes Jahr gekostet hätte.

Wenn ich mit anderen Seglern über die Schwierigkeiten einer Weltumseglung spreche, kommt mir immer wieder diese Geschichte in den Sinn. Das Segeln als solches wirft die wenigsten Probleme auf; denn auf See nimmt einem ohnehin das Wetter die Entscheidung aus der Hand. Bei technischen Schwierigkeiten im Hafen dagegen findet man eine Lösung erst durch langes Nachdenken.

Dr. Emberson wunderte sich, als er mich schon wieder in seinem Wartezimmer sah, diesmal mit der großen Rolle Drahtseil in der Hand. Ich machte ihm klar, daß er gewissermaßen meine letzte Hoffnung sei, Fidschi in absehbarer Zeit verlassen zu können. Er brauche nur mit seinem Röntgengerät eine Aufnahme vom Knick in meinem Drahtseil zu machen, um prüfen zu können, ob die Seele des geschlagenen Tauwerks unverletzt sei.

Dr. Emberson wäre kein Segler gewesen, wenn er nicht darauf eingegangen wäre. Er stellte sein Röntgengerät auf Höchstdosis, und wir verließen den Raum. Als die Bilder entwickelt waren, gab es lange Gesichter, denn nichts ließ sich darauf erkennen, nicht einmal der Draht von außen, geschweige denn der innerste Draht. Die Leistung des Gerätes war nur für eine Zahnwurzel berechnet, nicht aber für das Achterstag einer Hochseeyacht.

Der Röntgenologe im Krankenhaus von Suva, ein freundlicher Inder, lächelte nur, als wir ihm unser Problem erklärten. „Wissen Sie, ich bin hier schon allerhand gewöhnt", meinte er, bevor er unser

Achterstag unter sein hochmodernes Siemens-Röntgengerät legte. „Manchmal kommen auch die Bauern und bringen ihre Kühe zum Röntgen; warum soll ich Ihnen nicht weiterhelfen."

Er konnte tatsächlich weiterhelfen. Deutlich erwies sich auf den Fotos, daß unsere Sorge unbegründet war. Die Seele des Drahtseils war unbeschädigt.

Unseren Abreisetermin legten wir in den Mai, also deutlich nach dem Ende der Orkansaison. Bébé hatte uns wirklich geschockt. Als wir mit dem Bus in die Stadt fuhren, um mit den Hafenbehörden die umfangreichen Formalitäten zu regeln, sah ich durch die Hafeneinfahrt eine Yacht einlaufen, die wohl jeder zweite Fahrtensegler schon auf großen Abstand identifizieren kann: WANDERER IV, die Stahlketsch von Eric Hiscock, dem erfahrensten Segler überhaupt.

Schon immer hatte ich mir gewünscht, diesen berühmten Engländer einmal zu treffen, der seine Reisen nicht so spektakulär unternommen hatte wie Sir Francis Chichester. Wenn schon, dann hätte es zweifellos Erich Hiscock verdient, für seine Verdienste um England geadelt zu werden. Unter Fachleuten gilt Eric nämlich als derjenige, der in seinen Büchern vielen tausend Fahrtenseglern seine reichen Erfahrungen so vermittelt hat, daß heute alltäglich weite Segelschiffreisen auch mit kleiner Mannschaft über den offenen Ozean sicher durchgeführt werden.

Es bleibt die Frage, ob es unbedingt sein muß, einen Ozeansegler mit einem Adelstitel oder mit einem Orden auszuzeichnen. Die Reisen werden doch immer aus sehr eigennützigen Gründen unternommen; manchmal, um in die Zeitung zu kommen, also berühmt zu werden, oder allein deshalb, weil es Spaß macht, ferne Länder kennenzulernen. An das Vaterland – einmal ganz ehrlich – denken dabei doch wohl nur wenige.

Also, Eric Hiscock mußte ich kennenlernen. Er war gerade noch rechtzeitig angekommen, denn wir hatten schon ausklariert und *mußten* am nächsten Tag auslaufen. Es blieb nur dieser eine Abend, die Hiscocks auf die THALASSA einzuladen.

Als ich mit dem Dingi zur WANDERER IV hinausgerudert kam, hatten Susan und Eric schon aufgeklart und genossen nach dem 1100-Seemeilen-Törn von Neuseeland her die Stille des Hafens. Das ist eigentlich der Moment, wo man keinen Langstreckensegler stören sollte. Denn gerade auf diese Minuten der Entspannung nach einem anstrengenden Törn freut man sich ganz besonders. Auf der THALASSA wird das geradezu zelebriert. Wenn sicher ist, daß der

Anker hält, geht Carla in die Pantry, um eine kurze Brotzeit anzurichten, während ich noch die Persenning über das Großsegel breite und zusammenbändsele. Dann sitzen wir uns bei einem Schluck Bier gegenüber und lassen die neue Landschaft auf uns wirken. Manchmal vergeht darüber der Rest des Tages.

In einem solchen Moment mußten wir also stören; aber Eric war von einer so herzlichen Freundlichkeit, daß ich annehmen durfte, er würde mir verzeihen. Wir unterhielten uns blendend, und die Hiscocks erzählten voller Begeisterung von ihrer neuen Windfahnensteuerung. Denn zweimal schon waren sie auf der Passatroute um die Welt gesegelt, ohne eine solche Anlage an Bord zu haben, also Tag und Nacht an der Pinne sitzend. Jetzt endlich hatten sie sich so einer einfachen Mechanik anvertraut und ahnten wohl, welch unsagbaren Mühen sie ausgesetzt waren, Mühen, die sie sich zumindest in den letzten fünf Jahren, seit es funktionierende Windsteuerungen gab, leicht hätten ersparen können.

Allzu lange wollte ich die erste Hafenruhe der Hiscocks nicht stören. So lud ich sie zum Abendessen auf die THALASSA ein. Aber Eric sagte zu meiner großen Enttäuschung ab. Nicht etwa, weil er keine Lust hatte oder zu müde war. Vielmehr machte er mir klar, daß sie es in keinem Falle richtig finden würden, einen Tag vor der Abreise unsere Vorräte anzutasten, die wir nach seiner Meinung für die nächste Zeit ganz genau eingeteilt hätten. Nichts konnte ihn davon überzeugen, daß dieses kleine Opfer uns unbedeutend erschien für den Gewinn eines gemeinsamen Abends mit den Hiscocks, unseren Vorbildern, ohne die wir und die THALASSA gar nicht in Fidschi gewesen wären.

Kolonialparadiese

Die Neuen Hebriden, eine Inselgruppe etwa 500 Seemeilen westlich von Fidschi beeindruckten uns gleich bei unserem ersten Landgang. Nicht etwa die Schönheit der Landschaft fesselte uns, sondern das Essen. Waren wir doch sechs Monate auf einer Insel des britischen Commonwealth gewesen, in einer lukullischen Diaspora. Ich bin zwar frei von Vorurteilen, aber wenn es ums Essen geht, sage ich ungeniert: „Die Engländer essen schlecht, und die Franzosen essen gut."

Nach langer Zeit bekamen wir wieder französischen Rotwein und Weißbrot, was allein schon ausgereicht hätte. Der aus Frankreich eingeflogene Camembert zerfloß auf der Zunge, und die Wildpastete hätte in einem Dreisternelokal in der Provence auch nicht besser sein können. Es sagte schon viel über den ausgezeichneten Ruf der französischen Küche aus, daß sie auch von den Engländern hier in Vila uneingeschränkt akzeptiert worden war, im Gegensatz zu den anderen Institutionen.

Auf den Neuen Hebriden gab es nämlich ein französisches und ein englisches Krankenhaus, französische und englische Schulen, eine französische und eine englische Polizei und natürlich eine französische und eine englische Regierung. Die Neuen Hebriden waren ein Kondominium, wahrscheinlich das originellste politische Gebilde in der westlichen Welt. Möglicherweise hat dieses System deshalb so gut funktioniert, weil von vornherein ausgeschlossen war, daß Franzosen und Engländer aufeinander zugehen würden.

Es existierten selbstverständlich auch zwei Hafenbehörden. Also kamen bei unserer Ankunft zwei Einwanderungsbeamte mit der Hafenbarkasse zur THALASSA heraus – und ein Dolmetscher. Die beiden Beamten verrichteten schon seit dreißig Jahren gemeinsam ihren Dienst – und doch zu kurz, um sich direkt zu verständigen.

Zweierlei Briefmarken existierten ebenfalls. Motive und Werte waren gleich, nicht aber die Aufschriften. Einmal französisch, einmal englisch, wie sollte es anders sein. Kurioserweise gab es nur einen Postmeister, einen freundlichen Franzosen, dem ich bald mein Problem mit meiner Amateurfunkprüfung schilderte, die ich immer noch nicht abgelegt hatte. „Dem läßt sich abhelfen", meinte er, „kommen Sie heute nachmittag um zwei Uhr vorbei, und machen Sie die Prüfung, allerdings nach australischen Vorschriften."

Trotz der hohen Morsegeschwindigkeit und trotz der sprachlichen Probleme bestand ich. Ich hatte damit eine gültige Lizenz mit Rufzeichen in der Hand. Ich war ein „Ham" geworden, die Welt des Amateurfunks tat sich vor mir auf. Von da an verlief unsere Reise um die Welt unter anderen Voraussetzungen. Vorher gab es nur die Bekanntschaften mit anderen Yachtleuten, jetzt fanden wir auch unzählige Freunde unter den Funkamateuren. Waren wir sonst als Fremde in ein Land gekommen und hatten wir Tage, ja, Wochen gebraucht, bis wir ein paar Einheimische kennenlernen konnten, standen nun bereits Funkfreunde an der Pier.

Wenige Tage vor der Weiterfahrt nach Westen erreichte uns ein Päckchen aus Deutschland mit einem Tonband, auf dem Dr. Jörgen Meyer uns seine Weltumseglung schilderte. Er hatte es tatsächlich geschafft, mit nur drei Stopps in Panama, Neuguinea und Kapstadt. Es war die schnellste Reise um die Welt auf der Passatroute. Eine eindrucksvolle Leistung für den Pensionär. Freilich, Glück hatte er wohl auch gehabt. Er war mitten in der Hurrikanzeit durch die gefährdete Salomonsee gesegelt, ohne einen Orkan zu erleben. Einen Bébé hätte weder er noch ein anderer Segler auf hoher See überlebt. „Dem Tapferen gehört das Glück", meint ein fragwürdiges deutsches Sprichwort. Es ist nicht interessant, was gewesen wäre, wenn. Nur die Realität zählt, und die sprach für Jörgen und seine PALOMA, das Schwesterschiff der THALASSA. Jetzt konnte Jörgen doch zufrieden sein. Er blickte auf ein beruflich erfolgreiches Leben und auf die Erfüllung eines abenteuerlichen Traumes zurück: eine Rekord-Einhandweltumseglung.

Mit gleicher Post erhielt ich ein Belegexemplar der „Yacht" mit meinem Beitrag über Moitessier und seine Wanderung jenseits der stürmischen Kaps. In meinem Manuskript hatte irgendwo gestanden, daß man, ohne Bernard zu kennen, leicht versucht sein könnte zu fragen: „Kann man ihn deshalb für verrückt halten? Nein ..." Das hatte die Redaktion wohl zu der Überschrift veranlaßt: „Moitessier, ein Verrückter.“ Ich erschrak und schämte mich ein wenig vor Bernard Moitessier.

Wir zogen weiter durch die Inselwelt der Neuen Hebriden, lebten für ein paar Tage auf einer Missionsstation, segelten über einen Unterwasservulkan, von dem wir allerdings nichts sahen und erfreulicherweise auch nichts spürten. Auf der Insel Espirito Santo trafen wir den Deutschen Heinz, der hier eine Familie und eine Existenz als Elektriker gegründet hatte. Er zeigte uns auf ausgedehnten Autotouren die Schönheiten seiner neuen Heimat.

Wenn man Landsleute im Ausland trifft, ist man leicht versucht, Vergleiche anzustellen zwischen ihrem Leben hier und dem, was sie in Deutschland erwarten würde. Das ist ein Fehler, wie ich heute weiß. Denn man sieht allzu vordergründig das gleichmäßig warme Klima, die niedrigen Grundstückspreise, das hohe soziale Ansehen der Europäer unter den eingeborenen Analphabeten oder auch die niedrigen Lebenshaltungskosten. Man übersieht aber die Einsamkeit, die den Europäer in den dünnbesiedelten Tropen nach ein paar Jahren umgibt, die Enge einer Insel, die einem erst später bewußt wird. Hinzu kommt, daß einem das Klima im Alter ziemlich zusetzen kann, und auch die schlechte medizinische Versorgung, wenn man europäische Großstadtmaßstäbe anlegt.

Von Heinz ließen wir uns Grundstücke zeigen, die zum Verkauf standen. Riesig, preiswert, direkt am Meer gelegen mit breitem menschenleeren Sandstrand. Wie schon auf den Marquesas war erneut der Wunsch aufgekommen, in ständiger Zufriedenheit in der Südsee zu leben. Vielleicht sind Yachtleute für solche Gedanken besonders empfänglich. Es keimt nach vielen tausend Meilen doch in jedem das unbewußte Verlangen, unter seinem Wohnzimmer wieder festen Boden und nicht allein Wasser zu haben.

Wir ließen dann aber doch davon ab. Nicht etwa aus Vernunft, wohl aber, weil wir meinten, daß wir zunächst einmal zu Ende bringen mußten, was wir angefangen hatten: die Weltumseglung.*

Ohne größere Vorkommnisse blies uns der Passat zu den Salomo-

*Als sich Jahre später Engländer und Franzosen einig wurden, die Neuen Hebriden in die Unabhängigkeit zu entlassen, brachte das – wie immer in solchen Fällen von der Weltöffentlichkeit geflissentlich übersehen – für die dort lebenden Nichtmelanesier, also auch für die dunkelhäutigen Polynesier, das Ende des Traums vom Leben in Zufriedenheit. Einen Tag nach der Unabhängigkeit wurde ausgewiesen, wer keinem der einheimischen Stämme angehörte. Sie hatten das Land unter Mitnahme ihrer Habseligkeiten, soweit sie in zwei Koffer paßten, innerhalb von 24 Stunden zu verlassen, ob sie nun auf den Inseln geboren waren oder nicht.

nen. Von der Existenz dieser Inseln wüßte die Welt nicht allzuviel, hätten sie nicht im Zweiten Weltkrieg eine traurige Rolle gespielt. Zuvor waren die schwarzen Männer der Salomonen wegen ihrer kannibalischen Exzesse berüchtigt, denen früher viele Hunderte Menschen zum Opfer gefallen waren - aus religiösen Gründen, versteht sich.

Die zivilisierten Amerikaner und Japaner zeigten dann den primitiven Schwarzen, um wieviel rationeller man Menschen töten kann. In erbitterten Schlachten im Zweiten Weltkrieg, so bei Guadalcanal - ein Name, mit dem heute jedes amerikanische Kind im Geschichtsunterricht konfrontiert wird -, wurden in wenigen Tagen weit über 200000 Menschen umgebracht.

Auch jetzt noch sind die Spuren dieser Menschen- und Materialschlachten vorhanden. Zigtausende von Bruttoregistertonnen Schiffsraum liegen in den Gewässern um die Inseln auf dem Grund. Die Entfernungen sind zu groß, um die entsprechenden Gerätschaften für die Bergung in Wassertiefen bis zu 100 Metern aus Amerika oder Australien heranzuschaffen. Die Schätze in Form von Buntmetall haben seit Kriegsende Hunderte von Abenteurern angelockt, zumal aus Australien. Nicht wenige mußten bei der Suche nach dem großen Geld ihr Leben lassen. Denn es ist ein Unterschied, ob ich als Taucher in 20 Meter Tiefe einen Zackenbarsch jage oder einen Hai fotografiere oder ob ich in 60 Meter Tiefe und mehr mit Schweißgerät oder Dynamit arbeite.

Besonders die Sprengungen in der Tiefe sind unberechenbar und gefährlich. Aber wie anders soll man eine Schiffsschraube aus Bronze, die allein einen Wert von 200000 Mark und mehr hat, von einem gesunkenen Schlachtschiff trennen.

Viele der Abenteurer kamen mit Yachten, beladen mit Tauchkompressoren und Schweißbrennern, um das Buntmetall in transportable Stücke schneiden zu können. Von außen sah man es den Schiffen nicht an, ob sie harmlose Weltumsegler beherbergten oder ob moderne Schatzsucher darauf hausten. Die Behörden betrachteten dieses Treiben mit gemischten Gefühlen. Sie hätten zu gerne etwas dagegen unternommen, denn Ärger gab es genug.

Immer wieder waren tödliche Unfälle zu untersuchen, wenn der Sachverstand eines Tauchers von der Gier nach Reichtum getrübt worden war. Oft konnte man nicht einmal mehr einwandfrei feststellen, ob es tatsächlich ein Unfall war. Eine im Wasser treibende Leiche mit Taucherausrüstung ist nicht besonders aussagekräftig, zumal dann nicht, wenn keine kriminalpolizeilichen Untersuchungsmöglichkeiten bestehen.

Jedenfalls verursachten diese Schatzsucher viel Ärger und brachten nicht den geringsten Nutzen für die Inseln und ihre armen Bewohner, die von den Briten mit der altbewährten Methode, Kolonialgeschichte zu betreiben, so belassen wurden, wie sie waren: arm, Analphabeten, billige Arbeitskräfte.

Es mag sein, daß der englische Zolloffizier Charly Green durchaus an das Wohl der schwarzen Bevölkerung dachte, als er beschloß, etwas von dem vermuteten Reichtum der Schatzsucheryachten abzuschöpfen. Tatsache ist, daß er damit unter den Yachties zu einem der verhaßtesten Hafenoffiziere wurde. Eine verstaubte Vorschrift gab ihm das Recht, von jeder ein- und durchreisenden Yacht ein Drittel ihres Wertes als Pfand für Zoll zu verlangen, der vielleicht einmal anfallen könnte. Kaum eine Fahrtenyacht führte natürlich derart viel Geld mit. Es ist einleuchtend, daß bei weltweiter Anwendung einer solchen Vorschrift die internationale Schiffahrt zum Erliegen kommen würde. Aber das kümmerte Charly Green nicht weiter. Was aber war der Sinn?

Charly Green saß uns in seinem kleinen stickigen Büro mit der qualmenden Moskitospirale auf dem wackligen Tisch gegenüber und klärte uns auf: „Sehen Sie, wenn Sie beispielsweise auf den Salomonen bleiben wollen, dann müssen Sie doch für ihr Schiff Einfuhrzoll bezahlen, und der beträgt 30 Prozent. Damit wir sicher sein können, daß wir den Zoll auch bekommen, möchten wir die Summe im voraus hinterlegt haben."

„Aber wir haben nicht die Absicht, hier zu bleiben, soviel Gutes wir auch schon über die Salomonen gehört haben", meinte ich zuversichtlich, denn ich hegte noch die Hoffnung, diese verdammte Vorschrift würde auf uns keine Anwendung finden.

Ich merkte aber gleich, daß Charly Green diesen Dialog schon oft geführt hatte, denn mit unangenehm überlegenem Lächeln fuhr er fort: „Ja, das meinten alle, die den Zoll bezahlen mußten. Glauben Sie mir, die riffreichen Gewässer um die Inseln sind extrem gefährlich. Stellen Sie sich vor, Sie setzen Ihre schöne Yacht THALASSA auf so ein Riff und bringen sie nicht mehr herunter. Dann haben wir einen neuen Orientierungspunkt für die Küstenschiffahrt, und Sie haben Ihr Schiff hier importiert. Macht 30 Prozent Zoll, klar?"

Ich sah ein, daß es keinen Sinn hatte, mit diesem sturen Bock weiter zu diskutieren. Ich konnte ihn höchstens verärgern, und das

Geld für dieses lächerliche Pfand hatten wir ohnehin nicht. Also sagte ich, ohne mir viel dabei zu denken: „Gut, ich werde das Pfand bezahlen. Ich telegrafiere gleich an meine Bank, das Geld hierher zu transferieren."

Man sah es Charly Greens Gesicht an, daß ihn diese Antwort zutiefst befriedigte. Er glaubte darin unsere Resignation, unsere Unterwerfung unter seine Macht zu erkennen. Gönnerhaft fragte er: „Wie lange wird das dauern?"

„Vielleicht 14 Tage", antwortete ich.

„Und wie lange will die THALASSA in diesen Gewässern kreuzen?"

„Gute zehn Tage", meinte ich ehrlich.

Charly Green hatte, was er wollte. Er hatte den Yachtleuten wieder einmal zeigen können, daß seine Macht hier größer war, als sie irgendein kleiner Zollbeamter zu Hause in England je besaß. Er konnte entscheiden, welches Schiff die Salomoninseln besuchen durfte und welches nicht. Er konnte jetzt auch den großen Gnadenspender spielen, indem er sagte: „Also gut, wenn ihr nur zehn Tage bleibt, dann braucht ihr ausnahmsweise kein Bond zu bezahlen. Das gilt aber nur, wenn ihr danach auf dem schnellsten Weg weitersegelt. Und wenn ihr andere Yachten trefft, dann sagt ihnen, daß nach wie vor gilt: Jede Yacht hat hier bei der Einreise 30 Prozent ihres Wertes als Pfand zu hinterlegen!"

Der Ruhm des Meeres

Durch Wolfgang Hausners Einfluß waren wir inzwischen zu begeisterten Muschelsammlern geworden. Carlas Sortiment konnte sich sehen lassen. Natürlich hatten wir noch keine wirklich wertvolle Schnecke gefunden, und wir träumten immer noch von der goldenen Cowry, einer orangeroten, bis zu zwölf Zentimeter langen Porzellanschnecke, die in Fidschi fast als heilig gilt. In früheren Jahren beschenkte man damit die Stammeshäuptlinge.

Auf den Neuen Hebriden waren wir eigens ins Heimatmuseum gegangen, um einmal mit eigenen Augen diese schönste und berühmteste Cowry zu sehen, für die der leidenschaftliche Sammler auch schon mal 500 Mark hinlegt. Aber im Laufe der Jahrzehnte war das Exemplar, das zudem noch ein kleines Loch hatte, also ein Totfund war, schon verblichen, war unansehnlich geworden wie alle Muscheln nach ein paar Jahren, ob sie im Dunkeln oder unter Lack aufbewahrt werden.

Eine Conus Gloria Maris besaß das Museum nicht. Von dieser kegelförmigen Schnecke hatten wir schon viel gehört, fast jedes Muschelbuch zeigt sie auf dem Einband. Sie war unter passionierten Sammlern einst 5000 Mark wert. Daß sie diesen Preis nicht mehr erzielt, ist allein John Naber zu verdanken, der uns in Charly Greens Yachtclub von Honiara gegenübersaß. Seine Geschichte ist heute unter allen Muschelsammlern der Welt bekannt. Wir hatten sie schon oft gehört; trotzdem fragten wir John danach, weil sie gar so unglaublich war.

John begann zu erzählen: „Zu den Salomonen bin ich – wie viele Jungs in meinem Alter – gekommen, um nach Kriegsgerät zu tauchen und es später zu verscheuern. Einige hatte ich schon getroffen, die damit das ganz große Geld gemacht hatten. Die Sache lief bei weitem nicht so wie ursprünglich gedacht. Ich hatte einfach kein

Glück. So verlor ich mehr und mehr das Interesse an den Buntmetallschätzen; statt dessen lernte ich das schöne Leben auf den Salomonen kennen, unter Palmen, beim Tauchen und Segeln.

Ich begann mich beim Schnorcheln auch nach Muscheln umzusehen, und bald hatte ich eine ganz hübsche Sammlung beieinander. Nicht wertvoll, aber schön. Halt so richtig zum Herzeigen. Irgendwie aber hatte ich mein Herz an die Conusschnecken verloren. Die sind zwar nicht so populär wie die Cowries, von der Form her jedoch finde ich sie einfach attraktiver. Und so wie ihr von der goldenen Cowry träumt, so war ich von der Conus Gloria Maris, dem ‚Ruhm der Meere', angetan. Ich war mir natürlich bewußt, daß diese Schnecke für mich unerreichbar war. Damals gab es auf der ganzen Welt nur eine Handvoll bekannter Exemplare. Daher ihr hoher Preis. Manche Forscher meinten sogar, die Art sei ausgestorben, so selten waren die Funde in den letzten Jahren."

John nestelte umständlich in den Taschen seiner speckigen Shorts und fischte einen kleinen Gegenstand heraus, der in Toilettenpapier eingeschlagen war. Er wickelte ihn langsam und vorsichtig aus und fuhr fort: „Allerdings fiel mir auf, daß die meisten der bekannten Exemplare hier aus der Gegend um die Salomonen stammten, und ich begann mich nach genaueren Details der Fundorte umzuhören. Denn von meinen Freunden und Bekannten – allesamt Taucher – war mir nicht bekannt, daß sie jemals eine Gloria Maris gefunden hatten. Ich konnte daraus keinen anderen Schluß ziehen, als daß es hier entweder keine mehr gab, sie also ausgestorben waren, oder daß sie ganz einfach an den falschen Stellen gesucht hatten. Ich ließ mir zusätzliche Literatur kommen und machte schließlich die Feststellung, daß die bisher bekannt gewordenen Exemplare in nicht allzu tiefem Wasser, in sumpfigen Flußmündungen, gefunden worden waren. Das waren genau jene Stellen, an denen ich noch nie getaucht hatte."

Inzwischen hatte John die Schnecke vollständig ausgewickelt und sie vor uns auf den Tisch gelegt. Es war eine echte – wenn auch kleine – Conus Gloria Maris. Man erkennt sie sofort. Ihr Zeltmuster ist viel zierlicher, noch kunstvoller als das der ähnlichen Allerwelts-Textilconiden.

John setzte seine Geschichte fort: „Mit der Erkenntnis, daß die Schnecken in sumpfigem Wasser leben, hatten wir auch eine Erklärung, warum bis jetzt nur wenige Exemplare bekannt geworden waren. In einem derartigen Gewässer hat ein Taucher kaum die

Möglichkeit, gezielt zu suchen, denn die Sicht ist auf wenige Zentimeter reduziert. Und wenn er einmal in den Boden gefaßt hat, wird soviel Dreck aufgewirbelt, daß für die nächste Zeit überhaupt nichts zu sehen ist. Er kann sich nur noch vorwärtstasten. All das wäre nicht so schlimm, wenn an diesen Stellen neben den Haien, die es hier überall gibt, nicht auch noch Krokodile lebten, die im Gegensatz zu den Haien brandgefährlich sind. Gegen die hat man im Wasser keine Chance.

Mulmig war mir schon zumute, als ich mich zum erstenmal überwunden hatte, dort im Schlamm herumzuwühlen. Es ist ein blödes Gefühl, wenn man nichts sehen kann. Du traust dich gar nicht, dich umzusehen, denn du könntest hinter dir etwas erblicken, was du in diesem Moment auf keinen Fall zu sehen wünschst. Kurz, ich habe mir fast in die Hosen gemacht vor lauter Angst, obwohl ich als Taucher schon einiges mitgemacht habe. Doch da konnte ich meinen Gegner zumindest sehen.

Aber mein Mut - oder soll ich sagen: meine Dummheit - wurde belohnt. Bald hatte ich die erste Conus Gloria Maris gefunden. Sie war ein bißchen größer als die hier. Ich war um 1500 Dollar reicher, mehr, als ich bisher je beim Tauchen rausgeholt hatte."

John blickte versonnen vor sich hin, so als ob er sich nach den vergangenen Zeiten sehnte. Ich wußte, daß dies erst der Anfang seiner Story war. „Habe aber gehört, daß hier noch mehr Gloria Maris gefunden wurden", sagte ich neugierig.

„Das ist richtig. Nach dem ersten Fund las ich nochmals jedes Buch, das ich über die Coniden finden konnte, und stellte fest, daß diese Art Schnecken meistens in Kolonien leben. Ob das für die Gloria Maris zutraf, wußte man allerdings nicht, weil bis jetzt zu wenig Exemplare gefunden worden waren, um diese Schlußfolgerung zu rechtfertigen. Aber, dachte ich mir, alles spricht dafür. Warum sollten nicht auch sie in großer Zahl auf begrenztem Raum leben. Man müßte daher an den gleichen Stellen noch weitere Exemplare finden können.

Systematisch wollte ich das weitere Umfeld absuchen. Wegen der schlechten Sicht war es nicht damit getan, ein paarmal darüber hinwegzuschwimmen; das mußte schon mit Akribie gemacht werden. Ich nahm mir deshalb einen Partner. Das war mein großer Fehler, wie ihr euch denken könnt.

Zunächst waren die Ergebnisse ziemlich entmutigend. Dann fanden wir ein wundervolles Exemplar, dann noch eines. Rund ein

Dutzend war es schließlich. Wir wollten schon mit der Suche aufhören. So viele Gloria Maris existierten - alle Sammlungen zusammengenommen - bisher auf der ganzen Welt nicht.

Aber der Mensch kann den Rachen nie voll genug bekommen. So suchten wir weiter, bis wir dann satt fündig wurden. Innerhalb kürzester Zeit holten wir insgesamt 110 einwandfreie Exemplare Conus Gloria Maris heraus."

Mein Gott, das waren ja weit über 150000 Dollar, rechnete ich schnell aus, damals also knapp eine halbe Million Mark. Da brauchte man in den Salomonen nicht mehr zu arbeiten.

„Ich weiß, was du denkst", meinte John, „aber bei soviel Glück machst du auch Fehler. Wir hätten die ganze Geschichte geheimhalten und die Schnecken sehr, sehr langsam Stück für Stück verscheuern sollen. Mit einem Partner ist so etwas jedoch noch schwerer, als es ohnehin schon ist, und so erfuhr bald ganz Honiara von unserem Fund. Damit wußte es auch die gesamte Muschelsammlerwelt. Als ich kurz darauf für eine Schnecke 1500 Dollar verlangte, wurde ich schon ausgelacht. Heute ist der Preis bei 200 Dollar angelangt. Na ja, wir haben immer noch einen ganz guten Schnitt gemacht, aber der Traum vom ganz großen Geld war ausgeträumt."

Berufssportler

Das war das erstemal, daß ich für eine Schnecke gerne Geld ausgegeben hätte. 200 Dollar wäre mir das Schmuckstück in Johns Händen schon wert gewesen. Aber unsere Bordkasse hätte das nicht verkraftet. Bis jetzt waren wir finanziell ganz gut über die Runden gekommen, aber auch nur, weil keine größeren Anschaffungen für das Schiff notwendig geworden waren. Jedoch eine Havarie, die einen Sliptransport erfordern würde, müßte den gesamten Finanzplan zwangsläufig über den Haufen werfen. Die Reisepläne müßten drastisch geändert werden.

Wir hatten es schon öfters erlebt, daß aus einer Weltumseglung nur eine Reise nach Neuseeland wurde oder – schlimmer noch – daß es schon von der Karibik aus wieder Richtung Heimat ging. Geld spielt auch bei der Segelei eine zentrale Rolle. Möglichkeiten, unterwegs die Bordkasse aufzufüllen, gibt es nur ganz wenige. Sicher, man könnte versuchen, einen Kurzzeit-Job auf einem anderen Schiff zu bekommen. Aber das würde nichts nützen, denn die haben meist dasselbe Problem. Zudem ist es nicht ganz ungefährlich, an einem anderen Schiff entgeltlich mitzuarbeiten, weil die einheimischen Behörden natürlich argwöhnisch darüber wachen, daß sich keiner der Gäste ohne Arbeitsgenehmigung (die praktisch nicht zu bekommen ist) gegen Geld nützlich macht.

Am schlimmsten sind die Yachtleute dran, die in ihr Reisebudget die gelegentliche Vercharterung ihrer Yacht einbezogen haben. Das muß mit einer Enttäuschung enden. Denn die ortsansässigen Charterunternehmen, die sich zum Teil jahrelang um die erforderliche Konzession bemüht hatten und nun brav ihre Steuern zahlen, sind sehr dahinter her, daß ihnen niemand ins Geschäft pfuscht. Sie zögern verständlicherweise nicht lange, eine Yacht, die schwarz verchartert, hochgehen zu lassen. Das kann schlimme Folgen haben, sogar zur Beschlagnahme der Yacht führen. Unabhängig davon sind die Chancen, Chartergäste in abgelegene Gebiete zu locken, schon wegen der hohen Flugkosten gering.

Wir konnten auf dieser Weltumseglung unsere Bordkasse nur einmal auffüllen, allerdings auf eine Art, die zur Nachahmung nicht zu empfehlen ist. Das Ganze spielte sich auf einer großen Tanzveranstaltung auf den Salomonen ab. Als ich zu vorgerückter Stunde die feuchtfröhliche Runde verließ, um auf der Terrasse frische Luft zu schnappen, kam ich an einer Tischtennisplatte vorbei, an der sich zwei Australier redlich abmühten, den Ball übers Netz zu spielen. Etwas übermütig nahm ich einem den Schläger aus der Hand und machte ein paar Schläge, die die beiden Aussies auf den weltabgelegenen Inseln wahrscheinlich noch nie gesehen hatten. Sie waren begeistert und fragten mich, ob ich gegen ihren Clubmeister spielen würde. Jetzt, sofort, sie würden ihn aus dem Bett holen lassen, obwohl es schon weit nach Mitternacht war.

Ich dachte mir nichts dabei, als ich zusagte. Und doch hätte ich die nächste Frage vorhersehen können, denn die Australier sind wegen ihrer Wettleidenschaft noch berüchtigter als die Engländer. Gut, ich würde auch um Geld spielen, meinte ich und fügte locker hinzu, 20 Dollar müßten es schon sein.

So leichtsinnig, wie es scheint, war das nicht. Denn immerhin kannte ich die besten Spieler der Welt und wußte auch, daß es unwahrscheinlich war, auf den Salomonen auf einen wirklich hervorragenden Spieler zu treffen. Trotzdem war es reichlich frech, gleich 20 australische Dollar, also rund 100 Mark, vorzuschlagen. Der Verlust wäre nicht so ohne weiteres zu verschmerzen gewesen.

Die Gegenseite, es hatten sich noch andere Ballbesucher hinzugesellt, war sich auch nicht mehr ganz sicher. Es wurden sogar Stimmen laut, die meinten, man könne doch der Ehre willen spielen. Das schien mir aber nicht der passende Einsatz zu sein. Ich zog die Dollars aus der Tasche, war jedoch wegen der vorangegangenen Biere nicht mehr ganz so siegesbewußt. Da kam mir die Idee, wie ich einerseits die nunmehr unsicher gewordenen Aussies an der Platte halten könnte, andererseits kein Risiko wegen meines Alkoholgenusses einginge: „Paßt mal auf, ich habe ohnehin schon zuviel getrunken. Aber wie wäre es, wenn meine Frau um die Wette spielen würde?“

Natürlich erzählte ich nichts davon, daß Carla einmal Deutsche Tischtennismeisterin war.

Der Vereinsmeister wurde mit dem Taxi geholt, er kam bleich und im Trainingsanzug. Sitzreihen wurden aufgebaut, ich ging unterdessen in den Saal zurück. Carla wunderte sich schon, wo ich so lange geblieben war. Sie nahm die Sache gelassen auf, gute Nerven waren schon immer ihre Stärke. Kurz darauf begann das Spiel, und 15 Minuten später konnten wir unsere Bordkasse mit 20 Dollar auffüllen. Es war knapp ausgegangen, der Champ von den Salomonen erwies sich doch als viel spielstärker, als ich gedacht hatte. Möglicherweise hätte ich verloren.

Die Rettungsaktion

Mit der Navigation in den riffreichen Gewässern der Salomonen hatten wir keine Schwierigkeiten, aber das war Zufall. Mit Recht sind sie gefürchtet, die nüchternen Zahlen der Totalverluste sprechen für sich. Bei gutem Wetter ist es kein Kunststück, dort zu navigieren. Wenn aber die wolkenbruchartigen Regen herunterprasseln, wie man sie nur in den Tropen kennt, ist die Sicht in weniger als einer Minute auf Null reduziert. Es gibt kaum noch eine Möglichkeit, den Schiffsort zu bestimmen.

Das wäre zunächst gar nicht so schlimm, weil ein verantwortungsbewußter Navigator seinen Standort ohnehin noch kurz zuvor bei guter Sicht festgestellt hätte. Aber dann kommen die Nerven. Man fiebert dem häßlichen Knirschen unter dem Kiel förmlich entgegen. Statt in Ruhe den abgesetzten Kurs weiterzulaufen, fängt man an, sich zu quälen: „Bin ich vielleicht durch den Strom zu weit landeinwärts versetzt worden? Sollte ich nicht zurücklaufen, bis der Regen aufgehört hat?"

Die wenigen Funkfeuer, falls man sie überhaupt aufnehmen kann, sind für genaue Ergebnisse zu weit entfernt. Eine präzise Logge - auch wenn sie 1000 Mark gekostet hat - ist wertlos, denn sie sagt dem Navigator nichts über den Strom. Das Echolot bietet ebenfalls keine Hilfe. Es zeigt nur lotbare Tiefen an, also bis 50 oder 100 Meter. Die Riffe auf hoher See aber ragen häufig aus Tiefen von über 1000 Metern steil auf, ähnlich den drei Zinnen in den Dolomiten. Kurz: Man tappt wie ein Blinder zwischen den Riffen umher, nur daß man nicht über dessen Instinkt verfügt.

Wieviel hätte ich damals für ein Radargerät gegeben. Nicht etwa, um bei Unsichtigkeit andere Schiffe oder gar Riffe ausmachen zu können, nein, um zu navigieren. Denn wenn das Radargerät ein Riff erkennt, dann ist es fast immer zu spät, weil sich die Brandung nur aus ein paar hundert Meter Entfernung auf dem Bildschirm abzeichnet. Mit dem Radargerät aber kann man die Entfernung markanter Punkte auf wenige Meter genau messen; mit zwei Zirkelschlägen läßt sich dann die exakte Schiffsposition in die Karte einzeichnen. So vermag man den Unterwasserriffen gut auszuweichen, vorausgesetzt, sie sind in der Karte verzeichnet. Und das ist nicht immer der Fall, selbst im 20. Jahrhundert nicht.

Wolfgang Hausner, einer der besten Seeleute, die ich kenne, ist auf dem Wasser nicht etwa der große Draufgänger, wie viele glauben, sondern ein Navigator, der vorsichtig und sorgfältig abwägt. Er lieh sich von uns Seekarten von den Salomonen. Das war sein Pech. Ein Riff – „Wolfgangs Riff" – war auf der Karte aus unerfindlichen Gründen nicht verzeichnet. Trotz des geringen Tiefgangs rutschte der Katamaran nicht darüber hinweg. Das Schiff, das Wolfgang in jahrelanger Arbeit selbst zusammengezimmert hatte, zerbrach in wenigen Stunden. Er konnte sich ins Dingi retten, mit dem er nach vielen Stunden Rudern eine Missionsstation erreichte.

Wolfgang war aus unserem Jahrgang nicht der einzige, der sein Boot verlor. Schilda büßte seine Yacht in den nördlichen Fidschis ein, während Bernard von der L'AFFRANCHI, mit dem wir so viele Ankerplätze geteilt hatten, ebenfalls in den Salomonen dran glauben mußte. Er konnte seinen Hund Whiskey retten, sonst nichts.

Die meisten der Weltumsegler haben zwei unterschiedliche Auffassungen von der Segelei, wobei es gar nicht so sehr um das Segeln als solches geht, um die Frage also, wie man navigiert, welche Segel vorgeheißt werden usw. Vielmehr ist die Segelei eine Art zu leben. Beide Auffassungen davon sind vertretbar. Wir zum Beispiel neigen mehr dazu, alles möglichst hundertprozentig zu machen. Lieber arbeiten wir ein paar Jahre länger und haben dann das „perfekte" Schiff (das es natürlich gar nicht gibt).

Die andere Spezies – dazu zählte Bernard mit seiner L'AFFRANCHI wie überhaupt die meisten Franzosen, Bernard Moitessier eingeschlossen – ist schon ganz glücklich, wenn sie überhaupt ein Schiff hat, das schwimmt und mit dem man irgendwie vorankommt. Ob das Schiff technisch in Ordnung ist, kümmert sie nicht besonders. Darüber kann man sich immer noch Gedanken machen, wenn Probleme auftauchen. Oder? So hatten sowohl Bernard im Bauch seiner L'AFFRANCHI als auch Moitessier in der JOSHUA Motoren, die unreparierbar vergammelt waren. Man könnte triumphieren: Ist die L'AFFRANCHI nicht deshalb verlorengegangen, weil Bernard hilflos zusehen mußte, wie sein Schiff in der Flaute durch eine starke Strömung auf das Riff gesetzt wurde?

Richtig! Aber ein gründlicher Deutscher mit seiner Neigung zum Perfektionismus zum Beispiel wäre kaum so schnell wieder flottgeworden wie Bernard. Der zog mit seinem Hund Whiskey per Anhalter weiter, verdiente hier und da ein paar Francs, kam so nach Frankreich zurück, kaufte sich für wenig Geld ein altes Folkeboot, und kurz danach, noch ehe wir unsere Weltreise beendet hatten, war er schon wieder auf dem Weg in die Südsee. Er erreichte sie übrigens schwerkrank - gerade noch rechtzeitig, um in Tahiti, wo er für immer leben wollte, zu sterben. Wäre er einer von unserer Sorte gewesen, hätte er sein Schiff wahrscheinlich nicht verloren. Wir aber wären nicht so schnell zu einer anderen Yacht gekommen, die uns wieder in die Südsee gebracht hätte. Ich glaube, glücklicher sind die anderen.

Zu den anderen, den glücklicheren, gehören sicher auch die Holländer Claess und Wilmut. Mit dem Stahl-Kimmkieler Rik erwischten sie mitten im Korallenmeer ein Riff mit einem Durchmesser von ein paar Meilen. Ihre Lage schien hoffnungslos. Sie saßen - zur Unbeweglichkeit verdammt - hoch und trocken.

Gleichzeitig mit mir war Claess Amateurfunker geworden. Obwohl das Wasser schon die Bodenbretter überspülte, war genügend Saft in den Batterien. Claess versuchte, sich in ein Gespräch einzumischen, um einen Funkruf abzusetzen. Aber die beiden lautstarken Gesprächspartner waren so sehr in ihre Unterhaltung vertieft, daß sie vom Seenotfall der Rik zunächst nichts mitbekamen.

Zwar konnte Claess auf seinem Radio auch auf der Notfrequenz 2182 kHz senden; die Reichweite dieser Frequenz ist aus physikalischen Gründen jedoch derart gering, daß überhaupt keine Chance bestand, gehört zu werden. So versuchte Claess weiter, auf einer Amateurfrequenz in das Gespräch reinzukommen. Was muß einem da durch den Kopf schießen, wenn man sich in Lebensgefahr befindet und hilflos mitanhören muß, wie zwei potentielle Helfer sich über die Technik des Rasensprengens unterhalten.

Endlich konnte Claess sich bemerkbar machen. Kurze Zeit später kreiste ein Suchflugzeug über ihm - Schiff und Besatzung waren entdeckt und damit gerettet. Im nächsten Hafen wurde die Rik soweit hergerichtet, daß sie ihre Weltumseglung fortsetzen konnte.

So bewies der Amateurfunk wieder einmal seine Leistungsfähigkeit und seinen Nutzen. Trotzdem waren wir froh, daß wir seine

Hilfe nicht in Anspruch nehmen mußten, als das Ruder der THALASSA sich durch starkes Einrucken bemerkbar machte. Ich wußte gleich, daß sich erneut die große Mutter am Schaft gelockert hatte, sah aber zunächst keine Möglichkeit, im freien Wasser zu tauchen. Denn wir befanden uns längst in den Gewässern von Neuguinea, wo die See ruppig und rauh war, von den Haien ganz abgesehen. Von nun an segelte die Angst mit, die Angst nämlich, daß durch das starke Einschlagen des Schaftes der Niro-Keil, der in Tahiti schon für soviel Aufregung gesorgt hatte, brechen und dadurch die THALASSA ruderlos machen würde.

Abends erzählte ich Olaf in Vancouver von meinen Problemen. Ich hatte Olaf noch nie gesehen, und trotzdem waren wir wie gute alte Freunde – seit jenem Abend, nachdem ich von den Salomonen aus über Amateurfunk mit ein paar amerikanischen Stationen gesprochen hatte. Olaf war in seiner zurückhaltenden Art noch als letzter auf den Sender gekommen. Schon die erste Unterhaltung ging über den üblichen Austausch von technischen Details wie Signalstärke, Beschreibung der Sendestation usw. hinaus.

Olafs Freundlichkeit prägte unseren Funkkontakt von Anfang an. In der Folgezeit „trafen“ wir uns täglich zur gleichen Zeit, um fünf Uhr nachmittags, zum Tee sozusagen. Man erzählte sich die Ereignisse des Tages, nahm Anteil am Leben des anderen. Segelyachten, das war für Olaf eine fremde Welt, während wir in der Einsamkeit des zigtausend Meilen entfernten Korallenmeeres an den Ereignissen des Weltgeschehens interessiert waren.

Ich dachte mir nicht viel dabei, als ich Olaf von unseren Problemen mit dem verdammten Ruder und meiner Absicht berichtete, die östlichste Ecke von Neuguinea, ein Atoll im Louisiade-Archipel, anzulaufen, um dort zu tauchen und das Ruder wieder in Ordnung zu bringen. Wir verabredeten für den nächsten Tag ein neues Äthertreffen zur gewohnten Stunde.

Wir wußten nicht, was uns in den Buchten erwartete. Es wäre aber ein zu großes Risiko gewesen, mit dem lädierten Ruder weiter durch das riffreiche Korallenmeer zu laufen. Mittags standen wir dann schon am Riff. Aber so sehr ich mich anstrengte, ich konnte die Riffdurchfahrt nicht ausmachen. Das war unverständlich, denn auf der Karte sah der Paß ziemlich unproblematisch aus. Immer wieder stieg ich über eine Strickleiter in die Saling hoch, um einen weiteren Blick zum Horizont zu haben. Vergeblich. Wieder und wieder überprüfte ich meine astronomischen Berechnungen. Bei dem klaren

Wetter hätte sich ein Standort mit plus/minus drei Seemeilen Genauigkeit errechnen lassen müssen. Aber ich fand keinen Fehler.

Noch heute habe ich keine Erklärung dafür, daß ich die Riffeinfahrt nicht ausmachen konnte. Schließlich beschlossen Carla und ich schweren Herzens, abzudrehen. Während die Selbststeueranlage bei herrlichen Passatverhältnissen die THALASSA auf Kurs hielt, überdachte ich zum x-ten Male meine Berechnungen. Jetzt konnte ich das Ruder erst in Port Moresby kontrollieren, alles war zum Glücksspiel geworden.

Ich sah auf die Uhr, gleich war Schiffsmittag. Zunächst wollte ich schon auf die Sextantmessung verzichten. Ich hatte ja eine Position, an der ich nichts Falsches finden konnte. Aber als ich mir überlegte, daß mir die Mittagsbreite eine Standlinie genau senkrecht zum Riff gäbe, also zeigen würde, welche Stelle des Riffes vor uns lag, holte ich doch den schweren Metallsextanten, das letzte Geschenk meines Vaters, heraus und schoß die Sonne.

Auch die Mittagsbreite bestätigte die vorige Position. Die Einfahrt mußte doch unmittelbar vor uns gelegen haben. Aus Angst vor dem Riff aber waren wir wohl nicht nahe genug herangefahren. Also drehten wir die THALASSA um und segelten zurück. Wir hatten noch nicht so viel Zeit verloren, daß die Gefahr bestand, erst bei tiefstehender Sonne in die Lagune einzulaufen.

Jetzt, mit der Gewißheit der hundertprozentigen Position, trauten wir uns näher an das tosende Riff heran, das nur an seiner Brandung zu erkennen war. Bald darauf sahen wir auch die Einfahrt. Breit und harmlos lag sie vor uns. Eine riesige Lagune tat sich vor uns auf. Am Ufer sahen wir nirgends ein Kreuz.

Ernsthaft hatte man uns in den Salomonen den Rat gegeben: „Geht in Neuguinea nur an Land, wenn ihr auch ein Kreuz seht, denn nur dann habt ihr die Gewißheit, daß ihr auf Christen und nicht auf heidnische Menschenfresser trefft.“ Das war kein Spaß, denn selbst auf den Neuen Hebriden waren Gerüchte von Kannibalismus in jüngster Zeit im Umlauf. Ein weißer ehebrecherischer Lehrer sollte das Opfer gewesen sein. „Je weiter ihr nach Westen kommt, um so wilder wird die Welt!“

Daran mußten wir jetzt denken, als wir mit dem Fernglas das Ufer nach einer Kirche oder Zeichen und Symbolen absuchten, die auf christianisierte Zeitgenossen hingewiesen hätten. Um fünf Uhr nachmittags hatten wir schon den Anker geworfen. Ich konnte mich also an den Sender setzen, um Olaf zur vereinbarten Zeit und auf der vereinbarten Frequenz in Kanada anzurufen. Aber gerade diese Frequenz , die sonst immer so verlassen war und sich deshalb für Verabredungen hervorragend eignete, war an diesem Tag stark belegt. Ich kam kaum zu Olaf durch. Endlich brachte ich einen vernünftigen Kontakt zustande. Ich erfuhr Erstaunliches:

„Es sind noch eine ganze Reihe australischer Stationen auf der Frequenz, Bobby. Nach deinem gestrigen Bericht über das Problem mit deinem Ruder habe ich mir gedacht, daß es eine ernste Sache ist, wenn du in dieser gottverlassenen Gegend ruderlos herumtreibst. Und so haben wir unterdessen einen 24-Stunden-Notdienst eingerichtet, um einen eventuellen Notruf von dir auffangen zu können. Wir haben auch gleich Informationen über die Bucht eingeholt, in der du dich jetzt befindest.

Also paß mal auf: Die Leute sind friedlich dort. Gleich um die Ecke ist eine Missionsstation, die ein Motorboot zum Abschleppen hätte. Dort gibt es einen Sender, mit dem du notfalls Port Moresby rufen kannst, wenn du dringend Hilfe brauchst. Aber ich nehme an, daß das nicht erforderlich ist, denn in dieser Bucht kann man gut tauchen. Wenn du in der Ecke ganz hinten im Westen ankerst, hast du glasklares Wasser ohne Krokodile. Die Haie sind harmlos."

Wir waren sprachlos. Da konnte uns der Nichtsegler Olaf im nördlichen Kanada mit Hilfe von australischen Funkamateuren berichten, daß unter dem Kiel der THALASSA, die sich in einer der einsamsten Gegenden der Welt befand, die Haie harmlos seien. Jedenfalls besten Dank, Olaf!

Olaf hatte noch mehr getan. Er ließ die Küstenwache von Neuguinea benachrichtigen, die ihrerseits die Meldung an den Rundfunk von Port Moresby weitergab. Die Journalisten machten dann das daraus, was Gott sei Dank nicht passiert war. An diesem Tage lautete die erste Meldung in den Nachrichten von Radio Papua-Neuguinea: „Deutsche Yacht treibt ruderlos zwischen den Riffen des stürmischen Korallenmeers."

Über die Arafurasee

Unser Fahrplan drängte. Port Moresby, die Hauptstadt von Papua-Neuguinea, erwies sich nicht als besonders interessant. Bemerkenswert war allein, daß man immer wieder auf Besucher traf, auch aus Deutschland, die die Geschmacklosigkeit besaßen, in den Souvenirläden nach Schrumpfköpfen zu fragen. Echte natürlich! Die Imitationen waren nicht gefragt.

Die Torresstraße, die vor uns lag, machte die Yachties in Port Moresby nervös. Es stellt sich immer wieder die gleiche Stimmung im Hafen ein, wenn demnächst irgendeine Hürde zu nehmen ist. Man tauscht Erfahrungen aus, die man nicht selbst gemacht, sondern aus Büchern bezogen hat. Man fragt Einheimische, die wohl die Gewässer kennen, von Yachten und deren Eigenheiten aber keine Ahnung haben. Kurz: Man macht sich gegenseitig nervös. Das war vor dem Atlantik so, am Panamakanal, vor der Torresstraße, vor dem Kap der Guten Hoffnung, rund um die Welt.

Bei der Fahrt durch die Torresstraße gilt es vor allem, den Ansteuerungspunkt, den Sandhaufen Bramble Cay, zu finden. Von da an ist die Navigation nicht mehr schwierig. Bramble Cay liegt ein paar hundert Seemeilen vom Port Moresby entfernt, so daß man mit Hilfe der Gestirne sehr genau navigieren muß, um diese Marke nicht zu verfehlen.

Voraussetzung für exakte Gestirnsstandlinien ist eine genaue Uhrzeit. Das war damals nicht so einfach, denn mechanische Uhren brachten eine Unsicherheit von ein paar Sekunden pro Tag. Ein „Ham“-Freund hatte mir eine Quarzuhr geschenkt – es war die erste überhaupt, die ich zu Gesicht bekam. Keine zierliche Armbanduhr mit Kristallanzeige, sondern eine zigarrenkistengroße Box mit ungefähr zwei Zentimeter hohen roten Leuchtziffern. Ihr schwacher Punkt war der Stromverbrauch. Um die sekundengenaue Uhrzeit bis

Bramble Cay zu „bewahren“, konnte ich das damalige Wunderwerk moderner Elektronik nicht einfach ausschalten; der Stromfresser mußte durchlaufen und deshalb mehrmals am Tage der 20 PS starke Diesel gestartet werden. Erst als der Feuerschein von Bramble Cay am Horizont ausgezählt war, konnte ich auf diese Uhr verzichten.

Die Torresstraße brachte so herrliches Segelwetter, wie wir es selten zuvor erlebt hatten. Die vielen flachen palmengekrönten, menschenleeren Inseln, Sandhaufen und Riffe im Wasser halten die hohe Ozeandünung ab, und die steife Backstagsbrise kann ungehindert für sechs bis sieben Knoten Fahrt sorgen. Das heruntergekommene australische Nest Thursday Island, das an ein verlassenes Goldgräbercamp erinnerte, war die letzte Station im Pazifik. Der Indische Ozean lag vor uns.

Über den Indischen Ozean liest man wenig, weil er dem Weltumsegler nicht viel bietet, wenn er sich an die übliche Passatroute hält. Es gibt dort keine Inselgruppe wie Polynesien. Nicht, daß er nicht so schön ist wie die Südsee; aber man muß viel mehr Seemeilen zurücklegen, um von einem „Paradies“ ins nächste zu kommen. Deshalb hatten wir lange zuvor überlegt, ob wir uns nicht doch ein paar interessante Ziele herauspicken sollten. Bali war so eines.

Von Fidschi aus hatten wir uns per Post bei der indonesischen Botschaft in Australien ein Visum besorgt. Eine aufregende Sache, denn wer schickt schon gern seinen Paß in der Welt herum, wenn die Visumsuhr in Fidschi tickert. Wir haben uns selten um Visumsfragen gekümmert, denn fast immer erledigten sie sich von selbst, wenn wir an Ort und Stelle höflich nachsuchten. Was aber Bali betraf, hatten uns viele Leute gewarnt. Die Behörden sollten dort sehr willkürlich sein, ihr Verhalten unterscheide sich kaum von dem echter Seeräuber.

Das war das zweite Problem mit Indonesien. Es wimmelte in diesen Gewässern nur so von Piraten. Man kann es sich gar nicht vorstellen, daß es so etwas überhaupt noch gibt. Und doch liest man von verschwundenen Yachten, von ermordeten Frauen und von bestohlenen Seeleuten. Wenn so ein Gewässer das nächste Ziel ist, schießen einem diese Nachrichten natürlich immer wieder durch den Kopf.

Auf der ganzen Welt gibt es nur ein paar Gebiete, die wegen der Seeräuberei berüchtigt sind. Das Chinesische Meer, die Küste von Kolumbien, das Rote Meer und eben die indonesischen Gewässer gehören dazu. Seeräuber können, wie aus unzähligen Berichten bekannt ist, in vielerlei Aufmachung auftreten. Sie benutzen sogar Segelschiffe, wenn auch nicht die malerischen Rahsegler wie anno dazumal. Meistens sind es mit starken Motoren ausgestattete Fischerboote, mit denen die Piraten auf Raub ausgehen. Yachten, so meinen sie, seien eine leichte Beute. So unrecht haben sie gar nicht.

Die größte Gefahr droht den Yachtleuten, wenn die Seeräuber keine Zeugen für die Tat haben wollen. Das kann tödlich sein. Am wehrlosesten aber sind Yachties gegenüber „offiziellen" Booten, manchmal von der Polizei, die ihr eigenes Süppchen kocht. Wie soll man sich einem Polizeiboot gegenüber schon verhalten, wenn nicht unterwürfig. Yachten sind für sie die einfachste Beute.

Nun sollte man meinen, auf einer Yacht sei nicht allzuviel zu holen. Das stimmt, wenn man europäische Maßstäbe anlegt. Aber in diesen Gebieten macht ein Transistorradio, ein Fotoapparat oder ein Fernglas, ja ein Außenborder oft schon den Unterschied zwischen arm und reich aus.

Gegen Seeräuber gibt es nur ein einziges Mittel, und das ist, ihnen nicht zu begegnen. So hielten wir uns weit südlich der indonesischen Inselwelt, um ja die flachen Gewässer zu meiden. Erst als wir kurz vor dem holländischen Timor standen, wo wir nach zwei Wochen auf See die erste Station machen wollten, drehten wir in den indonesischen Archipel hinein. Wir freuten uns schon auf Timor, denn wir wußten von anderen Yachties, daß wir dort auf ein frisches Steak und einen kalten Drink hoffen konnten.

Der Indische Ozean hatte uns mehr als erwartet zermürbt, obwohl wir kein schlechtes Wetter erlebt hatten. Es herrschte nicht besonders viel Wind, als wir um die letzte Huk bogen und den Hafen von Timor ansteuerten. Doch was war das? Im Hafen war der Teufel los. Das Wasser schien zu kochen, die Seen hatten sicher eine Höhe von mehr als einem Meter. Auf offenem Meer ist das nicht viel, im Hafen aber, wenn der Bug alle paar Sekunden hoch- und von der Ankerkette wieder heruntergerissen wird, lebt man in steter Sorge, die Kette würde brechen oder der Anker nicht halten.

Wir motorten im Hafen im Kreise. Die anderen Yachties waren meist auf dem Vorschiff beschäftigt. Keiner nahm unsere Zurufe wahr. Irgendwie schien uns das Schicksal keinen kühlen Drink an der Bar, frisches Brot mit Butter oder ein saftiges Steak zu gönnen. Es war aussichtslos, bei diesem Seegang vor Anker zu gehen. Ja, wenn wir schon – wie die anderen Yachten – vor Anker gelegen hätten, dann wären wir mit dem Riesenschwell schon fertig geworden. Zunächst wollten wir es uns nicht eingestehen, daß es nur eine einzige seemännisch vernünftige Lösung gäbe: raus und in den nächsten Hafen! Nur, der nächste Hafen war auf Bali, rund tausend Seemeilen entfernt. Eine höchst unbequeme Alternative nach der ganzen Vorfreude auf Steak und Pils.

Schließlich siegte der Seemann in mir, und schweren Herzens machten wir kehrt. Wir setzten wieder das Groß und die kleine Fock, denn es blies ganz gut. Aber schon nach ein paar Stunden blieb der Wind weg, und die THALASSA dümpelte schwer in der Restdünung. Zum Zurücklaufen war es schon zu spät, und so schrieben wir Timor endgültig ab. Wahrscheinlich aber wären wir auch dann nicht zurückgelaufen, wenn es noch taghell gewesen wäre, denn irgend etwas in mir läßt es einfach nicht zu, zurückzusegeln, wieder Weg herzuschenken, den ich gutgemacht habe. Eine Weltumseglung führt von Ost nach West, und jeder andere Kurs als West stört mich. Ich muß am Kompaß immer noch die „270“ sehen können, erst dann finde ich das Segeln gut.

Nachdem wir schon innerhalb der indonesischen Inselwelt waren, ließ auch die Dünung schnell nach, und bald glänzte die Wasseroberfläche in der untergehenden Sonne. Ganz weit weg konnte ich im Fernglas ein Segelschiff ausmachen, das ebenfalls den Wind verloren hatte, was ich aus den herunterhängenden Segeln schloß. Ich war etwas beunruhigt, denn der Segler da drüben mußte nicht unbedingt eine Yacht sein. Auch Fischerboote in diesen Gewässern fuhren Segel, Motorboote traf man selten. War es also ein Fischer oder ein Seeräuber? Selbst in meinem Fernglas mit zwölffacher Vergrößerung und unter Ausnutzung des „Büchsenlichts“ konnte ich nicht mehr erkennen. Übermüdet von der Reise über die Arafurasee, enttäuscht, daß wir jetzt immer noch auf hoher See waren, wurden wir ziemlich nervös und begannen zu überlegen.

Wenn wir uns jetzt mit der Maschine davonmachten, brächte uns das nicht viel, denn der Vorrat an Diesel war nicht groß. Wir hätten auch kaum mehr Fahrt als fünf Knoten gemacht. Besaß der andere ebenfalls einen Motor, dann war er sicher schneller als wir. Wenn er aber keinen hatte, konnte er uns auch nicht näherkommen, da die Mannschaft das Schiff sicher nicht des Nachts mit Hilfe der Beiboote auf uns zurudern würde. Diese Annahme erwies sich später als unzutreffend, als ich sah, wie die indonesischen Fischer mit Beiboot und Riemen ziemlich große Mutterboote durch den Hafen oder über weite Strecken in der Flaute verholten.

Wir versetzten uns in die Rolle des anderen. War es eine Yachtcrew, dachte sie wahrscheinlich wie wir. Am besten, meinte ich, sollten wir uns gegenseitig beruhigen. Ich pumpte daher unsere große Petromax-Lampe auf und zog sie mit der Flaggenleine ein paar Meter hoch. Bald darauf wurde auch drüben ein Licht gesetzt. Also offensichtlich doch kein Pirat!

Trotzdem wurde es eine ungemütliche Nacht. Nicht, daß schlechtes Wetter aufkam. Im Gegenteil, bei der bleiernen Flaute war es so still auf dem Wasser, daß man jedes Plätschern auch von ganz fern hörte. Ich saß im Cockpit, während Carla unten schlief. Die ganze Szene war so friedlich und eine Schiffahrtslinie so weitab, daß ich keine Hemmungen gehabt hätte, mich aufs Ohr zu legen. Alle halbe Stunde aber mußte die Lampe aufgepumpt werden, und alle vier Stunden benötigte sie eine neue Füllung.

Plötzlich schrak ich zusammen. Um mich herum lärmte es, als würde ein riesiger Ballon explodieren. Ein Schwall Wasser ergoß sich in unser Cockpit. Ich war tropfnaß. Nach einer Schrecksekunde war mir klar, daß unmittelbar neben der THALASSA ein Wal aufgetaucht sein mußte. Im selben Moment nochmals das Getöse, aber auf der anderen Seite des Bugs, und dann nochmals und nochmals. Am Nachmittag hatte ich schon einen solchen Burschen gesehen, keine 500 Meter weit weg, so daß ich seine Länge abschätzen konnte: mindestens doppelte Schiffslänge, also über 20 Meter. Als er wegtauchte, blieb ein fußballfeldgroßer smaragdgrüner Fleck auf dem Wasser zurück, die gleiche Farbe, die wegen des aufgewirbelten Sauerstoffs eine Untiefe ankündigt. Jetzt, mitten in der Nacht, unsichtbar für mich, mußten mehrere Tiere um uns sein. Mein Gefühl ließ sich mit einem Wort beschreiben: Angst.

Wenn uns aus Versehen ein Wal über den Haufen schwimmen würde, gäbe es sicher keine Rettung für die THALASSA. Dem Zusammenprall mit dem Koloß entspräche, daß unser Schiff mit voller Fahrt auf eine Betonpier auflaufen würde. Auch dann hätte sie ein Loch im Rumpf, sicher größer als fünf Zentimeter im Durchmesser. Es würde reichen, um die THALASSA auf Tiefe gehen zu lassen. Zahlreiche Yachten waren schon zum Opfer dieser ansonsten gutmütigen Dickhäuter der Meere geworden.

Was macht der Mensch in solch einer Gefahr, der er nicht entkommen kann, ja, die er nicht einmal sieht? Ich schäme mich nicht, es zu gestehen: Ich habe mich in der Kajüte auf den Boden gelegt und mir die Ohren zugehalten, damit ich das Schnauben und Prusten nicht mehr hören mußte. Es hat geholfen. Als ich nach etwa einer Stunde wieder nach oben ging, war das dunkle Meer um uns herum so ruhig, daß ich die Petromax-Lampe ein paar Meter über mir deutlich brausen hörte. Weit weg am Horizont sah ich an der gleichen Stelle wie vorher das Licht des anderen Schiffes. Nur dunkler war es geworden, schien es mir. Mit dem ersten Tageslicht kam der Wind. Wir und unser Gegenüber setzten die Segel und gingen auf Kurs Bali.

Nach einer ereignislosen Woche standen wir schon morgens an der Einfahrt zur Lombokstraße. Aus den Seehandbüchern wußten wir, daß diese Meeresenge, die wir überqueren mußten, um in den Hafen von Benoa zu gelangen, wegen des starken Stroms auch großen Schiffen Schwierigkeiten machte. So gingen wir die Sache ganz vorsichtig an.

Um ja die Hafeneinfahrt zu erwischen und nicht vom Strom daran vorbeigetrieben zu werden, liefen wir zur vorausberechneten Zeit zur gegenüberliegenden Seite in der Lombokstraße und motorten – in solchen Situationen ist die Maschine einfach leistungsfähiger als die Segel – mit voller Kraft nach Stromluv. Als wir nach ein paar Stunden sicher waren, daß wir mehr als ausreichend Stromhöhe in Reserve hatten, legte ich das Ruder, um die Lombokstraße zu überqueren. Man konnte auf der anderen Seite charakteristische Landmarken ausmachen und identifizieren; die Hafeneinfahrt selbst war noch nicht zu sehen.

Zunächst kamen wir auch ganz gut voran. Das Wetter war schön, ohne einen Windhauch. Plötzlich wurde die Dünung höher und höher, und die THALASSA torkelte wie wild von einem Bug auf den anderen. Schließlich rollten regelrechte Wellenberge auf uns zu, so hoch, wie ich sie vorher noch nie gesehen hatte. Wir kamen uns vor wie in der Achterbahn. Bekanntlich läßt sich die Höhe einer See kaum schätzen, vom Deck einer kleinen Yacht aus schon gar nicht. Zu leicht übertreibt man. Dennoch scheue ich mich nicht, von Wellenhöhen von zehn Metern und darüber zu sprechen. Es war jedenfalls so, daß wir im Cockpit nicht mehr sitzen oder gar stehen konnten. Wir fielen nur so herum und versuchten krampfhaft, uns irgendwie festzuhalten.

Zu allem Überfluß begann auch noch unser treuer Diesel zu stottern, etwas, was er noch nie getan hatte. Sicher war durch die abnormen Schiffsbewegungen der Dreck im Tank aufgewirbelt worden und setzte die Filter zu. Wenn uns nur die Maschine jetzt nicht im Stich ließ! Hilflosigkeit überkam uns, denn an Segeln war überhaupt nicht zu denken. Das war ja das Absurde an der Situation, daß wir mit Wellenbergen kämpften und dabei Flaute hatten. Rückblikkend betrachtet hätte nichts passieren können, denn der Strom hätte uns aus der Lombokstraße ausgespuckt wie einst der Wal den Jonas.

Ein paar Stunden später liefen wir in den Hafen von Bali, Benoa. Gerade als wir die Einfahrt erreicht hatten, kamen uns ein paar hundert Auslegerboote entgegen. Die balinesischen Fischer bedienen sich von alters her dieser zerbrechlichen spinnenähnlichen Boote, mit denen sie für ein paar Tage auf die hohe See hinausfahren. Ihre Verpflegung haben sie in einem Beutel dabei. Einen Motor besitzen diese Boote nicht; sie sind allein auf den Wind angewiesen. Sie fischen vor allem in der Lombokstraße, wo wir so hilflos dem Strom ausgeliefert waren, obwohl wir im Gegensatz zu den balinesischen Fischern die THALASSA mit dem Diesel manövrieren konnten. Das ist der Unterschied zwischen einem Segler mit C-Schein, der hier ohne Maschine verloren zu sein scheint, und einem einheimischen Fischer mit Ortskenntnis.

Buntes Bali

Bali war eine andere Welt. Nicht Europa, nicht Polynesien. Natürlich gab es fächelnde Palmen, helle Sandstrände und klare Lagunen, aber die Farben leuchteten anders. Viel bunter und kräftiger, als wir es von den Tropen gewohnt waren. Die Landschaft unterschied sich kaum. Die Menschen waren es, die der Landschaft und dem Leben Farbe verliehen. Nach der dünnbesiedelten Südsee war die Masse der freundlichen Balinesen atemberaubend. Ganz Bali wirkte wie ein einziger Bazar. Auf Schritt und Tritt begegneten wir den balinesischen Göttern in vielerlei Gestalt, im Freien und in den vielen hundert Tempeln. Ein Europäer mag über die kindliche Naivität lächeln, in der die Balinesen ihre Götter wie Menschen behandeln, noch dazu wie Personen mit durchaus menschlichen Zügen. Die Götter der Balinesen haben Hunger, lieben, kämpfen, betrügen zuweilen bei Geschäften und besitzen eine Menge Humor. Sie sind teilweise genauso materiell eingestellt wie die Menschen, sie trinken und essen, ja, sie brauchen sogar Geld. Kurzum, sie sind leichter erfaßbar als unser christlicher Gott.

Balinesen haben ein vertrautes Verhältnis zu ihren Göttern. Sie lassen sie intensiv an ihrem täglichen Leben teilhaben. Die große Zahl von Tempeln zeigt, daß den Menschen daran gelegen ist, jederzeit Zwiesprache mit den Göttern halten zu können. Ihre Verehrung drücken sie durch Malereien oder Schnitzereien aus, die sicher die kunstvollsten und handwerklich geschicktesten waren, die wir auf unseren Törns je gesehen haben.

Der Neuankömmling ist versucht, sich mit vielen Souvenirs einzudecken. Man glaubt nämlich, auf Raritäten gestoßen zu sein. Wenn man dann aber die „Kunstwerke" tonnenweise in den Geschäften aufgestapelt sieht, so wird einem schnell klar, daß bei diesem Kunsthandel lediglich kommerzielle Interessen im Spiele sind.

Die jungen Balinesen, die mit ihren Auslegerbooten im Hafen von Benoa zu den Yachten herauskamen, wußten längst, daß sie die besten Verkaufschancen an den ersten Tagen hatten. Deshalb wurden die Yachten der Neuankömmlinge entsprechend heftig belagert. Unsere Reisekasse war ziemlich leer. So konnten wir der Versuchung leicht widerstehen. Allerdings zeigte uns ein vielleicht 17jähriger dunkelhaariger Balinese mit mädchenhafter Figur ein geschnitztes Schachspiel, dessen Schönheit alle Kunstfertigkeit der balinesischen Schnitzer ausdrückte. Ich fand, es sei das schönste von all den feilgebotenen Stücken.

Für die schwarzen Figuren hatte der junge Künstler Ebenholz genommen, die weißen bestanden aus Rehhorn. Jede Figur hatte einen anderen Gesichtsausdruck; manche schienen überlegen zu lachen, andere wiederum wirkten eher ängstlich. Die Bauern waren als Affen dargestellt, jeder aber in einer anderen Position. Kurzum, das Spiel gefiel mir auf Anhieb. Allerdings lag der Preis weit jenseits unserer finanziellen Möglichkeiten. Und im Gegensatz zu allen anderen Balinesen lehnte es der junge Künstler strikt ab, über den Preis zu verhandeln. Das war ungewöhnlich, denn in Bali wird mehr gefeilscht als im Bazar von Casablanca. Preisaufschläge um 1000 Prozent zum Zwecke des Handelns gehören durchaus zu einem seriösen Geschäftsgebaren.

Angesichts der Flaute in unserer Reisekasse boten wir unsere besten Jeans als Tauschobjekte an; neben T-Shirts standen damals Bluejeans - sonderbarerweise nur die Marke „Levis“ - hoch im Kurs. Ohne Erfolg. Der junge Mann schien Gedanken lesen zu können, denn er prophezeite uns, wir würden an Land kein schöneres Spiel auftreiben. Wir hatten das zwar insgeheim gedacht, aber kein Wort darüber verloren. Er wollte uns einige Figuren als Muster dalassen. Darauf ließ ich mich nicht ein. Er verabschiedete sich lächelnd: „Ihr werdet mein Spiel kaufen!“

Wir mieteten zusammen mit anderen Yachtleuten einen Jeep für eine Inselrundfahrt. Die Mietautos waren, wie alles andere auch, billig, wenn man den richtigen Preis kannte. Wir hatten schon 1000 Meilen vor Bali darüber Bescheid gewußt. Wir kannten die preiswertesten Restaurants, die billigsten Geschäfte und wußten genau, wo wir unterwegs auf der Insel übernachten würden.

Yachtleute stehen zu ihrem Leidwesen häufig in dem Ruf, Millionäre zu sein. In Wirklichkeit kommen sie mit dem Geld so gerade hin. Nicht zuletzt deswegen gibt es ein wunderbar funktionierendes

Informationssystem unter den Langfahrtyachten. Es ist allen Mitgliedern der Seven Seas Cruising Association (SSCA), einem amerikanischen Club, zugänglich. Die Aufnahmebedingungen sehen vor, daß man mindestens ein Jahr ununterbrochen auf einer Yacht gelebt hat, von zwei Bürgen empfohlen wird und regelmäßig eigene Erfahrungsberichte an das Clubsekretariat schickt. Dort werden sie vervielfältigt und an sämtliche Mitglieder versandt. Jeder Fleck der Erde, der irgendwann einmal von einer SSCA-Yacht angelaufen wurde, ist in den monatlich erscheinenden Bulletins beschrieben.

Und so wußten wir bereits im voraus, daß das preiswerteste Restaurant in Benoa „bei Kathy" am Hafen war, daß das von den Yachten bevorzugte Café „bei Kathy" hieß (für den Nachmittag), daß „bei Kathy" als die freundlichste Bar empfohlen wurde (für den Abend) und daß für alleinstehende ausgehungerte Crewmitglieder Kathy, eine etwa 25jährige unscheinbare Balinesin, die richtige Atmosphäre war (für die Nacht). Den Jeep hatte sie uns auch vermittelt.

Mehrere Tage waren wir unterwegs und besuchten viele Dörfer, vor allem aber die zahlreichen Tempel. Uns gefiel der clevere Menschenschlag. Wir feilschten mit den Einheimischen um den Preis der Souvenirs, die Höhe der Übernachtungskosten. Einmal wäre der Handel fast schiefgelaufen. Es gab wenig Tankstellen auf der Insel. Unser Sprit ging zur Neige. Der Motor hatte seine ersten Aussetzer, als wir, bergauffahrend, uns der Stelle näherten, von der aus es wieder bergab ging. Das Benzin war zu Ende, wir brausten mit stehendem Motor hinunter und kamen gerade noch bis zu einer Tankstelle am Anfang eines stillen Dorfes.

Ich bildete mir ein, mit meinem bereits seit Tagen geübten Verhandlungsstil einen guten Preis herausschlagen zu können. Das Hin und Her unterbrach der Skipper der SKYLARK der in seinem California-Slang trocken bemerkte: „Wir sind nicht gerade in einer hervorragenden Verhandlungsposition."

Das hatte der Tankwart nicht nur gehört, sondern auch verstanden. Der Benzinpreis erreichte eine aberwitzige Höhe – lange vor der ersten Ölkrise. Mit unseren Dollars konnten wir nur noch ein paar Liter bezahlen. An der nächsten Tankstelle stellte ich mich beim Feilschen nicht mehr so dumm an.

Ich war auf der Suche nach einem Schachspiel. In fast jedem Dorf gab es Spezialisten. Der eine galt als großer Maler, der zweite als Schnitzer mit „Reisbauern" als Motiv, der dritte als Garuda-Hersteller und der vierte als Schachspielschnitzer. Eine moderne Stilrichtung konkurrierte mit einer mehr naturalistischen Auffassung. Nach drei Tagen hatte ich Hunderte von Schachspielen gesehen, aber nicht ein einziges, das auch nur annähernd an die Arbeit des jungen Balinesen aus dem Hafen herangekommen wäre.

Unser Weg führte in die Berge. Es wurde merklich kühler. Wir hatten schon Pullover an, als ich meinen letzten Versuch startete. Ich erkundigte mich, ob hier jemand wohne, der Schachfiguren schnitze. Man wies auf einen schmalen Weg, der in den Wald führte. Wir folgtem dem Pfad und fanden nach einer halben Stunde auf einer Lichtung eine einzelne armselige Hütte. Die alte Frau, die wir ansprachen, rief etwas Unverständliches durch die Tür, und heraus trat unser junger Freund aus dem Hafen: „Ich wußte es, daß ihr nur meine Schachfiguren kaufen werdet", meinte er, und sein feines Gesicht zeigte ein bescheidenes, aber stolzes Lächeln.

Ein Sandkorn im Indischen Ozean

Auf der Passatroute um die Welt ist der Indische Ozean die härteste Prüfung. Uns blieb sie ebenfalls nicht erspart. Eine achtunggebietende Dünung wanderte tagelang von Süden heran und unter dem Kiel der THALASSA durch. Ob diese hohe See von den Brüllenden Vierzigern weit unten im Süden verursacht wurde? Sie war uns unheimlich. Manchmal kam sie so steil von der Seite, daß ich schon befürchtete, die THALASSA würde den Wellenabhang herunterrollen. Wir wußten zwar, daß sich die Wassermassen in einer Welle nicht etwa vorwärtsbewegen, sondern nur auf und ab. Aber diese Erkenntnis half mir in meiner Angst nur wenig. Sie wurde ganz einfach durch den optischen Eindruck hervorgerufen. Ich hatte nur das Bild von sich rapide nach vorne bewegenden Wasserbergen vor Augen.

Unser erstes Ziel sollte ein Fleckchen Land mitten im Indischen Ozean sein, gerade zehn Meilen im Durchmesser. Das gab Navigationsprobleme. Nicht, daß ich Bedenken hatte, meine Berechnungen und Messungen würden nicht genau genug sein, um Diego Garcia im Chagos-Archipel zu treffen. Aber der Himmel war bedeckt, die Sonne ließ sich nicht mehr blicken, die Sterne schon gar nicht. Das war das Problem. Ich konnte kein Gestirn messen.

Zum erstenmal in meinem Leben stand ich vor Schwierigkeiten dieser Art und das gleich fünf Tage lang. Vorher war es mir noch nie passiert, daß ich im Laufe eines Tages nicht einen Standort ermitteln konnte. Freilich, man kann nicht erwarten, daß die Sonne sich immer wie auf Werbeplakaten präsentiert. Aber mit ein bißchen Geduld läßt sich die Scheibe schon mal für ein paar Augenblicke zwischen Wolkenfetzen entdecken, wenn man sich im Cockpit auf die Lauer legt. Auf dem Weg nach Diego Garcia jedoch kam ich einfach nicht zum Schuß, auch wenn Carla stundenlang den Himmel beobachtete, immer bereit, mich mit dem Sextanten herauszurufen.

Wir standen etwa 400 Seemeilen vor der Insel, als ich im Radio einen ganz starken Sender hörte, der nach seiner Peilung gut nach Chagos paßte. Wenn ich dessen Position gekannt hätte, wären die Peilungen eine große Hilfe bei der Ansteuerung gewesen. Aber so sehr ich in meinen umfangreichen Navigationsunterlagen auch nach diesem Sender suchte, ich konnte keinen Eintrag entdecken. Die Situation begann unbequem zu werden. Kritisch war sie nicht, denn eine Yacht wie die THALASSA kann pro Tag 80 Seemeilen laufen – oder auch 160. Das mitgeschleppte Log ist keine große Hilfe, wenn es unter diesen Umständen darum geht, den Zeitpunkt auszurechnen, an dem die Yacht vor dem Riff steht. Denn die Logge kann keinen Strom messen, und pro Tag können im ungünstigsten Fall schon mal 50 Seemeilen extra dazukommen, unbemerkt.

Wieder half mir mein Amateurradio. Ein „Ham" aus Okinawa gab mir die Sendezeiten von Bill. Bill war nicht nur Amateurfunker auf einem Zwanzigtausend-Tonnen-Frachter und dessen Kapitän, sondern auch der Eigner. Schnell war die Verbindung hergestellt, und Bill gab mir aus seinen Unterlagen von der Brücke die wichtige Information, daß der von mir aufgefangene Peilsender tatsächlich auf Diego Garcia stand.

Auch wenn es nicht mehr rechtzeitig aufgeklart hätte, wäre die THALASSA also „weich" auf Diego Garcia gelandet, an derselben Stelle, an der Moitessier mit seiner ersten Yacht MARIE-THERESE seinen ersten Schiffbruch erlitten hatte. Aus Geldmangel oder vielleicht auch wegen zuviel Vertrauen in die Naturgesetze und Naturabläufe hatte er auf eine Reihe von Navigationsmitteln verzichtet, so auch auf eine genau gehende Uhr. Es war ihm nicht möglich, seine Länge zu bestimmen. Er vertraute darauf, daß die Anwesenheit von Landvögeln ihn vor der drohenden Küste warnen würde. Wir haben später auf der entlegenen Insel Diego Garcia jede Mengel Vögel gesehen, im Gegensatz zu Moitessier. Er wachte jedenfalls in seiner Koje erst auf, als schon die Brandungswellen über der MARIE-THERESE zusammenkrachten.

Aus ein paar Seemeilen Entfernung sah die Insel wie andere tropische Paradiese aus. Zwischen dem blauen Wasser und den windzerzausten Palmenkronen konnte man einen weißgelben Strich ausmachen, den Korallenstrand. Als wir in die smaragdgrüne Lagune einkreuzten, stellten wir fest, daß wir uns in einem militärischen Sperrgebiet befanden. Die grauen Betonsilos, die drohenden Geschütze, die Bomber, die hin und wieder auf einer hinter Palmen verdeckten Landebahn aufsetzten, und der Jeep, der mit bewaffneten Soldaten rund ums Atoll zu unserem Ankerplatz fuhr – das alles stand zur Schönheit der Landschaft in genau jenem gruseligen Gegensatz, den sich die James-Bond-Filmregisseure zunutze machen, wenn sie den verbrecherischen Oberschurken eine gestohlene Atombombe auf einem malerischen Stützpunkt verstecken lassen.

Diego Garcia ist ein amerikanischer Militärstützpunkt – zur Verteidigung der Freiheit der westlichen Welt, wie man sagt. Und so sind dort mehrere tausend Amerikaner stationiert. Ansonsten ist die Insel unbewohnt. In der UNO wurde schon behauptet, die Insel sei noch nie bewohnt gewesen; es sei deshalb falsch, daß es dort asiatische Plantagenarbeiter gegeben habe, die der Amerikaner wegen evakuiert worden seien.

Gleich bei unserem Ankerplatz stand das alte, schon leicht verfallene Dorf, in dem die Plantagenarbeiter einst wohnten. Wir betraten die leichten Holzhütten, fanden eine alte Badewanne und blätterten im Kontor in dem dicken Wälzer, wo die jeweilige Menge der geernteten Copra eingetragen war. Die letzten Spuren von ein paar hundert Menschen. Ob sie auf diesem abgelegenen Stückchen Korallensand glücklich und zufrieden waren? Jedenfalls war es ihre Heimat.

Der Chagos-Archipel gehört den Briten, die ihn an die Amerikaner verpachtet haben. Und so wurden wir auch nicht von den Amerikanern einklariert, sondern von dem einzigen Engländer auf der Insel, Kommandant, Polizist, Richter und faktischer Gouverneur der Krone in einem. Trotz unserer Bitte um mehr Zeit für eine Reparatur – das Ruder wieder mal! – durften wir nur bis zum nächsten Nachmittag, 16 Uhr, bleiben. Wir hatten unsere ganze Post hierher bestellt, und so fragten wir nach der Ankunftszeit des Postschiffes. „17 Uhr“, antwortete der Kommandant, ohne das geringste Verständnis für unsere Situation.

Am nächsten Tag um 16 Uhr befanden wir uns im Paß von Diego Garcia, und um 17 Uhr war der weißgelbe Sandstrich zwischen Wasser und Palmen bereits vom Horizont verdeckt. Der Bug der THALASSA zeigte nach Madagaskar.

Vor Madagaskar

Der englische Kommandant von Diego Garcia machte mir sogar noch in Madagaskar Ärger. Madagaskars nördlichste Insel, Nosse Bé, wird auch das „Tahiti des Indischen Ozeans“ genannt. Zumindest landschaftlich hält diese liebliche Insel mit ihrer damals noch zahlreichen französischen Bevölkerung diesem Vergleich durchaus stand. Wie immer nach einer sehr langen, harten Überfahrt war ohnehin der erste Eindruck begeisternd. Nach wie vor glaubten Carla und ich - und die meisten Fahrtensegler werden da zustimmen -, daß das Ankommen beim Segeln das Schönste ist. Und wenn wir heute nach vielen Hunderten derartiger Erlebnisse nach unserem eindruckvollsten gefragt würden, dann würden wir wohl ohne zu zögern übereinstimmend Nosse Bé nennen.

Gegen elf Uhr vormittags waren wir nach 20 Tagen auf See bei spiegelglatter See mit Maschine in den Hafen geschlichen. Da das Wasser um Nosse Bé über weite Strecken eine Tiefe von nur 20 bis 40 Meter hat, was Madagaskar einen großen Reichtum an Krustentieren beschert, ist die blaugrüne Insel von jenem smaragdgrünen Wasser umgeben, das auf Anhieb ein Südseeparadies assoziiert. Allerdings, so eine Hitze wie hier hatten wir noch nie erlebt. In dem engen Hafenbecken lag kaum mehr als ein halbes Dutzend Yachten vor Anker. Wir kannten niemanden, denn sie waren alle von Asien herübergekommen. Unsere alten Freunde hatten die „übliche“ Route über Mauritius gewählt, während wir weiter nördlich blieben, um bis zuletzt die Entscheidung offenzuhalten, ob wir via Rotes Meer durch den Suezkanal ins Mittelmeer segeln oder den Weg um Afrika herum nehmen wollten.

Unruhe herrschte unter den Yachtleuten, weil es hieß, daß sie nur wenige Tage bleiben dürften, da sie kein Visum vorweisen konnten. Uns beunruhigte das im Moment nicht besonders, denn nach den harten Tagen auf See ist man zunächst einmal froh, wieder im Hafen zu sein. Nach den Zollformalitäten spazierten wir gleich in die Stadt und landeten schon nach ein paar Metern in einem fast menschenleeren Restaurant. Der Hausherr, ein Schweizer, den es mit der französischen Fremdenlegion hierher verschlagen hatte, begrüßte uns überschwenglich und stellte uns seine reizende madegassische Frau vor. Dann wurde der Tisch auf der Terrasse gedeckt, von wo aus man die spiegelglatte Lagune meilenweit überblicken konnte. Eine leichte Brise sorgte für angenehme Kühle. George servierte uns Austern, riesige Krabben, französisches Weißbrot, Butter und französischen Wein.

Kurz vor Mittag war es, als wir mit unserem Mahl begannen. Unser Gespräch kreiste immer und immer wieder um das Ankommen, wie schön es doch sei, frisches Brot und frische Butter auf dem Tisch zu haben und das Essen mit Sicherheit nicht wegen eines Segelwechsels unterbrechen zu müssen. George zog sich diskret zurück, hatte er doch schon des öfteren Yachties unmittelbar nach deren Ankunft bewirtet.

Unten auf dem Meer schoben sich, wie von unsichtbaren Fäden gezogen, zerbrechliche Auslegerkanus langsam über das Wasser. Der Hauch Wind reichte gerade aus, um die leichten Boote zu bewegen. Kein Motorboot, kein Auto, keine Menschen störten die Stille, und wir genossen das Glück, wieder festen Boden unter den Füßen zu haben. Um uns und in uns herrschte Frieden.

Gegen vier Uhr nachmittags gingen wir zum Hafen zurück. Dort wurden wir gleich auf einen amerikanischen Trimaran eingeladen, wo sich bereits alle Hafenlieger zum Sundowner versammelt hatten.

Das Gespräch wurde hauptsächlich von mir geführt, doch das lag nicht am Wein. Man kann immer wieder feststellen, daß Segler nach langen Ozeantouren von einem enormen Mitteilungsbedürfnis sind. Je kleiner die Mannschaft, um so mehr; am schlimmsten sind die Einhandsegler. Jedenfalls war ich kaum zu bremsen, besonders als ich auf das Thema „Engländer“ kam, das mir nach den Erfahrungen auf Diego Garcia immer noch aufstieß. Nach einer Stunde bemerkte ich, daß sich das ältere Ehepaar von der KAPDUVA wortkarg zurückzog. Ich maß dieser Tatsache aber keine Bedeutung bei, denn nach meiner Meinung handelte es sich um Kanadier. Ich hatte indessen das Zusammengehörigkeitsgefühl im Commonwealth unterschätzt.

Als ich am nächsten Morgen an der KAPDUVA vorbeikam, stand

Steve mit entblößtem Oberkörper in seinen fleckigen Shorts auf dem Vorschiff und drohte mit geballten Fäusten: „Ich schlag dich nieder! Du hast diese Flagge, the British Ensign, beleidigt."

Ich wußte zunächst nicht, wie mir geschah, denn ich war mir in meiner Einfalt keiner Schuld bewußt. Steve war bestimmt schon über sechzig, aber sein Gesichtsausdruck und noch mehr die gut durchtrainierten Armmuskeln klärten mich über den Ernst der Lage auf. Ich wußte, daß ich nicht lange Zeit hatte, eine einleuchtende Entschuldigung zu bringen, denn Steve kochte. Also nahm ich meinen bescheidenen englischen Wortschatz zusammen und stammelte nach einer Erklärung.

Steve kam näher, und ich zweifle heute nicht, daß ich von einem Kap Hornier, wie sich später herausstellte, eine gehörige Tracht Prügel bezogen hätte, wenn mein Englisch perfekt gewesen wäre. Aber für einen richtigen Engländer gibt es wahrscheinlich nichts Erbarmungswürdigeres als einen Menschen, der nicht einmal fließend die englische Weltsprache spricht. Und so hielt Steve für einen Moment inne, und ich hatte Gelegenheit, ihm zu erklären, daß ich selbstverständlich nicht die Engländer schlechthin beleidigen wollte, schon gar nicht ihn und seine reizende Frau Esther, sondern daß ich mich ganz einfach über das bodenlos schlechte Benehmen eines einzelnen Beamten geärgert hatte.

Es spricht sicher für Steve, daß er meine Entschuldigung annahm, wenn auch noch etwas wütend. Im Laufe der nächsten Tage lernten wir uns näher kennen, und ich erfuhr, daß Steve auf dem Vollschiff KRONPRINZESSIN CÄCILIE unter Segel Kap Hoorn umrundet hatte und daß die beiden mit ihrem in Hongkong erworbenen Neubau KAPDUVA, einer 15-Meter-Ketsch aus Teak, ohne Selbststeuerung („modernes Zeugs") auf dem Weg nach Hamburg waren. Warum eigentlich Hamburg, noch dazu im Winter? Weil Steve auf der KRONPRINZESSIN CÄCILIE einen Matrosen aus Hamburg kennenlernte, dem er versprochen hatte, daß er ihn einmal besuchen würde. Und Versprechen müsse man doch halten, meinte Steve.

Inzwischen sind Esther und Steve längst unsere Freunde, und häufig lachen wir noch über den Vorfall, bei dem ich beinahe niedergeschlagen worden wäre. Ich habe daraus gelernt. Steve aber kommt selbst schon mal eine Bemerkung über irgendwelche „verrückten Engländer" über die Lippen.

Für Madagaskar hatten wir kein Visum. Doch darüber machten wir uns keine besonderen Gedanken, obwohl der freundliche 22jährige Militärkommandant uns gleich zu Anfang erklärt hatte, er könne uns nur fünf Tage bewilligen. Zunächst aber befreite er uns von einer großen Sorge.

Bei einer Weltumseglung herrscht nicht immer eitel Freude, man hat ebensoviel Ärger wie zu Hause auch. Die Sorgen sind anderer Natur, zugegeben, aber weder schwerer noch leichter. Allein die Instandhaltung und Instandsetzung des Schiffes erfordern häufig so viel Zeit, daß man gar nicht dazu kommt, das Land richtig kennenzulernen, in dem man sich gerade aufhält.

Das mag unglaubhaft klingen, ist aber eine Tatsache, die einem Weltumsegler spätestens dann bewußt wird, wenn er schon einen Ozean hinter sich hat. Zum Umkehren ist es dann zu spät. Aber keine Sorge, eine Weltumseglung bringt trotz des vielen Ärgers unterm Strich mehr Freude und Spaß als Sorgen und triste Stunden.

In Madagaskar wurde unsere Freude wieder einmal durch den Zustand des Auspuffs der Maschine getrübt. Schon auf den Galapagos war er geschweißt worden, auf Tahiti ebenfalls, und jetzt in Nosse Bé hatte er soviel Risse, daß unbedingt ein neuer angefertigt werden mußte. Mit Schweißen allein war es nicht mehr getan. Ich ging also mit dem rußigen Auspuffrohr, das wegen des Schwanenhalses eine unregelmäßige S-Form hatte, zum Kommandanten und bat um Hilfe, schon deswegen, weil wir kein Französisch, er aber auf Grund eines Deutschlandaufenthaltes ein paar Worte Deutsch sprach, worauf er im übrigen sehr stolz war. Ich legte das Rohr auf den Boden seines winzigen Büros, das von kleinen schwirrenden Ventilatoren „made in Japan" mit Zugluft versorgt wurde. Der dunkelhäutige Kommandant erkannte sofort unser Problem und schnarrte zu seinem Korporal ein paar Kommandos.

Der nahm uns mit ins Dorf und brachte uns zu einem Fahrradmechaniker, der das Rohr ziemlich ratlos betrachtete. Mit viel Gestikulieren versuchte ich ihm beizubringen, daß er uns einen neuen Auspuff schweißen solle. Der Korporal wurde ebenfalls recht lautstark. Etwas widerwillig, wie mir schien, nahm der Fahrradspezialist den Auspuff entgegen. Es war ein Fehler, das Rohr aus der Hand zu geben. Doch ich war nicht der Meinung, daß der Mechaniker überhaupt in der Lage sei, die Maße abzunehmen, geschweige denn, einen neuen Auspuff anzufertigen. Schließlich mußte er später auf den Millimeter genau passen, um dicht zu sein.

Es war vereinbart, daß der neue Auspuff zum Schiff gebracht werden würde, aber wir warteten vergeblich. Endlich, nach vielen

Mahnungen, kam unser biederer Fahrradmechaniker zur THALASSA mit einem Gebilde in der Hand, das mit unserem Auspuff nur noch entfernte Ähnlichkeit aufwies und mehr einer modernen Plastik aus verzinktem Eisen glich. Und obwohl der Meister Asbestdichtungen im Dutzend übereinanderlegte, gelang es ihm nicht, die Enden von Auspuff und Sammler an der Maschine zusammenzufügen, ganz abgesehen davon, daß der Deckel zur Maschine nicht mehr schloß. Ich schickte den guten Mann wieder nach Hause.

Am nächsten Tag erschien er mit einem neuen Kunstwerk, das nicht einmal mehr in den Maschinenraum paßte, geschweige denn an die Maschine angeschraubt werden konnte. Sein dritter Versuch ließ mich toben. Er hatte einfach Versuch Nummer 1 und Nummer 2 aneinandergeschweißt, was die Verlängerung der THALASSA um einen Meter über alles erfordert hätte. Als ich gar noch eine horrende Rechnung bezahlen sollte, verstand ich die Handwerkerwelt nicht mehr. Zudem weigerte er sich, den alten Auspuff herauszugeben. Also bat ich unseren Schweizer Freund um Vermittlung.

Ein langes Palaver folgte, und schließlich bekam ich zu meiner Verwunderung den Rat, die Rechnung zu bezahlen. Der gute Fahrradmensch könne nämlich überhaupt nichts dafür. Er habe von Anfang an die Arbeit nicht übernehmen wollen, da er noch nie geschweißt, ja, gar kein Werkzeug dazu habe. Aber es sei ihm schließlich nichts anderes übriggeblieben, weil ihm vom Korporal der *Befehl* gegeben worden sei, die Arbeit für den Fremden zu erledigen.

Das sah ich ein, und so erleichterte ich unsere Bordkasse schweren Herzens für ein Stück wertloses wurmförmig gekrümmtes Eisenrohr und einen unbrauchbaren rissigen Auspuff.

Damit war unsere Maschine immer noch nicht funktionsfähig. Abends an der Bar aber gab es Hoffnung. Ein mir unbekannter Mann hatte sich unsere Leidensgeschichte angehört. Er erbot sich, die Sache in Ordnung zu bringen: „Passen Sie auf, ich bin der Technische Leiter der Zuckerfabrik in der nächsten Bucht. Morgen kommen Sie zur Mittagszeit mit Ihrem alten Auspuff. Wir nehmen in meiner Villa das Menü ein, während in unserer Werkstatt ein neuer Auspuff hergestellt wird. Soll er aus Niro oder Kupfer gefertigt werden?“ Das klang riesig.

Es ist interessant, wie man unterwegs lernt, sich auch über solche Dinge kindlich zu freuen. Als ob ein Stück Rohr das Wichtigste auf der Welt wäre.

Am nächsten Mittag waren wir im Hause unseres neuen Freundes, der Diener hatte uns eingelassen. Wer zunächst nicht kam, war unser Gastgeber. Es wurde ein Uhr, dann zwei, und schließlich wollten wir schon gehen, als er doch noch erschien. Aber in welchem Zustand!

Auf den ersten Blick erkannten wir, daß er sinnlos betrunken war. In seinem Hirn lebte offensichtlich die Erinnerung an den gestrigen Abend auf. Jedenfalls griff er sofort nach unserem Auspuff und wollte damit verschwinden. Ich klammerte mich aber daran fest. Mir begann langsam klarzuwerden, daß wir auf Nosse Bé nie mehr einen neuen bekommen würden. Den alten könnte ich vielleicht wieder hinkriegen, wenn ich ihn mit Matte und Epoxy umwickeln würde, für den Notfall zumindest. Bis Südafrika müßte es gehen. Würden wir aber den Auspuff hier einbüßen, dann könnten wir die Maschine überhaupt nicht benutzen. Unser Gastgeber lenkte ein.

„Also, a la table", rief er so laut, daß wir zusammenschreckten. Unbewegten Gesichts stand der Diener, ein riesiger Schwarzer, am Eßtisch, der für uns drei gedeckt war. Einen derartigen Auftritt seines Herrn hatte er sicher schon öfters mitgemacht. Als sich unser Gastgeber setzen wollte, verfehlte er den Stuhl, knallte mit dem Gesicht auf die Tischkante, knapp am gefüllten Suppenteller vorbei, und verschwand unter dem Tisch. Unwirsch stieß er seinen hilfsbereiten Diener zurück und mühte sich selbst auf den Stuhl.

„Guten Appetit", wünschte er uns, als sei dies alles die normalste Sache der Welt. Aber es wollte Carla und mir nicht schmecken. Er hatte sich beim Sturz die Nase angeschlagen, die nunmehr zu bluten angefangen hatte. Mit der Hand verschmierte er das Blut über sein Gesicht. Wir brachten keinen Löffel Suppe herunter, denn Blutstropfen fielen auch in seinen Suppenteller, dessen Inhalt sich rot färbte.

Das gute Ende kam kurz darauf. Unserem Gastgeber fielen die Augen zu, und ein lautes Schnarchen signalisierte, daß er eingeschlafen war. Der Diener blickte durch uns hindurch, und so hatten wir nicht die geringsten Hemmungen, den alten Auspuff an uns zu reißen und fluchtartig das Haus zu verlassen.

Daß wir schließlich doch noch zu einem wunderschönen Auspuff aus Kupfer kamen, verdankten wir schließlich dem Chef einer Kaffeefabrik. Innerhalb von drei Stunden war alles in Ordnung.

Nosse Bé gefiel uns trotz dieses technischen Dramas so gut, daß wir wieder einmal nach einem Grundstück suchten. Natürlich sind wir heute froh, daß wir nichts Richtiges fanden, denn kurz darauf änderte die linke Militärregierung Fremden gegenüber drastisch ihre Einstellung und veranlaßte die meisten Franzosen, das Land in kurzer Zeit zu verlassen. Yachtleute waren plötzlich nicht mehr erwünscht, und als eine Yacht von Südafrika kommend in den flachen Gewässern um Madagaskar strandete, verurteilte ein madegassisches Militärgericht eines der südafrikanischen Mannschaftsmitglieder kurzerhand wegen Spionage zum Tode.

Mozambique kocht

Wir erlebten Mozambique, damals noch portugiesisch, im Schatten des Bürgerkriegs. Der schmutzige Krieg war noch weit weg, im Busch, jedenfalls nicht in Laurenzo Marques, der Hauptstadt. Die THALASSA hatte unweit der Stadt in einem Flußlauf einen ruhigen Ankerplatz gefunden. Zur Paßerneuerung mußte ich in das deutsche Generalkonsulat, was uns die Bekanntschaft des Generalkonsuls, Baron von Keudell, und seiner Frau einbrachte: „Da wird sich meine Frau freuen. Sie haben doch sicher jede Menge Wäsche dabei, die meine Frau in ihrer Maschine waschen kann."

Als der Baron, der gleichzeitig Militärattaché der Bundesrepublik war, für zwei Wochen zur Erkundung der militärischen Lage in den Busch verreisen mußte, lud er Carla und mich ein, in seinem Haus zu wohnen. Wir genossen es, im Garten zu sitzen, endlich wieder im Süßwasser, im Swimmingpool, schwimmen zu können und uns nachts einmal keine Sorgen machen zu müssen, ob der Anker hält, denn die THALASSA lag sicher weit oben im Matola-Fluß. Vom Krieg war nichts zu spüren; nur manchmal sah man in der Stadt Krüppel umherziehen und betteln.

Damals sprach man von den Frelimos als den Terroristen. Heute sind sie die Freiheitskämpfer, die Mozambique von der Kolonialherrschaft befreit haben. Aber wer hat dafür geblutet? Der Generalkonsul zeigte mir eines Tages das Gesicht dieses Krieges auf einem einfachen Foto, auf dem 20 bis 30 Frauen und Mütter abgebildet waren, alle zwischen 16 und 25 Jahre alt. Jede von ihnen hatte mindestens ein Bein, manche beide, im Krieg verloren. Alle waren sie schwarz, also Mozambiquaner.

„Das läßt sich in einem solchen Buschkrieg nicht vermeiden, die Frelimos vergraben Minen auf den Feldwegen. Die Chance, dort einen Weißen zu treffen, ist minimal. Aber auch so kann man die

Portugiesen verletzen, denn dadurch werden die Eingeborenen demoralisiert. Übrigens gibt der Weltkirchenrat den Frelimos Geld für Medikamente; damit werden Gelder frei für die Tellerminen", erklärte uns der Baron.

Obwohl die Frelimos immer näher an die Hauptstadt herankamen, behaupteten alle, die wir befragten, daß das Ende - wenn überhaupt - noch weit sei. Trotzdem erkundigte sich die Frau des Barons bei ihrem langjährigen Diener, ob sie Schlimmes von ihm zu erwarten habe, wenn die Frelimos in Laurenzo Marques einmarschieren würden. Nein, beruhigte er sie, ihr werde er nichts tun. Nur der weißen Nachbarin werde er die Kehle durchschneiden - so wie es eben deren Diener hier in diesem Hause tun werde.

Als wir die Segel im Mozambiquekanal mit Kurs Süd setzten versprachen wir dem Baron, daß wir ihn bei unserem ersten Landurlaub nach Beendigung unserer Weltreise besuchen würden. 60 Tage später hörten wir im Radio, daß die Frelimos in Laurenzo Marques waren. Gleichzeitig wurde gemeldet, daß sich der deutsche Generalkonsul Baron von Keudell erschossen hatte.

Am Kap der Stürme

Südafrika bestach durch seine landschaftliche Schönheit, mehr noch aber durch die grenzenlose Gastfreundschaft der weißen Bewohner. Schwarze konnten wir in diesem Land keine kennenlernen, wen wundert's.

Die Segler unterwegs hatten nur ein Thema: das Kap der Guten Hoffnung – Kap der Stürme. Nur selten wurde beim Schmieden der Zeitpläne nicht darauf hingewiesen, daß es Seeleute gäbe, die dieses Kap mit der Südspitze von Amerika an Gefährlichkeit gleichsetzten. Die Sturmhäufigkeit kann der Grund hierfür nicht sein, denn die liegt in der günstigsten Jahreszeit bei sieben Prozent, im Gegensatz zu über 20 Prozent beim Hoorn. Immerhin, acht Prozent sind mehr als in der berüchtigten Biskaya. Aber es kam so, wie es meistens ist, wenn die Nervosität durch hektisches Gerede verstärkt wird: Alles ging glimpflich ab.

Wir hatten uns von Schlupfloch zu Schlupfloch an der Ostküste Afrikas heruntergeschwindelt, lagen in Mossel Bay, kurz vor dem Kap, auf der Lauer nach einem guten Wetterbericht, segelten dann mit günstigen Winden ums Kap der Guten Hoffnung und liefen morgens um fünf Uhr bei bitterer Kälte, aber erlöst vom Druck des Kaps, in Kapstadt ins hintere Hafenbecken zum Royal Cape Yacht Club, wo uns die Clubsekretärin mit einem heißen Kaffee empfing.

Wir hatten Glück gehabt. Mit Können hatte das alles nichts zu tun. Gut, man kann auf Grund der nautischen Unterlagen planen, aber letztlich bestimmt allein die Natur, ob der vorhergesagte Ostwind wenige Meilen vor dem Kap einem steifen Südwest weichen muß. Esther und Steve wendeten die gleiche Taktik wie wir an, erreichten aber die Kurve nicht schnell genug und waren tagelang in einem Südweststurm gefangen, der sie, beigedreht und zur Untätigkeit verdammt, weit hinter die Eisberggrenze verschlug.

Jedenfalls, das Kap lag hinter uns. Uns war wie einem zumute, der sich die Besteigung eines Berges auf schwieriger Route zum Ziel gesetzt hatte und nun auf dem Gipfel stand - Ziel erreicht! Alles war gutgegangen, keine Schwierigkeiten traten auf. Gleichwohl, wir waren stolz.

Es erhebt sich auch hier die Frage, ob das Segeln überhaupt eine Leistung ist, ob man gar von einer sportlichen Leistung sprechen kann, wenn man ein Weltmeer überquert. Warum hat man den Drang, den Atlantik zu „bezwingen", die Welt zu umsegeln? Die Antwort muß sich jeder selbst geben.

Manchem Unwissenden kann man noch imponieren, wenn man erzählt, daß man sich mit einer Yacht auf die hohe See traut. Aber die Zeiten sind wohl endgültig vorbei, als man noch dadurch berühmt wurde, daß man den Ozean - an der ungefährlichsten Stelle natürlich - im Passat bezwang. Einige haben das immer noch nicht begriffen. Sie wollen um die Welt segeln, weil sie sich davon Ruhm versprechen, und sind dann ganz enttäuscht, wenn sie auf die Mitteilung, sie hätten den Globus umrundet, von ihren Bekannten zur Antwort bekommen: „Ach, Sie auch!"

Als wir im Royal Cape Yacht Club an der Pier lagen, kam ein deutscher Tourist vorbei und sprach uns auf unsere Flagge an. Es stellte sich heraus, daß Herr Stark ein begeisterter Segler vom Bodensee war, der sich sehnlichst wünschte, einmal um die Welt zu segeln. Er bat uns auf das liebenswürdigste und bescheidenste, einmal mit ihm hinauszufahren. Er bot sogar Geld dafür an. Zwar leidet die Reisekasse der meisten Segler an Schwindsucht, doch ist man nach so vielen einsamen Stunden auf See froh, im gemütlichen Hafen zu sein. Viele, Carla und ich schon gar, sind durch nichts zu bewegen, zwischendurch einmal rauszusegeln. Ich versuchte Herrn Stark das zu erklären, und ich glaube, er war so vernünftig, es einzusehen. Was aber blieb, war Resignation.

Für den Abend waren wir von Molly Warr in ihr schickes Haus eingeladen worden. Molly - der Name trügt, sie besitzt eine gertenschlanke, fast zierliche Figur - hatte sich dadurch einen Namen gemacht, daß sie an der berühmten Regatta Kapstadt - Rio mit einer reinen Damencrew und einem Schiff von weniger als zehn Meter Länge teilgenommen und tatsächlich einen ganz beachtlichen Platz belegt hatte, weit vor zahlreichen männlichen Teilnehmern auf größeren Schiffen. Dabei - typisch Frau, ist man versucht zu sagen - waren die Damen schon in den ersten Tagen so großzügig mit der

Elektrizität umgegangen, daß schließlich die Batterien leer waren. Die Maschine konnte daher nicht mehr gestartet und deshalb auch kein Strom produziert werden. Von da an ging es ohne Licht weiter, nicht einmal der Kompaß konnte nachts abgelesen werden. „Da bist du vielleicht froh, wenn morgens die Sonne im Rücken aufgeht“, war der einzige Kommentar Mollys der Presse gegenüber.

An diesem Abend lud Molly mich ein, am nächsten Tag ihre Yacht von Simonstown nach Kapstadt mit zu überführen. Ein Tagestörn, aber eben um das Kap der Guten Hoffnung, ein Platz sei gerade noch frei. Ich war schon drauf und dran, zuzusagen, als mir Herr Stark einfiel. Ich hatte das Kap schon hinter mir, aber für Herrn Stark mußte es das ganz große Abenteuer sein. Ich sah ihn schon vor mir, wie er zu Hause am Seglerstammtisch, nach seinem Urlaub befragt, ganz lässig und zum ungläubigen Erstaunen aller sagen würde: „Also, ich hätte mir das Kap der Guten Hoffnung leichter vorgestellt.“ Oder so ähnlich.

Behutsam fing ich an, meine Gedanken Molly auseinanderzusetzen. Das war eigentlich eine ziemliche Zumutung, denn Molly kannte weder Herrn Stark und noch weniger sein seglerisches Können. Aber wie die meisten südafrikanischen Segler hatte Molly eine Menge Humor und stimmte zu. Noch am gleichen Abend suchte ich Herrn Stark in seinem Fünfsternehotel auf. „Morgen segeln Sie um das Kap der Guten Hoffnung!“

Nachdem er sich etwas gefangen hatte, fragte er nach dem Skipper. Die Nennung eines weiblichen Namens ließ ihn noch etwas bleicher werden. Er war dabei, einen Rückzieher zu machen.

Da hatte ich mich also bemüht, der Molly einen wildfremden Menschen für einen Kap-Törn aufzureden, und jetzt war er – ja, wie soll man das nennen – ängstlich, nervös, aufgeregt. Ich erklärte ihm mit einer Engelsgeduld, wie wichtig eine solche Erfahrung für seine Weltumseglung sei und wieviel Mühe ich mir gemacht hatte.

Dann hatte ich ihn soweit. Schließlich saß der Tourist Stark mit geliehenem Ölzeug und Pullover sowie Filmkamera in der Hand im Auto, das ihn noch in der Nacht zur Yacht von Molly brachte.

Das Wetter war ortsüblich, also stürmisch. Die kleine Yacht zerrte wie verrückt an der Boje in der Bucht von Simonstown. Die anderen Crewmitglieder waren auch schon da. Man versuchte bis zum Morgengrauen, noch etwas zu schlafen. Herr Stark machte kein Auge zu, nicht wegen der Wellen, die an die Bordwand schlugen, oder wegen des pfeifenden Windes, sondern ganz einfach vor Nervosität. Natürlich hatte er Angst, aber als der Sturm noch weiter zulegte und das Schiff hin und hergeworfen und wurde, legte sich seine Unruhe, denn er war sicher, daß bei diesen Wetterbedingungen ein Auslaufen nicht in Frage kam. Er hatte Mut genug bewiesen, daß er sich bereit erklärte, mitzumachen, und das reichte ihm.

Aber er kannte Molly Warr nicht. Sie hatte zwar Mühe, mit ihrer Stimme den Wind zu übertönen, aber beim ersten Tageslicht hatte sie die gesamte Mannschaft aus den Kojen. Herr Stark fügte sich in sein Schicksal, er kam sich vor wie ein Fallschirmspringer in der Luft. Er konnte nichts mehr machen, abgesprungen war er schließlich.

Der Törn wurde hart, die sturmerprobte Crew tat etwas, was sie vereint noch nie getan hatte, sie kotzte. Die blonde Molly und Herr Stark ausgenommen – Name verpflichtet.

Frau Stark und wir warteten derweil im Yachtclub. Den Wetterbericht hatten wir vernommen, aber auch, daß Molly abgesegelt war, und so konnten wir uns ungefähr ausrechnen, wann die Abenteurer im Hafenbecken von Kapstadt erscheinen würden. Wir waren schon etwas unruhig, aber dann tauchten sie doch schon am frühen Nachmittag auf. Sie mußten einen schnellen Törn gehabt haben, kein Wunder bei dem harten Wetter.

Beim Anlegen gab die zierliche Molly mit ruhiger Stimme ihre Anweisungen, während die Sailors die Leinen und Fender bedienten. Herr Stark saß, die Kamera in der Hand, im Cockpit und blickte ins Leere. Endlich konnte er an Land. An seiner Frau vorbei, schritt er mit steifen Beinen, die Kamera immer noch von sich gestreckt, wortlos auf mich zu – mir schien, als blickte er auch durch mich hindurch. Mit tonloser Stimme, so wie man sich auf einer Beerdigung anspricht, sagte er: „Herr Schenk, mein Traum von einer Weltumseglung ist damit zu Ende. Diese Frau –“, er flüsterte und vergewisserte sich über die Schulter, ob Molly nicht in der Nähe sei, „diese Frau, die ist fürchterlich!“

Ich habe eine Menge Frauen auf unseren Reisen kennengelernt, die voll ihren Mann standen. In Krisensituationen, bei denen es nicht so sehr auf Kraft als auf starke Nerven ankommt, sind Frauen – das kann man verallgemeinern – standhafter als Männer. Auch auf der THALASSA gab es Situationen, in denen ich viel näher am Durchdrehen war als Carla. Manche Herren der Schöpfung machen sich diese Tugenden zunutze und nehmen grundsätzlich nur weibliche Crews auf lange Törns. Wir haben mal einen Amerikaner getroffen, der hatte an Bord neben seiner asiatischen Freundin drei weitere Mädchen und war voll des Lobes. Allen Vorurteilen zum Trotz habe diese Besatzung hervorragend funktioniert, versicherte er uns. Seine Freundin habe ich allerdings nicht danach befragt.

Inzwischen gibt es auch einige Einhandseglerinnen, die bescheiden ihre Bahnen um die Welt ziehen, ohne gleich geadelt zu werden. Warum sie das tun? Ganz einfach, aus den gleichen Motiven heraus wie ihre männlichen Kollegen. Mary aus Schottland war mit Ehemann und zwei Kindern nach Kapstadt gesegelt. Dort ließ ihr Mann sie sitzen und segelte mit den Kindern weiter. Sie jobbte und verdiente sich soviel, daß sie schließlich ein Stahlschiff bauen konnte. Nicht nur ausbauen; sie schweißte die ganze Schale allein zusammen. Und sie schaffte es. Mit einer Verspätung von zwei Jahren folgte sie Mann und Kinder in deren Kielwasser.

Und genau wie bei den Seeleuten gibt es auch bei den Frauen Typen, die dadurch auffallen, daß sie schwer in ein gesellschaftliches Schema zu pressen sind, um es einmal vorsichtig auszudrücken. Big Elly, Skipperin der WALKÜRE – die 14-Meter-Yacht hieß wirklich so –, war so ein Typ. Generationen von Yachties werden sicherlich noch von der erzählen. Ihren stärksten Auftritt hatte sie in der Bar des Königlichen Yachtclubs von Kapstadt, zu der Frauen keinen Zutritt hatten. Selbstverständlich ignorierten die wuchtige Big Elly und ihr um mindestens einen Kopf kleinerer Mann dieses Verbot. Zunächst machte das Clubpersonal gute Miene zum bösen Spiel und „übersah" Big Elly. Zur vorgeschrittenen Stunde konnte man sie aber beim besten Willen nicht mehr überhören, und so übernahm es der Clubmanager, Big Elly darüber aufzuklären, daß Ladys zur Bar keinen Zutritt hätten. Big Elly sah den Manager mit traurigen Augen an und schmetterte plötzlich und kommentarlos ihre Faust an das männliche Kinn. Als der Manager daraufhin lautlos zu Boden sackte, hob sie ihn auf und warf ihn durch die geschlossene Glastür.

Grabesstill war es geworden. Big Elly lachte laut auf: „Habt ihr gehört, habt ihr gehört? Ha, ha, er nannte mich Lady!"

Die Deutschen von der Skelettküste

Ein besonders gastfreundlicher Yachtclub war der Club von Lüderitzbucht in Südwestafrika - oder auch Namibia. Dabei hatten wir diese Küste ursprünglich gar nicht auf unserem Reiseplan. Wieder einmal wurde unsere Route durch den Amateurfunk bestimmt, und das kam so:

Schon auf den Salomoninseln hatte mir ein „Ham“ von einem ZS3B, Gert, in Südwestafrika erzählt (die Amateure sprechen sich immer mit dem Rufzeichen an, den Familiennamen kennt man meist nicht). Ich hatte nicht so richtig hingehört, denn für Südwestafrika interessierten wir uns nicht. Als wir aber in Mozambique lagen, kam ich überraschend mit einem Funkamateur von Südwest ins Gespräch, den ich nach einem Gert fragte. „Ach, du meinst sicher den ZS3B. Moment mal, ich rufe den mal an die Station.“

Kurze Zeit später kam Gert und schnitt mir gleich das Wort ab: „Also, paßt auf, ich habe schon mit dem Club telefoniert. Wenn ihr ankommt, dann ankert ihr bei der Einfahrt rechts, und am ersten Tag machen wir gleich ein Langustenessen!“

Seine Einladung war so herzlich, daß ich es einfach nicht fertigbrachte, ihm zu gestehen, daß ich ursprünglich nicht im Traum daran gedacht hatte, an der gefährlichen Skelettküste entlang nach Lüderitzbucht zu segeln. So stand plötzlich Südwestafrika auf unserem Reiseplan. Es wurde ein Höhepunkt unserer Reise, dank der fast grenzenlosen Gastfreundschaft der deutschstämmigen Bevölkerung.

Schon vor unserer Ankunft hielten wir regelmäßigen Funkkontakt mit Gert, der auf diese Weise minuziös unseren Standort verfolgen konnte. Nachdem wir die THALASSA in der Dunkelheit in die enge Hafeneinfahrt hineinmanövriert hatten, stand Gert kurze Zeit später an der Pier und lud uns in seinen Jeep. Nach fünf Minuten –

die Sonne war noch nicht einmal aufgegangen – saßen wir schon Gert und seiner reizenden jungen Frau Toeki am gedeckten Frühstückstisch gegenüber.

Im Morgengrauen konnten wir vom Wohnzimmer aus den ganzen Hafen von Lüderitzbucht überblicken, und wieder einmal wurde uns das Wunder des Blauwassersegelns bewußt. Da kämpft die Besatzung einer Yacht, so winzig, daß die Seen höher werden können, als das Schiff lang ist, in der Einsamkeit der offenen See gegen Seegang und Kälte, und kurze Zeit später schon sitzt sie in der Geborgenheit eines steinernen Hauses, festen Boden unter den Füßen, mit wildfremden Menschen zusammen, die einen Empfang bereiten, als sei man schon von Kind auf die besten Freunde. Freilich, erst der Amateurfunk machte es möglich, Freundschaft von der Ferne aus zu schließen, lange bevor der Anker im Hafen fiel.

Noch am gleichen Tag lud Gert uns zum Abendessen nach Walvis Bay ein. Auf meine verwunderte Frage, wie wir die 500 Kilometer überbrücken sollten, meinte er, als sei es die selbstverständlichste Sache der Welt: „Ich fliege euch hin."

Gert war von Beruf eigentlich Maurer. Als Hobby betrieb er die Amateurfunkerei. Hierbei eignete er sich in kurzer Zeit so viele Elektronikkenntnisse an, daß er schließlich in der Lage war, auf Fischerbooten, die in großen Flotten dem Fischfang an der rauhen Küste zwischen Swakopmund und Lüderitz bis hinunter zur Skelettküste nachgingen, die Elektronik zu warten, insbesondere Radar und Decca. So wurde er allmählich in einem anderen Beruf heimisch und erfolgreich.

Als er immer häufiger Feuerwehr spielen mußte, schaffte er sich eine zweimotorige Maschine an, um möglichst schnell am Einsatzort zu sein. Für das betreffende Boot war das immer noch billiger als ein zusätzlicher Hafentag. Schließlich bekam er den Auftrag, die verschiedenen Decca-Sender in der Namibwüste zu warten, die bis an die Küste heranreicht. Gert mußte sich hierzu im Sand erst Pisten anlegen, die für seine Maschine ausreichten. In der Folgezeit lernten wir mit ihm ganz Südwestafrika kennen, wenn auch nur aus der Luft.

Im freundlichen Südatlantik

Welcher Szenenwechsel, als wir wieder auf See waren! Vor uns lagen 5600 Seemeilen. Wir waren durch unseren verlängerten Afrika-Aufenthalt etwas in Zeitnot geraten, so daß wir St. Helena, die einsame Napoleon-Insel im Südatlantik, und Ascension nicht mehr anlaufen konnten. Der Südatlantik hatte zumindest keine größeren Überraschungen parat, nachdem er so ziemlich das einzige große Meer ist, wo es keine Hurrikane gibt. Unser Problem war mehr die Länge der Reise, denn für 5600 Seemeilen muß man schon mit 56 Tagen rechnen, acht Wochen also. Entsprechend waren wir eingedeckt. Nein, nicht allein mit Proviant und Wasser, denn daran sollte es auf einer modernen Yacht ohnehin nicht mangeln.

Auf der THALASSA hatten sich im Laufe der Zeit Hunderte von Konservendosen angesammelt, die auf den verschiedenen Törns immer wieder zur Seite geschoben wurden und letztlich übrigblieben. Im Hafen hat niemand Lust auf Konserven, auch wenn es gute sind, weil es Frischverpflegung gibt. Allein von diesen Vorräten hätten wir mindestens ein halbes Jahr lang leben können.

Mit dem Wasser gibt es auch keine ernsthaften Probleme, wenn man sich stur an die Regel hält, Frischwasser nur zum Kochen und Trinken, nicht aber zum Waschen zu verwenden – kleine Gesichtswäsche und Zähneputzen ausgenommen. Und sollte einmal das Unglück passieren, daß ein Tank ausläuft oder das Wasser aus irgendwelchen Gründen unbrauchbar wird, was uns nie passierte, dann läßt es sich leicht mit den vorhandenen Konserven überleben, zumal immer noch die Chance besteht, Regenwasser aufzufangen.

Nein, das größte Problem auf einem langen Törn ist die Langeweile. Wenn die Yacht technisch in Ordnung ist, gibt es unterwegs nicht viel zu tun, außer kochen und ein wenig navigieren. Die ermüdendste Tätigkeit, die früher Weltumseglungen zu einer Tortur werden ließen, das Rudergehen, wird einem von der Automatik abgenommen.

Dementsprechend waren wir ausgerüstet. Wir führten Stöße von alten Zeitungen mit uns, darunter einen halben Jahrgang vom „Spiegel“, der für uns brandaktuell war, weil wir im Jahr zuvor von der großen Politik nicht besonders viel mitbekommen hatten.

Der Törn war denn auch langweilig. Es passierte nämlich nichts, Gott sei Dank. Erst nach drei Wochen – wir befanden uns schon an der Grenze des Südostpassats, und die Hälfte der „Spiegel“-Ausgaben war durchgeschmökert – meldete sich wieder das Ruder mit diesem bösartigen Knacken, das mir verriet, daß die große Niro-Mutter am Ende des Ruderstocks sich abermals gelockert hatte. Es blieb mir nichts anderes übrig, als auf eine günstige Gelegenheit zu warten, um hinunterzutauchen.

Zwei Tage später kam die Flaute. Wasservögel saßen um uns herum, die Dünung bewegte die THALASSA nur noch wenig. Jetzt mußte ich runter. Ich gab Carla den Beretta-Revolver, mit dem sie wachsam verhindern sollte, daß ich von einem Hai angegriffen wurde. Mit dem Hammer in der Hand schnorchelte ich zum Ruder, unter mir das unheimliche tiefe Blau des Südatlantiks. Mit hastigen Schlägen versuchte ich die Niro-Mutter wieder ein paar Umdrehungen festerzuziehen. Um eine Rohrzange anzusetzen, war kein Platz da. Das Ganze funktionierte ganz gut, schließlich hatte ich schon Übung. Nach einer Minute, oder auch zwei, war ich sehr erleichtert wieder an Bord.

Kurz darauf sah ich einen braunen Schatten unter dem Ruder durchziehen: ein Weißspitzenhai, mindestens zwei Meter fünfzig lang, also von der Länge her für einen Menschen eine Nummer zu groß. Er war von meinen Hammerschlägen angelockt worden. Ich mußte an das Hilfsruder der Selbststeueranlage denken, die bereits vor den Marquesasinseln Opfer eines Haiangriffs geworden war. Auch dieser Bursche rieb sich an dem hölzernen Hilfsruder, das in der Dünung immer wieder ins Wasser stach. Jetzt hatte ich die Gewißheit, daß das Brett tatsächlich auf Haie einen Reiz ausübte, denn es konnte kein Zufall sein, daß sich auch dieser Hai das Servoruder an seinem Rücken entlangkratzen ließ. Mir blieb nichts anderes übrig, als einen Schuß auf ihn abzufeuern, so leid mir das auch tat; denn er hätte sich gewiß nicht davon beeindrucken lassen, wenn wir ihn nur mit einem Bootshaken bedroht hätten.

Aber statt des erwarteten Knalls zischte es lediglich aus dem Lauf der Beretta, und die Wasseroberfläche zeigte keinen Einschuß. Ganz klar, die Munition war feucht geworden. Ein Blick in den Lauf, mit größter Vorsicht natürlich: Die Kugel war steckengeblieben. Während der Hai immer noch um das Ruder strich, holte ich fieberhaft Hammer und Schraubenzieher und klopfte die Kugel mit vorsichtigen Schlägen aus dem Lauf. Endlich hatte ich den Revolver neu geladen und konnte den Hai mit ein paar Schüssen vertreiben.

Von da an verlief die Reise wieder ruhig. Wir kamen gut voran und machten im Durchschnitt unsere 100 Seemeilen am Tag. Täglich hatte ich Funkkontakt mit meinen Freunden Gert aus Lüderitz und Konrad aus Frankfurt. Für die war es etwas Besonders, eine Segelyacht auf dem Weg über den Äquator zu begleiten. Die ganze Teerunde drohte jedoch eines Tages mangels Strom zusammenzubrechen, denn mein Generator war ausgefallen. Wenn er länger als zehn Minuten gelaufen war, flog die Sicherung raus.

Zunächst halfen mir meine Freunde, neue Sicherungen zu basteln, indem sie mir die Dicke des Sicherungsdrahtes ausrechneten und mir Tips gaben, wo ich an Bord so eine Drahtlitze finden könnte. Dieses Problem war damit gelöst, die Ursache für den Ärger mit dem Generator aber noch nicht beseitigt. Also ging Konrad am nächsten Morgen in Frankfurt in ein Geschäft, das den gleichen Generatortyp auf Lager hatte, und ließ sich den Schaltplan zeigen. Bald hatte er den Fehler gefunden und leitete mich über Funk an, den Generator zu reparieren.

Dabei kam mir die alte Geschichte in den Kopf, wie ein Kapitän auf einem großen Schiff mangels Arzt den Blinddarm eines Mannschaftsmitgliedes herausoperiert, wobei er lediglich über Funk von einem Arzt angeleitet wird. Diese Story gibt es in den verschiedensten Variationen. Einmal ist es der Kapitän, dann wieder der Steuermann. Sie spielt auch manchmal an Land; da mimt im Krieg der Sanitäter in der vordersten Linie den Arzt, wobei er sich vom Oberstabsarzt über Feldtelefon die nötigen Anweisungen geben läßt. Bevor wir unsere Weltumseglung antraten, fragte ich den Chirurgen, der uns den Blinddarm entfernte, nach den Möglichkeiten einer Blinddarmoperation durch Laienhand per Funkanleitung. Sein Kommentar war kurz und vielsagend: „Notschlachtung!“

Mindestens drei Wochen hatten wir noch bis zum Ziel. Sowohl die „Spiegel“ als auch die acht Bände Hornblower waren ausgelesen. Was blieb mir übrig, als einen anderen Zeitvertreib zu suchen. Es war die Navigation. Nicht, daß die tägliche Standortbestimmung soviel Zeit in Anspruch genommen hätte, aber es machte Spaß, den Standort auf mehrere Arten durchzurechnen, und fast immer gab es ein Erfolgserlebnis, wenn zweimal dasselbe herauskam.

Da konnte es nicht ausbleiben, daß ich auf die uralte Frage eines jeden Nautikers stieß, der seinen Standort mit Hilfe der Gestirne bestimmt, warum die Breitenberechnung so kinderleicht und die Feststellung der Länge vergleichsweise schwierig und umständlich ist.

Selbst einem Laien dürften die Grundprinzipien der Breitenbestimmung mit Hilfe der sogenannten Mittagsbreite einleuchten: Die Sonne geht ja - scheinbar - irgendwo im Osten auf, steigt und steigt, bis sie wieder niedriger wird und schließlich abends im Westen untergeht. Wenn man den Winkel der Sonne zum Horizont in dem Zeitpunkt mißt, wenn er am größten ist, wenn die Sonne also an ihrem höchsten Punkt steht, dann hat man die sogenannte Mittagsbreite gemessen. Im Sextanten, jenem messingfarbenen Statussymbol aller Seeleute, läßt sich dieser Punkt gut bestimmen. Dann braucht man mit dem Winkel nur noch in eine ganz einfache Formel einzugehen, dabei ein paar Zahlen zusammenzuzählen oder abzuziehen - je nachdem, ob die Sonne im Süden oder Norden ist -, und schon steht die geographische Breite des Schiffsortes auf dem Papier.

Die Methode der Mittagsbreite ist viele hundert Jahre alt. Mit ihrer Hilfe wurden fast alle großen Entdeckungen zur See gemacht. Sie hat den Vorteil, daß keine Uhr benötigt wird, denn die gab es vor 300 Jahren noch nicht, jedenfalls keine mit der erforderlichen Genauigkeit. Natürlich muß man bei der Berechung der Mittagsbreite die Uhrzeit wissen, aber die Sonne gibt selbst den Meßzeitpunkt vor. Mittag ist es, wenn sie am höchsten steht.

Im Sextanten, dessen Spiegel so verstellt werden, daß in seinem Fernglas die Sonne auf dem sichtbaren Horizont aufsitzt, ist dieser Moment dann gekommen, wenn die Trommelschraube nicht mehr weitergedreht und nach einigen Minuten wieder in der entgegengesetzten Richtung betätigt wird. Der Seemann nennt das „Schiffsmittag“. Das ist nicht etwa identisch mit zwölf Uhr, denn je weiter ein Schiff im Westen steht, desto später kommt die Sonne zu ihm, und desto später steht sie bei ihm auf dem höchsten Punkt ihrer Bahn.

Bei der Längenbestimmung dagegen benötigt man eine sekundengenaue Uhrzeit. Das Ausrechnen ist überdies umständlich und zeitraubend. Es erfordert Logarithmentafeln oder spezielle Seefahrtsbücher. Die Gefahr des Verrechnens ist groß, und so waren bereits Generationen von Nautikern am Werk, die verschiedenen Verfahren zu vereinfachen und abzukürzen.

Tagelang beschäftigte mich diese Frage. Immer wieder verfolgte ich ganz bewußt über den Tag hinweg den Lauf der Sonne, und immer wieder kam ich zu der Frage zurück: Warum, um alles in der Welt, ist es möglich, daß ich sagen kann, jetzt ist Mittag, weil die Sonne auf dem höchsten Punkt, also genau im Süden (oder Norden) von unserem Schiffsort steht, sie sich also - und das ist der entscheidende Schluß - exakt auf unserer Länge befindet? Und warum kann ich nicht sagen, meine Länge ist so und so, obwohl ich für jede Sekunde in einem nautischen Buch nachzulesen vermag, auf welcher Länge die Sonne sich befindet und damit ich selbst?

Die Antwort gibt der Sextant. Wenn ich darin den Lauf der Sonne betrachte, dann sehe ich sie steigen, steigen, bis sie auf ihrem höchsten Punkt steht, und dann wieder fallen. Ich kann zwar diesen höchsten Punkt leicht messen, ich kann aber nicht die *Sekunde* des höchsten Punktes angeben, weil es scheint, als würde die Sonne dort für mehrere Minuten verharren. Nachdem sie sich in 24 Stunden einmal um die Erde bewegt, sie also Überschallgeschwindigkeit hat, müßte ich zu einer guten Längenbestimmung schon sekundengenau wissen, wann sie exakt auf ihrem höchsten Punkt, also auf meiner geographischen Länge ist.

In den einsamen Stunden und Tagen in Äquatornähe drehten sich meine Gedanken immer wieder um dieses Problem, und immer wieder versuchte ich mich daran zu erinnern, was der Ami gemacht hatte, der uns dreieinhalb Jahre zuvor bei der Ankunft in Barbados mit seiner eigenartigen Navigationsmethode in den Ohren gelegen hatte. Damals hatte ich die Geschichte mit einer Handbewegung abgetan, ja, nicht einmal richtig hingehört, denn wenn es da etwas anderes, etwas Einfacheres gegeben hätte, dann wäre ich doch bestimmt in meinen Büchern darauf gestoßen. Eine typisch deutsche Denkweise: Wenn etwas nicht in den Büchern steht, dann gibt es das auch nicht.

Der Ami hatte aber, so erinnerte ich mich dunkel, irgendwie aus der Mittagsbreite auch gleich die Länge berechnet. Wie machte er das? Denn wenn er nicht berücksichtigt hätte, daß die Sonne auf dem Gipfel ihrer Laufbahn - scheinbar - mehrere Minuten verharrt, hätte der Yachtmann nie und nimmer die kleine Insel in den Antillen gefunden. War da nicht die Rede von zwei Messungen, einer vor Mittag und einer nach Mittag? Plötzlich hatte ich die Lösung.

Wenn man den Lauf der Sonne um die Mittagszeit als Kurve aufzeichnen würde, dann würde sie zunächst ganz steil ansteigen, danach flacher und flacher werden – Schiffsmittag – und anschließend abfallen. Würde man das Gestirn also nicht auf dem flachen Teil, sondern auf der aufsteigenden Seite der Kurve, also vor Mittag, messen, könnte man einer ganz bestimmten sekundengenauen Uhrzeit auch einen ganz bestimmten Sextantwinkel zuordnen. Und wenn man nach Mittag so lange warten würde, bis auf dieser symmetrischen Kurve die Sonne wieder den gleichen Winkel erreicht hat, dann wüßte man gleichzeitig auf die Sekunde den Mittagszeitpunkt, und zwar exakt zwischen den beiden Meßzeitpunkten vor Mittag und nach Mittag.

Ich war ganz aufgeregt, aber gleichzeitig skeptisch. Hatte die Sache nicht doch irgendeinen Haken?

Die folgenden Tage gaben mir reichlich Gelegenheit, diese Methode zu testen. Ich rechnete den Standort einmal mit den herkömmlichen Tafeln und dann zum Vergleich mit der Mittagsbreite und der „Mittagslänge durch zwei gleiche Höhen" aus. Die Ergebnisse waren meist identisch, und wenn nicht, dann fand sich immer ein Fehler in der Berechnung mit Hilfe der Tafeln.

Manchmal schien es mir sogar, daß die „neue" Methode genauer war, doch konnte ich das mangels einer dritten Methode natürlich nicht überprüfen. Aber gleichgültig, wie genau diese Methode war, für die Praxis auf hoher See reichte das Ganze längst aus, denn da kommt es auf eine oder zwei Seemeilen mehr oder weniger nicht an. Und der Hauptunterschied war: Mit der „neuen" Methode benötigte ich vielleicht nur zwei Minuten zur Berechnung meiner Position und mit den Tafeln ungefähr eine halbe Stunde – wenn ich keinen Rechenfehler machte, was häufig genug vorkam.

Irgendwie fühlte ich mich betrogen. Hatte ich doch soviel Zeit in meine Ausbildung in Astronavigation investiert, während das Ganze auch in zwei Stunden zu erlernen gewesen wäre. Ich verstehe es heute noch nicht, daß man uns diese Methode unterschlagen hat. Vielleicht ist sie wegen ihrer Einfachheit unter der Würde eines deutschen Seeoffiziers auf der Seefahrtsschule.

Unter dem Lesestoff, den Gert mir mitgegeben hatte, fand ich einen Prospekt über einen neuartigen Elektronenrechner. Wie ein richtiger Computer konnte er mit einem Programm versehen werden, das die schwierigsten Berechnungen in Sekundenschnelle durchführte. Eine Kapazität von hundert Schritten hatte dieser Taschenrechner – unvorstellbar viel für diese Zeit. Sofort malte ich mir aus, daß damit ganz gut das Nautische Jahrbuch ersetzt werden könnte, eine Art Seemannskalender mit allen Gestirnspositionen für einen bestimmten Zeitpunkt. Das war für mich eine Herausforderung. Ich nahm mir vor, daß ich das ausprobieren wollte, sobald wir zu Hause waren. Hätte ich damals geahnt, was für Mühen auf mich zukommen sollten, hätte ich sicher die Finger davongelassen.

Am 40. Tag seit unserem Start aus Lüderitzbucht kreuzten wir unseren Ausgangskurs, der nunmehr fast vier Jahre alt war. Wir hatten uns damit den Traum von einer Weltumseglung erfüllt. Ich holte aus der Bilge eine Flasche Wein, die noch aus dem Weinkeller meines Vaters stammte. Der Auslese war alles angetan worden, was man einem edlen Tropfen eigentlich nicht zumuten sollte. Die THALASSA hatte ihn über die Sieben Meere geschaukelt, er hatte tropische und antarktische Temperaturen erlebt. Ich möchte nicht behaupten, daß er noch edel schmeckte – das könnte ich ohnehin nicht –, aber er war auch nicht umgekippt. Mit ein bißchen guten Willen konnte man ihn noch als trinkbar bezeichnen.

Am 55. Tag auf See roch Carla Land voraus, und am Morgen des 56. Tages liefen wir in den Hafen von Horta ein, einer kleinen Insel der Azoren. Alle unsere Freunde waren da. Sie interessierten uns eigentlich viel mehr als das Land, von dem wir nicht allzu viel wußten. Wir mußten erst einmal erfahren, wie es den anderen ergangen war. Wir wurden auf die ARD SHOLAS, mit der wir seit Australien zusammen waren, zum Frühstück eingeladen und klönten Stunde um Stunde. Brot und köstlich frische Butter ließen wir uns schmecken.

Bob und Sheila mit ihrer Crew Lucky, einem jungen frechen Neuseeländer, der sie schon seit dem Start der Reise begleitete, hatten keine besonderen Probleme gehabt, außer hartem Wetter, das sie zwang, zwei Wochen gegenanzukreuzen. Aber das macht einem guten Stahlrumpf nicht viel aus, ein paar Beulen bleiben vielleicht zurück. Ich fragte auch gleich, ob Lucky schon beim Zahnarzt gewesen sei, was alle drei mit einem lauten schrillen Gelächter quittierten.

Lucky, der auf Bali von der „Restaurant-Inhaberin" Kathy besonders liebevoll umsorgt und betreut worden war, hatte sich ein unangenehmes Souvenir eingefangen, das normalerweise mit ein paar

Spritzen Penicillin aus der Welt geschafft werden kann. Nicht bei Lucky. Der Arme mußte in nahezu jedem Hafen einen Arzt aufsuchen, um die Behandlung fortzusetzen. Lucky machte kein besonderes Geheimnis daraus; aber nachdem die Yachties – zumindest aus unserem Jahrgang – ein recht schadenfrohes Volk waren, ging er lästigen Bemerkungen dadurch aus dem Wege, indem er vor bestimmten Landgängen immer behauptete, er müsse zum Zahnarzt.

Auf Horta begab Lucky sich nach telefonischer Anmeldung zum einzigen Arzt am Ort. Dort setzte er sich brav ins überfüllte Wartezimmer. Die anderen Patienten wollten nun allzu gern von ihm wissen, was ihm fehle, nicht aus Neugierde, sondern aus Mitgefühl, wie es die Art der braven Menschen dort ist! Nachdem Lucky nicht ein Wort Portugiesisch sprach, konnte er das nun wirklich nicht erklären, und so hielt er sich den Bauch und stöhnte manchmal leise vor sich hin, was mit sorgenvollen Blicken aufgenommen wurde.

Dann betrat der Doktor das Wartezimmer, blickte zu Lucky und rief ein paar Worte, das alle anderen mit einem brüllenden Gelächter quittierten. Lucky ließ sich später erklären, was der Doktor da gerufen hatte: „So, wo ist jetzt der Segler mit dem Tripper?"

Das entsprach dem Wesen der Leute auf den Azoren. Ehrlich, hart und herzlich. Wir hatten Gelegenheit, sie kennenzulernen, die Fischer und die Walfänger. Auch heute noch jagen sie den Pottwal, den Cachalot, mit der Harpune aus dem Ruderboot heraus, das immer startbereit am Strand im Hafen von Horta liegt.

Wenn der Ruf „Baleia, Baleia!" vom Berg erschallt, auf dem der Ausguck die Meeresenge beobachtet, dann lassen die Männer ihre Arbeitsgeräte fallen und laufen zum Hafen, wo sie in den Booten ihre Plätze einnehmen. Ein Motorboot schleppt die langen Boote bis auf drei, vier Meilen an die schwarzglänzenden Tiere heran. Dann werden die Segel gesetzt, und das Motorboot bleibt zurück, damit die Tiere durch den Lärm nicht gewarnt werden. Auf den letzten paar hundert Metern legen die Fischer die Masten und greifen zu den Riemen. Der Mann mit der Harpune steht im Bug und jagt sie aus nächster Nähe so einem Meeresriesen in den Rücken. Was dann kommt, sei verschwiegen, denn das kann niemand schön finden.

Verlierer ist immer der Wal, weil ihm die Natur eingegeben hat, zu flüchten und nicht den Kampf zu suchen. Mit einem Schlag des riesigen Schwanzes könnte er seine Peiniger vernichten. Aber er tut es nicht, zumindest nicht absichtlich, höchstens zufällig. Dann kann es auch für die Menschen zur Tragödie werden, wie ein paar Wochen vor unserer Ankunft. Ein Wal versenkte ein Boot und biß mit seinem riesigen scharfzähnigen Maul nach zwei Männern, die nie mehr gesehen wurden. Denn diese Wale sind Raubtiere, sie jagen Haie und Kraken in mehreren tausend Metern Tiefe.

Die Walfänger der Azoren töten nicht aus Lust am Jagen (oder gar am Töten), sondern weil sie vom Walfang leben. Deshalb kann man es sich nicht so einfach machen und nach einem Verbot dieser Art des Walfanges rufen, ohne gleichzeitig für eine andere Lebensgrundlage dieser Männer zu sorgen.

Eines Tages kam ein hochaufgeschossener junger Mann zur Hafenmauer, an dem das kleine Yachtvölkchen längsseits gegangen war, stellte sich als Johnny Windmill vor und lud alle Yachties zu einer Nachmittagsparty zu sich ein. Kurze Zeit später kurvten zwei Dutzend Segler mit altersschwachen Taxis über schmale Berggäßchen zu einem Hügel empor und standen alsbald vor einer wunderschönen alten Windmühle. Stilecht waren schwere Mühlsteine zu Tischen umfunktioniert worden, auf denen John und seine nette Frau Jenny den hungrigen Yachties ein Käsefondue anboten. Weit hinüber über die Meeresenge konnte der Blick zur Nachbarinsel schweifen. John hatte ein altes Fernglas aufgestellt, und ab und zu unterbrachen wir die Unterhaltung, weil wieder jemand unten im Meer die Fontäne eines Cachalot ausmachte.

John erzählte, er sei mit Jenny auf einer kleinen Yacht hier durchgekommen und hätte sich sofort in die Azoren verliebt. Für wenige hundert Mark hätten sie sich dann diese Mühle gekauft. Manchmal bekämen sie noch Sehnsucht nach der Yachtszene, deshalb diese Einladung.

John war von Beruf Architekt. Das sah man der Inneneinrichtung der Mühle an. Kein bißchen krampfig wirkte das Heim von John und Jenny. Eng war es, schließlich wurde der Lebensraum von der Mühle, einst nichts anderes als ein Arbeitsgerät, vorgegeben. So verlief die Achse für das Windrad quer über das Doppelbett der beiden, nicht viel mehr als 50 Zentimeter über der Bettdecke.

Wieder einmal kam in Carla und mir der Wunsch auf, ein paar Quadratmeter Grund zu besitzen und auf dieser zauberhaften Insel zu leben. Die Walfabrik sollte abgerissen werden, der Grund daneben stand zum Verkauf. Bei Peter im Café „Sport“, unter den Yachtleuten wohl das bekannteste Lokal auf dem ganzen Erdball, traf ich mich mit dem Verkäufer. Peter hatte den Kontakt hergestellt. Der

Landbesitzer war einer von jenen sympathischen Menschen, die nicht viel reden, sich eine Meinung bilden und dann konsequent und zuverlässig zu ihr stehen. Er war auf den Azoren aufgewachsen und hatte sie sein Leben lang noch nicht verlassen, obwohl er sicher schon 70 Jahre alt war.

Lange feilschten wir um den Preis, bis wir uns auf drei Mark für den Quadratmeter einigten. Nachdem mir der Preis als sehr günstig erschien, äußerte ich den Wunsch nach mehr Land. Da legte der Alte seine Stirn in Falten und fragte mich, was ich eigentlich mit dem Grund wolle.

Soviel ich auch redete, der Alte glaubte mir nicht mehr: „Nein, du willst hier nur ein Hotel bauen. Wenn du das Land nur für dich privat wolltest, brauchtest du kein so großes Stück. Du bist nur hier, um Geld zu verdienen, nicht, weil dir mein Land gefällt. Dafür gebe ich dir keinen Quadratmeter!" Er kippte seinen Sherry runter, stand grußlos auf und verließ das Café „Sport".

Als wir nach ein paar Wochen die Hafenmauer von Horta achteraus ließen, schienen uns die letzten 1100 Seemeilen zurück ins Mittelmeer wie eine Pflichtübung. Aber die See lehrte uns wieder einmal, daß sie für Überraschungen immer gut ist, daß man nie sicher sein kann und vor allem nicht überheblich sein darf. Elf Tage lang kämpften wir mit einem Sturm – freilich von achtern –, bis wir am Kap Trafalgar vorbei ins Mittelmeer und sogleich nach Gibraltar einliefen.

In den vier Jahren unserer Abwesenheit hatte sich nichts verändert. Von John Nichols, unserem Helfer von damals, der ein altes Schiff in eine wohnliche Yacht für sich und seine Carol ausbauen wollte, hatten wir erwartet, daß die Arbeiten abgeschlossen seien. Weit gefehlt! Bewohnbar war wie zuvor nur ein kleiner Teil des Schiffes, nicht aber das Vorschiff. Nur war alles viel größer als vorher. Denn John Nichols hatte ein „neues" altes Wrack erworben, mit dessen Ausbau er gerade begonnen hatte. Er und Carol waren mit ihrem Leben zufrieden. Was will man mehr.

Resozialisierung

Die Heimreise war nicht schön. Die Verhältnisse im Mittelmeer hatten sich ausgesprochen ungünstig entwickelt. Die Zahl der Yachten hatte sich vervielfacht. Sie waren größer, protziger. Früher gehörte die THALASSA im Hafen zu den größten Yachten.

Für die Höhe der Liegegebühren wirkte sich das Mittelmaß der THALASSA jetzt freilich günstig aus, denn sie hatten astronomische Höhen erreicht. Öffentliche Kais, an denen man früher nur für ein paar Pfennige die Nacht liegen konnte, waren durch teure Marinas ersetzt worden. Dennoch: Schmutzig waren sie genauso wie einst die Kais. Segler, die sich die Marinas nicht mehr leisten konnten, suchten nach anderen Plätzen und gingen sich oft gegenseitig auf die Nerven. Als wir nachts in Malaga einliefen und bei einer Yacht leise anfragten, ob wir längsseits gehen könnten, brüllte der Skipper: „Haut bloß ab, ihr verdammten Hippies, ich hab von euch die Nase voll!"

Dabei hatte er uns noch nicht mal gesehen.

Auch seglerisch enttäuschte uns das Mittelmeer jetzt. Meistens hatten wir Flaute, die wir mit der Maschine überbrücken mußten. Zum Abschied gab es dann noch einen Sturm im Golf von Lyon, einer Gegend, die dafür berüchtigt ist. Wenn man von einer Weltumseglung zurückkommt, ist man leicht geneigt, das Mittelmeer als ein Binnenmeer - was es ja ist - zu unterschätzen. So belehrte uns der Löwengolf eines Besseren und fiel mit einem Mistral über uns her, der uns zwang, zwei Tage lang beizudrehen, etwas, was die THALASSA erst lernen mußte. So wurde das Trysegel, ein Sturmgroßsegel, doch noch auf dieser Reise um die Welt benutzt.

Im Hafen von Beaulieu war Endstation. Dort war die Seglerwelt noch in Ordnung. Chartergäste bestiegen ihre Yachten, und ich wurde an unsere ersten Seemeilen auf der KALINA mit Captain

Harrick erinnert. Damals war für mich ein Weltumsegler schlechthin das Größte. Jetzt wußte ich, daß es nichts Besonderes war. So mußte ich herzlich lachen, als ich einem Kanadier diese Erkenntnis aus vierjähriger Erfahrung innerhalb weniger Minuten vermitteln konnte.

Der Sportsfreund hatte offensichtlich ähnliches vor, man sah es an den Passatsegelbäumen seiner Yacht, aber er schien noch ganz am Anfang zu stehen. Jedenfalls war er hingerissen, als sich im Gespräch herausstellte, daß wir gerade um die Welt gesegelt waren. Er konnte sich kaum beruhigen über die Sensation, leibhaftige Weltumsegler getroffen zu haben. Gerade hatte ich seine überschwengliche Einladung zum Abendessen abgewehrt, als Yves, ein langhaariger blonder Franzose, von der gelben JOSHUA auf der anderen Hafenseite vorbeikam.

„Hallo, Yves, komm mal her, dieser Typ ist ja so begeistert von der Weltumsegelei. Du kannst auch was drüber sagen, du bist ja eben von einer Erdumrundung zurückgekommen!"

Mein Fan war ganz verzückt.

In diesem Moment kam Wilfried vorbei, den ich in Beaulieu kennen- und schätzengelernt hatte. „Und dieser Chap ist schon zweimal um die ganze Welt gesegelt. Darf ich vorstellen? Wilfried Erdmann."

Möglicherweise kam unser Freund durch diese Episode noch rechtzeitig zu der Erkenntis, daß es wohl nicht wert sei, eine Weltumseglung allein um der Sensation willen zu unternehmen.

Zu dieser Einsicht war jener Landsmann sicher schon gelangt, der mich gerade ansprach, als wir die THALASSA für den Landtransport zum Chiemsee vorbereiten wollten. Die Hände auf dem Rücken verschränkt, wippte er trotz des deutlich vorstehenden Bäuchleins drahtig auf den Zehenspitzen, so daß ich schon Angst bekam, er würde von der Pier auf die THALASSA herunterfallen. Ohne große Umschweife hatte er mich in wenigen Minuten über unsere Weltumseglung ausgefragt. Aber seine Ehrfurcht hielt sich in Grenzen.

„Wissen Sie", sagte er, „ich bin der Meinung, eine Yacht sollte in erster Linie tadellos geputzt sein. Wenn ich am Wochenende auf mein Schiff komme, dann wird erst einmal die Pütz zur Hand genommen und mit der Familie ordentlich Reinschiff gemacht. Staub und das Segel nicht exakt aufgetucht, so wie jetzt auf Ihrem Schiff, das kommt bei mir nicht in die Tüte. Eine neue Nationale könnten Sie sich auch mal leisten. Ihre ist ja ganz verblichen. Was macht denn das im Ausland für einen Eindruck. Daß Sie gerade von einer Weltumseglung zurückkommen, lasse ich als Entschuldigung nicht gelten. Im Segeln macht mir niemand mehr was vor. Wer mit den Schwierigkeiten auf meinem Hausrevier fertig wird, der kommt sicher auch auf allen Weltmeeren zurecht. Ich segle auf der Möhnetalsperre."

Nur wenige Tage nach unserer Ankunft saß ich wieder in meinem Büro mitten in der Großstadt, gleich beim Hauptbahnhof. Vom sechsten Stock aus hatte ich eine weite Aussicht über die Dächer Münchens und auf mindestens zehntausend Fernsehantennen, am Horizont überragt von zwei riesigen Kränen. Wenn ich meine Phantasie spielen ließ, konnte ich mir gut vorstellen, dort drüben würde hinter Hafenmauern ein alter Schoner liegen. Aber der graue Himmel erinnerte mich bald daran, daß ich nicht mehr vor einem Südseehafen auf den Lotsen wartete, sondern daß die nächsten Jahre harte Arbeit bringen würden.

Natürlich hatten wir den Wunsch, nochmals alles hinter uns zu lassen, nochmals in die Südsee zu segeln, wieder die polynesischen Lieder zu hören. Eigenartigerweise drehten sich unsere Gedanken immer wieder nur um die Südsee, nicht um Bali, nicht um die Salomonen und nicht um Südafrika.

Meine Bürowände waren eng. Es bedurfte einiger Umstellung. Pünktlich hatte ich jeden Morgen zum Dienst zu erscheinen und den ganzen Tag über Akten zu wälzen. Aber das war nicht das Schwierigste bei meiner Eingewöhnung. Jahrelang war ich es gewohnt gewesen, den Kapitän zu spielen, der sich nur nach Wind, Wetter und etwas Schiffstechnik zu richten hatte. Jetzt aber hatte ich einen Vorgesetzten, der sich selbst in der Rolle des Kommandanten gefiel. Was halfen mir schon die Fähigkeiten, mit Hilfe der Gestirne den richtigen Weg über den weiten Ozean zu finden, wenn es jetzt darum geht, dicke Akten zu wälzen und ans Ende ein paar Zeilen zu schreiben, um ihnen so den richtigen Weg durch die Behörden aufzuzeigen.

In meinem Zimmer hatte ich einen sogenannten Aktenbock, eine zweigeteilte Ablage. Morgens, wenn ich das Büro betrat, lagen die zu erledigenden Akten auf der linken Seite. Das war der „Einlauf". Abends hatte ich dann die Akten auf die andere Seite geschafft, nämlich in das Fach, wo ein vergilbter Zettel den Aktenstapel als „Auslauf" kennzeichnete. Dazwischen war eine Holzwand, nicht einmal aus Marinesperrholz, vielleicht 20 Millimeter dick.

Nein, es konnte nicht Aufgabe eines Mannes sein, sein Leben lang Akten von der linken Seite auf die rechte zu schaffen! Aber was half es; die Weltumseglung war vorbei, und ich hatte wieder meinem Beruf nachzugehen, schon allein um des täglichen Brotes willen. Im Gegensatz zu der Zeit unserer Abfahrt hatte ich jetzt sogar noch Glück gehabt, Arbeit im Staatsdienst zu finden. Die wirtschaftliche Situation in Deutschland hatte sich grundlegend geändert. Früher sah man in einem Arbeitslosen nur einen Drückeberger. Mit einem Mal saßen Millionen Arbeitsloser auf der Straße.

Wir hatten Glück. Auch Carla konnte wieder bei ihrer alten Arbeitsstelle anfangen. Schon nach kurzer Zeit lief unser tägliches Leben so ab, als wenn wir gar nicht fortgewesen wären. Trotzdem: Es hatte sich eine ganze Menge geändert.

In meiner Freizeit blieb ich dem Fahrtensegeln verbunden. Häufig bekamen wir Besuch von Yachties. Aber es war nicht so wie früher. Auf den Ankerplätzen haten wir für unsere Freunde unbeschränkt Zeit gehabt, da konnte man mal einen ganzen Tag verplaudern. Zu Hause mußten unsere Besucher mitansehen, wie wir frühmorgens, wenn sie sich im Bett noch einmal umdrehten, unsere Aktentaschen unter den Arm nahmen und ins Büro gingen. Besonders witzig fanden sie es, wenn ich mir eine Krawatte umband.

Wolfgang Hausner kam mit einer großen Tüte der gepflegtesten Schnecken direkt aus Cebu auf den Philippinen. Nach seinem Schiffbruch auf den Salomoninseln, bei dem er die TABOO und sein gesamtes Vermögen verloren hatte, war er jetzt dabei, sich in Cebu eine neue Existenz aufzubauen. Ein neues Schiff stand auf seinem Wunschzettel obenan. Er hatte ein spannendes Buch mit dem Titel „TABOO – Eines Mannes Freiheit" geschrieben, in dem er seine ungewöhnlichen Erlebnisse schilderte. Das Honorar bildete den Grundstock für einen neuen Katamaran.

Als die Rümpfe bereits fertiggestellt waren, fegte ein Hurrikan über die Philippinen und zerstörte die TABOO II. Ein zweites Mal hatten Naturgewalten versucht, Wolfgangs Willen zu brechen. Und nun war er mit einer Sammlung der wertvollsten Schnecken in Europa, um mit dem Erlös ein drittes Mal den großen Anlauf zu nehmen, wieder einen Katamaran unter den Füßen zu haben – und nur ein solcher sollte es sein.

Über unsere Weltumseglung ein Buch zu schreiben, hatte ich nicht im Sinn. So mitteilenswert fand ich das Erlebte nicht. Was mich mehr beschäftigte, war, meine Erkenntnisse über die Positionsbestimmung mit Hilfe der Gestirne zu Papier zu bringen, um sie weiterzugeben. Nicht, weil ich meinte, etwas Neues entdeckt zu haben. Wohl aber, weil diese einfachste Methode der zwei gleichen Höhen im Navigationsunterricht nicht gelehrt wurde. Dafür hatte ich noch immer keine Erklärung gefunden: War es etwa unter der Würde eines Navigationslehrers, einfache Gedankengänge zu vermitteln? Oder befürchteten manche Segelschulen, kein Geschäft mehr zu machen, wenn sie statt einen ganzen Winter nur noch an zwei Abenden Astronavigation lehren würden? Oder wollte man gar die Astronavigation nicht entmythologisieren, damit man sich immer mit dem Glorienschein des Navigationsweisen unter die, ach, so dummen Anfänger begeben konnte?

Fragen, auf die ich keine befriedigende Antwort fand. Und doch war ich überzeugt, daß man Generationen von Navigationsschülern eben diese einfachste Methode der zwei gleichen Höhen unterschlagen hatte. Also setzte ich mich hin und schrieb einen Artikel darüber, wie man mit Hilfe der Sonne navigieren kann: „Astronavigation für den Wochenendtörn." Die Überschrift sollte zum Ausdruck bringen, wie einfach doch die ganze Sache sei.

Zwischenzeitlich waren in der „Yacht" schon zahlreiche Beiträge von mir erschienen und bei den Lesern gut angekommen. Diesen Artikel aber schickte der Chefredakteur mir zurück. Er habe, so der Begleitbrief, bei der Sache „kalte Füße" bekommen und den Artikel deshalb zur Begutachtung dem Navigationsspezialisten in der Redaktion, dem Journalisten Strepp, übergeben. Der jedoch habe ihn „der ‚Yacht' nicht würdig" befunden. Er als Chefredakteur aber könne sich dem Eindruck nicht entziehen, daß an der Methode etwas dran sei. Ob ich nicht zur Hamburger Bootsausstellung kommen könne, um die ganze Geschichte auszudiskutieren.

Die Flugtickets waren dem Brief gleich beigefügt. Also flog ich nach Hamburg.

Ich bat den Chefredakteur, mir eine halbe Stunde Zeit zu geben, damit ich ihm mein System erklären könne. Tatsächlich gelang es mir in diesen 30 Minuten, in denen ich mit priesterlichem Eifer nach Worten suchte, die Methode der beiden gleichen Höhen so darzulegen, daß Harald Schwarzlose den Trick offensichtlich begriff.

Das anschließende Gespräch mit Strepp brachte gar nichts. Er fand keinen Zugang zu dem, was vielen hundert Seglern den Umgang mit der Navigation erleichtert hätte.

Ungeachtet dessen entschied der Chefredakteur, den Artikel

„Astronavigation für den Wochenendtörn“ in der „Yacht“ zu veröffentlichen. Die Resonanz war für alle überraschend. Eine Flut von Leserbriefen setzte ein, das hatte es bei der „Yacht“ noch nicht gegeben. Der Tenor war nahezu übereinstimmend: „Endlich eine Erklärung der Astronavigation, die nicht der Selbstdarstellung des Autors dient. Statt dessen eine eingängige Beschreibung eines simplen Stoffes, den man schon dann begreift, wenn man nur einmal ganz bewußt den Lauf der Sonne über den Tag hinweg beobachtet hat.“

Die Reaktion der Leser hatte die Redaktion überzeugt. Ich wurde aufgefordert, eine Serie für die „Yacht“ zu schreiben, gewissermaßen einen kompletten Lehrgang in Astronavigation. Die kam genauso positiv an, was mich ermunterte, dem Verlag der „Yacht“ vorzuschlagen, ein Buch daraus zu machen. Die Verlagsleitung fragte zurück, wieviele Segler in Deutschland so ein Buch wohl brauchen würden.

Brauchen? „Fünfzig, vielleicht.“

„Und wie sollen wir da eine ganze Auflage verkaufen?“ war der unter kaufmännischen Gesichtspunkten verständliche Einwand.

„Sie werden sehen: Es werden sich viel mehr Interessenten für dieses Buch finden. Die wenigsten brauchen es für die Praxis, eher für eine sinnvolle Freizeitgestaltung. Kein Segler, der nicht das starke Bedürfnis hätte, mit Hilfe der Sterne nach einer einfachen Methode seinen Standort bestimmen zu können.“

Um es kurz zu machen: Vier Wochen nach Erscheinen war mein Buch „Astronavigation – ohne Formeln praxisnah“ bereits vergriffen und mußte neu aufgelegt werden.

Seglertragödie

Eines Tages bekam ich einen unheilvollen Telefonanruf. Trude Meyer, die Frau von Dr. Jörgen Meyer, wandte sich hilfesuchend an mich. Jörgen war nach seiner schnellen Weltumseglung mit nur drei Stopps zu einer weiteren Reise um die Welt aufgebrochen, diesmal auf der Kap-Hoorn-Route. Hierzu hatte er sich eine 16 Meter lange Sperrholzyacht, die BUTERA, gechartert.

Zunächst war die Reise ohne nennenswerte Zwischenfälle verlaufen, bis auf kleinere Probleme mit der Kurzwellenanlage (kein Amateursender) und den Rollfocks. Er hatte Südafrika und Neuseeland in den Brüllenden Vierzigern umrundet, eine wahrhaft hervorragende Leistung, wenn man das Alter von Jörgen und die Schiffsgröße berücksichtigte.

Die BUTERA erwies sich nun aber als längst nicht so schnell, wie der Skipper vermutet hatte. Und so geriet er in Zeitnot, denn das Schiff war nur für eine bestimmte Zeit gechartert. Den Einwand, es sei zu riskant, so spät im Jahr noch Kap Hoorn zu runden, wo bereits die Herbststürme drohten, wischte der mutige Jörgen bei dem letzten Funkkontakt mit dem Argument beiseite: „Ich habe keine Angst vor Stürmen."

Nun klang die Stimme seiner Frau bereits sorgenvoll, aber noch nicht verzweifelt. Jörgen hatte sich wochenlang nicht mehr gemeldet. Kap Hoorn mußte er längst gerundet haben. Sein Kurzwellensender, mit dem er direkt, auch von hoher See, Deutschland hätte erreichen können, war gestört. Bereits im Bereich von Neuseeland hatte Jörgen einen mehrtägigen Umweg gesegelt, um in die Reichweite einer Küstenfunkstelle zu kommen, die seinen Funkspruch über einen Ersatzsender, eine schwache Grenzwellenstation, weiterleiten konnte. In der Kap-Hoorn-Gegend hätte er sich der Grenzwellenstationen in Chile oder Argentinien bedienen können – wenn er den südamerikanischen Kontinent überhaupt erreicht hatte.

Natürlich waren die Sorgen von Trude berechtigt. Aber warum sollte man ihr die Hoffnung nehmen, solange eine Chance für Jörgen bestand. Als Blauwassersegler überlegt man sich natürlich genau, zu welchem Zeitpunkt ein Seenotfall angenommen werden muß, wobei man freilich in einen Zwiespalt gerät. Reagiert man übereilt, löst man möglicherweise grundlos einen Alarm aus. Verpaßt man den richtigen Zeitpunkt, so kann es für Rettungsmaßnahmen zu spät sein.

Ich habe mir für solche Situationen eine Faustregel zurechtgelegt: Mit einem Unglücksfall muß dann gerechnet werden, wenn die seit der letzten bekannten Position zu erwartende Reisezeit um das Doppelte überschritten ist.

Im Falle Jörgen Meyers half diese Regel allerdings nicht viel weiter. Denn seine letzte Position im Pazifik befand sich so weit entfernt von den Azoren – oder wo er sonst einen Funkspruch hätte abgeben können –, daß der Spielraum schon bedenklich groß geworden war. Meine Faustregel war aber zumindest geeignet, so hoffte ich, Jörgens Frau zu beruhigen. Das erwies sich bei den ersten Telefongesprächen als nicht besonders schwierig, denn – wie sie später klagte – hatte ihr niemand bis dahin erzählt, daß diese Art von Segelei auch gefährlich sein könne.

Ich war mir von vornherein darüber im klaren, daß die Hoffnung gering war. Ratlosigkeit überkam mich, denn was sollte man für Jörgen schon tun? Eine Seenotaktion brauchte man gar nicht erst auszulösen, denn dort unten gibt es so gut wie keine Schiffahrt, die notfalls hätte umgeleitet werden können. Und selbst wenn: War es nicht viel wahrscheinlicher, daß jede Rettungsaktion zu spät kommen würde, wenn tatsächlich etwas passiert war?

Schiffbrüchige, in erster Linie Segler, deren Yacht durch Wale versenkt worden war, haben zwar schon bewiesen, daß ein Überleben in der Rettungsinsel auch länger als 100 Tage möglich ist, allerdings in den Tropen, wo die Wassertemperatur bei über 25 Grad liegt. An der Eisberggrenze jedoch reduziert sich die Überlebenschance in der Rettungsinsel auf ein oder zwei Tage.

Hatte sich aber die Reise Jörgens beispielsweise wegen eines Mastbruchs verzögert, dann konnte sich alles noch zum Guten wenden. Nach meiner Meinung kann man mit einer hochseegerecht ausgerüsteten Yacht ohne weiteres ein Jahr lang auf dem Meer überleben, auch wenn sie antriebslos geworden ist.

Über den Sender in meiner Großstadtwohnung im achten Stock

erreichte ich einige Funkamateure auf großen Schiffen in den hohen Breiten des Südpazifiks und im Südatlantik. Ich bat sie, nach der BUTERA Ausschau zu halten.

Nach weiteren Monaten ohne ein Lebenszeichen war es zur furchtbaren Gewißheit geworden: Jörgen Meyer war tot. Was für eine Sinnlosigkeit - die Segelei ist es doch noch viel weniger als andere Dinge wert, sein Leben dafür herzugeben. Eine Rechtfertigung dafür kann ich auch heute noch nicht finden, wenn es auch jedermanns eigene Sache ist, in welchen Grenzen er sich in Lebensgefahr begibt.

Jörgen Meyer, für den ich nach wie vor eine große Hochachtung empfinde, wurde in einer englischen Zeitschrift als Vorbild für die deutsche Jugend hingestellt. Damit konnte ich mich nicht identifizieren, denn mit seinem Tod ist niemandem gedient. Hätte er auf diese extreme Segelei angesichts seines Alters nicht verzichten müssen? Francis Chichester, fast genauso alt wie Jörgen und für eine ebensolche extreme Weltumseglung auch noch geadelt, konnte ihm doch unmöglich als Vorbild gedient haben.

In einem Kommentar für die „Yacht“ machte ich keinen Hehl aus der Fragwürdigkeit eines solchen Unternehmens, wie Jörgen Meyer es sich zugemutet hatte. Das forderte bösartige wie zustimmende Reaktionen heraus. Eine andere Segelsportzeitschrift verglich gar - abwegig genug - meine sportlichen Leistungen während unserer Weltumseglung mit denen von Jörgen Meyer. Aber damit konnte man mich nicht treffen. Denn ich verstehe die Langstreckensegelei ohnehin nicht als Sport, sondern als reine Freizeitbeschäftigung, die mal vergnüglich, mal aber auch langweilig ist.

Fernweh und kein Ende

Unsere treue THALASSA hatten wir mit einem Lastwagen zum Chiemsee zurückbringen lassen. Sie wirkte dort auf mich ein wenig wie ein Fremdkörper. Die große Freiheit – auch auf den bayerischen Seen – war zwischenzeitlich weiter eingeschränkt worden, wohl ein notwendiges Übel bei der allgemeinen Zunahme der Wassersportbegeisterten. Die Enge auf den Seen mußte also zu Reglementierungen führen; es wurde sogar von einem allgemeinen Übernachtungsverbot gesprochen. Vorbei also die romantischen Abende an der Mündung der Rott, vorbei auch das gemütliche Kaffeetrinken vor Anker in einer Bucht, denn das Abspülen von ein paar Kaffeetassen ist natürlich ebenso untersagt wie das Pinkeln in den See. Das Kaffeetrinken selbst ist zwar nicht behördlich untersagt, aber die Segler untereinander strafen die „Kaffeesegler" mit größter Verachtung. Das gefiel uns ganz und gar nicht, denn wenn uns jemand katalogisieren würde, so würden wir es nicht als unehrenhaft ansehen, als „Kaffeesegler" oder als „Häuslschiffer" eingeordnet zu werden.

Als dann eines Tages die THALASSA beim TÜV vorgefahren werden mußte wie ein altes rostiges Auto und von einem freundlichen Beamten, der von der Seefahrt sicher nicht viel mehr wußte als ein Almbauer von der Weltraumfahrt, auf ihre See- und Verkehrstüchtigkeit untersucht wurde, hatte ich die Nase von der Binnensegelei auf einem Dickschiff voll und verkaufte das Schiff kurzerhand. An eine neue Reise dachten wir zunächst nicht mehr.

Doch ganz konnten wir uns von der großen Segelei nicht lösen, genausowenig wie zahlreiche meiner Leser, die mich anschrieben und mir damit die große Anzahl der Möchtegern-Weltumsegler erst so richtig deutlich machten. Sicher, es waren auch viele darunter, die nur davon träumten und nie auch nur einen konkreten Schritt in

Richtung Weltumseglung tun würden. Dazu zähle ich ebenso jene, die vor sich selbst zu rechtfertigen versuchten, warum sie nicht einfach alles liegenlassen und lossegeln konnten. Das Geschäft, die Hypotheken, die Frau ... Dabei war doch gar keine Entschuldigung notwendig. Es hätte doch ausgereicht zu sagen, ich habe keine Lust dazu.

Zu jener Zeit aber schien es zum guten Ton zu gehören, eine Weltumseglung zumindest zu planen. Möglicherweise lockte hier das letzte Abenteuer, noch dazu eines, von dem man meinte, es gut kalkulieren zu können. Denn ein wirkliches Risiko wollte keiner eingehen, der mich anschrieb und um Tips bat.

Es war interessant, festzustellen, daß die meisten der Briefeschreiber nicht ernsthaft von uns beraten werden wollten. Wir sollten sozusagen nur ihren Plänen den letzten Segen geben. Theoretisch nämlich sind die meisten Segler durch Prospekte, Bücher, Zeitschriften bestens informiert. Sie werfen ihre Erkenntnisse, die sie durch nächtelanges Literaturstudium gewonnen haben, auch nicht über den Haufen, wenn irgendso ein Weltumsegler etwas anderes meint. Wenn er aber zustimmt, dann ist ihr Selbstbewußtsein einmal mehr gestärkt. Möglicherweise ist es aber eine deutsche Eigenschaft, daß Erfahrung nur dann zählt, wenn sie mit den angelesenen theoretischen Erkenntnissen übereinstimmt (ineressanterweise wurde ich bei unseren zahlreichen Vorträgen am häufigsten nach meinen Segelscheinen gefragt, und erst nachdem ich erklärt hatte, ich besäße alle, auch nach den gesegelten Seemeilen. Theorie ist kein Ersatz für die Praxis.

Warum aber wollten so viele Leute um die Welt segeln? Daß jene Fans, die mir aus dem Gefängnis schrieben, eine ganz besonders große Sehnsucht nach draußen hatten, war noch einzusehen. Warum aber auch der Druckereibesitzer, der Inhaber eines Architekturbüros, die fünfköpfige wohlsituierte Familie? Die Antwort war häufig: „Weil wir in dem Leben hier keinen Sinn mehr sehen!“

Warum es draußen an den Gestaden der Weltmeere anders sein soll als „hier“, ist allerdings nicht ganz einzusehen. Palmen und grünes Wasser allein verändern noch nicht den Menschen. Ein wärmeres Klima auch nicht. Also ist es nur eine Flucht vor den äußeren Zwängen. Sicher, um acht Uhr muß ich auf 19 Grad 54 Nord und 44 Grad 33 Minuten West nicht im Büro sein. Dafür bleiben aber auch die monatliche Gehaltsüberweisung und der Handwerker für die Maschine aus. Und vom Einwanderungsoffizier muß ich mich dumm anreden lassen, nur weil der mich nicht von einem haschsüchtigen Hippie unterscheiden kann.

Sind die Mitmenschen „draußen“ anders? Sind sie besser als unsere Nachbarn zu Hause? Natürlich nicht, warum auch. Auf dem Ankerplatz zählt nur Kameradschaft. Ist das richtig? Früher sprach man vom Sport der Könige, wenn man sich über das Segeln unterhielt. Ohne lange zu überlegen, lud man sich gegenseitig ein, wenn sich zwei Yachten auf einem Ankerplatz trafen. Heute?

Einer unserer besten Freunde war Fritz K. Wir waren auf den Kanarischen Inseln auf dem Ankerplatz zusammen. Wir glaubten ihn gut kennengelernt zu haben. Wo immer wir anlandeten, war unsere erste Frage nach Fritz, aber wir trafen ihn nicht mehr. Wir hörten, daß er in seinem winzigen Boot erfolgreich die Welt umsegelt hatte und wieder in Deutschland war.

Eines Tages bekam ich einen verzweifelten Anruf der Verlobten von Fritz. Sie beide und ihr gemeinsames Kind hätten nach Australien segeln wollen, um dort zu leben. Fritz sei schon nach England losgesegelt, um das Boot zu Ende auszurüsten, während sie den Haushalt aufzulösen hatte. Aber Fritz sei nie in einem englischen Hafen angekommen.

Auch über Interpol wurden alle französischen und englischen Atlantikhäfen abgefragt, ohne eine Spur. Es gab kaum noch Hoffnung für ihn. Ich rief den Chef von der „Yacht“ an und bat ihn, doch in seiner Zeitschrift einen Suchruf zu bringen.

Ob nicht die Möglichkeit bestünde, daß Fritz seiner Verlobten und seiner Tochter einfach davongelaufen sei, wollte er wissen.

„Nein, für Fritz lege ich meine Hand ins Feuer. Da ist bestimmt nichts faul, das ist ein Seenotfall!“

Die „Yacht“ brachte also den Hilferuf, um das Schicksal von Fritz aufzuklären und um notfalls zu helfen. Gleich nach Erscheinen meldete sich ein Leser aus Westindien, der Fritz frei, unbeschwert und fröhlich - ledig aller Unterhaltssorgen - auf dem Weg nach Australien getroffen hatte.

Kurze Zeit nachdem wir die THALASSA verkauft hatten, wurden wir schon wieder unruhig, wollten wieder lossegeln. Warum? Na klar, weil es hier einfach zu eng war, weil es schön sein mußte, irgendwo unter Palmen in Polynesien zu sitzen, ohne jeden Zwang. Leben würden wir können; so ab und zu müßte ich halt ein Buch schreiben, das würde zum Auskommen reichen. Wir bräuchten kein Telefon; Heizkosten und Liegeplatzgebühren würden nicht anfallen,

Kleider waren im Land der T-Shirts auch nicht erforderlich, und im Notfall könnte man bei knapper Haushaltskasse vom Fischen leben.

Also fing alles wieder von vorne an, mit dem Unterschied, daß wir die gleichen Fehler wie bei der ersten Reise nicht mehr zu machen brauchten. Das Wichtigste war die Anschaffung der THALASSA II. Zunächst versuchten wir es auf dem Gebrauchtbootmarkt, der uns unübersichtlich groß erschien. Aber hier mußten wir lernen, daß bei nicht ganz geringen Ansprüchen die riesige Zahl der Second-hand-Yachten zusammenschrumpfte, obwohl wir nur nach einer einmastigen Stahlyacht zwischen 12 und 16 Meter Länge ohne Teakdeck und Generator suchten. Es half nichts, wir mußten das Abenteuer Schiffbau nochmals über uns ergehen lassen.

Die Suche nach einer Werft war einfach. Die eine, in Norddeutschland, sprach von einem Baupreis von etwa einer Million, die andere, Renommierwerft in Holland, von 800 000 Mark. Die Firma Noord Nederland in Friesland wollte die THALASSA II für einen Festpreis von 208 000 DM bauen, alles eingeschlossen, versteht sich. Ich überzeugte mich, daß dort solide gebaut wurde, und faßte Vertrauen zu den Friesen, insbesondere zum Betriebsleiter Blomhoff, zu dem wir schon bald ein herzliches Verhältnis hatten.

Unsere größte Sorge war, daß unsere Ersparnisse, mit denen wir die THALASSA II anbezahlt hatten, sicher investiert waren. Es durfte nicht noch einmal etwas Derartiges passieren wie beim Bau der THALASSA, daß nämlich die Werft abbrannte. Denn beim Schiffbau ist der Käufer immer in einer ganz schlechten Position. Die Werft bekommt eine Anzahlung, damit sie überhaupt das Material für das Schiff anschaffen kann. Bei Baubeginn ist das zweite Drittel der Kaufsumme fällig, so daß bereits zwei Drittel bezahlt sind, ohne daß vom Schiff irgend etwas zu sehen ist. Wenn in diesem Moment die Werft pleite geht, was häufig vorkommt, wie die Erfahrung der letzten Jahre gelehrt hat, so ist man zwei Drittel des Geldes los, ohne etwas in der Hand zu haben. Aber Blomhoff beruhigte uns immer wieder: Die Werft würde nie zumachen, schließlich sei der Staat an ihr beteiligt.

Der Bau der THALASSA II verlief so, wie es sich mancher erträumt und wie es heutzutage fast nicht mehr vorkommt. Es fiel kein böses Wort, und die fertige THALASSA II entsprach in allen Punkten unseren Vorstellungen. Nach den Erfahrungen unserer ersten Weltumseglung waren unsere Ansprüche aber auch nicht besonders hochgeschraubt. In erster Linie wollten wir ein einfaches Schiff haben, das uns genügend Lebensraum bieten konnte. Wasserdicht sollte es sein, unter allen Umständen. So selbstverständlich das klingt, so selten – ja, wenn ich genau nachdenke, noch nie – habe ich ein Schiff erlebt, das dieser Forderung entsprochen hätte. Die Segeleigenschaften interessierten mich als „Kaffeesegler“ nicht besonders; es reichte zu wissen, daß ich mit Carla in der Lage war, dieses Schiff von 16 Meter Länge mit seinen rund 25 Tonnen zu beherrschen.

Das Schiff war fertig, wir jedoch waren uns immer noch nicht klar darüber geworden, was wir eigentlich machen wollten. Daß wir wieder losfahren würden, und zwar nicht noch einmal um die Welt, stand fest, nicht aber, wie lange das Ganze dauern sollte. Ja, wir dachten sogar daran, überhaupt nicht mehr zurückzukehren. Aber wo wir bleiben wollten, das wußten wir auch nicht. Vielleicht Polynesien. Einst hatten wir uns gedacht, nach unserer Weltumseglung dorthin zurückzukehren, wo es uns am besten gefallen hatte. Das war sicher Polynesien.

Zunächst segelten wir mit Freunden die THALASSA II über den Kanal nach England, wo wir nach einer Irrfahrt im Nebel in Dover einliefen. Ich tat nach diesen Nebelerfahrungen den Schwur: „Nie wieder ohne Radar!“ Warum nur hatte ich daran nicht schon eher gedacht, wo wir doch nun ein so großes Schiff besaßen, dessen Stromversorgung kein besonderes Problem aufwarf, und wo doch der Preis für ein elektronisches Auge im Vergleich zum Schiffswert kaum ins Gewicht fiel. Jetzt wurden mir alle jenen dummen Gründe bewußt, die man mir als Argumente gegen ein Radar aufgezählt hatte: 1. Es verunziert das Schiff. 2. Man benötigt eine Ausbildung zur Bedienung. 3. Elektronik kann kaputtgehen. 4. Radar macht leichtsinnig, weil man sich nicht mehr auf die eigenen Augen verläßt.

Als ich aber in England all die kleinen Bötchen und Segelyachten sah, die mit der charakteristischen Antenne herumschipperten – Verschandelung der Silhouette hin oder her – und ich dann auch auf der THALASSA II ein 24-Meilen-Radar anbringen ließ, fiel es mir wie Schuppen von den Augen. Auf der nebeligen Themse konnte ich beim ersten Einschalten Dinge auf dem Bildschirm sehen, die mit bloßem Auge nicht vorhanden schienen. Dazu bedurfte es keines Kurses, genausowenig wie zum Fernsehen. Sicher, die letzten Kleinigkeiten holte ich aus dem Gerät nicht heraus, aber das wenige, was ich sah, bescherte mir ein ganz neues Gefühl für das Segeln bei unsichtigem Wetter.

Die Radarantenne hatte ich in den Mast montieren lassen, seitwärts, weil ich dachte, das Vorsegel käme mit der „Tortenschüssel“, wie meine Mitsegler die runde Abdeckung nannten, klar. Das stimmte, aber dafür lag das Großsegel an. Außerdem schien mir die Halterung etwas schwächlich zu sein. Der Monteur aber meinte, sie wäre robust genug. „Und um Kap Hoorn wollen Sie ja nicht segeln.“

Nein, um Kap Hoorn wollten wir selbstverständlich nie segeln. Trotzdem störte es mich, daß die Montage nicht allen Anforderungen genügte. Und so ließ ich mir einen zweiten Mast am Achterschiff aufstellen, auf dem seither die Tortenschüssel thront.

Obwohl wir immer noch nicht wußten, was wir eigentlich vorhatten, bereiteten wir unsere Abreise vor. Es war dieses Mal wesentlich einfacher. Wir nahmen die Dinge nicht mehr ganz so ernst. Unsere Wohnung vermieteten wir an drei ehemalige Heroinsüchtige (wovon es zwei „schafften“), ein Auto brauchten wir erst gar nicht loszuwerden, weil wir keines besessen hatten. Autofahren auf Bayerns Straßen war mir nämlich zu gefährlich. Unsere Werft schickte noch einige Ersatzteile nach England, bevor sie pleite ging.

Es wäre unwahr, würde ich behaupten, ich hätte mir über meine berufliche Zukunft keine Gedanken gemacht. Bei derartigen Unternehmungen wird diese Frage immer das Problem Nr. 1 sein. Ich hatte einen Beruf, der mich voll befriedigte, fast einen Traumberuf, der nur den einzigen Nachteil hatte, daß er mir zu wenig Zeit für meine Segelunternehmungen ließ. Ein Beamter hat etwa sechs Wochen Jahresurlaub, soviel wie die meisten Arbeitnehmer. Das reicht kaum für eine Atlantiküberquerung. Und wenn man es machen würde, müßte man die Yacht auf der anderen Seite der Welt liegen lassen. Unbezahlten Urlaub gibt es nur für ein halbes Jahr und nur für wissenschaftliche Zwecke, also bestimmt nicht für das Segeln. Nein, ich mußte ganz aus dem Staatsdienst ausscheiden, mit der vagen Hoffnung, später wieder eingestellt zu werden. Sicher ein großes Risiko; nicht jeder ist so leichtsinnig, das einzugehen.

Im Vergleich zu Axel Czuday allerdings war ich ein Spießbürger. Axel, mir damals noch unbekannt, rief mich eines Tages an und erklärte mir, er sei zwar Flugkapitän, würde sich aber in erster Linie mit dem Segeln beschäftigen. Natürlich nicht mit so langweiligen Sachen wie Weltumseglungen, sondern mit kernigeren Unternehmungen, wie er mir locker sagte. Die Polargegenden hätten es ihm angetan, Nordwestpassage durchs ewige Eis und so. Er suche noch ein Mitglied für sein „Polar Sailing Team“, und da sei ich der Richtige.

Das kam natürlich nicht in Frage, aber der Typ schien so interessant zu sein, daß ich Lust verspürte, ihn persönlich kennenzulernen. Wir trafen uns in einer Kneipe, und er erzählte mir in einer beeindruckend ehrlichen Art von seinem bisherigen Seglerleben.

Pläne, in die Eisgebiete zu segeln, hatte er schon lange. Von seinen Ersparnissen kaufte er sich ein kleines Stahlboot, rüstete es in Mallorca aus und setzte eines Tages Segel, um in die Arktis zu segeln. In puncto Navigation verließ er sich mehr oder weniger auf seine Intuition, wie Axel ohne Scham gestand. Der Grund für seinen Schiffbruch war dann auch kein Navigationsfehler, sondern ein nicht funktionierender Wecker, der ihn in der Straße von Gibraltar rechtzeitig aus der Koje klingeln sollte. So wurde er schließlich unsanft aus dem Schlaf gerissen, als seine Yacht mit Full speed auf einen Felsen von Marokko aufbrummte. Totalverlust.

Axel kam dann auf die Idee, nach Sponsoren für eine neue Verrücktheit zu suchen. Das war nicht so einfach, denn Sponsoren denken in kaufmännischen Kategorien. Erfolg oder Popularität sind gefragt. Axel stand vor dem Zirkelschluß: Ein Sponsor würde sich dann finden, wenn der Bekanntheitsgrad hoch sein würde. Diesen Grad der Popularität konnte er aber erst nach irgendeiner verrückten Segelei erreichen, zu der wiederum ein Schiff notwendig war. Eine Yacht konnte er aber nur mit Hilfe eines Geldgebers finanzieren. Also: kein Sponsor, keine Yacht. Oder: keine Yacht, kein Sponsor.

Axel durchbrach diesen Kreis, indem er mit großem Pressegedöns einen Preis stiftete. Ausgezeichnet werden sollte der jeweils „schlechteste Segler des Jahres". Zum ersten Preisträger bestimmte er, wen sonst, Axel Czuday und ließ sich feierlich den eigenen Preis überreichen.

Die Seglerwelt war entrüstet. Wenn Segler, insbesondere Funktionäre, alles verstehen, Spaß verstehen sie nicht. Statt daß die zahlreichen Leserbriefschreiber geschmunzelt hätten, spuckten sie Gift und Galle. Axel lachte sich ins Fäustchen. Und er setzte sogar noch einen drauf. Er, der „schlechteste Segler des Jahres", ließ in einem munteren Segelblättchen, dessen Chefredakteur Sinn für Humor hatte, verlauten, er habe das Bedürfnis, seinen Namen zu ändern. Er würde sich ab sofort Axel Slocum nennen.

Das war natürlich genau der richtige Nadelstich gegen jene Segler, die die Segelei als die ernsteste Sache der Welt betrachten. Joshua Slocum war nämlich der erste Segler, der um die Jahrhundertwende die Welt umrundet hatte. Und er war auf See verschollen, also so eine Art Märtyrer der Seglerwelt. Ausgerechnet dessen Andenken wurde von Czuday besudelt!

Wieder machte Axels Popularitätskurve einen deutlichen Ausschlag nach oben. Dabei hatte er sich mit Slocum jemanden ausgesucht, der unter Umständen Verständnis für solche Effekthascherei gehabt hätte. In seinen Buch „Sailing Alone Around the World" beschreibt er nämlich, wie er in Feuerland auf einem einsamen Ankerplatz als Schutz vor Überfällen auf dem Deck seiner Yacht Reißzwecken verstreut hatte. Tatsächlich sei er dann nachts durch das Geheul einiger Indianer geweckt worden, die eilends von Bord geflüchtet seien. Daß Slocum Sinn für Publicity gehabt hatte, bewies er, als er später eingestand, diese hübsche Geschichte erfunden zu haben, um sein Buch interessanter zu machen.

Kurzum: Axel fand mit dem ihm eigenen Charme einige Leute, die ihm unter die Arme griffen. Kurze Zeit darauf konnte er mit einer neuen gesponserten Stahlyacht eine aufsehenerregende Fahrt ins Polarmeer unternehmen, die von den Russen ziemlich abrupt beendet wurde. Sie griffen ihn in ihren Hoheitsgewässern auf und schickten ihn mitsamt seiner SOLARIS in Richtung Island zurück.

Als Axel mir diese Geschichten erzählt hatte, mußte ich ihm klarmachen, daß ich mich für die Eissegelei nicht eignen würde, weil ich viel zu verfroren sei und ich an derartigen Unternehmen überhaupt keinen Gefallen finden könnte. Er müsse auf meine Unterstützung verzichten. Trotzdem beeindruckte mich an Axel seine geradezu zerstörerische Offenheit, aber auch die Fähigkeit, über sich selbst herzhaft lachen zu können.

An jenem Abend in einem indonesischen Restaurant in München mit viel Reisschnaps und Gelächter ahnten wir nicht, daß sich unsere Yachten, die SOLARIS, die Axel später in HURRICANE umbenannte, und die THALASSA II, im Südatlantik treffen würden, genau an jenem Tag, da Axel durch den Tod erlöst werden sollte. Davon wird noch die Rede sein.

Mit Genugtuung stellten wir fest, daß die THALASSA II von der Größe her genau das richtige Schiff war. So, wie wir uns ein schwimmendes Heim vorgestellt hatten. Nicht nur die wichtigen Dinge, die zum Gelingen eines langen Törns notwendig sind, sondern all die anderen Sachen, die das Leben verschönern, hatten nunmehr Platz. Sogar meine Schreibmaschine konnte ich unter dem Deckel des Kartentisches verstauen. Der Traum vom Bücherschreiben unter Palmen war noch nicht ausgeträumt.

Der Maschinenraum war so, wie sich ein Fahrtensegler ihn erträumt. Dadurch, daß ich den Platz, den der Konstrukteur für die Eignerkabine vorgesehen hatte, für die Maschinenanlage wählte, ergab sich sogar Stehhöhe. Der Motor selbst, ein 80 PS starker MAN-Diesel, war von allen Seiten erreichbar. Auf der ersten THALASSA hätte ich gelegentlich das Anlasserritzel einfetten sollen, aber das war nicht möglich, weil ich das Ritzel selbst mit den tollsten Verrenkungen von Arm und Fingern nicht erreichen konnte. Man hätte die Maschine schon ausbauen müssen. Auf der THALASSA II gab es soviel Platz, daß es ein regelrechtes Vergnügen war, den Anlasser abzubauen. Keine zehn Minuten nahm diese Arbeit in Anspruch.

Aber im Maschinenraum befand sich nicht nur der riesige Diesel, sondern auch eine große Werkbank mit Schraubstock und ein paar „Power-Tools“, so, als befände man sich nicht auf einer Segelyacht, sondern im Hobbyraum eines Einfamilienhauses.

Ein besonders praktischer Einrichtungsgegenstand im Maschinenraum war ein kleiner, stählerner Tresor, der auf meinen Wunsch hin dort an die Wand geschweißt worden war. Darin wollten wir unser Bargeld für die Reise unterbringen. Denn auf unserer Weltumseglung hatten wir einige Schwierigkeiten gehabt. Häufig waren die Überweisungen nicht rechtzeitig oder am falschen Ort eingetroffen. Und nicht selten hatten wir erhebliche Zeitverzögerungen und Kursverluste hinnehmen müssen, obwohl wir mit einer kleinen Volksbank auf dem Lande zusammenarbeiteten, die sich alle Mühe gab, unsere Aufträge unbürokratisch und pünktlich zu erledigen. Die Mitnahme von größeren Bargeldbeträgen war wegen der Diebstahlsgefahr nicht möglich.

Mit dem angeschweißten Tresor war es nahezu ausgeschlossen, daß unser Bargeld in die Hände von Dieben oder Einbrechern fallen würde, denn er konnte nur mit Hilfe eines Schneidbrenners oder einer Flex aufgebrochen werden, die sich wiederum mit Bordmitteln nicht betreiben ließen. Und vom nächsten Stromanschluß waren wir immer weit genug entfernt, nachdem in den Gebieten, die wir besuchen wollten, die THALASSA II mangels Pier regelmäßig auf dem Ankerplatz liegen würde.

Wir wollten unser Startkapital für die lange Reise in Dollars mitführen, der einzigen Währung, die nahezu überall unbesehen genommen wird. Ich rief also Herrn Kleiner von der Volksbank am Ammersee an und bat ihn, mir 30000 DM in *kleinen* Dollarscheinen zu besorgen. Kleine Scheine deshalb, weil mit einer 100-Dollar-Note auf einer abgelegenen Insel nicht viel anzufangen ist. Das Wechselgeld würde fast immer in einheimischer Währung sein, die wiederum auf dem nächsten Ankerplatz in einem anderen Land keinen Abnehmer fände.

Herr Kleiner meinte, daß es nicht ganz leicht sei, soviel Dollarscheine zu beschaffen, versprach aber, es zu probieren. Ein paar Tage später rief er mich an, ich könne am Wochenende das Geld holen.

Als ich die Bank betrat, sagte Herr Kleiner mit einem Blick auf meine Aktentasche: „Das wird nicht reichen." Als ich ihn etwas erstaunt ansah, fügte er hinzu: „Kommen Sie mit in den Tresorraum, und sehen Sie sich die Bescherung an. Ich sage Ihnen gleich, ich habe die Scheine nicht nachgezählt!"

Tatsächlich überstieg das, was ich sah, alle meine Erwartungen. Auf einem Tisch waren „meine" Dollarscheine gestapelt. Die Aktentasche war tatsächlich viel zu klein für so eine Menge Papier, da hätte ich schon einen kleinen Koffer benötigt. Gar nicht daran zu denken, daß dieses Geld in meinen kleinen Tresor auf der THALASSA II passen würde.

Ich besah mir die schmuddeligen grünlichen Lappen genauer. Plötzlich ging mir auf, was hier passiert war. Herr Kleiner hatte mich am Telefon falsch verstanden und statt *kleiner* Dollarnoten ausschließlich *Ein*-Dollar-Noten besorgt.

Mit denen konnte ich nichts anfangen, aber ich brachte es nicht übers Herz, dem hilfsbereiten Herrn Kleiner reinen Wein einzuschenken und ihm das Geld dazulassen. Also verpackte ich die Dollars – natürlich ohne sie lange zu zählen – in alte Kartons und lud meine „Reisekasse" ins Auto. Dann begann in München eine lange Telefoniererei mit allen Banken, mit denen ich schon mal was zu tun gehabt hatte. Endlich wurde ich fündig. Man teilte mir mit, ich könne in die Zentrale gehen, zur Kasse 16, dort würde mir der Kassierer Lechleitner die Dollars gegen größere Scheine umtauschen. Also zog ich mit meinen Kartons zum Herrn Lechleitner und schob das Geld über den Tresen.

Langsam und geduldig prüfte er Schein für Schein und bildete kleine Häufchen. Mindestens eine Stunde nahm die Aktion in Anspruch. Am Schluß bekam ich einen kleinen Packen 100-Dollar-Scheine, der zwar wunderbar in meinen Tresor paßte, aber genau das war, was ich nicht wollte. Denn was sollte ich beim Bäcker auf

Fatu Hiva schon mit einer 100-Dollar-Note. Trotzdem war mir diese Lösung lieber, als einen Haufen Geld in Kartons unter der Koje stauen zu müssen. Herrn Lechleitner schien es recht zu sein: „Wissen Sie, ich habe das Geld ganz gern genommen, denn hier in der Gegend muß ein Verrückter sein. Die ganze letzte Woche hat eine Bank auf dem Land versucht, eine größere Summe in Ein-Dollar-Noten zusammenzubringen.“

Mister Modul

Um diese Zeit begannen die Taschenrechner das Rechnen zu erleichtern. Das Kopfrechnen kam außer Mode. So schien es zumindest, denn man konnte auf diesen Wunderdingern tatsächlich all das berechnen, was seit hundert Jahren oder länger schon auch Tafelwerke ermöglichten - nur, es war eben faszinierender. Natürlich mußte ich, der ich ja versucht hatte, die Astronavigation mit Hilfe von Tafeln den Seglern nahezubringen, ein wachsames Auge auf die Rechner haben. Ich wollte meine Leser nicht auf einen Irrweg schikken, wenn ich ihnen empfahl, sich nicht allzusehr auf die störanfällige Elektronik einzulassen.

Also befaßte ich mich intensiv mit diesen neuen Wunderkästen. Ich hatte rasch herausgefunden - was kein Kunststück war -, daß es so schnell mit den Rechnern auch nicht ging. Einen einzigen astronomischen Standort auszurechnen, erforderte mehr als zweihundert Tastendrücke. Tippfehlern war damit Tor und Tür geöffnet, wobei bereits ein einziger die ganze Arbeit zunichte machte. Wenn man auf der Schreibmaschine mal die falsche Taste erwischt, bleibt der Text fast immer lesbar und ohne Sinnentstellung; auf dem Rechner wird das Ergebnis schlichtweg falsch. Und was das Wesentliche war: Ganz ohne Tafeln kam man auch mit dem teuersten Rechner nicht aus, denn die Gestirnspositionen mußte man nach wie vor aus dem Nautischen Jahrbuch entnehmen.

So ging mein Ehrgeiz schon bald dahin, einen Rechner so zu programmieren, daß auch die Gestirnsdaten darin erarbeitet werden konnten, und zwar nicht manuell, sondern automatisch. Mein Traum war ein Taschenrechner, in den man nur den gemessenen Winkel einzugeben hatte, um auf *einen* Knopfdruck hin, eine Art Startsignal, die fertige Standlinie oder gar den fertigen Schiffsort zu bekommen.

Es gab zwei große Probleme auf dem Weg zu meinem Traumrechner. Erstens war die Speicherkapazität auch der besten Taschenrechner damals noch recht begrenzt, und zweitens waren die Formeln für die Gestirnsdaten nicht so leicht erhältlich, wie ich von Dr. Förster wußte.

Dr. Förster war mein Nachbar. Manchmal sah ich ihn abends auf seinem Balkon sitzen und mit einem riesigen Fernglas in den dunklen Nachthimmel starren. Von Beruf Arzt, hatte er sich die Astronomie zum Hobby gemacht. Vom Segeln wußte er nichts. Als ich ihn zum erstenmal nach Formeln für den Sonnenlauf fragte, klärte er mich auf, daß die Formeln so lang seien, daß sie auf keinen Fall mit einem Taschenrechner verarbeitet werden könnten, schon gar nicht, wenn er nur Platz für 800 Rechenschritte hätte. Als wir uns beim nächstenmal über dieses Problem unterhielten, fragte er: „Wie genau müssen die Gestirnsdaten eigentlich sein?"

„Nachdem Standorte mit Hilfe der Gestirne höchstens auf ein oder zwei Meilen genau sind, würde es ausreichen, wenn die Gestirne auf eine Genauigkeit von einer viertel Meile, also auf 15 Winkelsekunden, berechnet werden würden."

Dr. Förster war verwundert: „Aber das ist ja etwas ganz anderes, als ich gedacht habe. Ich war immer der Meinung, daß eine Genauigkeit von einer Winkelsekunde erforderlich sei. 15 Sekunden könnte man sicher hinbringen mit einer Formel, die in den Rechner paßt."

Dr. Förster begann seine Arbeit. Er konnte nicht auf fertige Formeln zurückgreifen, denn entweder waren sie unnötig genau und damit viel zu umfangreich, oder sie waren kürzer und somit viel zu ungenau, auch für unsere Zwecke. Er saß jetzt nicht mehr am Fernglas, um die Gestirne zu beobachten, sondern er arbeitete daran, den Lauf der Sonne möglichst genau auf ein Blatt Papier zu bannen.

Nach ein paar Monaten war es soweit. Wir hatten die Formel für die Sonne in einen handelsüblichen programmierbaren Rechner eingetippt. Sie war so knapp gehalten, daß ich auch die eigentliche Astronavigation noch unterbringen konnte. Als ich den Startknopf des Rechners gedrückt hatte, starrten wir gespannt auf die flimmernde Anzeige des schwarzen Kästchens. Zweieinhalb Minuten rechnete es, bis endlich die kleinen roten Ziffern aufleuchteten. Vor uns stand eine imaginäre Schiffsposition, so, wie ein ehrgeiziger Navigator sich das wünscht: nach geographischer Länge und Breite.

Das war aber erst der Anfang. Denn im Rechner war nur Platz für die Sonne oder für die Venus oder für die Sterne. Für die gesamte Astronavigation reichten seine technischen Möglichkeiten einfach nicht aus. Auf der ganzen Welt war kein Modell aufzutreiben, das so leistungsfähig gewesen wäre. Aber es gab da einen Rechnertyp, bei dem man auf der Rückseite - ähnlich einfach wie eine Batterie - ein Modul, einen Chip also, einlegen konnte, um so den Programmplatz auf diesem Modul zu nutzen. Die Rechnerfirma hatte selbst so einen Chip für Navigation auf den Markt gebracht, der aber in seinen Leistungen enttäuschte. Zu seiner Benutzung mußte man wie bisher das Nautische Jahrbuch heranziehen, also die richtige Seite finden, die richtigen Zahlen eintippen und hoffen, daß man hierbei keinen Fehler machte.

Es war schon merkwürdig. Da produzierte der größte Halbleiterhersteller der Welt einen Chip mit einer für damalige Verhältnisse riesigen Kapazität von 5000 Schritten und brachte es nicht fertig, diesen Chip intelligenter zu beseelen. Denn das eingebrannte Programm war schwächer als unsere 800 Schritte auf Magnetkarten.

Natürlich kam der Wunsch auf, einen eigenen Chip brennen zu lassen. Aber in der Praxis zeigten sich fast unüberwindliche Schwierigkeiten. Wir waren zwar in der Lage, das Programm für den Chip zu schreiben. Indessen schien die Kostenfrage unlösbar zu sein. Der amerikanische Rechenhersteller konnte uns nämlich nur dann einen Chip brennen, wenn wir 1000 Stück abnehmen würden. Es handelte sich dabei um einen technisch sehr aufwendigen Prozeß, zu dem ohnehin nur wenige Firmen auf der Welt in der Lage waren. Mit den Kosten für Verpackung und sonstiges waren somit weit über hunderttausend Mark zu investieren - für einen daumennagelgroßen Chip, wohlgemerkt.

Es dauerte rund ein Jahr, bis sich ein Produzent gefunden hatte, obwohl ich von einer Menge Leute umgeben war, die die Produktion eines solchen Moduls ganz toll fanden, aber natürlich das Geld nicht investieren wollten. Ein Münchner schließlich, nicht einmal ein Segler, glaubte an die Marktlücke und gab das Modul bei einem amerikanischen Halbleitergiganten in Auftrag.

Und so setzte ich mich eines Tages mit einem riesigen Koffer in Bewegung, mit Dutzenden von Büchern über Navigation und vielen hundert Metern Computerausdrucken. Das Ziel hieß Nizza an der Côte d'Azur, wo sich das Hauptquartier der Firma für Europa befand. Morgens um neun Uhr meldete ich mich dort an der Pforte, bekam ein schönes Schild mit meinem Foto und dem Aufdruck

„Gast“ und wurde zu einem Computer geführt, der so ein Modul simulieren sollte. In den sollte ich meine Formeln eintippen.

Es war das erstemal, daß ich ein Großraumbüro betrat. Einige hundert Mitarbeiter dieses amerikanischen Elektronikriesen waren hier versammelt. Manche hatten um ihren Schreibtisch eine Art spanische Wand stehen, manche saßen Rücken an Rücken mit anderen Mitarbeitern, und wieder andere hatten ihren Schreibtisch am Rande des Saales stehen, so daß sie zumindest den Rücken frei von unangenehmen Beobachtern hatten. Offensichtlich das Höchste an Statussymbol aber war eine Glaswand vor dem Schreibtisch, mit einer Tür. Also wenigstens die Andeutung eines abgeschlossenen Raumes. Freilich war die Milchglasscheibe nur eben so hoch, daß jeder auf dem Gang ungehinderten Einblick in die Chefetage hatte. So brauchte die Sekretärin nur von ihrem Schreibtisch, der auf dem Gang stand, ein wenig ihren Kopf zu heben, um Blickkontakt mit ihrem Chef zu haben. Unbeobachtet in der Nase bohren konnte also niemand in dieser heimeligen Halle.

Mein Betreuer, ein junger Franzose, hatte mir schon vorher mit seiner Visitenkarte imponiert. „Software-Manager for Europe“ stand darauf. Ich hatte mir eingebildet, er würde zumindest einen eigenen Chauffeur haben. Aber er war nur einer der vielen in dieser Halle. So wie die anderen mußte er manchmal erleben, daß der Stuhl an seinem Schreibtisch fehlte, wenn er lange vor Dienstbeginn die ungemütliche Bürohalle betrat. Dann konnte er sich nur dadurch helfen, daß er einem anderen Kollegen, der noch nicht erschienen war, die Sitzgelegenheit wegnahm.

Paul, so hieß der Software-Manager für Europa, brachte mich also zu meinem Arbeitsplatz, vor dem ein aufgeklappter Aluminiumkoffer mit einem kleinen Bildschirm stand. Der eigentliche Computer, der die 5000 Tastenfolgen speichern sollte, befand sich als indifferenter grauer Kasten ohne Dreh- oder Druckknöpfe in diesem Koffer. Ein dickes Kabel führte zum Bildschirm, ein anderes zu einem Taschenrechner, in das Fach, wo später der fertige Chip eingelegt werden sollte. Daneben waren noch ein Drucker und ein Kassettenrecorder vorhanden, der die fertigen Tastenfolgen auf Band aufzeichnen sollte, denn wenn man den Strom abschaltete, verlor der Computer alle Informationen, die er gespeichert hatte. Erhalten blieb nur die Piepserei auf der Datenkassette, mit der sich die Datenübertragung auf Band akustisch bemerkbar machte. Das sollte später noch eine große Rolle für mich spielen.

Zunächst aber war der Computer leer. Paul erklärte mir, daß ich keineswegs die Befehle so einspeisen könne wie bei einem Taschenrechner. Ich müsse sie im Klartext über eine Schreibmaschinentastatur eintippen. Er gab mir ein Verzeichnis mit besonderen Bedienungsanweisungen, sagte mir, daß ich ab jetzt genau fünf Tage, bis Freitag 17 Uhr, Zeit hätte, weil dann der Computer für einen anderen Kunden der Firma reserviert sei, und ließ mich mit meinem flimmernden Gegenüber allein.

Da saß ich also nun an einem strahlenden Sonnentag an der Côte d'Azur in einem menschenfeindlichen Großraumbüro und holte meine vielen Aufzeichnungen aus dem Koffer, der geöffnet neben mir auf dem Boden stand. Ich dachte an meinen Lehrmeister, den Sailer Karl, zurück, der mir damals den Semiversus einzupauken versucht hatte. Und nun war ich hier, um eben jenen Semiversus endgültig durch leistungsfähige Taschenrechner abzulösen. Da wollte ich einst die ganze Sache während unserer Weltumseglung laufend vereinfachen und mußte mich nun mit Nutation, Rektaszension und ähnlichen Astro-Exoten herumschlagen, mit denen ich eigentlich nie etwas zu tun haben wollte.

Zögernd begann ich mit meinen Eingaben. Schon der zweite Tastendruck ließ meinen Finger zurückzucken. Auf dem Bildschirm erschien der formatfüllende Schriftzug „WHAT???“. Ein schriller Piepston begleitete ihn, was dazu führte, daß sich fast der ganze Saal umdrehte und - wie ich meinte - bösartig zu mir hin glotzte. Ich hatte einen Tippfehler verbrochen und wurde rot wie eine Tomate.

Bald jedoch hatte ich den Wortschatz des Computers einigermaßen im Griff. Die Fehleranzeigen wurden immer seltener. Bereits am Ende des ersten Tages merkte ich, daß meine Arbeit unter gewaltigem Zeitdruck stand. Meine umfangreichen Programme waren noch nie in einem Stück durchgelaufen, da ich eine Programmkapazität von 5000 Schritten zuvor nicht zur Verfügung hatte. Abends wurde meine Arbeit auf Kassette gespeichert, und ich schlich mich todmüde in ein Hotel, um am nächsten Morgen wieder am Bildschirm zu sitzen.

Es war ein regnerischer Tag, der einen entscheidenden Einfluß auf meine Tätigkeit hatte. Als ich mittags durchs Fenster in der Ferne ein Gewitter über Nizza sehen konnte, schlängelte sich voller Eile Paul durch die vielen Tischreihen hindurch und drückte den Knopf für das Kassettengerät, um meine bisherige Arbeit aufzuzeichnen. Aber es war schon zu spät, wie mir Paul demonstrierte.

Durch das Gewitter war es zu einer kurzzeitigen Stromschwankung gekommen, nur wahrnehmbar an einem Zucken der Deckenbeleuchtung, aber lange genug, um dem Computer für ein paar Mikrosekunden den elektrischen Strom abzuschneiden und damit die darin gespeicherten Informationen zu zerstören.

Die gesamte am Vormittag geleistete Arbeit war vergebens. Ich konnte es gar nicht glauben, daß eine Weltfirma über eine so miese Stromversorgung verfügte, aber es war eine Tatsache. Der leere Bildschirm nach Wiedereinspielen des Programms von der Kassette bewies es.

Das passierte noch öfters. Ich hatte also nicht nur auf den Bildschirm zu achten, ob die eingegebenen Kommandos richtig waren, sondern noch regelmäßig den Horizont nach Gewittern abzusuchen. Und da soll einer sagen, Computerarbeit sei naturfern!

Mit der Zeit lernte ich auch meine nächste Umgebung kennen, alles junge Leute, die längst ein Großraumbüro und die Arbeitsbedingungen darin als selbstverständlich ansahen. Warum auch sollten sie klagen. Sie verdienten nicht schlecht; Leistung wurde honoriert. Na ja, meinten sie, wenn immer mal wieder einer von den Älteren, der das Tempo nicht mehr mithalten könne, gefeuert würde, so müsse man Verständnis dafür haben. Schließlich sei die Geschäftsleitung ihren Aktionären gegenüber für die Dividende verantwortlich.

Ich sah ohnehin kaum Ältere im Büro. Die Farbe der Karte mit Foto und Personalien, die jeder auf seinem Revers trug, gab Auskunft über die Dauer der Firmenzugehörigkeit. Silber war zehn Jahre, Gold 20. Gold konnte ich aber nicht entdecken, es überwogen Rot und Grün. Rot war ein Jahr, grün zwei Jahre. Wenn ein Mitarbeiter die grüne Karte bekam, gab die Geschäftsleitung in einem nahegelegenen Bistro eine kleine Cocktailparty. Geburtstagsfeier nannte man das. Fast alle gingen hin, was dem Geschäft sicher keinen Abbruch tat, denn natürlich fand die Feier nach Büroschluß statt.

Meine Woche am Computer näherte sich dem Ende. Trotz zahlreicher Pannen mit der Stromversorgung war ich soweit, daß das Programm lief. Ich konnte die restliche Zeit dazu benutzen, die Programme zu testen und Prüfaufgaben zu schreiben. Denn es durfte kein Fehler in meiner Arbeit stecken. Wenn ein Chip erst einmal gebrannt ist, läßt sich nichts mehr korrigieren. Ein falsches Programm würde immer und immer wieder falsch ablaufen. Ein

Druckfehler in einem Buch ist dagegen harmlos. Da kann man einen Korrekturzettel beilegen oder den Druckfehler in der nächsten Auflage berichtigen. Und selbst wenn man ihn nicht eliminiert, ist er meist allenfalls ein Schönheitsfehler. Das Buch läßt sich dennoch lesen. Nicht so bei einem Chip für einen Rechner, der liefert dann schlichtweg falsche Ergebnisse.

Der Chip-Hersteller kümmerte sich nicht darum, ob der Programminhalt richtig war. Er hatte sich allein dazu verpflichtet, einen Chip zu brennen, der die Testaufgaben genauso löste wie mein kleiner Tischcomputer. Das allein war schon ein technisches Wunder: Von meinem Programm sollten nicht etwa mühselig Schaltzeichnungen angefertigt werden; vielmehr sollte vom kleinen Computer eine Überspielung in die Computersprache eines großen Rechners im Keller des europäischen Hauptquartiers stattfinden. Dieser sollte mein Programm über den firmeneigenen Satelliten zu einem ganz großen Computerbruder in Dallas senden. Der würde dann, ohne daß noch einmal eine menschliche Hand tätig wurde, automatisch eine Maske anfertigen, nach der schließlich der Chip produziert werden konnte.

Am Freitagnachmittag, nach einer der hektischsten Wochen meines Lebens, war mein Tischcomputer soweit, daß er die umfangreichen und langen Testaufgaben fehlerfrei lösen konnte. Ich stellte die Aufgaben zusammen, unterschrieb sie in vielfacher Ausfertigung, fertigte auf Kassette noch ein paar Sicherheitskopien an und übergab das Ganze schließlich Paul, der mir versprach, mein Werk auf den Weg zu bringen: zuerst zum größeren Computer in den Keller, dann über Satellit zum ganz großen Computer in Dallas. Zwei Monate sollte es dauern, bis der Chip mit unserem Programm in Deutschland in einen Taschenrechner eingelegt und damit astronomisch navigiert werden könne, ganz ohne Tafeln und Rechnerei, nur so auf Knopfdruck.

Ein gutes Omen

Ich wartete nun also gespannt auf das Erscheinen meines Moduls und dachte nicht im entferntesten daran, daß noch etwas schiefgehen könnte. Denn ich hatte alles getan, um dem Geldgeber ein gutes Programm zu basteln. Daraus nun ein Geschäft zu machen, war allein seine Sache.

Eines Samstags aber schien für mich meine Navigationswelt einzustürzen. Für ein Buch über Taschenrechner suchte ich eine einfache Programmfolge in den Unterlagen, die noch von den Modularbeiten stammten. Ich tippte in meinen Rechner aus einem Druckerausdruck vom Modul eine kurze Tastenfolge ein und wartete auf das Ergebnis. Das Programm sollte die Entfernung zwischen den Kanarischen Inseln und Barbados ausrechnen. Es mußte also irgendeine Zahl in der Nähe von 2700 herauskommen.

Als ich das Ergebnis sah, dachte ich natürlich an einen Tippfehler, denn das Display zeigte „198". Ich wiederholte also die Eingaben. Resultat: „198". Ich mußte mich setzen, denn ich sah einen Alptraum auf mich zukommen.

Langsam, Ziffer für Ziffer, ging ich die Liste mit den Rechenbefehlen durch, bis ich die traurige Gewißheit hatte. Bei der Berechnung der Entfernung zwischen zwei Punkten, eine Grundaufgabe in der Navigation, befand sich ein Unterprogramm, das dort nie und nimmer hingehörte. Dieses Unterprogramm hier hatte die Aufgabe, bei der Kursberechnung, wenn immer höhere Kurse als 360 Grad, also ein Vollkreis, herauskamen, so lange diese 360 Grad abzuziehen, bis ein Kurs unter 360 Grad übrigblieb. Bei der Entfernungsberechnung aber hatte es nichts, rein gar nichts zu suchen.

Ich konnte das gar nicht glauben. Als ich mit zitternden Fingern das Originallisting des Moduls durchging, wurde der Fehler zur Gewißheit. Mit meinem Modul konnte man keine größeren Entfernungen als 360 Seemeilen ausrechnen, ein Witz. Das war kein Fehler mehr, den man mit ein paar flapsigen Worten in der Gebrauchsanweisung abfangen konnte. Es war niemandem zuzumuten, hierfür Geld auszugeben. Warum war mir das nicht schon bei den Testaufgaben aufgefallen?

Ich blätterte sie durch und stellte fest, daß rein zufällig dort keine größere Entfernung als 360 Seemeilen auszurechnen gewesen war. Ich dachte an den Produzenten, der für mein schwachsinniges Modul mehr als hunderttausend Mark ausgegeben hatte und nun nichts anderes bekommen würde als tausend schwarze Chips - mit einem schönen Aufdruck und sechzehn silbernen Beinchen.

Ich stürzte zum Telefon, versuchte, in Nizza jemanden zu erreichen, aber es meldete sich nur der Hausmeister oder jemand von der Werkspolizei. Zwei unruhige Nächte verbrachte ich, bis ich endlich am Montag erfuhr, daß die Franzosen trotz der Bitte um äußerste Eile unser Programm noch gar nicht nach Amerika überspielt hatten. Treuherzig meinten sie, daß da sicher noch ein weiterer Fehler entdeckt werden würde, und dann gäbe es noch eine Korrekturmöglichkeit.

Niemand konnte erklären, warum dieses blöde Unterprogramm ausgerechnet an dieser Stelle war und nicht da, wo es hingehörte. Hatte ich einen Fehler gemacht? Oder waren die zahlreichen Stromausfälle schuld?

Es war vielleicht ganz gut, daß diese Frage nicht beantwortet werden konnte, denn so hatten auch die Franzosen ein schlechtes Gewissen. Anders ist es jedenfalls nicht zu erklären, daß sie mir anboten, nochmals an ihrem Computer zu arbeiten. Nachdem er unter der Woche belegt war, organisierten sie sogar zwei Computertage am Wochenende. Das war sicher nicht einfach, denn eine so große Firma samstags zu öffnen, ist ziemlich aufwendig. Jedenfalls bekam ich noch einmal eine Chance, und zwar ganz exakt von Samstag acht Uhr bis Sonntag 20 Uhr, keine Minute länger.

Freitagabends landeten Dr. Förster und ich auf dem Flughafen in Nizza, wieder den Koffer voller Bücher. Ich war mir sicher, den Fehler am Wochenende ausmerzen zu können, was gewiß nur wenige Minuten in Anspruch nehmen würde. Trotzdem war ich froh, so viel Zeit zur Verfügung zu haben. Wir konnten also das gesamte Programm auf weitere „Bugs“, Fehler, hin absuchen.

In Gedanken war ich bereits beim Computer, als ich an der Paßkontrolle dem Franzosen den Reisepaß hinschob. Auch der schien an sein Wochenende zu denken, denn ohne richtig hinzusehen, schlug er den Paß an der Stelle auf, wo das Foto eingeklebt war, und klappte ihn ganz automatisch wieder zu. Ich hätte mir lieber Sekundenbruchteile auf die Zunge beißen sollen, aber ich stieß einen leisen Schrei aus, als ich das Paßfoto sah. Dadurch wurde der Beamte erst aufmerksam, daß etwas schiefgelaufen war. Er ließ sich den Paß noch einmal geben und verglich Bild mit Wirklichkeit. Ich stammelte - bar jeglicher Französischkenntnisse - etwas von „excusé moi" und von „Madame", aber der Franzose schüttelte nur den Kopf und winkte mich hinter den Schalter.

Wie sollte ich jetzt bloß erklären, wie wichtig es für mich war, an den verdammten Computer zu kommen, mit oder ohne Carlas Reisepaß. Der Beamte bedeutete uns, auf einer rohgezimmerten Bank in einem Hinterzimmer zu warten. Dr. Förster hatte inzwischen meinen Koffer hergebracht, aber der Franzose, der nicht ein Wort Englisch sprach, konnte selbstverständlich nichts mit den Formeln und Büchern anfangen, die ich aus meinem Gepäck herausholte und ihm unter die Nase hielt.

Endlich kam ein zweiter Beamter dazu, der ein paar Brocken Englisch sprach und sich sichtlich Mühe gab, uns zu verstehen. Er begriff, um was es ging, machte uns aber deutlich, daß ich mich zumindest irgendwie ausweisen müsse, um nicht mit der nächsten Maschine nach Frankfurt zurückgeschickt zu werden, dorthin, wo ich hergekommen war.

Fieberhaft suchte ich in meiner Brieftasche nach irgendwelchen Ausweispapieren, aber außer Carlas Reisepaß hatte ich tatsächlich nichts dabei, keinen Führerschein, nicht mal eine Scheckkarte. Da kramte Dr. Förster noch einmal in meinem Koffer herum und zeigte dem Franzosen mein Buch „Astronavigation", auf dessen Titelseite ich abgebildet war. Er konnte mich also identifizieren, aber die Situation war doch ziemlich hoffnungslos. Was nützte es schon, wenn er jetzt meinen Namen wußte und als Vornamen auch nur meinen Spitznamen. Ich schätzte die Chancen von Bobby Schenk, am nächsten Morgen am Computer in Nizza zu sitzen, auf Null ein. Aber zu meinem größten Erstaunen entließ uns der Franzose in Richtung Flughafenausgang mit der Auflage, mich nach Beendigung der Arbeiten am Computer sofort bei ihm zu melden.

Das war letztlich ein gutes Omen für das Modul. Es wurde ein großer Erfolg, viel größer, als die Beteiligten sich das vorgestellt hatten. Bei einem Vergleichstest durch die Zeitschrift „Yacht" schnitt unser Rechner als der leistungsfähigste ab, was sicher dazu führte, daß dieses Modul in Deutschland mehr verkauft wurde als das firmeneigene Modul weltweit. Die Bundeswehr testete das Modul auf 18 Nordatlantikflügen und bescheinigte „präzise und genaue Ergebnisse“. Dort kam es auch zum Einsatz in schnellfliegenden Transportmaschinen vom Typ Boeing 727. Zu meiner Verwunderung erfuhr ich, daß trotz Omega, Satelliten, Loran C und Trägheitsnavigation bei der Militärfliegerei die Gestirne als Navigationshilfen noch längst nicht ausgespielt haben, sondern nach wie vor hilfsweise herangezogen und verrechnet werden, weil dieses Navigationssystem im Ernstfall vom Feind nicht gestört werden kann. Aber wenn die Sonne einmal nicht mehr an dem Fleck am Firmament zu sehen ist, wo sie nach dem Willen des Schöpfers zu stehen hat, dann, ja dann wird sicher nicht mehr navigiert.

Wieder unterwegs

Ziemlich genau fünf Jahre nach unserer ersten Weltumseglung öffneten sich für die THALASSA II die Schleusentore von London und gaben den Weg frei Themse abwärts. Als wir unter Motor auf Londons schmutzigem Fluß bei Greenwich den Nullmeridian überquerten, überlegte ich mir, was in diesen fünf Jahren alles passiert war. Mein Beruf hatte mir Freude gemacht. Die Beschäftigung mit der Segelei vom Schreibtisch aus hatte mir – und Carla – viel Freude, Anerkennung und auch etwas Taschengeld verschafft, das sofort in das Schiff geflossen war. Fünf Bücher hatte ich geschrieben, Carla zwei. Zigtausende hörten uns bei Vorträgen, auf denen wir von unserer Weltumseglung erzählten. Das Wesentlichste aber, was wir die letzten fünf Jahre erlebt hatten, wurde uns beim Start zur neuen Reise noch nicht bewußt: Wir waren fünf Jahre älter geworden.

Die Biskaya, gefürchtet wegen einer Sturmhäufigkeit von sechs Prozent, zeigte sich von ihrer freundlichsten Seite; wir mußten die Flaute mit der Maschine überwinden. Als dann der Orkan, der damals das Fastnet-Rennen zur Segeltragödie des Jahrhunderts werden ließ, über das Regattafeld herfiel, bog die THALASSA II schon um die Ecke ins Mittelmeer.

Die Yachtie-Szene hatte sich verändert. In Gibraltar war sie noch trostloser geworden. Möglicherweise lag es an unserem Alter, daß wir das alles nicht mehr so lustig wie früher fanden. Ich konnte mir einfach nicht mehr vorstellen, daß auch nur die geringsten Chancen für diese Typen im Admiralitätshafen bestanden, jemals die andere Seite des Ozeans zu erreichen, was ja angesichts der ursprünglichen Weltreiseträume nur ein ganz bescheidenes Ziel gewesen wäre. Die brüchigen Schiffe hätten es sicher noch geschafft, den Atlantik zu „bezwingen“; wenn man zur richtigen Zeit, also im Herbst, lossegelt, ist der große Teich nicht viel bissiger als der Bodensee.

All jene Lebenskünstler, die angehenden Weltumseglern weismachen wollen, wie preiswert man um die Welt komme und welch einfache Ausrüstung ausreiche, um gegen die Natur zu bestehen, sollten sich diese Hochseevögel in Gibraltar, einem der billigsten Häfen im Mittelmeer, genau ansehen. Die Wahrheit ist, daß dort die Träume der Aussteiger von der Weltumseglung ausgeträumt sind, daß sie auf ein Wunder warten, das in Form eines noch Dümmeren kommen könnte, der ihnen ihr Schiff abkauft. So ein Seelenverkäufer ist ein Flaschenteufel, der die schönsten Träume von der großen Freiheit auf dem Meere vermittelt, wobei der Schrottdampfer doch letztlich nur noch ein Gefängnis darstellt. Zu teuer zum Versenken, zu brüchig, um zu segeln.

Wir waren froh, als wir das triste Mittelmeer verlassen hatten und schließlich wieder in Westindien waren. Nicht, daß Westindien uns diesmal besser gefallen hätte. Aber die Segler dort haben zumindest den Atlantik hinter sich. Damit haben sie bewiesen, daß sie aus einem anderen Holz geschnitzt sind als das traurige Treibholz im Hafen von Gibraltar.

Ganz anders als die Blauwassersegler verhalten sich die Regattasegler. Sie kommen aus einer anderen Seglerwelt. Ihr einziges Bedürfnis ist es, eine Yacht so schnell wie möglich über den Ozean zu prügeln, auch wenn das auf Kosten der Sicherheit geht. In Antigua trafen wir die knapp sieben Meter lange AMERICAN EXPRESS. Sie hatte gerade das Mini-Transat, eine Transatlantikregatta für Einhandsegler mit Yachten unter sieben Meter Länge, in der sagenhaften Zeit von 22 Tagen gewonnen. Gut, die THALASSA II hatte diesmal nur 19 Tage benötigt, aber das läßt sich mit der Zeit der AMERICAN EXPRESS nicht vergleichen. Da die Höchstgeschwindigkeit einer Yacht in erster Linie von ihrer Länge über alles abhängt, ist eine 16-Meter-Yacht fast immer schneller als eine, die nur wenig mehr als sechs Meter in der Wasserlinie hat. Wenn eine Yacht aber ins Gleiten kommt - selten genug bei einer Kielyacht -, kann auch ein Zwerg wie die AMERICAN EXPRESS sehr schnell werden.

Trotzdem konnte ich mir die 22 Tage der AMERICAN EXPRESS schwer vorstellen - bis mir eines Tages ein anderer Yachtmann von seinem Zusammentreffen mit der AMERICAN EXPRESS auf hoher See erzählte. Sie waren auf ihrem großen Segler gerade dabei, für die Nacht die Segel zu kürzen, als im Mondschein von achtern ein Schiff aufkam. Zunächst schien es sich um eine ziemlich große Yacht zu handeln. Dieser Eindruck war aber lediglich durch den

Spinnaker hervorgerufen worden, den die AMERICAN EXPRESS trotz der starken Brise gesetzt hatte. Als sie mit geschätzten 15 Knoten vorbeisurfte, war niemand an Deck. Der Skipper schlief offensichtlich den Schlaf des Gerechten, so daß ihn der Teufelsritt seiner Sperrholzkiste nicht besonders aufregen mußte.

Regatta mit Karl, dem Segelmacho

Auf Antigua, wo jährlich die „Antigua Race Week“ stattfindet, wurde ich auf eine Swan 76 eingeladen, um darauf die Regatta mitzusegeln. Swan 76 ist eine Typenbezeichnung, die jedem Segler das Wasser im Munde zusammenlaufen läßt, vielleicht wie einem Autofahrer, wenn er den Namen Lamborghini oder Ferrari hört. Nur, eine Swan 76 ist vielleicht zwanzigmal so teuer wie ein Ferrari-12-Zylinder. Die in Finnland gebauten Schwäne zeichnen sich in erster Linie durch ihre Schönheit aus. Sie sind aber auch schnell, wie die Swan 65 SAYULA bewies, die das erste Rund-um-die-Welt-Rennen gewonnen hatte.

65 Fuß sind ungefähr 20 Meter, 75 Fuß noch ein paar Meter mehr. Unsere GARUDA war damit indessen noch lange nicht die längste Yacht in der Klasse der Maxi-Racer, aber auch nicht die langsamste, obwohl der Eigner sie nicht als reine Regattayacht bauen ließ. Sonst wären wohl kaum Bar, Videoanlage, Tiefkühltruhe und ähnliche Scherze an Bord gewesen. Um ganz vorne mitzumischen, war die GARUDA jedenfalls um mindestens zehn Tonnen zu schwer.

Aber der Ehrgeiz der Mannschaft war groß, sich höchstens den reinen Rennziegen gegenüber geschlagen zu geben. Wir waren 24 Mann an Bord, nach meiner Meinung zu viel. Wie ich jedoch noch merken sollte, wird eine Regattayacht ganz anders gesegelt. Nach Fahrtensegler-Maßstäben kann die GARUDA von drei bis vier Leuten gefahren werden, was auch die normale Besatzung auf dieser Swan 76 ist, wenn sie für ihren Eigner über die Weltmeere zieht. Aber in einer Regatta geht es anders zu. Da sind Affen vonnöten, „Neger“, wie man auf der GARUDA – nicht bösartig – sagt. Also Neger für das Vorschiff, Neger für die Coffee-grinder, riesige Winden für die Genuaschot, und natürlich Neger für die Segelsäcke.

Alle 24 waren keine Neger, nur 22. Da waren nämlich noch Karl, der Skipper, und Bob, sein „tactical adviser". Eigner Franz reihte sich unter die Neger ein, was ihn sicher auszeichnete, denn zu Hause befehligte er ein Heer von einigen tausend Arbeitnehmern. Aber er war viel zu klug, um nicht einzusehen, daß das Kommando während der Regatta besser bei Karl liegen würde.

Karl war Olympiateilnehmer in der Starbootklasse gewesen. Ein ganz liebenswürdiger Österreicher, allerdings nur, solange er nicht Regatta segelte. Nach dem Vorbereitungsschuß war er nicht mehr wiederzuerkennen. Da wurde seine Sprache ordinär, ob er nun auf englisch oder österreichisch brüllte, und zwar je nachdem, an welcher Stelle die GARUDA im Rennen lag.

Bob dagegen verlor nie die Ruhe, nur einmal, als die Eismaschine auf der GARUDA kaputtging und er seinen Gin mit Bitter Lemon, den er den ganzen Tag lang in sich hineinschüttete, warm trinken mußte. Sonst stand er neben dem Cockpit, die eine Hand am Backstag, in der anderen sein Lebenselixier, beobachtete ohne Unterbrechung das Regattafeld und meldete Karl, auf wen er aufpassen müsse, wenn die GARUDA über Stag ginge. Und Karl hörte auf die Ratschläge des 60jährigen Bob, denn unter allen Regattateilnehmern hatte er sicher den meisten Sachverstand, immerhin genug, um ein paar Jahre zuvor Weltmeister bei den Fünfkommafünfern zu werden. Um Bob wurde die GARUDA beneidet, und Jim Kilroy hätte ihn sicher gerne abgeworben, wenn nicht auf der KIALOA absolutes Alkoholverbot bestanden hätte.

Die KIALOA ist so berühmt, wie ihr Name klingt. Unter dem Kommando des Eigners Kilroy war sie die erfolgreichste Hochseeyacht der Welt geworden. Sicher träumen viele Segler davon, einmal auf der KIALOA eine Hochseeregatta mitzusegeln. Aber Wahrschau, Freunde, ein Spaß ist das nicht. Der Eigner erwartet von jedem Mannschaftsmitglied absoluten Gehorsam, wobei es ihn überhaupt nicht interessiert, ob das seiner Mannschaft gefällt. Niemand muß mit der KIALOA segeln, Jim bekommt genügend Mannschaftsmitglieder. Ihn interessiert nur eines: daß seine Leute möglichst viel Muskeln haben. Denken kann Kilroy allein. Seine zahlreichen Regattaerfolge beweisen das.

Als ich einmal nach einem Rennen auf die KIALOA kam, saß die Crew erschöpft und schweigend unter Deck. Ich fragte einen muskulösen Gorilla, was für eine Aufgabe die große Winde unmittelbar vor dem Cockpit habe. Das wisse er nicht, bekam ich zur Antwort, denn er sei für die Winde achtern steuerbord zuständig.

Jim Kilroy mag keine halben Sachen. Wenn er Regatta segelt, dann mit allen Konsequenzen. Eismaschine und ähnlichen Schnickschnack sucht man auf seiner Yacht vergeblich. Die Kajüte hat nichts Wohnliches an sich. Sie ist mehr oder weniger ein leeres Loch, höchstens, daß gerade der Spinnaker Nummer fünf darauf wartet, wieder zum Vorheißen hergerichtet zu werden. Richtige Kojen gibt es nicht; statt dessen Segeltuch, das an ein paar Haken an der Wand eingehängt ist. Die Toilette steht frei im Raum. Die Wände sind nicht verkleidet, die Spanten treten offen zutage.

Karl hatte mir erzählt, daß die werftneue KIALOA den Eigner überhaupt nicht zufriedengestellt habe. Er habe daraufhin den ganzen Innenausbau herausreißen lassen und einen neuen in Auftrag gegeben. Mir war unerklärlich, was da überhaupt zu tun war, denn ich sah nur nackte Wände. Jim Kilroy ließ vor jeder Regatta ohnehin alles ausräumen, was nicht niet- und nagelfest war. Wegen des Gewichtes ... Zu diesem Zweck hatte er eine riesige Motoryacht, gut um die Hälfte länger als die KIALOA, gechartert, die auch seine Crew nachts beherbergte. Dort konnten sie auch kochen, denn auf der KIALOA gab es nur eine winzige Kochstelle – für mehr als 20 Mann. Aber man benötigte sie ohnehin nur selten, höchstens nach einem besonders guten Manöver auf einem längeren Schlag. Auf der GARUDA wurde in einem solchen Falle eine Flasche Champagner geköpft, auf der KIALOA gab es zur Belohnung für Skipper-Eigner und Mannschaft ein Glas heißen Tee.

Die erste Wettfahrt war noch einigermaßen gemütlich, denn wir hatten kaum Wind. Es war kein besonderes Kunststück, die Segel dichtzuholen. Ganz anders bei der zweiten Wettfahrt. Der Passatwind hatte sich durchgesetzt und sorgte für gleichmäßige Schaumkronen. Gerade soviel Wind, daß unsere Konkurrenten und wir die größten Segel setzen konnten, ohne daß wir zuviel Lage schieben mußten und damit Geschwindigkeit einbüßten.

Die riesigen Yachten, keine maß weniger als 22 Meter Länge über alles, kamen sich vor der Startlinie bedrohlich nahe. Manchmal schien es, als würden sie für eine gute Startposition auch ein Loch im Rumpf riskieren. Es war schließlich nicht mein Schiff, aber allein vom Zuschauen blieb mir die Luft weg, als Karl, mit kaltem Blick am Ruder, ohne die Miene zu verziehen im Zentimeterabstand vor dem Bug eines anderen Maxi vorbeikreuzte, der Vorfahrt gehabt hätte. Wilde Schreie und extrem ordinäre Flüche folgten uns. Wieder mußte ich an den Spruch vom „Sport der Könige“ denken. Karl

drehte sich nicht einmal um, sondern stierte nach einer Lücke zwischen zwei anderen Booten, die sich an die Startlinie drängelten.

Der Startschuß fiel. Die GARUDA war blendend weggekommen. Karl brüllte uns an, endlich die Genua dichtzuholen. Dabei kurbelten wir ohnehin wie verrückt an den Coffee-grindern. Atemlos lehnte ich mich gegen den Heckkorb und dachte daran, daß ich mir unter Regattasegeln ein Vergnügen vorgestellt hatte.

Von achtern kamen jetzt die schnelleren Yachten auf, die nicht so einen guten Start erwischt hatten. Klar, daß wir weder die MISTRESS QUICKLY noch die deutsche SAUDADE und erst recht nicht die KIALOA halten konnten. Aber die ehemalige ONDINE, die wahrscheinlich alles schon gewonnen hatte, was es auf den sieben Meeren an Regattasilber zu holen gab, konnten wir gut halten. Ein Alter von mehr als zehn Jahren ist für eine Rennyacht eine Ewigkeit, sie gehört schon zum alten Eisen und ist höchstens noch eine Sehenswürdigkeit.

Karl, mit zwei Fingern das riesige Steuerrad der GARUDA austarierend, legte sich mit gestrecktem Arm weit nach Lee, um das Vorliek der Genua genau zu beobachten, und hörte mit scheinbar abwesendem Blick Bob zu, der ihm mit leisen knappen Worten einen Lagebericht von der Situation unserer Konkurrenten gab, eine Art gesprochene Draufsicht auf das Regattafeld.

Dann ein knapper Befehl: „Klar zur Wende.“ Wir sprangen zu den Winden. Auf der THALASSA II sind zwei Leute für eine schnelle Wende nötig. Einer, der im rechten Moment die Luvschot loswirft, und ein zweiter, der sie, nachdem der Bug durch den Wind gegangen ist, so schnell wie möglich auf der anderen Seite dichtholt. Wenn man hier schnell ist, bekommt man die Genua dicht, bevor der Wind auf dem neuen Bug ins Segel fällt und es von neuem füllt. Wenn es etwas länger gedauert hat, dann muß eben der erste Mann noch ein paar Umdrehungen an der Winde machen, und das Segel steht.

Auf der GARUDA war auf dem Vorschiff ein Mann nötig, der nichts anderes tat, als darauf zu achten, daß die Genua in der Wende nicht irgendwo hängenblieb. Auf dem Achterschiff aber standen elf Mann bereit, um die Wende zu fahren. Wenn man das nicht erlebt hat, vermag man kaum zu glauben, welche Kraft der Wind haben kann – wir hatten keine sechs Windstärken, also eine mittlere Brise, wenn nur das Tuch am Mast groß genug ist.

Der elfte Mann auf dem Achterdeck war ein kleiner Unterkommandant, der nichts anderes tat, als immer die Genua zu beobachten und darauf zu achten, daß sie optimal dichtgeholt werden würde.

Wenn also das Kommando „Rhe!“ von Karl kam, dann warf der Mann in Lee die Genuaschot, auf der ein Zug von mehreren Tonnen lastete, genau in dem Moment los, als der Wind begann, das Vorliek einzudrücken.

Auf der Winschtrommel durften jetzt nur soviel Törns liegen, daß die zweifingerdicke Schot mit einer Hand locker gehalten werden konnte. Mehr Seilwindungen wären nicht optimal gewesen, denn es hätte dann viel zu lange gedauert, die Genua loszuwerfen. Wehe, wenn sie aber zu früh hinausrutschen würde. Üble Flüche von Karl wären die unmittelbare Folge gewesen, denn bereits dieser Fehler hätte die GARUDA gegenüber ihren Konkurrenten mehrere Meter verlieren lassen.

Leben kam aufs Achterschiff, wenn die Schot rechtzeitig losgeworfen wurde. Dann holte einer auf der anderen Seite die Schot, die ohne Segeldruck genügend Lose hatte, so weit dicht, wie geschickt seine Hände eben waren. Kraft brauchte er nicht dazu, denn noch war kein Zug auf dem Seil. Wehe aber, wenn er die Schot noch nicht mit mehreren Windungen auf der neuen Winsch hatte und der Wind bereits ins Segel fiel. Dann gab es kein Halten mehr, und das Segel wehte aus mit der Folge, daß alles, was schon an Bord war, Zentimeter für Zentimeter wieder reingekurbelt werden mußte. Eine so große träge Yacht kostet das gleich mal hundert Meter.

Hat der Mann die Schot aber genau richtig auf die Winde bekommen, dann beginnt unter lautem Geschrei ein wildes Kurbeln, wobei an jeder Winsch zwei Mann arbeiten, die sich an einer Kurbel gegenüberstehen. Auch an der leeren Winde wird jetzt mitgekurbelt, denn mit einem kurzen Fußtritt werden beide Coffee-grinder zusammengeschaltet, damit vier Mann auf einmal an der Schot tätig werden können.

Wenn dann das Gebrülle weniger, das Keuchen lauter und die Umdrehungen langsamer werden, dann wird auf Kommando in entgegengesetzter Richtung gearbeitet. Der dritte Gang der 40000-Mark-Winden ist drin. Nur noch ganz langsam bewegt sich die Schot unter Zug von vielen Tonnen Windeskraft. Selten klappt eine Wende so, daß eine Mannschaft an der Winde sie zu Ende fahren kann; meistens stehen weitere vier frische Mann bereit, um für die letzten Zentimeter, die die Schot noch dichtgeholt werden muß, die keuchenden Neger an den Winschen abzulösen - unter den anfeuernden Kommandos des kalifornischen Minikommandanten: „More - more - a little bit mooore!“

Wenn dann das Keuchen wieder beginnt, dann beginnt auch der wieder – nicht druckreif – zu fluchen und beendet das Ganze mit einem nochmaligen Flehen: „Only five iiiinches more – oouh key – Good, guys!“

Acht Mann lehnen dann, nach Luft japsend, am Heckkorb, und wehe, wenn Karl auf der Kreuz wieder anfängt: „Klar zur Wende!“ Dann wird lautstark die Taktik von Bob und Karl in Zweifel gezogen, denn die GARUDA ist tatsächlich für so eine Regatta unterbesetzt. Es müßten jetzt frische Mann für die Achterwinde ran.

Immerhin, die Schinderei hatte Erfolg. Eine um die andere Wettfahrt lief es besser, und vor der letzten hatten wir schon eine Reihe von wesentlich größeren Yachten klar hinter uns gelassen. Unsere Bilanz konnte sich sehen lassen, wenn das Ganze auch mit ein paar Blessuren erkauft werden mußte. So zerfetzte es den 720 Quadratmeter großen Spinnaker und ein paar andere Segel. Der GARUDA riß es am Kiel ein paar Kilo Kunststoff heraus, als Karl unbedingt eine wesentlich kleinere Yacht unter Land überholen mußte und dabei aufbrummte. Was wirklich passiert war, wußte niemand, denn keiner tauchte nach dem Rennen runter, um nachzusehen. Ich bewunderte den Eigner, der an der Winsch am Achterschiff das Ganze miterlebte – ich beobachtete ihn in diesem Moment genau: Er zuckte nicht einmal mit der Wimper.

Die Abschlußwettfahrt brachte den meisten Wind. Schon beim Start zerfetzte es der SAUDADE das Vorsegel. Auf dem nachfolgenden Spinnakerkurs ertönte plötzlich ein Schreckensschrei, und alle blickten nach Steuerbord, wo sich in ein paar hundert Meter Entfernung der 30-Meter-Neubau WHITEFIN, eine Traumyacht aus Holz, unter Spinnaker unendlich langsam auf die Seite legte und nicht mehr aufrichtete. Ganz deutlich zeigte sie uns bis zur Kielsohle ihr Unterwasserschiff. Auf der GARUDA schrillte jemand: „She is sinking!“

Ich blickte auf Karl am Ruder. Der aber würdigte das dramatische Schauspiel nur eines sekundenlangen Blickes und stierte sodann wieder zu seinem prall gefüllten Spinnaker. Er dachte offensichtlich nicht im Traum daran, der WHITEFIN zu Hilfe zu kommen. Er grinste mich nur kurz an und meinte: „Dös hob i scho fünzg moi gsehn. Dös is a broach!“

Gut, ich hatte so was noch nicht gesehen. Trotzdem schien mir das gefährlich. Mindestens fünf Minuten lag die riesige Yacht auf dem Wasser, und nichts rührte sich. Da hätte doch nur einer vorgehen und das Spinnakerfall oder die Schot losschneiden müssen, um das 1000 Quadratmeter große Segel von dem viele Tonnen schweren Druck zu befreien, der den Masttopp aufs Wasser drückte. Aber das war leicht gesagt, denn alles, was vorher waagerecht war, ragte jetzt steil wie eine Mauer auf.

Endlich, nach vielleicht einer Viertelstunde, zeigte der Mast der WHITEFIN wieder nach oben, und sie motorte nach Hause. Zu groß waren die Schäden, um das Rennen fortzusetzen.

Auf der GARUDA ging es derweil ganz munter zu. Gegenan stampfte sie so gegen den Seegang, daß sie links und rechts vom Bug Tonnen von Wasser hochwarf, die dann vom Wind zum größten Teil über das Deck gefegt wurden. Die ganze Mannschaft hatte Ölzeug angezogen. Darunter war kein trockener Fetzen mehr. Alles war durchgeschwitzt.

Bob mit dem Ginglas in der Hand war in seinem Element. Mit kurzen Sätzen lotste er Karl, der während der vergangenen Woche auch nicht für Augenblicke sein Ruder verlassen hatte, durch ein Feld kleinerer Yachten, als es einen lauten Knall tat und das Groß plötzlich krachend im Wind umherschlug. Das Unterliek war zerfetzt. Ich war nicht unfroh, denn eigentlich mußte das Rennen für uns nunmehr zu Ende sein, denn ohne Groß konnten auch Karl und Bob nicht mehr weitersegeln. Aber Karl kommandierte ohne jede Schrecksekunde: „Ein Reff einbinden!"

Franky blickte düster. Er war der eigentliche Skipper an Bord, das heißt, er segelte die GARUDA zusammen mit Dieter von Kontinent zu Kontinent, wo dann gelegentlich der Eigner zustieg und ein Stück mitfuhr oder, wie hier, an einer Regatta teilnahm. Dann mußte Franky - wie jetzt - einem Regattafuchs weichen. Klar, daß Franky von der Regattasegelei nicht sehr begeistert war, denn später, wenn nach dem letzten Rennen alle die GARUDA verlassen hatten, blieb er mit Dieter und den zahlreichen Schäden am Schiff zurück. Beim nächsten Besuch des Eigners mußte die Yacht aber wieder top in Ordnung sein.

An diesem Tag kam es besonders schlimm für Franky. Nicht nur, daß ein Segel nach dem anderen unter Karls Kommando vernichtet wurde, nein, auch das Rigg hatte seine Opfer zu bringen. Auf der THALASSA II wird eine Halse immer schulmäßig, also langsam unter vollständiger Kontrolle des gefährlichen Großbaums gefahren. Karl fuhr die Halsen regattamäßig, also schnell wie auf einer Rennjolle. Nur hatte der Großbaum, der hierbei auf die andere Seite in die

Wanten krachte, nicht ein paar Pfund Gewicht wie auf einem Starboot, sondern ein paar Zentner. Wahrscheinlich kam sich Karl noch besonders rücksichtsvoll vor, als er dazu rief: „Köpf' runter!"

Beim erstenmal wollte der gequälte Franky noch sein Rigg schonen. Er hechtete unter den Großbaum, um diesen abzubremsen. Aber es war schon zu spät. Blechern knallte der Baum auf die andere Seite, gefolgt von einem etwas dumpferen Laut. Das war Frankys Körper, der quer über das Deck flog und in der Reling hängenblieb. Als Franky seine Hautabschürfungen und Blutergüsse musterte, hielt sich Karl zumindest mit seinen Flüchen etwas zurück.

Wir vom Achterschiff waren ziemlich fertig. Wir hätten nichts dagegen gehabt, wie die WHITEFIN nach Hause zu dampfen, aber Karl dachte nicht im Traume daran, aufzuhören. Auch Bob, der seinen hohen Alkoholspiegel längst erreicht haben mußte, suchte mit seinem Fernglas schon wieder unsere Konkurrenten. Er hatte sich zu weit auf das Vorschiff gewagt, denn als die Yacht in eine besonders steile See krachte, kam eine Mauer von Wasser zum Bugkorb herauf.

Behende, wie ich es Bob gar nicht zugetraut hatte, drehte er sich um, faßte mit der Hand, die das Fernglas noch kurz zuvor gehalten hatte, nach dem Hauptwant und beugte sich mit dem Oberkörper weit über sein Glas, derweil der Feldstecher in weitem Bogen in die See fiel. Tropfnaß richtete er sich wieder auf und hielt sein Ginglas gegen die Sonne, um zu prüfen, ob sich da ja nicht ein Tropfen Seewasser mit seiner Medizin vermischt hätte. Er lächelte zufrieden: „That was pretty close."

Als kurze Zeit später das 20000-Mark-Großsegel wiederum zerfetzt wurde – auch hier zuckte der Eigner nicht –, waren wir vom Vorschiff eigentlich sicher, daß wir nun in Kürze unseren Rumpunsch genießen könnten, denn ohne Groß hatte es wirklich keinen Sinn mehr, weiterzufahren. Aber der stiere Blick von Karl, der Bob etwas zuzischte, verriet mir, daß sich dieser Segelmacho aus dem Alpenvorland von solchen Lappalien noch lange nicht beeindrucken ließ. „Trysegel rauf, Genua ausbaumen, auf der anderen Seite die Genua 2!" lautete sein schlichtes Kommando. Das Achterschiff zeigte keine Reaktion, das Vorschiff lief etwas ratlos hin und her, wie ein Huhn, das nicht wußte, wohin es wollte.

„Wollt ihr Kanaillen euch von der CONCORDE einholen lassen?" brüllte Karl.

Ach ja, die CONCORDE, eine wunderschöne 28-Meter-Sloop, die

als Neubau vor der Regatta ziemlich hoch gehandelt wurde, hatte von uns bis dahin nur den Achtersteven gesehen. Es war vollkommen gleichgültig, ob sie uns nun überholte oder nicht. Das änderte auch im Gesamtklassement nichts mehr, wenn wir jetzt heimführen. Aber in diesem Moment stieg in mir die Hochachtung vor diesem groben Klotz am Ruder. Was Karl zeigte, war nichts anderes als olympischer Sportsgeist. Egal, ob Platz fünf, sechs oder sieben, gleichgültig das Gesamtklassement. Ihm war nur eines wichtig, nämlich so gut wie nur möglich abzuschneiden. Und wenn es eine Chance gab, die CONCORDE ein fünftes Mal abzuhängen, dann mußte es eben sein.

Ich hätte gerne geholfen, aber Karls befohlene Segelkombination, unser letztes Aufgebot, war für eine Rennyacht so verrückt, daß ich wirklich nicht wußte, wo ich in der Eile hinlangen sollte. Unser kalifornischer Minikommandeur, der ja sonst alles am besten wußte und sogar einmal Karl dreingeredet hatte, was er allerdings schon Sekunden später unter dem Gebrüll aus dem Cockpit bitter bereute, war diesmal auch ratlos und blickte in die Leere: „I have never seen such a rig!“

Als sich vom Achterschiff her immer noch nichts tat, wurde Bob wild. Alleingelassen von den Deckshänden, stampfte er mehrmals mit dem Bein aufs Deck. Als wir immer noch keine Regung zeigten, tat er etwas, was er die ganze Woche noch nicht getan hatte. Er stapfte zum Vorschiff und legte selbst Hand mit an beim Segelsetzen. Er war dabei behender als die jungen Guys auf dem Vorschiff, obwohl er nur mit einer Hand arbeiten konnte. In der anderen hielt er das Ginglas. Ein Einhandsegler eben!

Und tatsächlich, die GARUDA lief auch so noch ganz anständig. Als Karl über die Ziellinie fuhr, drückte er dem Eigner das Rad in die Hand und blickte zufrieden auf die CONCORDE, die gerade noch an Backbord die Höhe des Steuermanns erreicht hatte. Franky und Dieter waren wirklich zu bemitleiden. Wir hatten bei der Regatta den ganzen Spaß, wenn man als Spaß bezeichnen konnte, daß sich noch ein Segel unter lautem Krachen in seine Bestandteile aufgelöst hatte. Den beiden blieb jetzt eine Menge Arbeit. In diesem Zustand konnte die GARUDA nicht so ohne weiteres nach Amerika gesegelt werden.

Horrordrama auf See

Nach dem letzten Rennen saßen wir noch alle beisammen, und man redete sich gegenseitig ein, wie aufregend die Regatta gewesen sei. Ich sprach etwas abseits mit Dieter, der sich dieser Meinung nicht anschließen wollte. „Uns bleibt die ganze Arbeit, und überhaupt finde ich die Segelei nicht so toll. Aufregend schon gar nicht. Mir reicht das schon, was ich bisher erlebt habe.“

Das klang reichlich abgebrüht, machte mich aber auch neugierig. Ich brauchte Dieter nicht lange drängen. Er war nicht begeistert, die Geschichte schon wieder erzählen zu müssen. Andererseits schien es ihm auch nicht viel auszumachen, darüber zu reden. Der Abstand zu seinen Horrorerlebnissen war wohl groß genug.

„Weißt du, eigentlich hatte ich mit der ganzen Segelei nie viel im Sinn. Ich war eine richtige Landratte, besaß mit einem Kollegen eine kleine Kneipe am Bodensee“, begann Dieter, wobei er mich prüfend ansah, ob ich seine Geschichte schon kennen würde, damit er sich dann möglichst kurzhalten könne. Aber mir war noch nicht klar, worauf Dieter hinauswollte. Er fuhr fort:

„Da kam ich eines Tages auf die Idee, meinen Laden einige Zeit allein zu lassen und mir die Welt anzusehen. Mein Partner war damit einverstanden. Mit meinem Freund Michael fuhr ich auf die Kanarischen Inseln, um dort als Crew auf einer Yacht anzuheuern. Wie alle dort in den Häfen Pasito Blanco oder Puerto Rico wollten wir auf recht romantische Art nach Westindien. Es war auch gar nicht so schwer, eine Yacht zu finden, und schon bald sagte uns der Eigner einer Zwölfmeteryacht zu, daß wir mitfahren könnten.

Herbert, so hieß der Eigner, hatte von seinen Ersparnissen in Deutschland eine Yacht gekauft und träumte den Traum vieler Segler vom schönen Leben unter Palmen, vom vielen Geld durch die Charterei in Westindien.

Seine Frau sah das Ganze mit den Augen der Vernunft, jedenfalls blieb sie zu Hause. Herbert nahm daher seine Freundin Gabi auf den großen Trip mit. Nachdem er in der Hochseesegelei ziemlich unerfahren war, hielt er die Mannschaft, die jetzt aus vier Leuten bestand, für zu klein. Er suchte noch weitere Mitsegler.

Da meldete sich eines Tages Paul mit seiner Freundin Doris. Paul behauptete, er habe auf einer anderen großen deutschen Yacht, der DENEBOLA, abgemustert, aber wir glaubten es nicht so ganz; möglicherweise hatten sie ihn rausgeschmissen. Nachdem dieses Schiff nicht besonders vertrauenerweckend war, kümmerte es uns wenig, wer jetzt daran schuld war. Tatsächlich setzte der Skipper der DENEBOLA sein Schiff später in Australien auf ein Riff und versuchte, den Totalschaden von der Versicherung ersetzt zu bekommen. Für uns war jetzt wichtig, daß wir für unser doch recht großes Schiff eine ausreichend große Mannschaft hatten."

„Ja, hast du dir denn da keine Gedanken gemacht, mit wildfremden Menschen auf so kleinem Platz für Wochen zusammenzusein?" warf ich ein, denn ich hatte schon oft von Streitereien in der Mannschaft auf langen Törns gehört, nicht nur unter Fremden.

„Doch, aber damit muß man ja immer rechnen, ob sich die Leute kennen oder ob sie sich wie wir wildfremd sind. Und dann waren wir nicht sechs Leute, die sich gegenüberstanden, sondern drei Parteien, also der Eigner Herbert mit Freundin Gabi, Paul und seine Freundin Doris und schließlich Michael und ich. Es ist auch nicht so, daß wir von Paul gar nichts wußten; schließlich hatte er während unserer Anwesenheit auf den Kanaren bei anderen Yachten schon einige Jobs, Malarbeiten und ähnliches, durchgeführt, und es war bekannt, daß er gut hinlangen konnte und seine Jobs zur Zufriedenheit der Eigner erledigte. Herbert nahm die ganze Segelei ohnehin nicht so tierich ernst. Da fanden wir es alle ganz gut, daß noch einer dabei war, der was von der Materie verstand.

Die ersten Tage", fuhr Dieter fort, „verliefen ohne Zwischenfälle, auch wenn mir Paul mit seiner ewigen Besserwisserei schon auf die Nerven ging. Außerdem war er ein maßloser Aufschneider. Alles konnte er, wollte er uns weismachen. In der Bundeswehr, wo er zwölf Jahre gewesen war, habe er alle Prüfungen mit Auszeichnung bestanden, und er sei einer der besten Hubschrauberpiloten gewesen. Ganz besonders stolz war er auf seine Nahkampfausbildung, ein Umstand, der später noch eine wichtige Rolle spielen sollte.

Oft machten wir unsere Witze über das Verhältnis von Paul zu

26 *Tahiti ist ein riesiger Garten . . .*

27 *. . . mit urwüchsigen Männern . . .*

28 *. . . und schönen Frauen.*

29/30 *Blick von unserem Grundstück über die ganze Cook's Bay von Moorea.*

31 *Im Hintergrund die „Garage", unser „Haus".*

32 *Rodo, der letzte Polynesier, der sich auf die geheimnisvollen Navigationskünste seiner Vorfahren versteht.*

33 *Die Kallums sind bereits vor 56 Jahren „ausgestiegen". Sie haben sich das Paradies erarbeitet.*

34 *Ara-Ara, die „Königsinsel": Platz für 200 Deutsche und Milliarden Moskitos.*

35 *THALASSA II auf Kurs Kap Hoorn.*

36 *Die ersten Albatrosse . . .*

37 *. . . und acht Windstärken zeigen uns, daß wir die Brüllenden Vierziger erreicht haben.*

26

27

28

29
30

31

32

33

34

35

36

37

seiner Freundin Doris. Sie war ganz vernarrt in ihn. Morgens legten sie beide ihr Takelmesser um, wie bei den Pfadfindern, machten ganz penibel, wahrscheinlich so wie bei der Bundeswehr, das Bett, anschließend kniete Doris vor ihrem Paul und schmierte ihm die Brote. Während der nun die Brote aß, himmelte sie ihn an.

Je besser wir vorwärtskamen, desto größer wurden die Spannungen. Aber das ist auf einer Atlantiküberquerung nichts Besonderes, das hatten wir aus unzähligen Erzählungen gehört. Vor allem Paul stichelte die ganze Zeit. Es sei eine Schande, daß Herbert ein solches Schiff besitze, ohne von der Segelei genügend viel zu verstehen. Ich hatte das Gefühl, der Paul wollte uns auf seine Seite ziehen, aber ich habe nur immer ja gesagt und mir meinen Teil gedacht. Ich wollte mich nicht auf eine Seite schlagen, ich wollte meine Ruhe haben.

Auch gegen Herberts Freundin, Gabi, hat Paul immer wieder gehetzt; sogar über ihre Kocherei hat er gemeckert, obwohl das Essen ganz in Ordnung war. Herbert selbst hat den Paul möglicherweise nicht so ernst genommen. Er deutete einige Male an, ihn in Barbados rauszuschmeißen."

Mir wurde jetzt klar, wie Dieters Story weitergehen würde, denn es fiel mir ein, daß ich von dieser Tragödie, die sich in der Geschichte Dieters nunmehr abspielen würde, schon gehört hatte. Aber ich unterbrach ihn nicht, denn zu viele Fragen bleiben offen, wenn man so einen Fall nur kurz aus der Presse erfährt.

„Wenige Tage vor Barbados kam es dann zur Katastrophe. Der Morgen begann, wie die Tage zuvor, in reichlich unterkühlter Atmosphäre. Paul und seine Freundin hatten in ihrer Koje gefrühstückt. Als er dann im Cockpit erschien, kam es wieder zum Streit über das Abspülen, dann wegen des Essens, wie immer, wenn Gabi zum Kochen eingeteilt war, kurz, um lauter Lappalien.

Plötzlich sagte Paul in einem sehr ruhigen Tonfall, daß er nunmehr das Schiff übernehmen werde . . . und zu diesem Zweck werde er Herbert und Gabi erschießen. Ohne jede Erregung sagte er das den Betroffenen ins Gesicht.

Ich bin mir nicht ganz sicher, ob Herbert das zunächst ernstgenommen hat, denn Herbert wirkte ausgesprochen beherrscht, ja, er lachte noch darüber.

Michael und ich waren bestürzt, obwohl Paul versicherte, er werde uns nichts tun. Wir nahmen das nicht für bare Münze. Natürlich hatte Paul mit seinen Leistungen immer wieder angegeben, und er ging uns damit auf die Nerven. Aber da ist doch noch ein weiter Weg, um jemand umzubringen.

Nach dem Frühstück ging alles zunächst wie gewohnt weiter. Wir lösten uns am Ruder ab und hofften schon, alles sei nur ein blöder Scherz gewesen. Aber da fing Paul wieder damit an, daß er Herbert und seine Freundin erschießen werde. Gabi und auch Herbert wurde nun bewußt, daß das bitterer Ernst war. Herbert begann, Paul anzuflehen, versprach ihm sogar das Schiff, wenn er seine Drohung nicht wahrmachen würde. Tatsächlich ließ sich Paul mehrere Blankoformulare von Herbert unterschreiben, vielleicht war das sein Todesurteil.

Bis jetzt konnte man noch an einen makabren Scherz glauben. Doch dann spitzte sich das Drama zu. Paul zwang Herbert mit vorgehaltener Pistole, den Revolver herauszugeben. Herbert händigte Paul den Revolver aus. Ich sah, wie Paul die Trommel herausklappte, sie zum Licht hielt, zwei Patronen einschob und schließlich durch die Kajüte ging. Dort legte er den Revolver durch die geöffnete Luke auf das Vorschiff. Er befahl Herbert, Gaby und sich zu erschießen. Er solle nicht so lange damit warten, weil er sich anschließend um die Mittagsbreite kümmern müsse.

Wir waren alle wie gelähmt. Klar, rückblickend betrachtet wäre es das Richtige gewesen, Paul umzubringen. Aber wir waren ohne Schußwaffen. Natürlich hatten wir schon mal untereinander Blickkontakt wegen eines Messers aufgenommen, aber uns fehlte der Wille zum Töten. Wenn wir Paul nicht umbrächten, dann würde er uns töten, diese Gefahr drohte.

Aber einmal ehrlich, wer hätte uns denn die Geschichte geglaubt, daß wir Paul und seine Freundin töten mußten, damit wir nicht umgebracht würden? Wie hätten wir eine echte Notwehrsituation beweisen können? Hätte man uns nicht in einem Gerichtsverfahren, selbst wenn man uns die Story abgenommen hätte, vorgehalten, es hätte mildere Mittel gegeben, um ein Unglück zu verhindern? Und außerdem, bis zu diesem Zeitpunkt war ja noch nichts Irreparables passiert. Wer garantierte uns denn, daß Paul nicht doch noch zur Vernunft gekommen wäre?

Ich ging nach unten zu Doris und redete auf sie ein, erklärte ihr, daß nur sie Paul wieder zur Vernunft bringen könne. Kalt und abweisend erwiderte sie, Paul wisse schon, was er tue.

Kurze Zeit darauf wandte sich Herbert an Paul und erklärte ihm, er solle machen, was er wolle; er jedenfalls brächte es nicht fertig, sich selbst zu erschießen. Paul nahm ohne jede Regung Herbert den Revolver weg und ging an den Kartentisch. Da sah Herbert seine Chance, seine letzte. Denn jetzt war niemand mehr an Bord, der sich nicht des tödlichen Ernstes dieses furchtbaren Spiels bewußt war.

Paul saß weitübergebeugt am Kartentisch, neben sich seine Pistole. Herbert ergriff einen Pumpenschwengel, schlich sich von hinten an und holte zum Schlag aus.

An und für sich ist ein Pumpenschwengel ein Werkzeug, mit dem man jemand bewußtlos schlagen kann, aber nur dann, wenn man mit ganzer Kraft zuschlägt und dabei auch eine tödliche Wucht in Kauf nimmt. Aber Herbert war nicht der Mann, der einen anderen töten konnte. Sein Schlag fiel halbherzig aus. Paul schien nicht einen einzigen Moment benommen. Er griff sofort nach seiner Pistole. Doris deutete auf den Niedergang und gab damit das Ziel für Paul. Sofort schoß er in die Richtung, wo Michael mit einem Schuß in die Brust zusammenbrach. Herbert konnte sich für die letzten Minuten seines Lebens auf dem Vorschiff verstecken.

Das nächste Opfer war Gabi, die Paul in der Pantry vergeblich anflehte, sie zu erschießen und Herbert am Leben zu lassen. Sie sei schuld an allem, nachdem sie so schlecht gekocht habe. Nicht einmal die rührende Einfalt, in diesem Moment vom Kochen zu reden, brachte Paul dazu, als Mensch zu handeln. Aus nächster Nähe erschoß er Gabi.

Wenige Augenblicke später war auch Herbert, der mit seinem Schiff die große Freiheit gesucht hatte, tot. Aus einem Meter Entfernung jagte Paul ihm an Deck eine Kugel in die Brust, die ihn über Bord stürzen ließ. Anschließend zwang mich Paul – das war das Schlimmste für mich –, die ermordete Gabi den Niedergang hochzuschleppen und über Bord zu werfen."

Dieter hielt einen Moment inne, denn die Zuhörer, die die Geschichte noch nicht kannten, schüttelten nur ungläubig den Kopf. Dieser Paul mußte ein Verrückter sein.

„Ja", sagte Dieter, „er ist ein Verrückter, denn wie läßt es sich erklären, daß er uns am Leben ließ. Er hätte leichtes Spiel gehabt. Michael rang ohnehin mit dem Tode. Schwerverletzt, seine Wunde nur laienhaft versorgt, lag er fiebergeschüttelt mit einer Kugel in der Brust in der Koje. Einer mußte mangels Selbststeueranlage immer am Ruder stehen. Die Freundin von Paul hatte bewiesen, daß sie diesem offenbar hörig war und seine Morde guthieß.

Aber Paul brachte Michael und mich nicht um. Er versicherte

immer wieder, es werde uns schon nichts passieren. Er erfand eine tolle Geschichte mit Schlägerei und Mann über Bord bei Sturm und so, mit der wir nach Ankunft in Barbados das Fehlen von Herbert und Gabi erklären sollten. Mehrmals fragte ich ihn, warum er sicher sein könne, daß wir ihn nicht verraten würden, wenn er uns am Leben ließe. Er meinte, er würde uns vertrauen, und außerdem müßten wir immer damit rechnen, daß er uns selbst aus dem Gefängnis heraus umbringen lassen würde, wenn wir den Mund nicht hielten. Er habe viele Freunde.

Michaels Zustand war ernst. Er konnte sich nicht bewegen. Ich mußte ihn auf die Toilette tragen, ihn waschen. Viele Stunden saß ich an seiner Koje, hielt seine Hände, redete ihm zu, daß wir es bald geschafft hätten. Ich hatte keine Ahnung, wie ernst sein Zustand war, aber ich stelle mir vor, er muß ernst gewesen sein. Ich bat Paul, dringend über Funk ein Schiff anzurufen, damit ein Hubschrauber die Rettung brächte. Paul versprach mir, solch eine Meldung abzusetzen. Aber ich glaube nicht, daß er es gemacht hat. Dem war der Michael völlig gleichgültig.

Endlich erreichten wir Barbados, Ich betrachtete es als ein Wunder, daß wir überlebt hatten. Paul mußte sehr sicher sein, daß wir den Mund nicht aufmachen würden. Ich nahm seine Drohung ernst und verbreitete fleißig das Märchen, das Paul der Presse erzählte. Die großen Illustrierten aus Deutschland schickten ihre Reporter. Eiskalt kassierte Paul von der ‚Quick' ein Honorar von 2000 Mark für seine Story. Er hatte sogar die Nerven, sich damit zu brüsten, daß er von der inzwischen beschlagnahmten Yacht APOLLONIA den Revolver Herberts vor den Augen der Polizei von Barbados verschwinden ließ.

Während sich der Zustand Michaels im Krankenhaus von Bridgetown allmählich besserte, vertrieb sich Paul die Zeit in der Carlisle Bay mit Windsurfen von Yacht zu Yacht, denn jeder dort wollte die aufregende Story hören, die Paul bereitwillig wiederholte.

Als wir dann ausgewiesen und ins Flugzeug nach Deutschland gesetzt wurden, war ich mir sicher, daß der Alptraum des Lügenmüssens endlich vorbei wäre, wenn uns die Kripo auf dem deutschen Flughafen in Empfang nehmen würde. Aber da war niemand, keine Polizei. Wir verabschiedeten uns am Flugplatz voneinander, so, als kämen wir von einem ganz normalen Segeltörn über den Atlantik zurück.

Pauls erster Weg führte zu Herberts Frau, der er eines jener Papiere vorlegte, die er sich von seinem Opfer hatte unterschreiben lassen. Inzwischen hatte er einen Schuldschein über 20000 Mark daraus gemacht. Die wollte er nun kassieren. Doch sie schöpfte Verdacht. Herberts Namenszug wies nicht die Charakteristika seiner Unterschrift auf. Um zu warnen, hatte er mit verstellter Schrift unterzeichnet. Herberts Witwes Verdacht zielte aber nur dahin, daß ein Betrüger bei ihr Geld erschwindeln wollte. Daß der Mörder ihres Mannes die Nerven hätte, sie aufzusuchen, damit rechnete sie nicht.

Meine Mutter dagegen sagte mir auf den Kopf zu, daß meine Story falsch sei, und redete mir ins Gewissen. Ich vertraute mich einem Rechtsanwalt an, der schließlich den Staatsanwalt verständigte, der schon dabei war, das Verfahren einzustellen. Als Paul zu einem abschließenden Gespräch bei der Staatsanwaltschaft erschien, wurde er verhaftet. Das Urteil gegen ihn lautete auf dreimal lebenslänglich.

In einigen Pressemeldungen wurde Paul bedauert. Er habe sich sein Leben verpfuscht. Wenige Monate nach dem Tod von Herbert war ein drittes Opfer zu beklagen. Vor Gram über den Tod ihres Sohnes starb seine Mutter."

Dieter schwieg. Seine Zuhörer waren sichtlich erschüttert. Langsam kam eine Diskussion in Gang, in der immer wieder die Frage gestellt wurde: Ist so eine Geschichte typisch für die Blauwasserseglei? Sicher, ein Mord ist nicht gerade an der Tagesordnung, aber ist er so ungewöhnlich? Da gibt es die (wahre) Geschichte der Frau des norwegischen Seglers Tangvald, die vor seinen Augen von Piraten erschossen wurde. Erst unlängst wurde entdeckt, daß das Skipperehepaar, dessen Yacht angeblich verlassen auf einem Südseeatoll vorgefunden und von einem Hippiepärchen nach Hawaii gesegelt worden war, eben von jenen Hippies umgebracht wurde. Und da gibt es noch jene Geschichte, in der eine amerikanische Yacht nach Tahiti gesegelt wurde, wo statt fünf Personen, die die Staaten verlassen hatten, nur zwei ankamen. Das FBI, das eigens Beamte nach Tahiti sandte, konnte den Fall nicht aufklären. Die Story, die ihnen serviert wurde, war ebenso unglaubhaft wie jene, die sich Paul Termann ausgedacht hatte.

Was ist eigentlich mit jenen Yachten, die mit einem Mann weniger ans Ziel kommen? Keine große Story ist nötig. Ein Wort genügt: „Mann über Bord!"

Lassen wir das. Früher gab es an Bord von Yachten möglicherweise keine Verbrechen. In erster Linie wohl deshalb, weil nur wenig Menschen sich mit einer Yacht auf die Weite des Ozeans hinauswagten, zumindest nicht mit einer kleinen Besatzung, die die Zahl der Mitwisser von vornherein auf einige wenige oder, noch schlechter, auf einen einzigen Menschen reduzierte. Aber die „Yachtgebräuche“ sind in jedem Fall schlechter und origineller geworden. Das festzustellen, verstößt nicht gegen das Verallgemeinerungsverbot. Gemeint ist auch nicht das Hantieren mit der Nationalen zur Dämmerung, das uns ohnehin in südlichen Ländern der Lächerlichkeit preisgibt, sondern ganz einfach „der Anstand“.

Einige Yachties glauben beispielsweise, sie hätten ein Anrecht auf günstigere Einkaufsmöglichkeiten. Sie beginnen um Reparaturpreise zu feilschen, natürlich erst nach Beendigung der Arbeit, oder sie betteln den Hafenmeister an, ihnen die Gebühren nachzulassen. Kein Wunder, daß in vielen Häfen der Welt, die einst für ihre unvorstellbare Gastfreundschaft berühmt waren, nur noch gegen Vorauskasse etwas geht. Einige Yachties kann man bestenfalls nur noch als Abstauber bezeichnen. Einer der Größten unter ihnen ist sicher Tony, dessen Methode immerhin noch zum Schmunzeln originell ist. Er hat sie mir selbst erzählt:

„Wenn ich auf offener See ein großes Schiff mit der Flagge der Staaten sehe, dann preie ich den über Funk an und eröffne mit den Worten: This is not an emergency-case, don't alter your course! Wenn der Typ mich dann fragt, was ich benötige, erzähle ich ihm, ich müsse den Käptn sprechen. Das ist wichtig, denn der Funker ist meistens ein netter Kerl, aber helfen kann er nicht.

Habe ich dann den Alten am Gerät, erzähle ich ihm, er möge doch – bitteschön – in einem Plastikbehälter ein paar Dinge über Bord werfen, die ich dann auffische, und die Rechnung an meine Heimatadresse senden. Dann erzähle ich ihm, was ich alles benötige: ein gebratenes Hühnchen, einen Karton Dosenbier usw. Zum Schluß sage ich ihm noch mal – und das ist ganz wichtig, denn wenn der wegen mir den Kurs ändert, kann der Spaß sehr teuer kommen –, daß er auf keinen Fall vom Kurs abweichen soll und daß dies kein Seenotfall ist.

Glaub mir, kaum ein Landsmann schlägt mir so eine bescheidene Bitte aus, und nachdem die in der Messe ohnehin alles im Überfluß haben, sind sie immer zu faul, eine Rechnung zu schreiben, denn das wäre verwaltungstechnisch viel zu kompliziert.

Kurs Südsee

Westindien lag hinter uns, die San-Blas-Inseln vor den Toren des Panamakanals hatten uns einen ganz neuen Eindruck von der Schönheit der Natur vermittelt. 365 Inseln liegen dort in einem Umkreis mit einem Durchmesser von vielleicht 50 Seemeilen.

Die Cunha-Indianer behaupten, Gott habe ihnen für jeden Tag eine Insel gegeben. Man glaubt es ihnen, denn selten waren wir in einer Inselwelt, wo die Menschen sich so deutlich als alleinige Besitzer ihres Landes verstanden. Obwohl die Indianer nominell zu Panama gehören, fühlen sie sich nicht wie Panamaer. Sie sprechen von den Panamaern, wie man von Fremden spricht.

Um die Jahrhundertwende sollten die Cunha-Indianer von Panama aus befriedet werden. Es kam zu Übergriffen durch panamaische Soldaten, wofür sich die stolzen Indianer rächten. Die darauf folgende Strafexpedition bestehend aus vielen hundert Panamaern, die zu den San-Blas-Inseln ausgesandt wurde, kehrte nicht zurück. Von den Soldaten hörte man nie wieder etwas.

Jetzt ist die Regierung von Panama schon froh, wenn die panamaische Flagge auf der Holzhütte der Insel Porvenir weht, auf der für die San-Blas-Inseln einklariert werden muß.

Heute machen die Indianer keinen kriegerischen Eindruck mehr. Sie freuen sich über die wenigen Touristen, die es dorthin verschlägt, das heißt, sie freuen sich über die Dollars, die diese mitbringen. Denn die Touristen geben gern für die herrlichen Handarbeiten der Indianerinnen, Mola-Arbeiten, die ihresgleichen wohl auf der ganzen Welt suchen.

Die Frauen auf den San-Blas-Inseln dominieren eindeutig gegenüber den Männern, was sich bereits in der Kleidung zeigt. Die

Männer laufen genauso herum, wie es in den Tropen üblich ist: T-Shirt und kurze Hosen. Die dunkelhaarigen Indianerinnen dagegen sind immer prächtig mit bunten Molakostümen bekleidet. In der Nase tragen sie meist einen kleinen, aber dicken goldenen Ring.

Die Frauen geben den Ton an, auch wenn es um das Geschäftliche geht. Sie machen die Preise, wenn sie mit den Touristen feilschen, während die Männer schüchtern im Hintergrund stehen. Und sie machen es nicht schlecht. Sogar für das Fotografieren der zauberhaften Kostüme verlangen sie 50 Cents. Überrascht war ich allerdings, daß ich für ein Foto mit meiner großen 6x7-cm-Kamera einen ganzen Dollar zahlen sollte. Die Logik der alten Matrone war einfach und unwiderlegbar: „Small camera, small money – big camera, big money!"

Den Cunha-Indianern wird nachgesagt, daß es ihnen als einzigem der südamerikanischen Völker gelungen sei, zur Zeit der spanischen Eroberer ihre Goldschätze in Sicherheit zu bringen. Wenn das stimmt, dann müßten sie tatsächlich auch heute noch über riesige Reichtümer verfügen. Wir haben sie alle mit viel gelbem Metall behangen gesehen, meistens zu sehr breitflächigem, dünnem Schmuck verarbeitet. Messing oder Gold?

Ich fragte ein junges Mädchen nach dem Preis für einen schlicht gearbeiteten, aber sehr hübschen Ring. Sie nannte die Summe, die uns viel zu hoch für Messingblech, aber viel zu niedrig für Gold erschien. Auch wenn er nur aus Blech war: Ist ein kunstvoll gearbeitetes Schmuckstück als Erinnerung nicht seinen Preis wert?

Später erzählte uns ein Kunstschmied, daß der Ring aus reinem Gold sei.

Panama hatte sich wenig verändert, auch nachdem der Kanal inzwischen Eigentum des Staates Panama geworden war. Es war noch krimineller geworden, aber das lag in erster Linie an der bitteren Armut der Einwohner. Wie soll auch ein Polizist, der umgerechnet 160 Mark im Monat verdient, großes Interesse daran haben, Eigentumsdelikte zu verfolgen, wenn er möglicherweise selbst mit berufswidrigen Ideen spielt, um sich und seine Familie über Wasser zu halten.

Wir selbst konnten in Panama einen Kriminalfall mitaufklären helfen, der aber mit der Armut irgendwelcher Leute freilich gar nichts zu tun hatte.

Als wir uns bei unserer Ankunft im Clubbüro in Colon meldeten, sahen wir an der Wand ein Plakat, auf dem der deutsche Weltumsegler Peter Bufe seine Yacht HIKUERU suchte, die in Frankreich aus einer Marina gestohlen worden war. Man sollte eigentlich glauben, daß eine 13 Meter lange Yacht spätestens nach ein paar Tagen wieder auftaucht, denn so ein Elefant kann nicht einfach von der Bildfläche verschwinden. Außerdem setzt die Bedienung einer solchen Yacht einiges Fachwissen voraus. Wenn der Dieb also nicht damit zurechtkommen würde, dann würde er das Schiff sicher bald wieder aufgeben. So dachten wir zumindest. Aber die HIKUERU blieb lange verschwunden.

Wir hatten das Plakat, das Peter Bufe an alle Vereine und Häfen geschickt hatte, die als Anlaufstelle für die HIKUERU in Frage kamen, schon recht häufig gesehen und kannten den Inhalt fast auswendig. Deshalb beachtete ich es in Colon kaum.

Neben mir warteten zwei weitere Segler auf ihre Einklarierung; wir hatten uns beiläufig gegrüßt. Der eine versuchte in schlechtem Englisch, mit mir ein Gespräch in Gang zu bringen. „Die Yacht kenne ich, die heißt jetzt NIEKE", sagte er.

Ich war wie elektrisiert und bat die beiden, mir zu erzählen. Sie hätten die Yacht bereits auf der anderen Seite des Ozeans getroffen und würden auch den Skipper, einen gewissen Gregor O., kennen. Er sei Pole, ebenso wie sie. Er habe ihnen damals erzählt, er wolle um das Hoorn in den Pazifik (ganz klar, warum; da brauchte er mit der gestohlenen Yacht nicht durch einen Hafen wie Panama, der für ihn zur Falle geworden wäre). Sie würden sich bestimmt nicht täuschen; mit Sicherheit sei die Yacht an dem charakteristischen Radar wiederzuerkennen, obwohl quer über das Heck der neue Name aufgemalt sei. Sie hätten sich schon gewundert, denn Gregor habe nicht wie einer ausgesehen, der sich so ohne weiteres eine 300000-Mark-Yacht leisten könne. Er habe ihnen aber eine ganz plausible Erklärung dafür geliefert.

War das eine Story! Beim nächsten Funktermin der Funkamateure auf Yachten platzte ich sofort in die Runde, daß da eine Yacht irgendwo unter uns sein müsse, die gestohlen sei. Es dauerte nicht lange, bis sich eine Yacht von den Grenadinen meldete und mitteilte, daß die NIEKE alias HIKUERU im Hafen von Grenada liege.

So kam der glückliche Eigner nach Westindien geflogen und konnte nach einigen Schwierigkeiten mit den Behörden wieder von seiner Yacht Besitz ergreifen, an der er schon deswegen so hing, weil sie ihn doch um die ganze Welt getragen hatte. Gregor O. wurde über Grenada nach Barbados und von da nach Deutschland abgeschoben, wo er eine Freiheitsstrafe erhielt (zur Bewährung natürlich).*

Die Verwaltung des Panamakanals war immer noch amerikanisch, was das weitere Funktionieren bis zum Ende dieses Jahrhunderts gewährleisten soll. Wir hatten schon Routine im Kanalfahren. Ich war inzwischen ein halbes Dutzendmal durchgefahren. So waren wir nicht weiter aufgeregt, als unser Lotse die THALASSA II betrat.

Zu Amerika-Zeiten wurden Yachten als vollwertige Schiffe behandelt und durften nur von vollausgebildeten Lotsen durch den Kanal gebracht werden. Nunmehr versahen erfahrene panamaische Kanalarbeiter Lotsendienste. Nicht, daß ich es auf unseren liebenswürdigen Begleiter schiebe, daß wir uns im Kanal eine dicke Delle holten, aber so ganz von der Hand zu weisen ist es nicht.

Es war vor der letzten Schleuse, zu einem Zeitpunkt also, in dem alle Schwierigkeiten schon ausgestanden schienen. Wir sollten auf einen großen Bulk-Carrier warten, und man verwies uns einstweilen an eine Kaimauer vor der Einfahrt zur San-Miguel-Schleuse zum Festmachen. Ich wollte den Rückwärtsgang einlegen, als unser „Lotse" mich nervös aufforderte, weiterzulaufen.

In diesem Moment entstand vor der THALASSA II ein Strudel von drei, vier Meter Durchmesser, offensichtlich durch das Öffnen eines der riesigen Schleusenventile. Bevor ich noch auf „voll zurück" gehen konnte, war die THALASSA II schon mittendrin, keine zwei Meter von der Kaimauer weg. So als hätte die Yacht vorne und hinten ein mächtiges Bugstrahlruder, wurde sie plötzlich nach der Seite versetzt und auf den Kai gedrückt, ohne daß meine Mannschaft, die gerade noch kühn abgesprungen war, viel retten konnte.

Ärgerlich, da segelt man über Ozeane, nimmt alle gefährlichen Schleusen des Panamakanals, und dann holt sich die THALASSA II die ersten Wunden bei null Windstärken an einer lächerlichen Kaimauer.

* Wie klein die Blauwasserwelt doch ist: Carla war im Rahmen eines Zivilprozesses damit beauftragt worden, ein Gutachten zu erstellen über die voraussichtliche Reisezeit einer Yacht von Westindien nach Europa. Es ging um die Reisekosten eines Chartergastes. Zeuge in diesem Prozeß war auch der Skipper der deutschen Charteryacht. Sein Name: Gregor O.

Gefangen auf einer Insel

Galapagos zeigte uns besonders deutlich, daß es für Yachten enger geworden war. Wir konnten nicht mehr wie bei unserem ersten Aufenthalt nach Belieben die zahlreichen Inseln des Archipels abklappern und mitten unter Seelöwen - oder auch Haien - leben. Wir durften aus Gründen des Umweltschutzes nur noch eine einzige Insel anlaufen: Santa Cruz. Dort trafen wir unsere alten Freunde, die Angermayers, wieder. Sie hatten sich wenig verändert, wie in Galapagos überhaupt die Zeit stillzustehen schien. Der neue Kommandant dieser Insel, ein junges Bürschchen von 21 Jahren, war so gnädig, uns über die üblichen 48 Stunden hinaus noch weitere 24 Stunden Aufenthalt zu genehmigen, vor allem wohl deshalb, weil Karl Angermayer dem Kommandanten gegenüber behauptete, ich sei sein Neffe. So konnten wir uns etwas länger mit unseren alten Bekannten beschäftigen, vor allem mit Gusch, dem Höhlenbewohner.

Am Vorabend unserer Abfahrt lud uns der Kommandant sogar zum Abendessen zu sich nach Hause ein, wo uns seine hübsche, bescheidene Frau Langusten-Servici servierte, eine Spezialität, die nicht jedermanns Geschmack ist: Das ausgelöste Langustenfleisch wird nämlich in Zitronensaft mit reichlich Zwiebeln - und vor allem Pfeffersauce aus heimischer Herstellung, mindestens genauso scharf wie Tabasco, sowie Ketchup mariniert. Mancher wird sagen, daß Langustenfleisch hierfür zu schade sei. Das mag zutreffen, wenn man bedenkt, daß man im Feinschmeckerlokal 50 Mark für so ein Tier bezahlen muß. Hier aber brauchte man sie bloß mit der Hand aus dem Wasser zu fischen. Wir fanden das Gericht jedenfalls hervorragend.

Der Kommandant schien sich auf der Insel wohlzufühlen, ganz im Gegensatz zu seinen Kameraden, die ich früher kennengelernt hatte. Die hatten ihre Abkommandierung nach Galapagos für ein Jahr als Strafversetzung empfunden. Ja, einer hatte mir erzählt, er sei im Begriff gewesen, sich - standesgemäß - eine Kugel in den Kopf zu schießen, als er von seiner Versetzung erfahren habe. Unser Kommandant dagegen freute sich, daß er in so jungen Jahren einen so geachteten Job ausüben durfte. Man konnte ihm seinen Stolz nachfühlen, wenn er in schneeweißer Uniform von seinen einfachen Männern zum Empfang eines Touristendampfers auf die Reede hinausgerudert wurde. Offensichtlich kam er auch blendend mit den Einwohnern zurecht, allen voran den deutschen Siedlern. Nur mit Gusch Angermayer, dem Höhlenmenschen, wußte er nichts Rechtes anzufangen. Er fragte mich, ob ich ihm nicht helfen könne, schließlich sei ich ja zu ihm verwandt. Ich bat um Erklärung.

„Ja, sehen Sie, Gusch benötigt einen neuen Paß, und ich habe ihn die entsprechenden Formulare ausfüllen lassen. Aber jetzt weiß ich nicht, was ich damit tun soll. An und für sich müßte ich sie weiterleiten, aber gerade als Kommandant dieser Insel kann ich das nicht tun. Schauen Sie einmal her, was Gusch geschrieben hat.“

Er zog aus der Schublade eine dünne Akte heraus. Auf dem Deckel stand in Druckbuchstaben der Name von Gusch. „Lesen Sie doch bitte, was Gusch hier unter der Frage nach seinem Beruf angegeben hat.“

Der Kommandant suchte die betreffende Zeile und hielt sie mir unter die Nase. Da stand als Berufsbezeichnung in festen Großbuchstaben: „EL REY“. Da konnte ich dem braven Mann wirklich nicht helfen. Ich sah freilich ein, daß er seinem Militärvorgesetzten als Oberbefehlshaber dieser ekuadorianischen Inseln schlecht erzählen konnte, daß sich hier ein deutscher Siedler als König dieser Inseln bezeichnete, wie er es auch Carla und mir gegenüber bei unserer ersten Begegnung getan hatte.

Das war aber nicht die einzige Sorge des Kommandanten. Er beklagte sich über die vielen Yachtleute, die hier vorbeikamen. So mancher setzte sich einfach über das Verbot hinweg, die anderen Inseln anzulaufen. Dafür hatten wir kein Verständnis. Wer die Gesetze zu Hause respektiert, von dem müßte man doch erwarten können, daß er das erst recht mit denen in anderen Ländern tut.

Das zweite Problem, mit dem sich unser Kommandant herumschlagen mußte, stellten jene Yachties dar, die einfach nicht zu bewegen waren, weiterzufahren, obwohl ihnen schon bei der Ankunft ganz klar gesagt worden war, daß sie auf keinen Fall länger als 48

Stunden bleiben könnten. Meistens begehrten sie kurz vor Ablauf der Zeit nach Verlängerung, weil die Maschine . . .

„Ihr glaubt gar nicht, wie viele kaputte Maschinen es gibt", meinte der Kommandant, „ich kann diese Storys nicht mehr hören!"

Ich versicherte ihm zum Abschied, daß er mit uns keine Schwierigkeiten haben würde.

Peinlich! Es kam ganz anders.

Carla war schon beim Ausklarieren, als ich noch schnell in den Mast steigen wollte, um das Rigg durchzuchecken. Schließlich lagen vor uns über 3000 Seemeilen im Passat, so daß ein Umkehren schon nach wenigen hundert Seemeilen nicht mehr möglich gewesen wäre. Da mußte das Rigg in Ordnung sein. Auf der ersten THALASSA war das Aufentern in den Mast noch eine komplizierte Prozedur gewesen. Da mußte der Sicherheitsgurt angelegt, der Bootsmannsstuhl vorbereitet und ein Fall klariert werden. Dann konnte Carla mich mühsam hochhieven. Der Mast der THALASSA II besaß Mastsprossen; es dauerte keine 20 Sekunden, bis ich oben war. Es ist nicht gerade seemännisch, ohne jede Sicherung aufzuentern. Aber wer ist schon immer vorsichtig?

Und so stieg ich Sprosse für Sprosse nach oben, überprüfte jedes Want, jede Preßhülse und die Enden der Kardeele, soweit sie aus den Norseman-Terminals herausragten, kurz, alle Schwachstellen, die den Masten kosten konnten, wenn man einen Fehler nicht frühzeitig genug entdeckte.

Ich hatte eigentlich ein gutes Gefühl, und so wollte ich rasch wieder nach unten, denn die Dünung auf der Reede von Santa Cruz war schon auf Deck gut spürbar, erst recht in 20 Meter Höhe, wo die Mastspitze einen entsprechend großen Bogen beschrieb. Als ich den linken Fuß eine Sprosse tiefer gesetzt hatte, sah ich die Bescherung: Das Vorstag hing nur noch an einem zwei Millimeter starken Splint.

Der Masttopp der THALASSA II war so konstruiert, daß das Terminal des Vorstags zwischen zwei dicken Nirosta-Laschen steckte, durch die ein Bolzen führte, der gleichzeitig das Vorstag zwischen den beiden Laschen hielt. Eine dieser Laschen war, obwohl kleinfingerdick, glatt abgerissen. Nur noch der Splint des Bolzens verhinderte, daß er aus dem Vorstagbeschlag herausrutschte. Nicht auszudenken, wenn dies auf hoher See geschehen wäre, und es hätte passieren müssen, wenn physikalische Gesetze sich durchsetzen. Dann hätte es wahrscheinlich den Mast gekostet.

Aber unsere Situation jetzt, nachdem ich den Schaden wenige

Minuten vor dem Auslaufen entdeckt hatte, war nicht viel besser. Eine saubere Lösung wäre gewesen, den Mast zu legen und den Toppbeschlag nicht nur zu schweißen, sondern ihn umzukonstruieren und von Grund auf zu verstärken. Denn daß überhaupt so etwas passieren konnte, bewies die Schwäche der bisherigen Konstruktion.

Aber das waren Erkenntnisse, die mir im Moment gar nichts halfen, denn sofort wurde mir klar, daß es auf Galapagos weder eine Schweißmöglichkeit für Nirosta gab noch einen Kran oder ähnliches, mit dem man den Mast legen konnte. Ich sah auch weit und breit keinen Punkt, der etwa 22 Meter hoch war, um eine Art Flaschenzug zum Mastlegen anzubringen.

Eines war sicher: In diesem Zustand konnten wir nicht weiterfahren. Die THALASSA II war nicht mehr seetüchtig, für einen 3000-Meilen-Törn schon gar nicht. Zu dumm. Warum war mir das nicht schon früher aufgefallen? Eigentlich wollte ich doch vor Antritt eines jeden Törns das Rigg überprüfen. Wann hatte ich das zum letztenmal gemacht?

Im Logbuch stellte ich fest, daß es noch in Westindien geschehen war, nicht aber in Panama. Die kurze Entfernung nach Galapagos von nur 1100 Seemeilen hatte mich dazu verführt, auf diesen Check, den ich mir selbst auferlegt hatte, zu verzichten.

Und jetzt fiel mir auch ein, wann das Ganze wahrscheinlich passiert war. In der Karibik hatten wir eine stürmische Überfahrt. Der Wind wehte mit Beaufort sechs, meistens jedoch sieben. Jedenfalls war er zu stark für unsere Passatsegel und zu schwach für eine einzelne Fock. Aber es lief so gut unter den Passatsegeln. Platt vor dem Laken machten wir an einem Tag 181 Seemeilen und am nächsten ein sagenhaftes Etmal von 196 Seemeilen, mehr als die THALASSA II jemals zuvor geloggt hatte.

Es paßte alles zusammen: der starke Wind, der Seegang, der bei achterlichem Wind, glattgebügelt, der Yacht wenig Widerstand entgegensetzte, und ein Schiebestrom, wie er nach tagelangem Passatwind einsetzt. Alles zusammen ergab Rekordetmale, die von der Rumpfgeschwindigkeit her nicht zu erwarten waren, schon gar nicht bei den 25 Tonnen Gewicht der THALASSA II.

Ich erinnerte mich nun auch, daß in dieser Nacht des Rekordetmals der Wind zu pfeifen begann und ich mit mir kämpfte, ob ich die Passatsegel runterholen sollte. Aber ein Blick zwischen den Segeln hindurch in die finstere Nacht, die manchmal gespensterhaft von unter dem Kiel durchlaufenden brechenden Seen beleuchtet wurde, entmutigte mich. „Es wird schon gehen“, sagte ich mir – was ein Seemann niemals sagen sollte.

Und dann war da plötzlich der Knall irgendwo aus dem Mast, der mich unwillkürlich veranlaßte, den Kopf einzuziehen. Aber weder Segel noch Mast kamen von oben; wir konnten den Knall auch sonst nicht einordnen.

In einem Buch hatte ich mal gelesen: „Jeder Narr kann die Segel stehen lassen!“ Der verärgerte Kapitän sagte es über seinen Steuermann.

Ich Narr, warum nur war ich nicht in Panama im Mast? Dort wäre es nur eine Geldfrage gewesen, alles in Ordnung zu bringen. Hier auf Galapagos war es keine Geldfrage, hier war es unmöglich. Aber ein Auslaufen war auch unmöglich.

Carla, die von der Ausklarierung zurückgekommen war, mußte gleich wieder zum Kommandanten gehen mit der beschämenden Botschaft, daß wir nicht auslaufen könnten, weil unser Schiff nicht in Ordnung sei. Also die gleiche Entschuldigung wie die jener Yachties, die den einen oder anderen Tag herausschinden wollten. Der Kommandant gab uns die Erlaubnis für einen weiteren Tag. Was sollte er schon machen.

Dann begannen unsere Überlegungen, wie wir mit unserem Problem fertig werden konnten. Die Angermayers setzten sich zu uns und berieten uns, das heißt: Zunächst sprachen sie uns nur Mut zu, denn es fiel ihnen auch keine Lösung ein. Aber allein die Gegenwart dieser erprobten Siedler richtete mich auf, denn ich wußte, daß sie schon andere Schwierigkeiten gemeistert hatten. Plötzlich war ich wieder zuversichtlich. Das konnte es gar nicht geben, daß wir von Galapagos nicht mehr wegkamen.

Die verrücktesten Ideen schossen uns durch den Kopf: Einen neuen Mast per Flugzeug bringen lassen? Doch kein Flugzeug war groß genug dafür, ganz abgesehen von den Kosten. Nein, das war eine Lösung für arabische Ölscheichs. Und das Hauptproblem, das Mastlegen oder -aufstellen, wäre damit auch noch nicht gelöst gewesen.

Schweißen? Karl meinte, in den Bergen müsse irgendwo ein Schweißgerät sein. Ich hätte ja die Spezialelektroden für Nirosta an Bord. Aber der Strom fehlte, denn in der Bucht hatte niemand einen so starken Generator. Und im Mast schweißen?

Nein, es mußte eine Lösung gefunden werden, die es nicht erforderte, den Mast zu legen. Fritz Angermayer, der große Schweiger, der bis dahin nur vor sich hin überlegt hatte, sagte schließlich: „Feilen!“

Feilen? Und dann?

„Man müßte irgendwo im Kopfbeschlag ein Loch ausfeilen und in diesem Loch einen riesigen Schäkel befestigen, der dann wiederum das Vorstag hält.“

„In ein Rigg gehört kein Schäkel“, meinte ich vorlaut und hätte mir darauf am liebsten in die Zunge gebissen. Das war nun wieder einmal so eine saublöde Redensart von etablierten Seglern, die es sich leisten können, von allem nur das Allerbeste in ihr Schiff einzubauen. Natürlich war ein Schäkel keine schöne Lösung, auch keine technisch einwandfreie, denn er würde eine Schwachstelle im Rigg darstellen. Bei *gleicher* Stärke wie Bolzen und Walzterminals wäre er tatsächlich schwächer gewesen. Man müßte also einen überdimensionierten verwenden, etwa so einen aus gewöhnlichem Eisen, wie sie bis Kriegsende auf allen Segelschiffen der Welt benutzt wurden – noch dazu eine preiswerte Lösung.

Zweifelnd sah ich Fritz an. Fritz galt unter den Angermayer-Brüdern als der geschickteste Handwerker. Wenn sie gar nicht mehr weiterwußten, dann fragten sie ihn. „Weißt du überhaupt, wie dick da oben das Niromaterial und wie hart Chromstahl ist? Wie viele Stunden werde ich da feilen müssen, um ein ausreichend großes Loch zu bekommen? Oben, wo der Mast in der Dünung schätzungsweise fünf Meter nach der einen und fünf Meter nach der anderen Seite ununterbrochen peitscht.“

„Ich weiß“, nickte Fritz, „du wirst nicht Stunden brauchen, sondern Tage, vielleicht eine Woche oder noch mehr, wenn du dich mit einer Hand festhalten mußt. Aber das ist für euch die einzige Möglichkeit, hier wegzukommen. Heute abend werden deine Feilen stumpf sein. Dann kannst du bei mir neue haben, denn im Dorf gibt es keine. Ich habe aber noch ein paar feine, die ich mir für irgendeinen Notfall aufgehoben habe. Der Notfall ist da.“

Ich fühlte mich nicht wohl bei dem Gedanken, tagelang im Mast zu sitzen, wo ich schon bei meinen kurzen Inspektionen nicht gerne nach unten auf das Wasser sah. Und dann bei der Dünung in dieser offenen Bucht. Aber Fritz wußte, wovon er sprach. Er selbst hatte sich ein Boot gebaut, aus Matosanaholz, für das er sich in den Bergen die geeigneten Stämme ausgesucht hatte. „Matosanaholz ist kein Werkstoff, aus dem man ein Schiff bauen kann, denn es ist zu hart zum Bearbeiten“, hatten damals die Fachleute gesagt. Fritz dagegen meinte, es sei genau das richtige Holz, denn es sei selbst für den Teredo-Wurm, dem größten Feind für Holzboote, zu hart zum Beißen. „Und“, so sagte sich Fritz, „jedes Holz läßt sich bearbeiten“.

Die Yacht von Fritz ist übrigens das einzige Boot, das jemals aus Matosanaholz gebaut wurde.

Tagelang saß ich nun im Mast. Nach dem Frühstück ging's hinauf, zum Mittagessen kam ich wieder herunter. Mit Werkzeug wurde ich über eine Pütz und das Fockfall versorgt. Als das Loch so groß war, daß ich schon herumzuprobieren begann, ob der Bolzen denn endlich passen würde, waren meine Hände blutig, aber es war ein Ende abzusehen. An die Schaukelei hatte ich mich gewöhnt und auch an den Anblick des fünf Millimeter dicken Drahtes nur wenige Zentimeter vor meinen Augen, an dem mein Leben hing. Das waren die Stunden, in denen ich mich am meisten in meinen Lehnstuhl im Büro zurücksehnte.

Als ich den Bolzen zum hundertsten Male ausprobiert hatte, rutschte er endlich durch. Ein scheinbar unlösbares Problem war bewältigt. Noch am selben Abend, zwei Stunden später, war die THALASSA II wieder auf Kurs Polynesien.

Marquesas – auch Paradiese sterben

Die große Herzlichkeit der Polynesier, die uns wenige Jahre zuvor umfangen hatte, gab es nicht mehr. Schon das Einklarieren verlief anders. Wir wußten, daß neuerdings ein Gesetz in Französisch-Polynesien von jedem Besucher die Hinterlegung der Kosten für den Rückflug ins Heimatland verlangte. Das waren für uns rund 3000 Mark, und zwar pro Person. Bitter. Aber die Regierung sagte sich, daß jemand, der diese Summe nicht aufbringen könne, ohnehin nur den Leuten des Landes zur Last fiele. Im Klartext: ein reines Anti-Hippie-Gesetz. Denn diese Leute waren einst die große Plage in Polynesien.

Mit einem One-Way-Ticket waren sie für 400 Dollar aus Los Angeles gekommen und hatten mangels Genehmigung oder Bereitschaft, zu arbeiten, auf Kosten der Polynesier gelebt. Die Regierung war machtlos. Die unwillkommenen Gäste zogen sich in die Berge zurück und lebten in den Dorfgemeinschaften. Dem Polynesier ist die Gastfreundschaft heilig, und so wagte es niemand, die langhaarigen Fremden rauszuschmeißen oder auch nur aufzufordern, sich an der täglichen Arbeit zu beteiligen. Erst als einige der Gäste sich für die Landwirtschaft interessierten und in den Bergen kleine Gärten mit indischen Hanfpflanzen anlegten, konnte die Regierung handeln.

Man erinnerte sich dann eben jenes alten Gesetzes, von dem nun selbst Franzosen betroffen waren. Früher war es sogar so, daß das Pfand für Frauen höher war als für Männer, denn die Summe errechnete sich nach den Fahrtkosten auf einem Frachter, und da fuhren Männer wesentlich günstiger, weil sie einen Teil der Kosten unten im Maschinenraum als Heizer abarbeiten konnten. Den Hippies allerdings brummte man die Flugkosten auf.

Es gab einige Yachties, die sich vor der Zahlung drücken wollten;

aber das rührte den ansonsten freundlichen einheimischen Gendarm in Hiva Oa nicht besonders, er schickte sie einfach weiter. „Weiter" hieß in diesem Fall nach Fidschi, das sind schlichte 4000 Seemeilen. Aus der Traum von Polynesien.

Auch David wäre beinahe um das Vergnügen eines Südseebesuches gekommen. Er war mit seiner 17 Meter langen Rennyacht aus den Staaten herübergesegelt, um die schönen Seiten Polynesiens kennenzulernen. Mit an Bord befanden sich seine Freundin Agnes und die bezahlte Mannschaft Nigel und dessen Freundin. David war auf Grund seiner finanziellen Möglichkeiten gewohnt, daß alles, was er sich so vornahm, auch klappte. Widerstände gab es für ihn nicht, denn mit Geld war nach seiner Meinung alles zu richten.

Nicht aber in Hiva Oa.

Als der Gendarm beim Einklarieren die Pässe auf die RUNAWAY zurückbrachte, eröffnete er dem verdutzten David, daß er sofort weiterzusegeln habe, obwohl dieser ihm das erforderliche Pfand bereits in cash auf den Tisch der Kajüte gelegt hatte. Der Gendarm fragte Nigel, ob er schon einmal in Polynesien gewesen sei. Der nickte zögernd, zur großen Verwunderung von David, der davon nichts wußte.

Nigel war tatsächlich schon in Französisch-Polynesien gewesen, und zwar zehn Jahre zuvor auf einer kleinen Segelyacht namens VEGA. Er war gemeinsam mit seinen Freunden von Neuseeland aus in ein Gebiet gesegelt, das von Yachten in der Regel nicht aufgesucht wird: in das militärische Sperrgebiet um Mururoa, wo damals Atombombentests stattfanden. Nicht wie heute unterirdisch, sondern in der Atmosphäre. Die Bombe wurde von einem Ballon hochgetragen und vom Atoll aus gezündet. Verständlich, daß Besucher unerwünscht waren.

Nigel und seine Freunde aber wollten gerade solche Tests verhindern, und so ließen sie sich zur Zeit eines geplanten Atombombenversuchs in der gefährlichen Gegend um Mururoa treiben, schön außerhalb der Zwölfmeilenzone und damit nach Völkerrecht in internationalen Gewässern. Das paßte den Militärs natürlich gar nicht, und so ließen sie von einem französischen Kriegsschiff die VEGA rammen und die Besatzung, darunter Nigel, festnehmen.

Wie ein französisches Gericht (ja, ein französisches!) später feststellte, handelte es sich eindeutig um einen Akt der Piraterie. Das half aber Nigel und seinen Freunden, die bei dieser Aktion schwerverletzt wurden, wenig. Sie wurden nach Papeete geflogen und des

Landes verwiesen. Nigel wurde auferlegt, nie wieder nach Polynesien zu kommen.

Dies war die erste spektakuläre Aktion einer Umweltschutzorganisation, die dadurch auf der ganzen Welt bekannt wurde: Greenpeace.

Nigel hatte damit gerechnet, daß man zehn Jahre später in Hiva Oa keine Ahnung von seiner Vergangenheit habe, hier, am Ende der Welt, fernab aller Computer. Aber der Gendarm hatte alles in seinem dicken Buch stehen, und so wies er die RUNAWAY aus, noch bevor sie überhaupt so richtig in polynesischen Gewässern war.

So leicht gab David sich jedoch nicht geschlagen. Er bat, zumindest telefonieren zu dürfen, und erreichte auch tatsächlich seinen Freund, den amerikanischen Botschafter in Paris. Immerhin erlaubte der Gendarm auf dessen Intervention hin, daß die RUNAWAY nonstop durch die Inselwelt der Tuamotus nach Papeete fahren durfte, wo bei der Ankunft bereits zwei Soldaten am Kai postiert waren. Erst am anderen Morgen durfte Nigel seinen Fuß wieder auf polynesischen Boden setzen, aber nur ein paar Meter weit bis zum Jeep, der ihm zum Flugplatz brachte. Schon acht Stunden später war er wieder in Los Angeles.

Unser Gendarm war eine Seele von Mensch, solange man strikt die Gesetze und seine Anordnungen befolgte. Der französische Yachtie Jean mit seinem winzigen Achtmeterboot hielt sich nicht daran. Aus reinem Mitleid erlaubte er einem jungen Pärchen, das für die Nacht kein Zimmer mehr bekommen hatte, bei sich zu übernachten, obwohl es verboten war, jemand gegen den Willen des Gendarms an Bord zu lassen oder mitzunehmen. Der Gendarm, der davon Wind bekommen hatte, entschied kurzerhand, daß dieses Pärchen dann eben an Bord bleiben müsse.

So hatte unser französischer Einhandsegler gegen seinen Willen plötzlich zwei Mann Crew, die niemals Lust aufs Segeln und erst recht nicht aufs Arbeiten verspürt hatten. Aber alles Gezeter half nichts, sie mußten 2000 Kilometer weiter nach Papeete segeln, damit diese Ehe zu dritt wider Willen von den dortigen Behörden wieder aufgelöst werden konnte.

So engherzig war es bei unserem letzten Besuch noch nicht zugegangen. Das lag wohl in erster Linie daran, daß die Marquesas nicht mehr das exotische Paradies am Eingang zur Südsee waren, sondern ein Ziel für mindestens 50 Yachten im Jahr und nicht mehr nur für fünf wie früher.

Also auch schon überlaufen? Nein. Die Marquesas bedecken bis zu den Tuamotus immerhin ein Seegebiet, das so groß ist wie das ganze westliche Mittelmeer. Wer schon mal in so einem 1000-Schiffe-Ghetto an der Küste Spaniens war, das dort Marina genannt wird, der weiß, wie lächerlich wenig dagegen 50 Yachten sind.

Der Vergleich hinkt allerdings ein bißchen, denn auf den Marquesas wäre gar nicht Platz für so viele Yachten wie im Mittelmeer. Häfen, wie wir sie gewohnt sind, gibt es nicht, nicht einmal eine Pier zum Anlegen. Man liegt vor Anker, so daß auch die wenigen größeren Buchten wegen des zum Schwojen benötigten Raums für kaum mehr als acht oder zehn Schiffe ausreichen.

Der Besucherstrom hatte die Einheimischen verändert. Wie schön war es einst, diese feinen freundlichen Menschen zu Gast an Bord zu haben. Jetzt wurden wir sofort angebettelt. Die Mädchen forderten ziemlich ungeniert Lippenstifte und sonstige Kosmetika. Sie wollten nichts geschenkt, sie wollten tauschen. Aber was für Tauschkurse stellten sie sich vor! Da boten sie für ein Schminktäschchen eine Orange und fügten gleich hinzu, für die Uhr von Carla gäbe es immerhin zwei Pampelmusen.

Offensichtlich hatten die amerikanischen Yachties in ihrer ersten enthusiastischen Begeisterung nach einem 3000-Seemeilen-Törn endlich in der Südsee zu sein, die „Wechselkurse" total verdorben. Es war ja gar nichts dagegen einzuwenden, Tauschgeschäfte zu machen. Und es war genausowenig einzusehen, daß Yachten, wie früher üblich, mit Geschenken empfangen wurden. Es verstimmte aber, daß der Fremde nur noch ausgenommen wurde.

Es war also nicht ganz leicht, an Obst zu kommen. In den Geschäften gab es weder Orangen noch Bananen oder Pampelmusen. Das war nicht weiter verwunderlich, denn auf den Marquesas wird Obst nicht verkauft. „Das wächst im Garten, also muß ich es nicht kaufen." Logik der Polynesier. Aber auch ansonsten sah es mit den Versorgungsmöglichkeiten düster aus. Der Kopraschoner, der jeden Monat zur Versorgung der Inseln kommen sollte, war schon seit längerer Zeit im Trockendock, so daß für die drei Läden in Hiva Oa kaum mehr Nachschub kam. Eier erreichten Rekordpreise, was uns daran erinnerte, daß wir hier ja einmal eine Hühnerfarm einrichten wollten. Als wir schließlich bereit waren, für ein Ei eine Mark zu bezahlen, gab es keine mehr. Mit den anderen Lebensmitteln war es genauso. Bald gab es weder Reis noch Salatöl, noch Zucker. Gemüse und Fleisch waren längst vorher ausgegangen.

Schließlich konnten nur noch Polynesier Brot kaufen, und wenn die paar Yachties mit lächerlich großen Einkaufstaschen ins Dorf kamen, lachten die Kinder hinter ihnen her und machten ihre Witze. In den drei stickigen Läden lag die Belegschaft meist auf dem Ladentisch neben der Kasse und las Mickymaus-Hefte. Man winkte uns gelangweilt zu, wir sollten selbst in den Regalen nachsehen, ob wir noch etwas fänden. Zur Vorsicht kauften wir die letzten paar Dosen, die noch da waren: Hundenahrung.

Eigenartigerweise wurde niemand nervös. Bald ging auch das Benzin aus, die Außenborder konnten nicht mehr benutzt werden. Kein Schock für die Polynesier. Sie holten sich ihre hölzernen Riemen aus den Hütten.

Dann verstummte auch der Generator, und die Straßenbeleuchtung erlosch, auf die sie in Hiva Oa so stolz waren. Ohne sich aufzuregen, füllten die Marquesaner ihre Lampen mit Kokosnußöl.

Die Polynesier können von einem Ölschock wohl kaum aus der Ruhe gebracht werden. Die Natur gibt ihnen reichlich. Kleider zum Wärmen brauchen sie nicht. Polynesien ist ein Land, das keine Hungersnot und keine Kältewelle kennen kann. An der Gleichmut der Menschen würden sich die Ölscheichs wahrscheinlich die Zähne ausbeißen. Vielleicht ist es deswegen ein Paradies.

Auf den Yachten sah es etwas anders aus. Wir wurden nervös. Eine kleine Kolonie aus drei deutschen und einer amerikanischen Yacht hatte sich in die malerische Bucht Hana Moe Noe verzogen, wo wir uns so gut es ging gegenseitig aushalfen. Wenn Post geholt werden mußte (Post ist unterwegs das Wichtigste), fuhren wir mit dem Dingi, um unsere Benzinbestände zu schonen. Gemeinsam checkten wir unsere Vorräte und begannen Pläne aufzustellen, wie wir am weitesten mit den Kochkünsten der Bordfrauen kommen würden. Nicht, daß die Gefahr einer Hungersnot bestand, doch hatte niemand so richtig Lust, nur von Fischen zu leben. Die wären uns bestimmt nicht ausgegangen, in der kleinen Bucht von Hana Moe Noe hätten wir genügend fangen können. Das heißt, nicht wir, sondern Anne und Harald von der ALGOL. Harald, von Beruf Kraftfahrzeugmeister, gehörte zu jenen Menschen, die mit allen technischen Problemen fertig wurden (es war schließlich auch Harald, der später in Tahiti meinen beschädigten Masttoppbeschlag schweißen sollte).

Harald war kein begeisterter Angler, aber er hatte rasch herausgefunden, daß mit den lächerlichen Angeln, wie sie normalerweise auf

Yachten zu finden sind, nichts Gescheites zu fangen war. So hatte er sich bereits auf den Kanarischen Inseln ein großes Netz besorgt, wie es dort die Berufsfischer benutzen. Wenn ich es nicht selbst erlebt hätte, würde ich es nicht glauben: Auf den Marquesas war der Fischfang mit einem Netz so wie bei uns nicht bekannt, obwohl das Fischen die Lieblingsbeschäftigung der Polynesier ist, Männer wie Frauen.

Sie fischen dort mit der Harpune, dem Speer oder mit der Angel. Manchmal auch mit einem Netz, aber ganz anders als die Europäer, vor allem die Binnenfischer an den bayrischen Seen. Zu Hause wird das Netz über Nacht ausgelegt. Die Fische verheddern sich in den Maschen und können sich nicht mehr befreien. In Polynesien wird ein mit Bleistückchen versehenes Wurfnetz über einen Fisch geworfen, das sich auf Grund der Gewichte schließt und so den Fisch fängt.

Zu besonderen Anlässen wird auf Fische eine Art Treibjagd veranstaltet. Hunderte von Polynesiern bilden im hüfttiefen Wasser mit einem Netz einen riesigen Kreis, den sie dann immer mehr schließen, bis die Beute auf wenige Quadratmeter zusammengetrieben ist.

Harald brachte in Hana Moe Noe sein Netz so aus, daß es in ein paar Meter Tiefe schwebte. Wenn er es wieder einholte, waren zahllose Fische darin. Die Einheimischen konnten zunächst gar nicht glauben, daß so etwas funktionierte. Dabei waren sie so stolz auf ihre Fangkünste gewesen. Sie genierten sich aber nicht, von Harald die Fische als Geschenk anzunehmen. Gelegentlich brachten sie als Gegengabe ein paar Liter Benzin vorbei, die sie aus irgendwelchen geheimen Reservebeständen für unsere Außenborder abgezweigt hatten.

Haralds Netz wurde immer wieder von Haien zerrissen. Meistens war auch einer darin gefangen. Haie haben in einem Netz die geringste Überlebenschance. Denn den Sauerstoff bekommen sie nur durch die Bewegung im Wasser zugeströmt. Wenn sie sich nicht mehr rühren können wie in einem Netz, ersticken sie im Gegensatz zu anderen Fischen ziemlich schnell. Das verdarb uns etwas den Spaß am Fischen. Waren doch ausgerechnet jene Fische, die wir bestimmt nicht essen würden, am ehesten kaputt. Korallenfischen, die als giftig galten, konnte man meistens noch helfen, wenn man sie rechtzeitig befreite.

Wenn wir beim Schnorcheln feststellten, daß die Haie im Netz noch müde Bewegungen machten, schleppten wir es so schnell es ging ins knietiefe Wasser am Strand, wo wir die Tiere, die bis zu zwei Meter lang waren, vorsichtig aus den Maschen lösten. Meistens konnten sie nicht mehr ohne Hilfe wegschwimmen. Harald nahm dann – ich war zu feige dazu – so einen Hai und schob ihn mit den Händen an der Rückenflosse bedächtig im Kreise umher, so ähnlich, wie man einem kleinen Kind das Schwimmen beibringt. Häufig erwachte der Hai dann doch noch zum Leben und schwamm schließlich mit langsamen Flossenschlägen davon. Die Einheimischen lachten darüber, für die war ein Hai nur gut zum Abschlachten und Wegwerfen.

Bevor wir in Richtung Süden weiterzogen, besuchten wir noch das Grab von Paul Gauguin in Hiva Oa. Wenn ein Grab überhaupt schön sein konnte, dann war es dieses. Eine schmucklose, schwarzgraue, verwitterte Steinplatte deckte es ab. Darüber stand ein Frangipanibaum, der seine Blüten genau über dieser Platte verlor, so daß dem kalten Gestein viel farbige Wäre eingehaucht wurde. Das Grab war so ausgerichtet, daß man von dort über die tiefgrünen Wälder der Marquesas einen weiten Blick in das diesige Blau über dem Meer hatte, wo die Perle der Südsee, die Insel Fatu Hiva, durchschimmerte.

Die Inschrift war kaum noch leserlich. Wir wußten aus einem Buch, daß die Grabstätte sich hier befand, denn von den Dorfbewohnern kannte keiner mehr den einstigen Mitbürger. Wenn der eine oder andere schon einmal von einem Maler gehört hatte, der dort droben beerdigt war, dann nur im Zusammenhang damit, daß seine Bilder sehr, sehr teuer seien, ja, so teuer, daß man sich von dem Wert eines einzigen Bildes starke Außenborder kaufen könnte. Oder viele, viele Videorecorder.

Der andere Prominente, der auf diesem malerischen Friedhof seine letzte Ruhestätte gefunden hat, ist Jaques Brel, ein belgischer Chansonnier, der sich – bereits schwer krebskrank – auf die Marquesas zurückgezogen hatte, um dort zu sterben. Ihn kennt man im Dorf, nicht nur, weil seine blonde Witwe noch dort lebt. Ein Musikant ist für die Polynesier etwas Besonderes. Damit kann man etwas anfangen. Musik ist etwas Lebendiges. Gemälde sind tot, nicht sehr interessant.

Im Gegensatz zu Jaques Brel war Gauguin ein echter Aussteiger, der um die Jahrhundertwende seinem Reichtum (und seiner Familie, das darf man nicht vergessen) in der damaligen Weltstadt Paris den Rücken kehrte, um in der Südsee so ungezwungen zu leben, wie er es sich als Künstler immer erträumt hatte. Seine Geschichte - und die fast aller Aussteiger - zeigt, daß die meisten, die die große Freiheit suchten, in Unfreiheit endeten, sei es im Suff, in der Vereinsamung oder in der Krankheit. Wie Gaugiun, der, von der Welt und seinen Freunden verlassen, in der Einsamkeit schließlich an Syphilis starb.

Wettkampf in den Tuamotus

Wir lichteten die Anker, um in Richtung Tahiti weiterzuwandern. Nichts drängte, es war uns ganz einfach langweilig geworden. Wir wollten wieder einmal in ein Geschäft mit vollen Regalen gehen können, andere Leute um uns sehen, bessere Postverbindungen nach Hause haben. Das gab es nur auf Tahiti, in der „big city“, wie unsere amerikanischen Yachtfreunde die Hauptstadt Papeete nannten.

Die Inselgruppe der Tuamotus, zwischen Tahiti und den Marquesas gelegen, hatte für uns ihren Schrecken verloren. Mit Radar würde das alles kein Problem sein. Das Radargerät hatte mir ein ganz neues Segelgefühl verschafft. Ohne dieses elektronische Auge, das Nebel und Regenschauer durchsichtig und die Nacht zum Tage macht, das mir darüber hinaus auf Zehntelmeilen genau angibt, wie weit ich noch vom Riff entfernt bin, ohne diesen Kasten war die Segelei aufregender gewesen, eine richtige Zitterei. Dank der Elektronik hatte ich jetzt das vorher nicht gekannte Gefühl, sicher zu reisen. Zwar konnte das empfindliche Gerät auch einmal kaputtgehen, aber dann wäre ich so schlecht dran gewesen wie vorher auch.

Die Astronavigation hätte mir ausnahmsweise nicht viel geholfen, allenfalls untertags zur Mittagszeit einen Standort verschafft. Denn zufällig war die Sonne im Südfrühling exakt auf unserer Breite. Sie ging genau im Osten auf, blieb den Vormittag über in dieser Himmelsrichtung und verabschiedete sich nachmittags in einer Peilung von 270 Grad. Den ganzen Vormittag und Nachmittag hätte sie somit als Standort nur schleifende und deshalb unbrauchbare Schnitte ergeben. So etwas kann nur in den Tropen vorkommen. Noch dazu hatten wir Vollmond, so daß auch mit Mondstandlinien nichts anzufangen war.

Und die Sterne? Sterne auszurechnen, ist heute kein Kunststück mehr, vor allem, wenn man die H.O.-Tafeln oder einen Astro-Rechner benutzt. Aber das Messen! Jedenfalls ist es so schwierig, daß man, außer bei wolkenlosem Himmel, in der kurzen Zeit der Dämmerung nicht garantieren kann, die richtigen Lichtpünktchen zu erwischen.

Funkpeilerei schied aus, weil die Tuamotus keine Funkfeuer, erst recht nicht Consol-, Loran- oder Decca-Ketten besitzen. Ich hatte noch ein Omega-Gerät an Bord, das angeblich weltweit auf eine Seemeile genau die Position angeben sollte. Alles Schmarrn! Es funktionierte in der Südsee überhaupt nicht, nicht einmal auf 20 Seemeilen genau. 12000 Mark für einen schönen Kasten, der wertlos war. Das passiert ja leider recht häufig, daß man auf Bootsausstellungen so ein Wundergerät vorgeführt bekommt und der Verkäufer einem klarmacht, daß man es unbedingt für die Sicherheit braucht. „Denken Sie mal in Ihre Familie, da sind doch 12000 Mark nicht zuviel!"

Dann kauft man es, denn verglichen mit einer Lebensversicherung ...

Dem Radar vertraue ich voll. Da sehe ich auf dem Bildschirm genau, was ich vor mir habe. Schon das erste Atoll Takaroa, ganz oben in den Tuamotus, zeichnete sich aus einer Entfernung von 20 Seemeilen deutlich auf dem Bildschirm ab, obgleich Atolle kaum höher als fünf Meter sind – Palmen nicht mitgerechnet.

So war es kein Kunststück, Takaroa, Manihi und Ahe anzulaufen.

Wieder einmal stellten wir fest, daß die Angaben in den Seehandbüchern über die Strömungsverhältnisse in den Riffpassagen schlichtweg falsch sind. Seit hundert Jahren schreibt hier offensichtlich ein Autor vom anderen ab. Dabei ist es für den Seemann besonders wichtig zu wissen, wie stark der Strom ist und in welche Richtung er setzt. Denn es gibt Zeiten, da ist an ein Einlaufen in die Passage gar nicht zu denken, dann nämlich, wenn der Strom mit zehn Knoten Geschwindigkeit herausschießt, die Maschine aber nur sechs Knoten bringt. Wenn umgekehrt der Strom mit gleicher Geschwindigkeit einläuft, hätte die Yacht mehr als zehn Knoten drauf. Das sind zuviel, um noch manövrierfähig zu bleiben.

So wie die alten Polynesier ihre Schoner allein unter Segeln in die Pässe hineinmanövrierten, das muß die hohe Schule der Seemannschaft gewesen sein. Wenn sie den Paß überhaupt gefunden hatten. Denn ihnen standen kein Radar und für die astronomischen Messungen keine genau gehende Uhr zur Verfügung. In jener Zeit gab es hohe Verluste unter den Segelschiffen, die noch heute den Yachtsegler schrecken: Einst betrug die Versicherungsprämie für ein Segelschiff mit Fahrgebiet Tuamotus genau ein Drittel des Schiffswertes mit Ladung.

Für die Peilung geeignete Landmarken gibt es in den Tuamotus ebenfalls nicht. Die flachen Inseln sind erst aus einer Entfernung von ein paar Meilen auszumachen. Wenn Palmen darauf wachsen, ist es etwas günstiger. Deshalb empfehlen die Handbücher, sich den Inseln nur von der bewaldeten Seite her zu nähern. Hinzu kommt, daß diese Sandhaufen im größten Meer der Welt sich alle gleichen. Es ist kaum möglich, ein Atoll an seiner Form zu identifizieren. Es bedarf immer mehrerer am Horizont, um an der Anzahl und der Dichte, in der sie zueinander liegen, in den Karten ihre Namen ermitteln zu können.

Nachts ist an Navigation überhaupt nicht zu denken. Die Inseln sind nicht befeuert, und nur ein Könner vermag die wenigen Minuten der Dämmerung, in denen sowohl Horizont als auch Gestirne zu sehen sind, zur Standortbestimmung zu nutzen.

Man kann nun aber nicht einfach auf der Stelle liegenbleiben, um bessere Sichtverhältnisse abzuwarten. Denn unberechenbarer Strom kann das Schiff jederzeit auf eines der zahlreicher Riffe setzen. Gänzlich unheimlich wird es, wenn starke Wolkenbrüche die Sicht auf wenige Meter reduzieren. Das sind die Momente, wo der Skipper erst dann genau weiß, wie nahe er an der Küste ist, wenn bereits messerscharfe Korallen den Schiffsrumpf knirschend aufschlitzen.

Unser Lieblingsatoll wurde Ahe. Schon der Strom in der Einfahrt ist friedlicher, nicht so reißend wie bei anderen Motus. Anschließend ist der Weg zum Dorf mit Holzstangen so gut bezeichnet, daß man ihn sogar im Regen findet, wenn die Wasseroberfläche grau in grau ist. Direkt vor dem Dorf, das aus wenigen Bambushütten besteht, gibt es eine kleine Pier, an der man gerade Platz zum Längsseitsgehen findet.

Das empfiehlt sich allerdings nicht, denn - die Warnung steht auch im Seehandbuch - allzuleicht fängt man sich einen ungebetenen Gast in Gestalt einer Ratte ein. Wir waren so dumm zu glauben, daß wir verschont geblieben seien, doch die ersten zerbissenen Kleidungsstücke und der charakteristische Kot bewiesen das Gegenteil.

Zunächst nahm ich die Sache noch gelassen hin, denn nach den Erzählungen anderer Yachties mußte es auf Ahe jede Menge Katzen geben. Moitessier hatte sie in einer seiner menschenfreundlichen Anwandlungen hergebracht. Und das kam so:

Es ist unrichtig, meinte er, daß man die Polynesier „faul" nennt. Sie wissen bloß nicht, wie sie mit natürlichen Widrigkeiten fertig werden sollen. So verlieren sie schnell die Lust an der Arbeit. Auf Ahe beispielsweise wurde ein großer Teil der Ernte von Ratten vernichtet, also mußte erst einmal dieses Übel beseitigt werden.

Chemikalien waren nicht Moitessiers Sache, und so beschloß er, das Problem mit natürlichen Mitteln anzugehen. Er belud also in Papeete seine JOSHUA mit sage und schreibe 50 Katzen und brachte sie in das 400 Seemeilen entfernte Ahe, wo er mit großer Freude empfangen wurde. Er bezog eine kleine Hütte nicht weit von der Pier, um die Eingeborenen auch in anderen praktischen Dingen unterweisen zu können.

Polynesier sind freundliche Leute, die aus reiner Herzlichkeit zu allem ja und amen sagen, und so ließen sie Moitessier zunächst einmal gewähren. Bald mußte er indessen feststellen, daß seine Katzen weniger wurden, statt sich zu vermehren. Und einen nennenswerten Rückgang der Rattenplage konnte er auch nicht beobachten. Sein Verdacht verdichtete sich. Die Bewohner von Ahe, des ewigen Corned beefs aus der Dose und der einheimischen Fische überdrüssig, holten sich nun die umherstreunenden Katzen für den Kochtopf. Nichts Ungewöhnliches für Leute, für die auch Hunde eine Delikatesse sind (schmeckt wie süßes Schweinefleisch).

Bernard mahnte seine Mitbürger zur Vernunft, aber das half nichts. Schließlich waren nur noch so wenige Katzen da, daß er einsehen mußte, daß sein privates Entwicklungshilfeprojekt gescheitert war. Enttäuscht fuhr er zurück nach Papeete.

Auch wir hatten den Schaden von der Unvernunft der Bewohner von Ahe, denn auf der gesamten Insel war nur noch eine einzige Katze übriggeblieben. Die sah Mutterfreuden entgegen, so daß sie für die Rattenjagd nicht mehr einsatzfähig war. Im Laden, der aus einem vielleicht zwei Meter langen Regal in der Poststation bestand, war keine Rattenfalle zu bekommen. Also durchsuchten wir die Hütte Bernards. Wir fanden nur eine vollkommen verrostete Falle, die gleich brach, als ich die Feder spannen wollte. Schließlich bastelte ich aus einem Käsekasten und der Maschinenalarmanlage eine elektronische Falle, die in der folgenden Nacht auch prompt funktionierte.

Jeder Yachtmann wird auf Ahe von den Dorfbewohnern wie ein

Familienmitglied aufgenommen, und man erwartet von ihm, daß er sich am dörflichen Leben so beteiligt, als ob er schon immer dazugehört hätte. Wir wurden mit zum Fischfang eingeteilt, wobei man es uns freundlich nachsah, daß wir uns nicht so geschickt anstellten wie sie. Andere Yachties durften die Außenborder der Leute von Ahe reparieren, wieder andere kümmerten sich um die Wartung des Generators.

Zu unserer Zeit herrschte im Dorf große Aufregung. Denn es stand, wie jedes Jahr, ein sportlicher Wettkampf unter den Bewohnern der nördlichen Motus im Archipel bevor. Er sollte auf dem nur 20 Seemeilen entfernten Manihi stattfinden. Und so wurden die täglichen Arbeiten etwas zurückgestellt, damit die Mannschaften sich einspielen konnten. Die Tuamotus-Spiele hatten Volleyball, Boccia, Langlauf, Schwimmen und Fußball auf dem Programm. Es wurde eine Gesamtwertung ausgeschrieben, und alles sollte an einem Tag stattfinden.

Dann war es soweit. Die Yachties waren gebeten worden, ihre Schiffe für die Reise zur Verfügung zu stellen. Nicht, daß sich die Auslegerkanus mit den Außenbordern nicht dazu geeignet hätten. Die Leute fanden es einfach interessanter, einmal auf einer Yacht zu segeln. Der Bürgermeister verabschiedete uns mit einem Gebet für eine sichere Überfahrt und den sportlichen Sieg. Dann ging es auf die offene See hinaus.

Schon nach ein paar Meilen wurden die Polynesier ungeduldig. Sie schlugen vor, doch auch die Maschine noch zu Hilfe zu nehmen. Das taten wir, aber es war ihnen immer noch zu langsam und damit zu langweilig. Daß eine Segelyacht nicht schneller als sechs bis sieben Knoten ist, gleichgültig, mit wieviel Pferdestärken sie unterstützt wird, das konnten sie nicht verstehen. Die guten Leute, vor einigen Jahrzehnten noch selbst Segler, waren enttäuscht und bedauerten, daß sie nicht ihre Auslegerboote genommen hatten, die mit den starken Außenbordern doppelt so schnell waren.

Der technische Fortschritt ist eben nicht aufzuhalten.

Nach dieser Enttäuschung kam die nächste. Unsere Mannschaft wurde in der Gesamtwertung letzte. Kein Wunder, denn auf Ahe leben im Gegensatz zu den anderen Motus so wenige Menschen, daß alle Mannschaften von ein und denselben Leuten gebildet werden mußten. Während sie immer wieder neuen Mannschaften gegenüberstanden, mußten unsere Leute zunächst langlaufen, dann Volleyball, dann Boccia und zu guter Letzt noch Fußball spielen.

Abends nach der Rückkehr, beim obligaten großen Fest, war die Niederlage längst vergessen, und zum Schluß wurde um den Sieg im nächsten Jahr gebetet.

Leben im Land der Träume

Noch auf Ahe hatten wir beschlossen, nicht erst nach Tahiti, sondern gleich zur Schwesterinsel Moorea zu fahren. Von Moorea aus konnte man jederzeit mit der Fähre oder für wenig Geld mit dem Lufttaxi nach Papeete zum Einkaufen kommen, so daß eigentlich keine Notwendigkeit bestand, in den schmutzigen und lauten Hafen zu laufen.

Moorea war eines unserer ganz großen Ziele. Hatte uns doch einst ein Foto davon in einem Buch von Altmeister Eric Hiscock zu unserer Ozeansegelei motiviert. Wie oft schon hatten wir das Bild von dem steilaufragenden Tigerzahn-Berg betrachtet, der die beiden Buchten von Moorea überragt. Bei unserer ersten Südseereise waren uns nur wenige Tage für das Atoll geblieben. Diesmal sollte es wesentlich länger sein.

Schon um Mitternacht standen wir vor Moorea, aber trotz Radar wollten wir die enge Einfahrt in die Cook's Bay nicht passieren. Warum auch? Zwei Jahre fast hatten wir bis hierher gebraucht, bald würden wir uns vom Segeln ausruhen können. Also nahmen wir die Nacht noch einmal auf uns und segelten auf und ab, so wie es wohl alle Yachties tun, die vor einem Hafen das erste Tageslicht abwarten. Ich habe mich nie daran gewöhnen können, in solchen Fällen auf der Stelle zu treiben, denn im Seegang schlägt unter lautem Krachen immer wieder das Heck ins Wasser. Das ist nicht die natürliche Bewegung einer Yacht, die allein darauf konstruiert ist, durchs Wasser zu gleiten.

Ganz zaghaft meldete sich dann gegen 17 Uhr Greenwichzeit das Morgenlicht, zu farblos, um die prächtige Kulisse vor uns plastisch zu beleuchten. Kurz darauf tauchten die ersten Sonnenstrahlen die hohen kantigen Berge Mooreas in gelbgrünliches Licht. Es gibt wohl keinen Segler, der bei diesem Anblick behaupten würde, er habe schon einmal eine schönere Südseelandschaft gesehen. Dieses Bild vor uns hat Moorea, der kleinen Schwester Tahitis, den Ruf der schönsten Insel der Welt eingetragen.

Noch war die Morgenluft kühl, als wir die Selbststeueranlage auskuppelten, die uns so treu bis hierher gesegelt hatte. Dabei bemerkte ich, daß die Windfahne fehlte. Wenige Minuten zuvor war sie noch an ihrem Platz gewesen. Kein großer Verlust, dachte ich, aber seltsam: Jedesmal nach einer langen Reise geht auf der THALASSA irgendeine notwendige Kleinigkeit kaputt. Und immer auf den letzten Metern. Am Ende unserer ersten Weltumseglung brach in der Einfahrt zu unserem Zielhafen, Beaulieu, die Welle für den Drehzahlmesser, und jetzt hatte sich die Windfahne verabschiedet. Als ob sie damit sagen wollte: „Ihr braucht mich jetzt nicht mehr."

Und jedesmal, wenn so was kaputtging, wurde ein sehr, sehr langer Hafenaufenthalt daraus.

Kein Lüftchen rührte sich, als wir in die Cook's Bay hineintuckerten. Ein Seezeichen im Paß führte uns in die Lagune. Lautstark brach die Brandung in wenigen Metern Abstand links und rechts auf dem Riff. Wie Kathedralen ragten die Berge am Ende der Bucht in den Himmel. Das Ufer säumten hübsche kleine Häuschen; nur links hob sich ein besonders häßliches ab, das ich zunächst für eine Tankstelle hielt. Nachdem es aber mitten auf einem riesigen gepflegten Rasen mit zwei Palmen stand, konnte es keine Benzinstation sein, auch nicht für Boote, weil eine Pier fehlte. Alle anderen Gärten umgaben zierliche kleine Häuser, meist mit vielen Blumen geschmückt. Links hinten in der Ecke der Bucht sah man mehrere Bungalows, einige von ihnen über dem Wasser auf dem Korallenriff. Das mußte das Hotel „Aimeo" sein, in dem unsere Post auf uns wartete.

Am Ende der Bucht konnte man die Andeutung des Dorfes Pao Pao erkennen, Menschen waren noch nicht auf der Straße, die sich mit ihrem gelblichen Steinbelag wie ein Band um die ganze Bucht zog. Nur beim Hotel „Aimeo" lagen ein paar Yachten, darunter eine kleine schwarze Ketsch, eigentlich viel zu klein für zwei Masten, die eine verblichene Nationale zeigte. KLEINER BÄR BERLIN sah ich im Feldstecher am Heck stehen. Das war die Yacht von Anne und Helmuth Hörmann, die für uns die Post in Empfang nahmen. Wir hatten schon von ihnen gehört. Anne arbeitete im Hotel „Aimeo", deshalb dieser Liegeplatz.

Jetzt löste sich vom KLEINEN BÄR das schwarze Dingi, und ein kräftiger Mann ruderte mit schnellen Schlägen auf uns zu. „Willkommen in der Cook's Bay auf Moorea", sagte Helmuth Hörmann. Er bückte sich in sein wackeliges Beiboot und legte einen Bund reifer Ananas auf das Achterdeck der THALASSA II und band mit der anderen Hand das Beiboot an der Selbststeueranlage fest. Als er an Bord stand, schüttelte er uns die Hände und deutete auf die Bucht.

„Seht, hier ist eine Menge Platz für euch. Drüben links vom ‚Aimeo' lag Moitessier mit seiner JOSHUA mehrere Monate. Vor ein paar Tagen ist er nach Amerika gesegelt, um mit Vorträgen seine Reisekasse aufzufüllen. Wenn ihr es ruhig haben wollt, dann ist es dort hinten, rechts vom Dorf, bei der kleinen Kirche am besten. Der einzige Lärm ist das Glockengeläute am Sonntagvormittag. Gleich am Ufer findet ihr unter den Bäumen eine Dusche mit bestem Trinkwasser. Die ist eigentlich für die Ruderer bestimmt, wenn sie mit ihren Pirogen hier in der Bucht für die großen Feste trainieren. Und wenn ihr einen Maitai trinken wollt: Es ist nicht weit bis zum Hotel ‚Aimeo'; Anne wird euch weiterhelfen, wenn ihr irgendwelche Fragen habt. Einkaufen könnt ihr im Dorf, aber frische Baguettes kann ich euch morgens immer vorbeibringen."

Das war ein Empfang, wie ich ihn lange nicht mehr in Großstadtnähe erlebt hatte – und Papeete mit seinen 50000 Einwohnern ist in der Südsee eine Weltstadt. Dankbar sahen wir uns um.

„Helmuth, diese Yacht, die dort bei der Kirche liegt, kommt mir bekannt vor." Ich deutete auf eine ungefähr 15 Meter lange Ketsch, ganz aus Holz, in unverkennbarem Hongkong-Klipper-Stil. Wenn ich sie in Madagaskar gesehen hätte, dann hätte ich ihren Namen schon gewußt. Aber ausgerechnet hier auf Moorea? Das gab es doch gar nicht.

„Das ist die KAPDUVA von Esther und Steve. Ich passe auf sie auf, denn Steve hatte einen Herzanfall und mußte nach Kanada zurückfliegen."

Das war natürlich eine traurige Nachricht. Nachdem mich Steve in Madagaskar fast zusammengeschlagen hatte, waren wir inzwischen gute Freunde geworden, auch wenn der Kontakt in den letzten Jahren abgerissen war, wie so oft, wenn man sich irgendwo auf der Welt kennenlernt und die Wege sich dann wieder trennen. Jedenfalls war der Liegeplatz, den Steve für seine KAPDUVA ausgewählt hatte, für uns natürlich genau das Richtige, und wir legten die THALASSA dort vor den CQR- und den Danforth-Anker, wie immer, wenn wir irgendwo länger als eine Nacht bleiben wollten.

Wir waren von der Cook's Bay begeistert; sie bot alles, was sich unsereins von der Südsee vorstellt. Eine großartige Landschaft mit Bergen, deren bizarre Formen schon in manchem Hollywoodfilm als Kulisse gedient hatten. Die wenigen Touristen fielen kaum auf, höchstens daß ein Bus auf der staubigen Straße um die Bucht fuhr. Unser Liegeplatz war ruhig und der Grund so weich, daß sich die Anker gut eingraben konnten. Das Wasser in der Bucht wurde vom schwachen Wind so wenig gekräuselt, daß ich mein Surfbrett benutzen konnte, wann immer ich wollte. Und es waren gerade soviel Yachten da, daß man Gesellschaft hatte.

Abends, wenn die Sonne sich den scharfen Graten der Felskanten näherte, färben sich die Steine tiefschwarz, ohne dabei kalt zu wirken, denn der Himmel blieb immer in zartviolettes Licht getaucht. Der an sich strenge Charakter der Landschaft wurde durch die warmen Farben angenehm gemildert. Die Seelen toter Yachtleute sollen in den Bergen um die Cook's Bay leben, sagte man hier. Das stammte sicher aus einer Zeit, als sich die Leute von Moorea noch über jede Yacht freuten. Aber wenn es für die Seelen tatsächlich so eine Art Zuhause auf der Welt geben würde, dann wäre dies sicher der schönste Platz.

Des Nachts kühlte die Bucht eine leichte Brise, die von den Bergen herabfächelte. Sie erlaubte uns, bei geöffneter Luke sogar eine Bettdecke zu benutzen. Ein großer Luxus in den Tropen. Vom Ufer hörte man die Generatoren summen, denn Moorea verfügte im Gegensatz zu allen anderen Inseln Französisch-Polynesiens über keine zentrale Stromversorgung. Wir hatten uns schnell daran gewöhnt.

So begannen wir, uns in der Cook's Bay einzuleben. Reisepläne hatten wir keine mehr. Der Sinn dieser Reise war, dorthin zu segeln, wo es uns bei unserer ersten Weltumseglung am besten gefallen hatte. Es war Französisch-Polynesien. Wir begannen mit dem Gedanken zu spielen, für immer auf Moorea zu bleiben. Die Versorgunsmöglichkeiten waren gut; in Pao Pao gab es sogar frische Eier, ein Luxus, den wir lange nicht mehr gekannt hatten, und in Papeete, der „big city“, war alles erhältlich. Zumindest aus der Sicht von Seglern, die einige Zeit in der abgeschiedenen Inselwelt der Galapagos und der Marquesas gelebt hatten.

Sicher, das Leben war teuer. Ein Pfund Weintrauben kostete 25 Mark und eine Schachtel französischer Camembert immer noch rund 20 Mark. „Par Avion“ mußte eben bezahlt werden. Auf solchen

Luxus konnte man aber leicht verzichten. Bananen waren schon für eine Mark das Stück zu haben. Zitronen gab es überhaupt keine, so daß für den Gin Tonic Limonen, ebenfalls das Stück eine Mark, herhalten mußten. Das Teuerste aber waren deutsche Zeitungen. Das größte deutsche Nachrichtenmagazin schien manchen Touristen in Papeete 25 DM wert, während die Bildzeitung schon für fünf Mark erhältlich war.

Man könnte nun glauben, das Leben dort sei unerschwinglich. Man muß aber bedenken, daß der Liegeplatz für die THALASSA II nicht einen Pfennig kostete, während wir noch im Mittelmeer in den Marinas pro Nacht runde 50 Mark berappen mußten. Das wären pro Monat bereits 1500 DM gewesen, also die Miete für ein schönes Haus in der Großstadt. Schon gespart. Ebenfalls Telefon, Heizung und Warmwasser. Auch für Kleidung brauchten wir kaum etwas auszugeben. Ab und zu ein T-Shirt und ein Paar neue Gummisandalen „made in Hongkong" - das reichte aus.

Auch ein Auto wäre überflüssiger Luxus gewesen. Unmittelbar an jenem scheußlichen tankstellenähnlichen Haus an der Einfahrt zur Bucht machte die KEKE III fest, eine Fähre, die in 90 Minuten zum Marktplatz von Papeete fuhr, wo man dann genügend Zeit hatte, einzukaufen. Oder man ging zum Flugplatz, setzte sich in eine kleine zweimotorige Maschine und war drei Minuten später für den Preis eines Taxis auf Tahiti.

Hätte man drüben in Papeete ein Auto besessen, wäre man um das Vergnügen gekommen, mit einem Truck zu fahren. Trucks sind kleine umgebaute Lastwagen, auf deren Ladefläche rohgezimmerte Bänke stehen. Wenn immer man so einen Truck sieht, kann man ihn anhalten, es gibt nicht eigens Haltestellen. Freilich, einigen Lärm mußte man schon in Kauf nehmen. Polynesier sind musikbegeisterte Menschen, kreischende Lautsprecher bringen sie erst richtig ins Schwingen. In den Trucks stehen deshalb gleich hinter dem Fensterchen zum Fahrer zwei riesige Boxen, aus denen heiße Disco-Musik klirrt. Je lauter, desto beliebter die Truck-Linie.

Die Linien führen von den umliegenden Dörfern in die Stadtmitte von Papeete und zurück. Je nach Farbe sucht man sich den richtigen heraus. Es ist jederzeit möglich, auszusteigen. Man drückt auf eine kleine Klingel, und schon hält der Fahrer an. Es kann vorkommen, daß ein Tahitianer läutet, ohne zu zahlen aussteigt, in den Supermarkt geht und dort seelenruhig einkauft, während im Bus 20 oder 30 Passagiere und der Fahrer auf ihn warten. Erst am

Ende der Fahrt wird der Fahrpreis, eine Mark, entrichtet. Wenn Carla arg bepackt war, dann fuhr der Truck sogar einen kleinen Umweg - ohne Aufpreis, versteht sich. Ein wahrhaft kundenfreundliches öffentliches Verkehrssystem. Aber nur für friedliche Menschen mit viel Zeit geeignet.

Heimatadresse: Cook's Bay, Pao Pao

Nach vier Wochen waren wir immer noch begeistert von der Cook's Bay. Wir wähnten uns im Paradies. Wieder kam der Wunsch auf, hier für immer zu bleiben, auf einem eigenen Stück Land zu wohnen, unter Palmen zu sitzen und Bücher zu schreiben. Die Ersparnisse müßten für ein kleines Grundstück reichen, vielleicht sogar am Wasser.

Unsere ersten Erkundigungen indessen zeigten, daß es viel, viel schwieriger war, Land zu kaufen, als wir uns das gedacht hatten. Das begann schon damit, daß die polynesische Regierung jeden Landkauf genehmigen muß. Niemand konnte sagen, von was derartige Genehmigungen abhängig gemacht wurden. Man konnte sich aber denken, daß vor allem darauf geachtet wurde, daß nicht zuviel Land in die Hände der „Popaas" genannten Ausländer kommen würde. Mit Recht befürchteten die Tahitianer nämlich schon lange den Ausverkauf ihrer Heimat.

Bei einigen Grundstücken waren die Eigentumsverhältnisse zu undurchsichtig. In Tahiti wurde nämlich erst um die Jahrhundertwende das Grundbuch eingeführt, in das zunächst nicht alle Areale eingetragen wurden. Aber selbst wenn die rechtlichen Verhältnisse einst völlig überschaubar gewesen waren, konnte sich das inzwischen wieder geändert haben. Denn in einem Erbfall, bei Geburt oder Heirat werden gleich alle Berechtigten als Eigentümer eingetragen, was zu Gemeinschaften von hundert Personen und mehr führt. Mit jedem hätte man sich dann einigen müssen.

So blieben nur noch wenige Grundstücke übrig, zumal solche am Wasser. Die Tahitianer selbst wollten von jeher nur am Wasser wohnen; man sah das an der alten Grundstückseinteilung. Die Größe der Grundstücke wurde nämlich nach ihrer Uferlänge bemessen; alles, was dahinter an Land war – meist bis hinauf zum Bergkamm –, gehörte dazu. Der Berg wurde mangels Verkehrswegen als wertlos angesehen. Erst viel später vermaßen die Franzosen das Land nach Quadratmetern und Hektar neu.

Der erste Makler, mit dem wir verhandelten, gab uns die nicht gerade ermutigende Antwort: „Land in der Cook's Bay? Vergeßt es!" Tatsächlich war überhaupt nur ein einziges Ufergrundstück käuflich zu erwerben. Wir hatten es schon beim Einlaufen gesehen. Es war jenes mit der tankstellenartigen Hütte. Das wunderschöne Areal mit seinem reichen Bestand an gesunden Palmen, von smaragdgrünem Wasser gesäumt, gehörte einem schrulligen Italiener, der Kiki genannt wurde. Vor ihm hatte der Bürgermeister von Papeete das Grundstück besessen. Kiki, der sich als Künstler ausgab, war sogar besonders stolz auf sein Fare*, das er selbst entworfen hatte. Das großzügige Baurecht in Tahiti kann derartige Entgleisungen nicht verhindern. Andererseits ist es in seiner Einfachheit von geradezu klassischer Prägnanz. Materiell besteht es nur aus einer einzigen Vorschrift: „Alle Häuser sind im Inselstil zu halten und dürfen nicht höher als die umstehenden Palmen sein."

So hat man wirksam Betonsilos wie in den Touristenzentren Spaniens und Italiens verhindert.

Kurzum, die einzige Möglichkeit, in der Cook's Bay zu eigenem Grund und Boden zu kommen, führte über Kiki. Aber das Land, das er für einen horrenden Preis anbot, war viel zu groß für meine Vorstellungen. Die 3000 Quadratmeter am Ufer wollte er in zwei Teile parzellieren und den steilaufragenden Berg, der ihm bis zum Kamm gehörte, extra verkaufen. Allerdings, wenn man die beiden Parzellen gemeinsam kaufen würde, könne man den Berg – gleichsam als Dreingabe – geschenkt bekommen.

Mich machte das Angebot irgendwie mißtrauisch. Warum wollte er den Berg mit seinen 30000 Quadratmetern verschenken? Gut, es ging wirklich steil nach oben, aber wenn man europäische Maßstäbe anlegte – ich dachte dabei an Andraitx auf Mallorca, an die Straße von Bonifacio –, dann könnte man mindestens zehn Häuser an den Berg kleben mit einem wohl einzigartigen Ausblick – nach links bis zum Ende der Cook's Bay, also über ganz Pao Pao, das Hotel „Aimeo" und natürlich über den alles überragenden Tigerzahn-Berg, und nach rechts auf das offene Meer, von der Cook's Bay nur durch das strahlende Riff getrennt. Nicht, daß ich auch nur im

* Tahitianisch für Haus.

geringsten die Absicht gehabt hätte, dieses einmalige Naturschauspiel durch den Bau zahlreicher Häuser zwischen den Palmen zu zerstören. Angesichts der Investition aller Ersparnisse bedachte ich aber auch schon die Wertsteigerung in der Zukunft.

Ich will es kurzmachen. Der Berg hatte es mir angetan. Und wenn ich ihn in den Gesamtpreis mit einbezog, dann war das - so dachte ich, nicht Carla - die Gelegenheit meines Lebens. Dieses Stück Land am Ufer der Cook's Bay bezauberte mich derart, daß ich mich plötzlich zu meinem eigenen Erstaunen zu Kiki sagen hörte: „Also, ich nehme alles."

Da saßen wir nun auf eigener Scholle, die viermal soviel kostete, als ich ursprünglich ausgeben wollte. Aber wer machte sich schon im Angesichte einer solchen Naturschönheit Gedanken um so banale Dinge wie Geld. Irgendwie würden wir die Finanzierung schon schaffen.

Nun hatten wir alles, was wir uns erträumt hatten: eigenes Land unter Palmen - ich zählte 60 Stück auf dem gesamten Grundstück -, eine eigene Mooring in der Cook's Bay, der meistfotografierten Bucht der Welt, wie ein Werbeslogan lautete, und eine schöne Yacht vor der Haustüre. Was wir nicht hatten, war eine Aufenthaltsgenehmigung.

Die Behörden kümmert es nicht im geringsten, wenn man als Ausländer in ihrem Land Grundbesitz hat. Ein Yachtie aus der Bundesrepublik erhält zunächst einmal eine Aufenthaltsgenehmigung für ein halbes Jahr, wegen der Zugehörigkeit zur Europäischen Gemeinschaft (Amerikaner dürfen nur drei Monate bleiben, verdammt wenig für ein Paradies). Es muß schon ein wichtiger Grund vorliegen, um noch drei Monate Verlängerung zu bekommen - ein eigenes Grundstück ist kein wichtiger Grund.

Wir brauchten also eine Anerkennung als „zeitweilig Ansässiger". Der Ausweis dafür mußte im Heimatland beantragt werden. Also flog ich nach München. Der Bedienstete auf dem französischen Generalkonsulat winkte gleich ab, als ich ihm das Land meiner Träume nannte: „Alle Aussteiger wollen dorthin. Vergessen Sie das, wir wollen Leute Ihres Schlages nicht haben."

Erst als ich mich mit Entschiedenheit gegen die Bezeichnung „Aussteiger" wehrte und ihm klarmachte, daß ich Buchautor sei, und zwar einer, der schon ein paar Bücher geschrieben habe, wurde er freundlicher. Und als ich ihm noch meine stockbürgerlichen Einkommens- und Versicherungsverhältnisse darlegte, versprach er, er werde sich für eine einstweilige Aufenthaltsgenehmigung einsetzen. Ich solle getrost zurückfliegen.

Tatsächlich erhielten wir dann die Genehmigung, gültig für zwölf Monate. Für ein Jahr war unser Aufenthalt gesichert. Danach mußte ein neuer Antrag gestellt werden. Man hatte uns auch gleich gesagt, daß die Aufenthaltsgenehmigung fünfmal verlängert würde. Dann würden wir einen Ausweis erhalten, der fünf Jahre Gültigkeit habe. Später, nach zehn Jahren also, können wir uns Gedanken darüber machen, ob wir Franzosen werden wollten.

Gene Shelcher, eine lustige englische Malerin, hatte auf Anhieb einen solchen Ausweis bekommen. Wir waren ihr auf unserer ersten Weltumseglung in Durban zum erstenmal begegnet; sie begleitete zeitweilig den schwedischen Einhandsegler Ulf Peterson. Dann war sie in Moorea hängengeblieben. Sie lebte davon, mit viel Humor tahitianische Szenen aus dem täglichen Leben aufs Papier zu bannen. Offensichtlich hatte sie ein so gutes Gefühl für die tahitianische Mentalität, daß auf den Ausstellungen ihre nicht eben preiswerten Kunstwerke vor allem Käufer unter den Polynesiern fanden. Gene lud uns in ihre Hütte ein, um uns zu zeigen, wie sie lebte.

Sie wohnte am Berg auf der anderen Seite der Bucht, von „Kikis" Grundstück aus war das Pandanusdach gerade noch zu sehen. Nach ihrer Beschreibung fanden wir auch den Weg durch den Wald, eher die Andeutung eines Pfades, der durch Erdabrutsche als Folge heftiger Regenfälle immer wieder unterbrochen war. Gene hatte sich über diese Verhältnisse schon häufig beklagt, weil ihr Pferd, mit dem sie stets die schweren Gasflaschen ins Tal bringen mußte, beim Anblick der tiefen Furchen oft scheute, die Flaschen und Gene abwarf und im Gebüsch verschwand.

Schweißgebadet erreichten wir Genes Hütte. Der fensterlose Raum war nur mit dem Notwendigsten möbliert. In einer Ecke lagen verstreut ihre Malutensilien. Ein paar Katzen huschten umher, und Gene erzählte uns, daß sie die Katzenfindlinge gerne aufgenommen habe, so gewännen die Ratten zumindest etwas Respekt. Sie deutete auf das Dachgebälk: „Früher saßen sie da oben zu Dutzenden und dachten sich nichts dabei, daß sie mit mir unter einem Dach wohnten. Ungeniert putzten sie ihre Barthaare und glotzten mich an. Erst seit ich die große Katze habe, halten sich die Ratten etwas zurück. Auf jeden Fall laufen sie mir nachts nicht mehr über das Bett. Hoffentlich bringe ich die jungen Katzen durch. Solange sie noch so klein sind wie jetzt, werden sie allzu leicht von den

Ratten umgebracht. Aber der kleine schwarze freche Kater ist ein Surviver (Überlebenskämpfer), der wird es schaffen.

Die Ratten sind nicht das Schlimmste, die Ameisen machen mir mehr zu schaffen. Nicht den kleinsten Essensrest kann ich stehenlassen, ohne daß ganze Armeen dieser Viecher anmarschieren und zur Eroberung des Tellers ansetzen."

Wir machten uns Gedanken, wie man in so großer Unbequemlichkeit leben konnte und doch eine so spürbare Zufriedenheit ausstrahlte. Gene lebte hier oben in Einsamkeit. Kein Nachbar war in Rufweite. Elektrisches Licht, Telefon, Warmwasser – das gab es alles nicht. Das Trinkwasser mußte vom Tal aus mit einer Benzinpumpe zu Gene hochgepumpt werden. Aus einem etwas höher gelegenen Tank heraus hatte sie damit so eine Art fließendes Wasser. Nach der Toilette mochte ich nicht fragen.

Um diese Zeit mußten eigentlich die Moskitos kommen. Diese Plagegeister haben Gott sei Dank in den Tropen einen bestimmten Fahrplan. Am späten Nachmittag wachen sie auf. Dann können sie unerträglich werden, wenn man keine Gegenmaßnahmen trifft. Auf der vor Anker liegenden THALASSA II blieb man meistens verschont, es sei denn, der Wind stand ungünstig. Für solche Fälle hatten wir die sogenannten Coils – made in Hongkong – an Bord, die vor sich hinglimmen und einen für die Mücken offenbar unausstehlichen Geruch ausströmen. In allen Haushalten, Geschäften und Gasthäusern stehen solche Coils auf den Tischen. Bei Gene sah ich keine. Wir wurden unruhig, denn das erste Dutzend hatte uns schon gestochen. Gene bemerkte unsere Unruhe: „Oh, haben wir heute Moskitos? Ihr müßt entschuldigen, aber ich spüre die Stiche nicht mehr. Nein, Coils habe ich auch keine hier. Aber laßt uns doch einfach Gin trinken, dann ist es erträglich."

Das Eis, das Gene für uns eigens aus dem „Aimeo" geholt hatte, war längst geschmolzen, und so tranken wir den Gin warm. Ein schlimmes Gesöff, uns aber schien es die einzige Medizin, um die Piesackerei der Mücken ertragen zu können. Gene lächelte verständnisvoll: „Wenn man in dieser Einsamkeit lebt, dann wird man weniger empfindlich."

Ich bewunderte Gene, wie sie es unter diesen Umständen schon jahrelang hier oben ausgehalten hatte, nach einem Leben mit viel Luxus und Reichtum, denn sie war die Witwe eines arabischen Ölministers. Wie konnte gerade sie jetzt so leben?

„Ach das ist ganz einfach. Seht, wenn es mir nicht mehr gefällt, dann fliege ich nach England oder nach Neuseeland, gehe einkaufen, erlebe die Großstädte, und nach einer gewissen Zeit habe ich schon wieder Sehnsucht nach meiner Hütte auf Moorea. Du mußt immer die Möglichkeit haben, hier wegzukommen, ein paar tausend Dollar müssen für diesen Zweck bereitliegen. Dann ist es hier wunderschön, dann lebst du im Paradies. Wenn du aber im Paradies gefangen bist, dann wird es zum Gefängnis."

Nicht nur Gene machte mich nachdenklich, ob ein Stück Land auf Moorea wirklich das Paradies ausmachte. Wir wurden zum erstenmal unsicher. Dazu kam jetzt der Regen.

Als wir im Frühjahr in die Cook's Bay einliefen, hatten wir Sonnenschein. Immer, jeden Tag, badeten Bucht und Berge in der Sonne über Moorea. Die Luft war trocken. Dann aber begann der Sommerregen, der eigentlich schon viel früher hätte einsetzen müssen. Für mich kam er zu spät, ich hatte Kikis Grundstück schon gekauft.

Wenn es in der Cook's Bay regnete, dann veränderte sich Moorea. Die grauen Wolken blieben zwischen den Bergen hängen. Man konnte den Himmel nicht mehr sehen. Tagelange Trostlosigkeit. Das Wasser in der Bucht färbte sich lehmig braun vom Dreck, den die Regenschauer in das Meer schwemmten. Abgebrochene Äste trieben in der Bucht und blieben in der Ankerkette hängen. Das Hotel „Aimeo" schien verlassen; die ohnehin wenigen Gäste hatten mangels touristischer Attraktionen nichts Besseres zu tun, als gleich auf ihren Zimmern zu bleiben und auf besseres Wetter zu warten.

So vergingen die Tage und Nächte. Die Luken auf den Yachten konnten nicht geöffnet werden, um die stickige Luft rauszulassen. Die Wolken über der Bucht lähmten das Leben in der Cook's Bay. Zu einer Fahrt nach Papeete, wo es ja auch regnete, konnte sich niemand aufraffen.

Manchmal riß die Wolkendecke für einen Moment auf, so kurz, daß man keine Hoffnung auf Wetterbesserung schöpfen konnte, aber doch so, daß der Gipfel des Tigerzahn-Berges frei wurde. Dann sah Carla nach oben und meinte: „Mir fällt der Berg noch auf den Kopf!"

Auch das war unser Paradies in Moorea.

Der dritten Dimension entgegen

Der Regen von Moorea war die erste Lektion: Man kann sich nicht irgendwo ein Stück Land kaufen und sich einbilden, man lebe nun im Paradies. Wir bedurften irgendeiner Beschäftigung. Nicht allein zum Geldverdienen. Dank meiner Bücher und der Treue meiner Leser wäre es bei den insgesamt doch recht niedrigen Lebenshaltungskosten auch so gegangen. Nein, der Mensch, speziell einer unserer Leistungsgesellschaft, braucht eine Aufgabe.

Wir hatten ein Grundstück, das viel zu groß war, um darauf ein beschauliches Leben zu führen. Warum sollte ich nicht eine Segelschule eröffnen und mit der THALASSA II zahlenden Gästen die Schönheiten der Gesellschaftsinseln zeigen? Mein Name würde gut genug sein, den einen oder anderen aus Deutschland nach Polynesien zu locken, trotz der irrsinnig hohen Anreisekosten. Denn Charterflüge nach Tahiti gab es nicht, sehr zum Leidwesen der Polynesier, die gerne mehr Touristen gesehen hätten.

Wir wußten, daß es nahezu unmöglich war, von der Regierung eine Arbeitsgenehmigung oder eine Lizenz zum Verchartern der THALASSA II zu bekommen. Aber ich glaubte, daß ich die Offiziellen mit dem Argument überzeugen könnte, ich würde deutsche Segeltouristen nach Polynesien bringen, die sonst nicht hier Urlaub machen würden.

Also stellten wir für die Baugenehmigung und für die Lizenzen mit Hilfe der deutschen Konsulin in Papeete Antrag um Antrag. Eine Antwort erhielten wir bis heute nicht. Aber das wußten wir damals noch nicht, und wir waren voller Optimismus.

Die „Yacht“ hatte von unseren Plänen berichtet. Daraufhin erhielten wir eine Reihe von Zuschriften von uns unbekannten Leuten, die sich an dem Projekt „Segelschule“ beteiligen wollten. In der größten Zeitung Tahitis wurde ein seitenlanger Artikel über uns und unsere Pläne veröffentlicht.

Jeder schien sich dafür zu interessieren, nur die Behörden nicht. Nachfragen brachten allein die Erkenntnis, daß die Pläne beim Bürgermeister von Moorea auf dem Schreibtisch lägen, und ohne dessen Segen würde gar nichts laufen.

Also hatte Poonagi das letzte Wort. Poonagi, ein Tahitianer, er war nach dem Vizepräsidenten der zweitmächtigste Mann in Polynesien überhaupt. Warum, konnte mir niemand so richtig erklären. Aber jeder senkte bedächtig das Haupt, wenn ich nach Poonagi fragte. „Was, Poonagi muß entscheiden? Dann vergiß deine Segelschule, das wird zu teuer. Oder du beteiligst Poonagi, dann bekommst du die Genehmigung!"

Auch wegen der Baupläne mußten wir uns mit Teariki herumschlagen. Die Straße vor dem Grundstück konnte nicht geteert werden, weil Teariki aus Umweltgründen nur weiße Straßen mochte. Strom gab es nicht zentral, weil Poonagi der Meinung war, daß die Leitungen die Landschaft verschandeln würde. Damit war Moorea die einzige von den vielen bewohnten Inseln Polynesiens ohne zentrale Stromversorgung. Deshalb nagelte in jedem Garten nachts ein Dieselgenerator, damit in der Hütte elektrisches Licht brennen konnte.

Gott sei Dank wurde uns schon nach einem Jahr Aufenthalt bewußt, daß wir die Pläne für eine Segelschule aufgeben mußten. Was sollte ich nun mit dem Grundstück anfangen? Das häßliche Haus nahmen wir jetzt so hin, wie es war. Wir resignierten ganz einfach.

Hinsichtlich einer Genehmigung, mit der THALASSA II zahlende Gäste in die Inseln fahren zu können, waren wir zuversichtlicher, denn unter den 18 Charteryachten in ganz Polynesien war immerhin auch eine nichtfranzösische Yacht aus den Staaten. Also pilgerte Carla zum zuständigen Hafenkapitän und gab dort einen neuen Antrag ab. Rein theoretisch wäre es möglich gewesen, auch ohne Lizenz Gäste spazierenzufahren, aber das Risiko, gesetzwidrig in einem Lande etwas zu unternehmen, in dem man ohnehin nur geduldet wurde, war einfach zu groß und konnte im schlimmsten Falle mit einer Beschlagnahme des Schiffes enden.

Tag für Tag, Monat für Monat verging. Unsere Beschäftigung war es, auf die Genehmigung zu warten. Die Zeit schlich dahin. Eines Tages kam eine Gruppe von Leuten auf die THALASSA II, stellte sich als staatliche Kommission vor und überprüfte die Yacht auf ihre Tauglichkeit zur Beförderung zahlender Gäste. Nicht etwa die Seetüchtigkeit interessierte die Herren, sondern der Komfort an Bord.

Und das war gar nicht so dumm, denn alle ausländischen Yachten in Tahiti hatten ihre Seetüchtigkeit und die Fähigkeit ihrer Skipper längst durch die viele tausend Meilen lange Anreise bewiesen. Einen Segelschein brauchte ich schon gar nicht vorlegen, aber meine Tiefkühltruhe mußte ich öffnen, damit das Fassungsvermögen überprüft werden konnte.

Die ersehnte Lizenz ließ jedoch noch ein weiteres halbes Jahr auf sich warten, trotz Intervention der deutschen Konsulin und wöchentlichen Antichambrierens von Carla. Immer wieder wurden wir vertröstet, warum, sagte uns niemand. Selbst den Franzosen, die ja hier sozusagen zu Hause waren, erging das so.

Aus reiner Langeweile suchte ich mir einen neuen Zeitvertreib. Ein Amerikaner, der schon seit zwölf Jahren auf Moorea lebte und früher Pilot war, schwärmte mir von der Fliegerei in dieser Inselwelt vor. Also ging ich eines Tages zum Flughafen von Papeete, der den schönen Namen Faaa (ja, wirklich mit drei „a") trägt, und fragte mich nach dem Aero-Club durch. Es gab davon fünf, aber nur in einem sprach der Fluglehrer Englisch, das war das Wichtigste. Denn weil total sprachunbegabt, war es mir während des Aufenthalts in Französisch-Polynesien noch nicht gelungen, auch nur die notwendigsten Wörter auf französisch zu kennen.

Nie vergessen werde ich meine erste Flugstunde. Unsere Schulmaschine war eine kleine Piper-Tomahawk mit dem Kennzeichen FO-DIV, kurz INDIA VIKTOR gerufen. Von Anfang an saß ich – wie wohl bei allen Flugschulen der Welt üblich – auf dem Pilotensitz. Langsam rollten wir auf die mehrere Kilometer lange Startbahn, die am Meer beginnt und im Meer endet, und warteten auf die Startfreigabe. Dann drückte ich den Gashebel auf Vollgasstellung und versuchte mit den Fußpedalen, die Maschine auf dem Strich in der Mitte der Landebahn zu halten. Das schien mir gar nicht so einfach, obwohl auf der gleichen Piste auch die Jumbos und andere Großraumflugzeuge zurechtkommen mußten.

Dann endlich hatten wir die erforderlichen 65 Knoten Geschwindigkeit erreicht, und ich zog mit Hilfe meines Lehrers Jérôme die INDIA VIKTOR hoch. Ich flog! Aber nicht das allein erzeugte ein erhebendes Gefühl, es war auch die Aussicht. Unter mir strahlte das smaragdgrüne Riff. Links von uns, in dem tiefen Blau des offenen Ozeans, meine neue Heimat Moorea und rechts das immergrüne Tahiti. Ich schrie vor Begeisterung. Mein Lehrer aber blickte nur geradeaus und meinte: „Keep the axis!"

Wieder auf dem Boden, wurde mir klar: Jérôme flog jeden Tag zwanzig- oder dreißigmal über das Riff. Auch das schönste Naturwunder verliert mit der Zeit seinen Reiz.

Ich machte die gleichen Erfahrungen wie jeder andere Flugschüler auch. Zunächst glaubt man, das Ganze sei so ähnlich wie Autofahren, jedenfalls nicht besonders schwer. Und dann kommt die Phase, wo kein Fortschritt mehr festzustellen ist.

Ich stelte mich jedenfalls viel dümmer an als erwartet. Das mag an der Sprache gelegen haben. Jérôme sprach zwar fließend Englisch, aber es war eben nicht seine Muttersprache. Manches hätte er auf Französisch besser erklären können. Mein Englisch war leidlich, aber es ging doch einiges an Inhalt verloren, wenn mir Jérôme zum x-ten Male die Landetechnik erklärte. Meine Flugliteratur auf der THALASSA II wiederum war in deutsch, ein Funkfreund aus Frankfurt hatte sie mir zugesandt.

Ein ums andere Mal kam ich auf die THALASSA II zurück und klagte Carla mein Leid. „Wie ich diese Kiste je allein heil runterbringen soll, ist mir ein Rätsel."

Aber das war noch nicht einmal das Hauptproblem. Wegen der Sprachschwierigkeiten hatte Jérôme nach Paris getelext, ob ich denn nicht die theoretische Prüfung in Englisch, der internationalen Fliegersprache, ablegen könne. Die Antwort war so, wie man es von einer Verwaltung erwartet, die noch sturer ist als die deutsche: „Nein, nur französisch!"

Französisch lernen zu wollen, war für mich sinnlos. Ich besorgte mir die offiziellen 600 Prüfungsfragen, aus denen in der Prüfung 60 ausgewählt wurden, zu jeder Frage gab es drei Antworten, nämlich „A", „B" und „C"; die richtige mußte angekreuzt werden. Jérôme meinte, ich solle an den nächsten Prüfungen teilnehmen und solange probieren, bis ich aus reinem Glück die geforderten 90 Prozent richtige Antworten zusammenbrächte. Das schien tatsächlich meine einzige Chance.

Dann ging ich die 600 Fragen mit meinem Taschenrechner einmal statistisch durch und stellte fest, daß die richtige Antwort von viel mehr als einem Drittel der Fragen jene unter „C" war. Das brachte mich auf die Lösung meines Problems:

Wenn ich alle Fragen mit der Antwort „C" im Fragenkatalog zukleben, sie also einfach nicht kennenlernen würde, dann brauchte ich in der Prüfung nur ein „C" anzustreichen, wenn ich auf eine Frage traf, die ich noch nie gesehen hatte. Umgekehrt brauchte ich nur zwischen „A“ und „B“ zu rätseln, wenn mir eine Frage irgendwie bekannt vorkommen würde.

Ich verfeinerte mein System noch etwas. Es gab nämlich eine Reihe von Fragen, die mit „JA“ oder „NEIN“ beantwortet werden sollten. Unter ihnen überwog die „NEIN“-Gruppe. Also klebte ich im Fragenkatalog alle Fragen mit der richtigen Antwort „NEIN“ zu, so daß ich wiederum bei fremden Fragen, die nur „JA“ oder „NEIN“ zur Antwort hatten, lediglich das „NEIN“ ankreuzen mußte.

So hatte ich die 600 Fragen auf 250 dezimiert. Und die mußte ich irgendwie lernen.

Richtig lernen konnte ich die natürlich mangels Französischkenntnissen nicht. Ich konnte mir aus den richtigen Antworten nur ein paar Wörter einprägen, die mir vom Klang her besonders gefielen, ohne daß ich nach meinem „System“ den Sinn begreifen mußte. Nachdem ich mir nun also diese Taktik zurechtgelegt hatte, opferte ich noch zwei Nachmittage für das Aussuchen besonders „schöner“ Wörter und marschierte in die Prüfung.

Der aufsichtführende Beamte wußte um meine Sprachschwierigkeiten und half mir, das Prüfungsblatt auszufüllen. Geduldig erklärte er mir, wo beispielsweise der Geburtsort einzutragen sei. Anschließend wollte er mir aus Mitleid sogar noch die einzelnen Fragen ins Englische übersetzen, aber das hätte nur mein Konzept durcheinandergebracht.

Ich hatte 90 Minuten Zeit. Nachdem ich die einzelnen Antworten nur daraufhin prüfen mußte, ob sie mir unbekannt waren (richtige Antwort „C“ oder „NEIN“) oder ob sie ein mir vertrautes Wort enthielten, war ich in genau elf Minuten fertig. Der Beamte legte eine Schablone mit ausgestanzten Kreuzchen auf den Bogen, verschob das Blatt nochmals, weil er wohl meinte, daß die Schablone nicht richtig auflag, sah wieder nur lauter Kreuze und gratulierte mir schließlich zur bestandenen Prüfung. In Tahiti waren vorher noch nie 100 Prozent richtige Antworten erzielt worden. Ich hatte die Prüfung vorschriftsmäßig abgelegt; ob ich die geringste Ahnung von der wichtigen Theorie hatte, beispielsweise von den Ausweichregeln, war damit nicht bewiesen.

Dann kamen der erste Alleinflug, für jeden Flugschüler wahrscheinlich der Moment, in dem er glaubt, nach den Sternen greifen zu können, und die ersten Navigationsflüge, die mir schon deshalb viel Spaß brachten, weil die Seenavigation nicht viel anders als die Luftnavigation ist. Nur wird von Bord einer Sportmaschine Astronavigation heute nicht mehr durchgeführt. Aber das flaue Gefühl im Magen ist deutlicher zu spüren als auf einem Schiff.

Dieser erste Alleinflug „über Land“ ging nach Huahine, etwa 200 Kilometer von Tahiti entfernt. Landmarken zur Orientierung gibt es keine. Alles, worauf man sich verlassen kann und muß, ist eine kleine Nadel auf dem Instrumentenbrett vor der Nase, die von einem VOR-Flugfunkfeuer auf der kleinen Insel Huahine bewegt wird. Wenn Huahine nach 50 Minuten nicht in Sicht ist, wird man nervös. Und wenn es nach 60 Minuten noch immer nicht zu sehen ist, dann ist man daran vorbeigeflogen. Zum „Auffangen“ kämen nur noch Bora-Bora und dann die freie See. 6000 Kilometer weit.

Doch taucht die Insel schon lange vorher auf. Denn es wird nur bei bestem Wetter geflogen, und die schönsten Inseln der Welt leuchten dem Sportflieger in zwei- oder dreitausend Meter Höhe entgegen. Trotzdem, es ist anders als bei der Seefahrt. Schließlich muß die INDIA VIKTOR nach fünf Stunden runter. Eine Notlandung auf dem Wasser ist fast immer tödlich, denn das nicht einziehbare Fahrgestell würde die Maschine beim Eintauchen ins Wasser stolpern lassen, so daß sie sich überschlagen würde. Eine Minute später ginge sie mit dem bewußtlosen Piloten auf 5000 Meter Tiefe.

Ich genoß trotzdem jede Minute Fliegen durch diese Zauberwelt der Gesellschaftsinseln, denn Fliegen bedeutet die dritte Dimension. Alle Inseln, die ich im folgenden Jahr mit zahlenden Gästen anlief, sah ich mit anderen Augen, denn ich hatte die Riffe von oben gesehen.

Gäste im Paradies

Inzwischen hatten wir die begehrte Charterlizenz für die THALASSA II erhalten. Nach zwei Jahren Wartezeit. Den Franzosen war es nicht besser ergangen. Das sollten auch jene Yachties bedenken, die besuchsweise in dieses Südseeland kommen und ohne Genehmigung, also schwarz, Gäste spazierensegeln, um ihre Bordkasse aufzufüllen. Manch ortsansässige Yachtleute werden das mit wenig Verständnis zur Kenntnis nehmen.

Viele unserer Gäste hatten einen Traumurlaub auf der THALASSA II, wie sie behaupteten. Einige wurden bitter enttäuscht. Das lag meistens an den Erwartungen, manchmal an mir. Wenn Gäste als erstes den Wunsch äußerten, „einmal" eine Nachtfahrt zu machen, dann ließ ich sie gewähren, verlangte aber auch, daß entsprechend seemännisch Wache gegangen wurde. Noch abgekämpft von der Reise und unter dem Streß des Klima- und Zeitwechsels, war der Spaß auf der offenen See fast immer schon abends um zehn Uhr vorbei. Die Seekrankheit tat ein übriges. So hatte man sich das Segeln in der Südsee nicht vorgestellt.

Und dann die ewige Ankerei. Nirgendwo gab es eine Pier, wo man richtig an Land gehen konnte. Das war immer nur mit dem wackeligen Beiboot möglich. Und die Arbeit an Bord! Segelwechsel, Ankermanöver, Backschaft bei unerträglicher Hitze.

Was aber den Gästen am meisten zu schaffen machte, waren die weiten Distanzen über die offene See – nach Mittelmeermaßstäben. Nach Bora-Bora sind es nun mal zwei Tage, wenn der Wind nicht mitspielt. Küstensegelei in ruhigem Wasser gibt es nicht, denn kaum ist man aus dem Windschatten von Moorea oder Tahiti heraus, trifft man auf eine Dünung, die Tausende von Seemeilen Platz gehabt hat, sich aufzubauen – nicht jedermanns Sache.

Und dann die Hotels. Sündteuer und ohne großen Komfort,

ebenso wie die Restaurants. Ja, wir sind anspruchsvoll geworden. Wir können nicht mehr darüber staunen, daß es in Polynesien Steaks aus Neuseeland, Weintrauben von den Kanarischen Inseln und Käse aus Frankreich gibt. Mit dem Flugzeug gebracht.

Die Einheimischen können unfreundlich sein, bedanken sich nicht mal richtig, wenn man ihnen ein Trinkgeld gibt. Der Polynesier ist unbestechlich. Er ist grantig, wenn er einen schlechten Tag hat – in der Großstadt Papeete meistens –, oder er ist heiter. Ob man ihm dafür oder dagegen einen Geldschein in die Hand drückt, rührt ihn nicht. Noch vor kurzem war am Flugplatz in Faaa ein Schild für die neuangekommenen Besucher angebracht: „Bitte geben Sie kein Trinkgeld, dieser Brauch ist in Polynesien unbekannt!"

Man hat das Schild entfernt. Die Touristen haben es nicht begriffen.

Das größte Problem für die „paying guests" war, neben dem Skipper, das Wetter. „Nie wieder Moorea" oder „meinen ärgsten Feind würde ich nicht nach Moorea schicken" – das waren die Kommentare unserer Besucher nach zwei Tagen Moorea bei Tropenregen. Daß die Landschaft ihre Farbe und damit ihren Zauber dem Regen verdankt, daran denkt niemand in diesem Moment.

Wie es unseren Gästen gefallen hatte, ließ sich auf eine einfache Formel bringen: Hatten sie sich etwas Bestimmtes vorgestellt, dann erlebten sie meist eine Enttäuschung. Kamen sie vorbehaltlos in das fremde Land, so verließen sie es meist hellauf begeistert. Denn „die Südsee" ist ganz anders, als es die Fotos wiedergeben.

Wer glaubt schon beim Anblick zauberhafter Lagunen mit glasklarem Wasser, daß es kaum Sandstrände gibt? Die gelben Streifen auf den Bildern sind nicht feinkörniger Sand, sondern in der Sonne verblichene Korallen, auf denen man tunlichst nicht ohne Schuhe laufen sollte. Wer denkt schon daran, daß die Mädchen fast alle schlechte Zähne haben und auf den äußeren Inseln – fernab vom Zahnarzt – nur dann einigermaßen hübsch sind, wenn sie nicht lächeln. Wer rechnet schon damit, daß wirklich gute Tanzdarbietungen nur in den großen Hotels geboten werden. Wem würde es in Europa einfallen, daß die Langusten, die im Hotel „Baly Hei" auf Raiatea serviert werden, tiefgefroren aus Neuseeland importiert sind und daß Fisch teurer als das amerikanische Rindsfilet ist. Und wer erwartet schon, daß in Polynesien keine Zitronen gedeihen.

Die Traumurlaube von vielen, die auf der THALASSA II mitsegelten, liefen ähnlich ab wie jener einer Gruppe österreichischer Motorbootfahrer, die von Anfang an keinen Hehl daraus gemacht hatten, daß sie von der Segelei keine allzu große Ahnung hatten: „Wir möchten uns vielleicht ein Segelschiff anschaffen und auf dem Mittelmeer segeln. Wir wollen sehen, ob uns die Segelei gefällt, ob das für uns etwas ist."

Als wir nach einer Woche in meiner „Geheimbucht" in Huahine lagen, erklärten sie mir ganz locker, daß sie jetzt eingesehen hätten, daß die Segelei doch nichts für sie sei. Sie würden den Rest des Urlaubs nur noch in dieser Bucht verbringen. Punkt.

„Ja, und Bora-Bora wollt ihr nicht sehen? Jeder möchte Bora-Bora kennenlernen."

„Nein, uns gefällt es hier so gut, schöner kann es in Bora-Bora auch nicht sein, basta. Wenn wir am letzten Urlaubstag in Tahiti schönes Wetter haben, dann fliegen wir halt noch schnell nach Bora-Bora und schauen das an einem Tag an."

Jetzt aber hatten die Motorbootfahrer Zeit. Sie wanderten jeden Tag in das Dorf, schlossen Bekanntschaften mit Polynesiern. Kinder kamen an Bord und vergnügten sich mit unseren Gästen, und für Sonntag wurden sie von den Leuten im Dorf zur heiligen Messe eingeladen. Sie wechselten die Kleidung und tauschten T-Shirt und Badehose gegen lange Hosen, die sogar eine Bügelfalte erkennen ließen, und Helga befestigte in ihrem Haar ein weißes Tüchlein, denn sie hatte beobachtet, daß die Polynesierinnen in der Kirche immer eine Kopfbedeckung trugen, meist besonders kunstvoll geflochtenen Strohhüte.

Wir waren ganz verlegen, denn in der Kirche stand für uns eigens eine Bank bereit. Man hatte nur noch auf uns gewartet. Die Männer und Frauen saßen getrennt auf den beiden Seiten des hellen freundlichen Kirchenschiffs, und bald begannen die Leute von Huahine zu singen. Die Gläubigen bildeten einen vielstimmigen Chor, und ihre Lieder klangen im Gegensatz zu deutschen Kirchenliedern, die mich mehr deprimieren als aufrichten, fröhlich und leicht. In den Kanons wechselten Kinderstimmen mit blechernen Frauenstimmen ab, auf die dann wieder die tiefen Bässe der Männer von der anderen Kirchenseite antworteten. Natürlich verstanden wir die Texte nicht, aber traurig oder schwermütig konnten sie nicht sein, denn immer wieder begann die Gemeinde, besonders die Frauen, zu lachen oder, besonders die Männer, zu grinsen. In anderer Umgebung hätte ich hinter dem Text irgendwelche harmlosen Obszönitäten vermutet. Aber in der Kirche?

Als der polynesische Priester auf die Kanzel stieg, setzte sich ein hübsches blondes Mädchen - wahrscheinlich die Lehrerin - zu seinen Füßen und erklärte, daß heute Gäste anwesend seien. Für sie werde sie die Predigt übersetzen. Geduldig legte der Priester nach jedem Satz eine Pause ein und wartete, bis seine Übersetzerin nachgekommen war. Am Ende betete der Priester für uns, die wir den weiten Weg mit dem Schiff nach Polynesien gekommen waren, für unsere Gäste aus dem fernen „Autriche" und für die THALASSA II.

Als die letzten Gesänge verstummt waren, trat Stille ein, niemand erhob sich. Der Priester ging zum Portal, öffnete es und bedeutete uns zu gehen. Jedem einzelnen von uns drückte er herzlich die Hände und verabschiedete uns. Erst als wir im Freien waren, strömte die Menge in den sonnigen Sonntagnachmittag hinein.

Auf dem Dorfplatz vor der Kirche befand sich ein rauchender kleiner Hügel, an dem die Frauen sich zu schaffen machten. Unter einigen Jutesäcken kamen riesige Bananenblätter zum Vorschein und darunter - nach einigen weiteren Lagen - ein gegartes Schwein mit Brotfrüchten, orangefarbenen Bananen und einigen Yams. Dies war das polynesische Nationalgericht, das nur zu größeren Festlichkeiten zelebriert wird. Ein Diakon sollte heute verabschiedet werden. Wir wurden herzlich eingeladen, mit zuzugreifen, und bald saßen wir unter den lachenden Polynesiern und genossen das zarte Schweinefleisch, das stundenlang auf glühend heißen Steinen gegart worden war und, natürlich, mit den Fingern gegessen wurde.

Viele unserer Gäste hatten schon vom „Schwein im Erdboden" gehört und wollten es einmal probieren. Aber außer in den großen Hotels läßt sich so was nicht organisieren, denn Schweine sind in Polynesien Mangelware. Zwar laufen in jedem Garten welche herum, aber die sind für Festtage wie Hochzeit der Tochter oder ähnliches bestimmt. Gäste können in Polynesien so ein Essen in drei Jahren nicht ein einziges Mal erleben, bei anderen klappt es schon nach ein paar Tagen. Das liegt am Glück - und an den Gästen.

Eine polynesische Legende

Wir lernten auf unseren zahlreichen Fahrten zu den Inseln nahezu jeden Ankerplatz kennen, immer besser auch die Polynesier. Wir bekamen mehr Gefühl für die nautischen Schwierigkeiten, mit denen die Polynesier früher zu kämpfen hatten. Sagenumwoben sind die Seefahrten der Vorfahren unserer tahitianischen Freunde. Im Mittelpunkt aller Forschungen seriöser Art steht jene unbegreifliche Reise von Polynesiern nach Hawaii, etwa vor tausend Jahren.

Man stelle sich das vor: Von Raiatea, der Nachbarinsel von Huahine und damaligen Metropole Polynesiens, legt ein kleines Mehrrumpfboot ab und landet mit ein paar Dutzend polynesischen Menschen beiderlei Geschlechts an Bord ohne Zwischenlandung in den fast 6000 Kilometer entfernten hawaiischen Inseln. Unbegreiflich wird das vor allem dann, wenn man diese Leistung mit der Entdekkung Amerikas durch Kolumbus vergleicht, abgesehen davon, daß Kolumbus seine Reisen gut ein halbes Jahrtausend später unternahm. Aber Kolumbus mußte ganz einfach Amerika entdecken, wenn er immer nach Westen segelte. Die Polynesier hätten aber leicht an den Inseln vorbeisegeln können, die wie ein paar kleine Pünktchen im weiten Nordpazifik liegen. Es gibt viele Theorien darüber, wie sie die hawaiischen Inseln dennoch fanden, und noch mehr Sagen. Beweisen läßt sich gar nichts. Nur eines ist gewiß, daß Polynesier irgendwann Hawaii besiedelten. Denn James Cook, der Hawaii entdeckte, fand dort Menschen vor, deren Sprache der an Bord befindliche polynesische Übersetzer verstand.

Beweisen läßt sich schon deswegen nichts, weil die Polynesier keine Geschichtsschreibung, ja nicht einmal eine geschriebene Sprache kannten. Nach der mündlichen Überlieferung hat Raiatea früher Hawaiiki, „kleines Hawaii", geheißen, weshalb die 6000 Kilometer entfernt gelegene, vergleichsweise große Inselgruppe Hawaii genannt wurde. Aber wer kann schon beweisen, daß der Name Hawaiiki nicht erst nach der Entdeckung Hawaiis aufgekommen ist.

In den meisten Sagen ist von geheimnisvollen Navigationsmitteln die Rede, von einem Stern, der die paar Dutzend Polynesier nach Hawaii führte. Das sind schöne Geschichten, aber keine Beweise. (Übrigens: Die schönste Schilderung, wie die Tahitianer nach Hawaii gekommen sind, findet man in dem Buch „Hawaii" von Mitchener - freilich von ihm selbst als Roman bezeichnet.)

Ein Poynesier namens Rodo, von dem gesagt wurde, er sei der letzte, der sich auf jene Kunst der Navigation verstünde, wie sie damals von den Insulanern des Pazifiks praktiziert wurde, weihte mich in seine Geheimnisse ein. Es war faszinierend, dem weißhaarigen Alten zuzuhören.

„Weißt du, wie ich ein Motu hinter dem Horizont sehen kann, lange bevor du es mit dem elektronischen Auge, das du Radar nennst, erblickst?"

Ich wußte es nicht. Wie sollte das auch möglich sein. Waren doch die flachen Inseln in den Tuamotus der Schiffahrt schon oft genug zum Verhängnis geworden.

„Eigentlich ist die Bezeichnung *Tua*motus auch nicht richtig. Früher hießen die Inseln *Pau*motus."

Ich erinnerte mich, daß in dem alten Schulatlas, den bereits mein Großvater benutzt hatte, diese Inselgruppe zwischen den Marquesasinseln und Tahiti tatsächlich als Paumotu-Archipel bezeichnet wurde.

„Häufig schwebt über solchen Inseln ein niedriges Wölkchen, das sich wegen der hitzebedingten aufsteigenden Luft über dem Land bildet. An der Unterseite der Wolke kannst du - natürlich nur, wenn du den Trick kennst - einen leichten grünlichen Schimmer erkennen, hervorgerufen vom Smaragdgrün der darunter liegenden Lagune. So vermag ich ein Motu aus 30 Meilen Entfernung zu entdekken, du dagegen nur aus zehn. Übrigens: ‚Pau' bedeutet nichts anderes als ‚Wolke'."

Wieder einmal ärgerte ich mich über unsere Ausbildung zum Navigator. Da gibt es derartige hilfreiche Tricks, und man erfährt nichts darüber. Statt dessen durften wir sinnlose Leitpunktberechnungen büffeln - von der Praxis so weit entfernt wie nur möglich.

„Sieh, ihr habt elektronische Kursanzeiger und Kompasse. Wir aber haben eine akustische Kursanzeige schon lange vorher gehabt. Unsere Winde wehen, wie du weißt, immer aus der gleichen Richtung. An den Wolken und an der Luftfeuchtigkeit erkennen wir auf offener See stets, ob wir etwa vom Kurs abgewichen sind. Wenn ich in eine Kokosnuß ein paar verschieden große Löcher schneide und die Nuß so aufstelle, daß sie vom Wind angeblasen wird, dann heult sie in einer bestimmten Tonlage. Verdrehe ich sie, dann ändert sich die Tonhöhe, weil der Wind anders einfällt. Steht eine solche Kokosnuß nun neben dem Ruder, kann ich ruhig schlafen und das Ruder sich selbst überlassen, denn solange die Tonhöhe sich nicht verändert, weiß ich, daß mein Schiff den richtigen Kurs steuert."

„Und wie kannst du auf offenem Meer deine Position feststellen, wenn du außer Landsicht bist?" Ich wußte nämlich, daß Rodo das konnte, weil er es unter aufsehenerregenden Bedingungen bereits bewiesen hatte. Er war Navigator auf einem großen Kanu-Nachbau, der von Hawaii aus nach Tahiti gesegelt werden sollte, um zu beweisen, daß Polynesier aus dem Norden später wieder nach Tahiti zurückgekehrt waren. Es gelang Rodo tatsächlich, das Kanu sicher nach Tahiti zu navigieren, ohne Kompaß, Sextant oder andere moderne Hilfsmittel.

„Das Prinzip hast du dir auf deiner Reise hierher schon zunutze gemacht", fuhr Rodo fort, „aber nur mit der Sonne. Wenn die Sonne genau im Osten aufgeht, im Mittag senkrecht über dir steht, dann weißt du, daß deine Schiffsbreite genau der Breite der Sonne entspricht. Und die kannst du ja in deinem Almanach nachlesen.

Wir richten uns nach den Sternen. Anders als die Sonne ändern die Fixsterne ihre Breite nicht. Sie ziehen immer auf gleichen Bahnen von Ost nach West. Wenn ein bestimmter Stern über mir steht, kenne ich meine geographische Breite. Ich brauche nur am Mast hochzupeilen, dann sehe ich, ob wir die Breite des Sterns schon erreicht haben oder noch nicht.

Nachdem wir unendlich viele Sterne zur Verfügung haben, kann ich meine Breite immer bestimmen. So konnten wir schon vor tausend Jahren so gut navigieren wie euer Kolumbus."

Rodo nestelte an seinem T-Shirt herum und holte so eine Art Amulett an einer einfachen Schnur hervor. „Schau, das ist Menschenbein, vielleicht dreihundert Jahre alt. Das hat mir immer Glück gebracht. Auch damit kann ich Sterne anpeilen, wenn die See zu bewegt ist, als daß der Mast senkrecht nach oben zeigt. Ich benutze es einfach als Pendel – wie ihr sagt. Aber es gibt noch eine ganze Reihe von Hilfsmitteln für die Navigation, die uns kostenlos die Natur liefert. So deutet ein im Wasser schwimmendes Taroblatt die Nähe einer hohen Insel an, denn Taro wächst nicht auf niedrigen Inseln. Und aus der Wellenform kann man gut Strömungs- und Uferverlauf erkennen, auch wenn die Insel noch nicht zu sehen ist. Ihr sprecht von Sturmgefahr in der Nähe der Äquinoktien, wir bekommen unsere Warnungen von der Reife der Brotfrüchte."

Dieser Erfahrungsschatz, über viele Generationen überliefert, war wirklich eindrucksvoll. So war es einigermaßen verständlich, wie auf hoher See zumindest ungefähr der Schiffsort festgestellt werden konnte. Damit war aber nicht geklärt, wie die Alten Hawaii gefunden hatten.

Ich bin nicht der Meinung, daß die frühen Polynesier große Seefahrer waren, denn keinem Polynesier sind besondere Navigationskünste eigen, wenn er nicht gerade von Berufs wegen auf einem der zahlreichen Küstenschiffe fährt. Ein natürliches Interesse an Navigation konnte ich auch nicht feststellen. Die großen seemännischen Fähigkeiten, die man den Entdeckern Hawaiis nachsagt, könnten doch eigentlich einem Volk nicht einfach verlorengehen.

Die am nächsten liegende Erklärung, für mich die einzig richtige, wird ungern zur Kenntnis genommen, denn sie ist die am wenigsten mystische: Die Entdeckung Hawaiis, die den sagenhaften Ruf der Polynesier als Seefahrer begründete, war nichts anderes als ein Unfall. Ein Auslegerboot oder ein Kanu, mit dem man heute wie damals mit 20 oder 30 Personen an Bord kurze Reisen zur Nachbarinsel unternahm, wurde ganz einfach abgetrieben. Es segelte entweder in einem Regenschauer an seinem Ziel vorbei, verlor anderswie die Orientierung oder trieb mit gebrochenem Mast ab. Nach einer mehrmonatigen Drift, bei der die Leute sich von Regenwasser und von Fischen ernährten, erreichten sie Hawaii. Solche Irrfahrten ereignen sich auch heute noch ab und zu, allerdings nicht mit so spektakulärem Ausgang wie die Besiedelung Hawaiis.

Rodo bestritt diese Möglichkeit. Sie war zu unromantisch. Er räumte aber ein, daß die heutigen Kapitäne der Kopraschoner sich moderner Hilfsmittel bedienten. Natürlich machte er mir eine Freude, als er sagte: „Sie benutzen hauptsächlich Radar, zur Sicherheit aber auch Astronavigation mit den H.O.-249-Tafeln oder einen Rechner mit deinem Modul."

Mit noch einem Gerücht möchte ich aufräumen, das insbesondere uns Yachtsegler betrifft: Vor 20 Jahren, als die ersten Mehrrumpfboote, Katamarane und Trimarane, aufkamen und meist durch spektakuläre Unfälle Aufsehen erregten, wurde die – damals

– nicht gegebene Seetüchtigkeit immer mit einem Hinweis auf die Auslegerboote der Polynesier heraufbeschworen. Schließlich hätten die Polynesier gerade mit Mehrrumpfbooten weite Reisen über den stürmischen Pazifik gemacht und damit die Seetüchtigkeit dieser Konstruktionen bewiesen.

Das ist nicht nur falsch, sondern gerade das Gegenteil ist der Fall, wie jede Luftaufnahme einer Südseeinsel beweist. Der größte Teil der korallenübersäten Lagune hat nämlich zwischen den bizarren Köpfen nur Wassertiefen von weniger als einem Meter. An weiten Uferstrecken reichen die Korallen bis zum Land. In Polynesien gab es vor Beginn des 20. Jahrhunderts auf den Inseln kaum Straßen, aller Verkehr wurde mit dem Schiff abgewickelt. Um überhaupt an das Ufer heranzukommen, benötigte man flachgehende Schiffe, die allerdings bei den großen Entfernungen in der Lagune segelbar sein mußten. Flachgehende Jollen, wie wir sie kennen, wären dafür nicht geeignet gewesen, denn selbst mit ihrem ohnehin empfindlichen Schwert hätten sie zuviel Tiefgang gehabt.

Ideal war für diesen Zweck nur ein Boot, das seine Stabilität von zwei Rümpfen bezog, die beide einen Tiefgang von wenigen Zentimetern hatten. Daß sich innerhalb der Lagune mangels Luvraum vom Riff her keine See aufbauen konnte, kam der doppelrümpfigen Konstruktion mit ihrer enormen Schnelligkeit nur entgegen. Ihre hervorragende Eignung für extrem flache Binnengewässer erklärt also die Entstehung der Mehrrumpfboote und nicht ihre Hochseetüchtigkeit.

Nur selten verlassen Polynesier geschützte Gewässer, allenfalls, um bei ruhigem Wasser draußen am Riff entlangzufischen oder um Verwandte oder Freunde auf der am Horizont gerade noch auszumachenden Nachbarinsel zu besuchen. Viel weitere Reisen werden schon deshalb nicht unternommen, weil die Polynesier zu unduldsam sind. Stundenlang auf besseren Wind zu warten oder bei Flaute herumzudümpeln, ist nicht ihre Sache. Heute hängen nur noch Außenborder zwischen den Rümpfen. Die weißen Segel, die den Lagunen soviel Frieden gegeben hatten, sind verschwunden.

Als Prediger in der Wüste

Ich konnte Gene, die Malerin, gut verstehen. Nach einer gewissen Zeit wird man inselmüde, man fühlt sich eingesperrt, man möchte raus. Auch Carla und ich wurden nicht von dieser Inselkrankheit verschont, so schön wir unser Leben auf Moorea jetzt auch empfanden.

Da wurde ich nach Hamburg zur Bootsausstellung eingeladen, um dort über Navigation zu sprechen. Das war für mich wie Urlaub. Ich war jeden Tag unter anderen Menschen, die sich für unser Leben auf Moorea fast ebensoviel interessierten wie für die Navigation. Sie nannten mich einen „Aussteiger", obwohl ich das eher als Schimpfwort betrachte. Ich wurde von der größten deutschen Presseagentur interviewt; eine freundliche Dame stellte mir die Fragen und schrieb geduldig alles auf, was ich ihr über unser Leben erzählte. Ich berichtete wahrheitsgemäß. Nach einer halben Stunde legte sie ihren Block zur Seite und meinte: „Aber so, wie Sie das erzählen, kann ich es nicht bringen. Die Leute wollen hören, wie fantastisch das Leben eines Aussteigers ist, und nicht, daß es da auch negative Seiten gibt."

Ich zuckte mit den Achseln. Schließlich wollte ich niemand in ein Paradies locken, das es nicht gab, jedenfalls nicht dem entsprach, was die Leute davon erwarten würden. Aber andererseits kannte ich meine Leser inzwischen schon ein wenig.

„Schreiben Sie das ruhig. Die Leser picken sich sowieso nur die positiven Dinge heraus, die anderen ignorieren sie. Wenn jemand vom Aussteigen träumt, dann ist er ohnehin nicht mit vernünftigen Maßstäben zu messen. Er wird nur das lesen, was er hören möchte."

Das Interview erschien in allen großen deutschen Zeitungen. Von überall her bekam ich Briefe, in denen es nicht mehr um die Frage ging, ob man aussteigen solle, sondern wie es zu bewerkstelligen sei.

Es verging keine Minute auf der Ausstellung, wo mir nicht irgend jemand davon erzählte, er würde hier alles hinschmeißen und nach Polynesien ziehen. Daß er dort möglicherweise gar nicht erwünscht sei, bezog niemand in seine Überlegungen ein. Daß die 200 000 Mark, die er dort „investieren“ wolle, nicht einmal für ein vernünftiges Grundstück reichten, wollte niemand einsehen, und daß zum Beispiel eine „leichte Management-Arbeit“, wie die meisten sich das vorstellten, in Tahiti keinen Menschen interessiere, weil man das ohnehin als Umschreibung für Nichtstun ansieht, das war schon fast eine Beleidigung für die deutsche Tüchtigkeit.

Es ist der Glaube der Deutschen nicht auszurotten, daß die Eingeborenen in den sogenannten Paradiesen der Erde nur darauf warten, sie als Gäste aufzunehmen, um sich von ihnen belehren zu lassen, wie man alles ein bißchen besser machen könnte.

In der ganzen Klarheit hatte dies wohl nur der 70jährige Ulf A. erkannt, den wir in Huahine kennengelernt hatten. Dort erzählte er, daß er trotz seines fortgeschrittenen Alters noch große Pläne mit Polynesien hätte „er mit Polynesien“, wohlgemerkt. Er wolle eine kleine Insel mit Deutschen besiedeln und ein Kondominium errichten. Kondominiums waren ganz groß in Mode. Wenn in Polynesien ein Hotel nicht mehr so richtig lief, dann verkauften clevere Manager die einzelnen Hotelzimmer oder Bungalows zu hohen Preisen an Interessenten in Amerika, die damit das Recht bekamen, zwei oder drei Monate im Jahr in „ihrem“ Bungalow Ferien zu machen. Für die übrige Zeit sollte er vermietet werden. So hatten die Geschröpften das Gefühl, in der Südsee Eigentum zu besitzen (das ist offensichtlich die Sehnsucht vieler), während andererseits die Hotelbesitzer ihren pleiteverdächtigen Laden versilbern konnten.

Ulf A. hätte es ganz entschieden von sich gewiesen, wenn man ihm eine derartige Absicht unterstellt hätte. Nein, er wollte all diesen Möchtegernaussteigern zu ihrem Glück verhelfen. Also inserierte er in einer großen deutschen Zeitung: „Wir steigen aus, wir steigen ein . . .“

Nach eigenen Angaben meldeten sich Tausende auf diesen Blödsinn hin, den der „Spiegel“ unter der Rubrik „Hohlspiegel“ nachdruckte, was einen nochmaligen Nachfrageschub erzielte.

Ulf A. antwortete mit einem Rundbrief Nr. 1, in dem er seinen Plan erläuterte. Er werde für ein zu gründendes Kondominium eine Insel mit einer Größe von 250 000 Quadratmeter kaufen und sie in 55 Parzellen aufteilen. Bungalows würde er auch hinstellen, das

Ganze würde so um die 300 000 DM kosten. Die Besitzer der Parzellen könnten allerdings nicht mehr ihren alten Berufen nachgehen. Schließlich sei man Aussteiger. Man würde ein Hotel eröffnen, denn dem Touristenstrom sei die einheimische Hotellerie längst nicht mehr gewachsen. Perlen- und Fischzucht würden zum Lebensunterhalt beitragen; außerdem könne man die Erzeugnisse des lokalen Kunstgewerbes mit Töpfereien ankurbeln.

In diesem Stil ging das weiter.

Auf der Bootsausstellung meldete sich ein Ehepaar bei mir und wollte Auskünfte über dieses Unternehmen haben. Sie hätten ein Architekturbüro mit 40 Angestellten, hätten ihr Leben lang nur geschuftet, jetzt sei Schluß. Das Büro würde verkauft, und dann würde man auf die „Königsinsel" (die Position nannte Ulf wohlweislich nicht, dafür aber hatte er die Insel zum Ärger der Polynesier umbenannt) ziehen und mit Gleichgesinnten ein neues Leben beginnen.

Vorsichtig versuchte ich die Leute aufzuklären. „Ich weiß nur, daß die Polynesier immer über zuwenig Touristen klagen und an manchen Tagen in den bekannten Hotels ein paar oder gar keine Gäste wohnen. Schlecht vorstellbar, daß die Polynesier es zulassen, daß Handarbeiten, denen ja der einfache Mann ein geringes Einkommen verdankt, ausgerechnet von den Deutschen gemacht werden. Und wenn auf den Gesellschaftsinseln Perlenzucht möglich wäre, dann hätten es die Wissenschaftler längst festgestellt. Daß eine ganze Insel gekauft werden kann, noch dazu von einem Fremden, halte ich bei der derzeitigen Situation für ausgeschlossen; nie würde die Regierung die Genehmigung geben. Und angenommen, jede Parzelle würde von einer Familie von vier Personen bewohnt: Haben Sie als Architekt schon mal darüber nachgedacht, wie dicht besiedelt die Königsinsel dann wäre? Nämlich stärker als in Belgien, und das ist das am dichtesten besiedelte Land Europas."

Der Architekt sah mich zweifelnd an. Ich wandte mich an seine hübsche Frau im eleganten Lederkostüm.

„Und Sie, wollen Sie mit ihren gepflegten Händen jetzt plötzlich eine Motorsäge in die Hand nehmen und Ihr Grundstück roden? Wollen Sie nach Eingeborenenart rohen Fisch essen, mit Ihren Töpferwaren in der Piroge nach Raiatea rudern und sich mit den anderen Marktweibern um den besten Verkaufsstand am Markt streiten? Und wollen Sie, daß sich Ihre Kinder mit ihren Schulkameraden nicht mehr unterhalten können, weil sie nicht tahitianisch sprechen?

Bei so vielen Deutschen, die auf der Insel zusammengepfercht sein werden, können sie auch unter sich bleiben. Ob es dann aber weniger Reibungspunkte für Nachbarstreitigkeiten gibt wie hier, bezweifele ich. Denn das feuchtschwüle Klima und die immer präsenten Moskitos machen die Menschen reizbar! Aber möglicherweise brauchen Sie gar nicht so lange dort bleiben, weil die Behörden Ihre Aufenthaltsgenehmigung nicht mehr verlängern."

Sie sah mich erstaunt an und kramte ein Anschreiben von Ulf A. hervor.

„Aber Sie, Sie sind doch glücklich!" sagte sie und hielt mir das Schreiben unter die Nase. Eine Frechheit von diesem Ulf A.! Ich nahm das Ganze von der humorvollen Seite. Da stand schwarz auf weiß: „Kommen Sie zu der Insel, wo Marlon Brando lebt und wo Bobby Schenk für immer die Segel gestrichen hat!"

Ich weiß nicht, ob sich dieses sympathische Ehepaar von mir davon überzeugen ließ, daß es zu Hause zufriedener ist als bei einem derartigen Abenteuer. Ich weiß aber, daß die von Ulf A. ausgewählte Insel in der Lagune von Huahine selbstverständlich nicht gekauft werden konnte. Abgesehen von der fehlenden Genehmigung hätte er sich mit rund 250 Eigentümern einigen müssen. Ob und wieviele „Aussteiger" bei dieser Aktion Geld verloren haben, weiß ich auch nicht. Daß dort ein deutsches Aussteigerparadies entstanden sei, stimmt jedenfalls nicht.

Französisch-Polynesien ist flächenmäßig so groß wie Europa. Die Einwohnerzahl aber entspricht ungefähr der einer deutschen Mittelstadt. So kennt man sich, Schicksale sprechen sich herum. Wir haben die meisten Gegenden besucht. Wenn man in Deutschland von der Aussteigerei und der großen Südseesehnsucht hört, dann könnte man meinen, in Polynesien müßte man Tausende von jenen Menschen treffen, die dort ihren Frieden und die innere Freiheit gefunden hätten. Nicht einen einzigen „Aussteiger", so wie man sich einen solchen vorstellt, habe ich getroffen. Oder kann man Erwin Christian so bezeichnen?

Erwin Christian ist heute ein berühmter Mann. Vor einiger Zeit kam der geborene Schlesier nach Polynesien und schlug sich recht und schlecht mit Gelegenheitsarbeiten durch. Er arbeitete sich zum Hotelleiter hoch und fing nebenbei an, zu fotografieren. Unterwasserfotos und Luftaufnahmen wurden seine Spezialität. Wenn eines der großen internationalen Magazine einen Bericht über Südseeparadiese bringt, dann sind die Fotos mit großer Wahrscheinlichkeit von Erwin Christian. Mit seiner chinesischen Frau und seinen Kindern bewohnt er heute ein wunderschönes Häuschen am Wasser, gleich neben dem Hotel „Bora-Bora“, das als das schönste Strandhotel der Welt gilt. Er kann es sich leisten, mal zu seinem Verleger in die Schweiz, mal zum Skifahren nach Kanada zu fliegen. Aussteiger?

Auch das amerikanische Ehepaar Kellum träumte von einem Aussteigerleben. Vor mehr als einem halben Jahrhundert, vor 60 Jahren, waren sie mit einem Viermastschoner in die zweite Bucht von Moorea, die Opunohu-Bucht, hineingesegelt. Sie hatten das eigene Haus - zerlegt - gleich aus Hawaii mitgebracht, wo sie bisher gelebt hatten. Bei einer öffentlichen Auktion ersteigerten sie die halbe Opunohu-Bucht.

Die folgenden Jahrzehnte brachten harte Arbeit. Kakaoplantagen wurden angelegt, damit die chinesischen Einwanderer Arbeit hatten. Die Regierung sah dies meist mit Wohlgefallen, denn die Kellums waren nicht gekommen, um auf Kosten anderer ein schönes Leben in der Sonne unter Palmen zu führen, sondern schufen etwas für die Einheimischen. Natürlich brachten sie es nebenbei zu einem schönen neuen Haus mit Garten und sicher zu einem nicht geringen Wohlstand. Jetzt, am Ende ihres Lebens, haben sie angefangen, den einst zum Spottpreis erworbenen Grundbesitz zum großen Teil der Regierung zu schenken, damit er weiterhin landwirtschaftlich genutzt werden kann. Ich befragte die beiden reizenden Alten über die Träumer.

„Wir haben hier viele kommen und auch wieder gehen sehen“, meinte Mr. Kellum, „aber niemals hat einer seine Träume verwirklicht. Meistens endeten sie im Alkohol. Ohne zu arbeiten, hat hier jedenfalls nicht ein einziger sein Glück gefunden.“

„Besonders die Frauen haben sich hart getan“, warf Mrs. Kellum ein, „meistens wurden sie todunglücklich in dieser Einsamkeit. Nicht jedem ist es gegeben, in solch bescheidenen Verhältnissen zu leben.“

Und dann sagte sie etwas, was mir als die Antwort auf alle Aussteigersehnsüchte schlechthin erscheint: „Das Paradies existiert für einen Menschen nicht in der Südsee noch sonstwo auf der Welt. Das mußt du selbst mitbringen, wenn du nach Moorea kommst. Es ist die Zufriedenheit in deinem Inneren.“

Die Gesichter der Kellums spiegelten die Erfahrung eines halben Jahrhunderts Südseelebens wider.

38 *Sturm aus Westen und nur 100 Meilen zum Kap Hoorn.*

39 *Ein einfacher Petroleum-Heizofen: für Wärme im Cockpit und zum Kochen.*

40 *Endlich: Kap Hoorn an Steuerbord!*

41 *Über den Bergen Feuerlands.*

42 *Zum zweitenmal Kap Hoorn, diesmal aus der Luft.*

43 *Die frühere SOLARIS von Axel Czuday im Hafen von Mar del Plata/Argentinien.*

44 *Hafenmeister Mathias beim Asado.*

45 *Auf den letzten 7000 Seemeilen 40 Tage gegenan ist ungemütlich. Der kardanisch aufgehängte Tisch macht das Leben in der THALASSA II einigermaßen erträglich.*

46 *Nach sechs Wochen ist der Bewuchs am Unterwasserschiff so stark, daß ich runter muß. Tausende von Entenmuscheln – zehn Zentimeter dick ist die Schicht.*

47/48 *Nach 80000 Seemeilen und Kap Hoorn auf den letzten Metern knapp am Tode vorbei: wenige Meter achteraus das Schraubenwasser des Biggy. Schlafend sind wir unter seinem Heck durchgesegelt.*

49 *Der Bolly Jan, ein 120-Quadratmeter-Vorsegel, zieht uns aus den letzten Flautenlöchern vor Gibraltar.*

50 *Nach 7000 Seemeilen und 72 Tagen „verabschiedet" sich das Großsegel wenige Meter vor dem Ziel.*

3

39

40

4

43

44

45

47

49

Die Wende

Irgendwann, so genau weiß ich das nicht mehr, wahrscheinlich nachdem wir die Lizenz erhalten hatten, zahlende Gäste durch die Inselwelt zu schippern, beschlossen wir, „endgültig“ in Polynesien zu bleiben. Unsere Aufenthaltsgenehmigung war anstandslos verlängert worden, wir hatten genügend Interessenten aus Deutschland, die mit uns segeln wollten, und auch ein paar Freunde gewonnen. Mit dem Flugzeug war ich die ganze Inselwelt abgeflogen, hatte auch mehrere Ausflüge in die Tuamotus gemacht. Kurzum, wir fühlten uns in unserer neuen Heimat ganz wohl.

Nur mit einem konnten wir uns nicht so recht anfreunden. Das eine waren die durchreisenden Yachten. Nicht, daß uns die Leute nicht gepaßt hätten, im Gegenteil. Kaum hatte man mit ihnen Freundschaft geschlossen, zogen sie auf der Weltumseglerstraße weiter nach Westen. Manchmal kommt man sich da ganz zurückgelassen vor. So kam Steve nach einer schweren Herzoperation aus Kanada zurück und zog mit Esther wieder auf die KAPDUVA. Unglaublich, vier Bypässe hatte man seinem Herzen verpaßt. Er hatte die Operation nicht nur bestens überstanden, er behauptete auch, er könne nun endlich wieder in den Mast klettern - ohne Mastsprossen. Und wie um zu beweisen, daß er trotz seines fortgeschrittenen Alters wieder voll auf Draht sei, beschloß er gleich, seine 15-Meter-Yacht nach Kanada zu segeln, und zwar ohne Crew. Es war ein Törn, der schon manch jungen Leuten Schwierigkeiten gemacht hätte, aber Steve sah darin kein besonderes Problem.

„Wir sind zwar zusammen über 140 Jahre alt, aber mit Esther bin ich eine eingespielte Mannschaft, wir brauchen sonst niemand. Außerdem möchte ich jenen Menschen zeigen, die eine ähnlich schwere Herzoperation durchmachen mußten, daß das Leben danach noch voll weitergeht.“

So konnte nur jemand sprechen, der noch aus der Zeit der Rahsegler kam, ein echter Kap Hornier also. Natürlich erreichten Steve und Esther wohlbehalten nach 31 Tagen ihren Heimathafen in Kanada. Eiserne Leute auf hölzernem Schiff, nicht umgekehrt.

Aber es zogen auch andere Segler durch Polynesien. Ein etwas dicklicher Segler in einem kleinen Kunststoffboot mit der schwarz-rot-goldenen Nationale am Heck, der gerade in den Hafen von Papeete eingelaufen war, hatte mich offensichtlich erkannt und rief mir zu: „Na, wie gehen die Geschäfte?"

Eine eigenartige Begrüßung nach einer langen Hochseeüberfahrt.

„Welche Geschäfte meinen Sie?"

„Na, mit Ihrer Buchschreiberei."

„Ich wußte nicht, daß es verboten ist, Bücher zu schreiben."

Der andere merkte gar nicht, daß mir sein Ton nicht paßte. Unbeirrt fuhr er fort: „Na, Sie sind ja dick drin, aber ich . . . Heute läßt sich so eine Reise wie die meine ja nicht mehr vermarkten."

Schade, dachte ich, so eine schöne Reise und wirklich so ohne jeden Gewinn.

Aber solche Segler waren in der Minderzahl. Die meisten erlebten die Schönheiten Polynesiens mit offenen Augen und wollten eben mal um die Welt segeln. Ans Berühmtwerden oder ans Bücherschreiben dachten sie nicht.

Aber etwas anderes beschäftigte mich. Aus Deutschland kamen immer schlimmere Nachrichten über die wachsende Zahl der Arbeitslosen. Mir wurde klar, daß eine Arbeitsstelle heutzutage etwas ganz Kostbares ist. Und ich war dabei, die meine aufs Spiel zu setzen. Schon bei meiner Abreise war mir von meinem Arbeitgeber in Aussicht gestellt worden, daß ich meine alte Stelle wiederbekommen würde, wenn ich sie bis zum 1. Juni des nächsten Jahres antreten würde. Das hatte ich schon abgeschrieben, denn in Polynesien hatten wir ein gutes Einkommen - meine Bücher mitgerechnet. Aber es war nicht so sicher wie die Einkünfte im Staatsdienst. Machte ich nicht einen großen Fehler, auf den Arbeitsplatz in Deutschland zu verzichten?

Diese Frage ließ mir keine Ruhe, obwohl wir doch beschlossen hatten endgültig hierzubleiben. Jeden Morgen stand ich mit flauerem Gefühl im Magen auf. Eines Tages war ich mir sicher: Ich darf diese einmalige Chance nicht verpassen. Ich bin viel zu sehr ein Spießer, um ewig auf einem Schiff zu leben, mit all den existenziellen Unsicherheiten. Wir mußten wieder nach Hause.

Ich erzählte Carla von meiner Meinungsänderung. Die sagte „ja“, aber mit Einschränkungen. „Es ist jetzt schon August, viel zu spät, um noch heimzusegeln – im Westen beginnt bald die Hurrikan-Saison. Wir müßten das Schiff also entweder hier verkaufen, auf einem Frachter nach Hause transportieren oder heimsegeln lassen.“

Natürlich war es für die Westroute bereits zu spät. Aber die anderen Lösungen gefielen mir auch nicht. Zu dumm, daß ich erst jetzt meine Meinung geändert hatte. Ein solches Schiff auf einem Frachter heimzuschicken, wäre reichlich unrühmlich gewesen. So wie die TAIFUN, eine andere deutsche Yacht, sollte die THALASSA II nicht heimkehren.

Die TAIFUN wollte ebenfalls die Welt umsegeln. Der Eigner ließ stolz publizieren, er würde die erste „bezahlte Weltumseglung“ durchführen, wobei mir nicht ganz klar war, was daran so toll sein sollte. War er auf seine Schnorrerkünste so stolz? Beeindruckend allerdings fand ich es schon, daß manche Firmen, in denen angeblich knallharte Manager sitzen, sich dahinbringen lassen, Vergnügungsreisen anderer zu finanzieren. Denn was ist eine Weltumseglung auf der Passatroute schon anderes?

Nach ein paar Havarien, wie sie eigentlich jeder Fahrtenyacht zustoßen können, lag die TAIFUN monatelang in der Cook's Bay herum. Ihr Eigner war nach Deutschland zurückgekehrt und versuchte vergeblich, sie an den Mann zu bringen.

Bevor sie auf den Frachter verladen werden sollte, lag sie noch ein paar Tage an der Wasserfront in Papeete, mit dem Schild „Zu verkaufen“ und einer Liste der Zubehörteile, die man auch einzeln erwerben konnte – wie bei einem Schlußverkauf. Aber niemand erbarmte sich, und so wurde sie von einem großen Kran auf den Frachter gehievt, der sie nach Deutschland brachte.

Nein, so durfte die Reise der THALASSA II nicht enden. Sie mußte schon auf eigenem Kiel zurückkehren. Wir trafen zwei amerikanische Yachties, die ihre Stahlyacht selbst gebaut hatten. Sie konnten also mit Schiffen umgehen. Als wir ihnen unser Problem erzählten, sagten sie sofort zu, für die bescheidene Summe von 10000 Dollar die THALASSA II westwärts ins Mittelmeer zu segeln.

Aber auch diese Lösung war nicht optimal. Meine Meinung ist: Es ist für einen persönlich wichtig, eine angefangene Sache zu Ende zu bringen. Ein Schiff heimsegeln zu lassen, war nicht gerade in diesem Sinne. Aber was blieb uns schon viel anderes übrig. Rein theoretisch gab es zwar die Möglichkeit, um Kap Hoorn zu segeln.

Erst nach einiger Zeit dachten wir auch darüber nach. Häufig hatten wir uns schon über die Kap Hoorn-Segelei unterhalten. Dabei waren wir uns vollkommen einig, daß diese Gegenden für uns einfach tabu sind. Segeln im Passat immer, Segeln um Kap Hoorn nie.

Auch Carla hatte darüber nachgedacht. Eines Abends beim Sundowner, als wir von unserem Ankerplatz am Hotel „Maeva Beach“ aus zum hundertsten Male den farbenfrohen Sonnenuntergang über Moorea beobachteten, meinte sie: „Was hältst du von Kap Hoorn?“

Ich wußte, daß dies für uns die einzige akzeptable Lösung war, mit Anstand nach Hause zu kommen, wollte es aber nicht zugeben.

„Wir sind nicht die Moitessiers, die diesen Weg, den logischen Weg, nach Hause gesegelt sind. Wir haben keine Rennyacht mit 16 Mann Besatzung, die sich auch in schwierigen Lagen wieder fangen kann, der immer etwas einfällt und die vor allem physisch so stark ist, daß sie sich helfen kann. Wir lieben das Segeln in den Tropen, wir kennen die Kälte da unten nicht.“

„Aber Hal Roth ist mit seiner Frau auch ums Hoorn gesegel!“ sagte Carla trotzig.

„Das ist etwas ganz anderes, das kann man gar nicht vergleichen. Die haben, so wie einige andere Yachten auch, hinter einer Insel an der Südspitze Südamerikas auf gutes Wetter gelauert – durchaus seemännisch –, sind dann in wenigen Stunden ums Hoorn, das ja seinerseits auch nur die Südspitze einer Insel ist, und dann in einem der zahlreichen Kanäle verschwunden. Die gleiche Taktik haben unlängst französische Windsurfer angewandt, die ebenfalls um das Kap Hoorn gesurft sind.

Und erinnere dich einmal: Die STURMTAUBE unseres Freundes Mike Harrick ist bei bestem Wetter ums Hoorn. Auf der anderen Seite hat die Crew ein Bad genommen und ist dann gleich wieder zurück. West-Ost und Ost-West an einem Tage. Das ist alles kein Problem.

Denk an das Kap der Guten Hoffnung. Was haben wir und all die anderen Yachties gemacht? Wir haben in Mossel Bay gewartet, bis das Wetter in Ordnung war, und sind dann rum. Wenn du aber von Tahiti aus zum Kap Hoorn segelst, würdest du erst einmal über viele tausend Meilen in der berüchtigten Sturmgegend jenseits des 40. Breitengrades kämpfen müssen. Dort ist die Sturmhäufigkeit genauso hoch wie am Hoorn, da gibt es aber keine Inseln, hinter denen wir uns verstecken können. Wir müssen das Wetter wochenlang so nehmen, wie es ist. Und wenn wir dann endlich zum Hoorn kommen, müssen wir rum, ob bei Sturm oder Flaute. Nicht umsonst haben die Moitessiers dafür die Blue Water Medal erhalten, die höchste Auszeichnung für Fahrtensegler überhaupt. Denk lieber an die Menschenleben, die Kap Hoorn schon gekostet hat, an Jörgen Meyer, der in dieser Gegend verschwunden ist oder an die Smeetons und die Yacht DAMIEN."

Die Smeetons waren mit ihrer Yacht vor Kap Hoorn zweimal durchgekentert, konnten sich mit schweren Schäden aber gerade noch in einen chilenischen Hafen retten; die DAMIEN stellte den „Weltrekord" mit acht Durchkenterungen dort unten auf. Aber Carla ließ sich nicht irritieren. „Ich sehe mal in den ‚Ocean Passages for the World' nach, was ich über das Wetter dort unten finde."

Kurz darauf hatte sie die wichtigsten Daten auf einem Zettel notiert: „Bester Monat Januar, Südsommer, Sturmhäufigkeit 18 Prozent."

Zufällig hatte ich ein paar andere Daten im Kopf. „Weißt du, daß du in der berüchtigten Biskaya eine Sturmhäufigkeit von sechs Prozent hast und am Kap der Guten Hoffnung, das immerhin den Beinamen ‚Kap der Stürme' hat, lediglich sieben?"

„18 Prozent heißt aber andererseits, daß man nur alle fünf Tage einen Sturm hat", konterte Carla. „Mit ein bißchen Glück kommen wir da ungeschoren durch."

„Wie oft soll ich dir noch sagen, daß der seriöse Seemann, für den ich mich halte, sich nicht auf das Glück verläßt und daß bei der wochenlangen ‚Anfahrt' zum Kap Hoorn statistisch keine Chance besteht, nicht in einen Sturm zu kommen."

Wir hatten schon acht Windstärken und auch mehr erlebt. Es war nicht so, daß mich allein schon die Möglichkeit eines Sturms von so einer Reise abgehalten hätte. Was ich aber da unten in den hohen, einsamen Breiten so fürchtete, war, daß wir uns in einem Notfall keine Hilfe erhoffen konnten, waren auch die berüchtigten Seen. Im Gegensatz zu anderen Gewässern, steht den Stürmen keine Landmasse im Wege, und die Wellenberge können sich ungehindert über viele tausend Seemeilen aufbauen. Das führt zu Wellenungeheuern, die so hoch - und auch so steil - werden können, daß ein kleines Schiff, und im Vergleich zu den Wellen würden wir klein sein, kaum Chancen hätte, sich dabei nicht zu überschlagen oder zu kentern.

Und wenn ein Segelschiff durchkentert, dann verliert es die Masten. Das ist für mich so sicher wie das Amen in der Kirche. Die

Geschichten von Einhandseglern (solche Storys kommen immer nur von Einhandseglern, weil kein Augenzeuge dabei ist) glaube ich einfach nicht, in denen vom Durchkentern ohne Mastverlust die Rede ist. Das Rigg, vor allem wenn ein Segel dran ist, bildet im Wasser einen so großen Widerstand, daß die Wanten und Stagen, die für den Luftdruck berechnet wurden, niemals dem Druck des Wassers standhalten können, der zudem noch verstärkt wird durch die Hebelwirkung des Kiels beim Wiederaufrichten. Wenn aber der Mast der THALASSA II abrasiert würde, dann könnten wir gleich in die Rettungsinsel gehen, denn zu zweit würden wir ein Notrigg niemals aufriggen können. Die Maschine gäbe uns eine Reserve von vielleicht tausend Meilen – höchst uninteressant, wenn das nächste Land 3000 Seemeilen entfernt ist.

Trotzdem, irgendwie kristallisierte sich in den nächsten Tagen heraus, daß es für uns eigentlich keine andere Wahl als das Hoorn gab. Und ohne viel Grundsätzliches erörtert zu haben, fanden wir uns in den Vorbereitungen wieder. Denn es war keine Zeit zu verlieren. Wenn wir im Januar am Hoorn sein wollten, dann mußten wir unbedingt zwischen dem 20. und dem 30. November hier in Tahiti starten.

Wir waren immer stolz darauf gewesen, die THALASSA II jederzeit startklar zu haben. Es ist aber ein großer Unterschied, ob man einmal schnell in die Tuamotus oder aber in die Eisbergzone segelt. Nahrungsmittel wären jede Menge an Bord gewesen, aber nicht für unseren Geschmack. Es waren jene Konserven, die unseren „paying guests" nicht geschmeckt hatten und die wir natürlich nicht deren Nachfolgern zugemutet haben. So sammelte sich da immer mehr an. Für die 5500 Seemeilen nach Argentinien und für die mit 7000 Seemeilen noch längere Strecke bis ins Mittelmeer brauchten wir bessere Verpflegung. Nicht aus gesundheitlichen Gründen, sondern weil das Essen auf langen Törns auch Spaß machen muß. Wenn man sich nämlich nicht mehr auf das Mittagessen freuen kann, dann kommt man vor Langeweile fast um. Nach dem Motto auf der THALASSA: „Wenn das Essen stimmt, stimmt alles!"

Die Verproviantierung war in Tahiti nicht besonders schwer. Es gab fast alles, nur teuer halt. Die technischen Probleme dagegen schienen unlösbar.

Die THALASSA II hatte keine Heizung, denn an Kap Hoorn hatten wir zuvor, vor allem nicht beim Bau, nie gedacht. Ich ging in Papeete von Chinesenladen zu Chinesenladen. Über meinen Wunsch nach einem Petroleumofen lachte man überall herzhaft. Bei Durchschnittstemperaturen von 25 Grad – kälter als 18 Grad wird es nie – gibt es auf Tahiti nicht einen einzigen Heizofen.

Für unsere Selbststeueranlage benötigten wir dringend eine Reservewindfahne, denn die Aries würde das unentbehrlichste Mannschaftsmitglied sein. Also suchte ich nach dem entsprechenden Sperrholz. Nach der Originalfahne die Form mit der Stichsäge nachziehen – das hätte ich auch selbst gekonnt. Aber Fehlanzeige! Auf ganz Tahiti gab es kein entsprechendes Sperrholz. Entweder war es zu dünn und damit zu schwach, oder es war viel zu dick. Daß es unmöglich war, hierzulande Winterbekleidung aufzutreiben, hatten wir schon erwartet.

Also mußten wir uns all diese Dinge in Deutschland besorgen. Als Ofen fand ich einen Petroleumofen mit Glühvergaser, wie er beim Camping verwendet wird. Er kostete etwas über 200 DM, ein „Yachtofen" hätte das Vierfache gekostet. Der Verkäufer versicherte mir hoch und heilig, daß er auch bei Lage funktionieren würde.

Unser Freund Harald Schwarzlose ließ es sich nicht nehmen, die Reservewindfahnen selbst anzufertigen und kunstvoll zu lackieren. Seekarten und Omega-Korrekturtafeln wurden bestellt. Mein Amateursender mußte noch schnell zur Nachjustierung nach Amerika geschickt werden. Die Segel brachten wir zum Durchchecken zu Fredy, dem Schweizer Segelmacher in Papeete. Der Klüver schien mir das wichtigste Segel zu sein für die stürmischen Vierziger. Also ließen wir von Fredy für viele tausend Mark – für eine Bestellung in Hongkong, wo es viel weniger gekostet hätte, reichte die Zeit nicht mehr – einen Ersatzklüver anfertigen (er sollte später das einzige Segel sein, das nie kaputtging; der Ersatzklüver ist heute noch unbenutzt).

Auf dem Deck der THALASSA II spannte ich vom Cockpit aus zum Vorschiff Drahtseile. Darin konnten wir unsere Sicherheitsleinen einpicken, wenn wir nach vorne mußten. Die größte und tödliche Gefahr auf diesem Törn (und auch bei allen anderen) ist die des Überbordgehens. Wenn bei harter See und Wassertemperaturen von weniger als 16 Grad einer ins Wasser fällt, dann kann man nur noch beten. Rettungsversuche sind hoffnungslos, denn bis eine Yacht, die vor Selbststeueranlage läuft, gestoppt und an die Unfallstelle gebracht werden kann, hat sie schon soviel Weg zurückgelegt, daß der Kopf des Verunglückten zwischen den Schaumkronen nicht mehr ausgemacht werden kann. Und selbst wenn ein unglaublicher

Zufall das Schiff an die Unglücksstelle zurückführen würde, wäre der Kamerad, vor Kälte entkräftet, längst abgesoffen.

Schwimmwesten? Die Reise würde monatelang dauern – wer läuft da schon immer mit einer Rettungsweste herum? Nein, die einzige Sicherheit vor dem nassen Tod ist, nicht über Bord zu gehen. Das gewährleistet am besten ein Sicherheitsgurt, der mit einem starken Karabiner an Bord eingehängt wird. Damit man aber ohne zu häufiges gefährliches Umpicken zum Vorschiff kommen kann, sollen die Drahtseile vom Cockpit zum Vorschiff laufen.

Damit waren wir soweit fertig, nur einen Mitsegler hatten wir noch nicht. Denn wir wollten diese schwierige Seereise nicht allein machen. Wir hielten uns zwar für ein gutes Team. Schließlich hatten wir die ganze Welt ohne ein zusätzliches Crewmitglied umsegelt. Aber dieses Vorhaben war etwas ganz anderes. Von der Zeitdauer und von der Gefährlichkeit her. Wenn einer von uns beiden krank würde, wäre ein weiteres Crewmitglied unentbehrlich. Wenn wir technische Schwierigkeiten hätten, könnte ein dritter gerade die Idee zur Lösung des Problems haben. Und schließlich wäre es sicher auch für die Durchhaltemoral an Bord besser, wenn neben Carla noch ein weiterer heiter veranlagter Kamerad dabei wäre.

Wir waren uns also einig, daß wir noch jemand mitnehmen mußten. Aber wir wußten, daß wir bei dessen Auswahl den schwersten Fehler machen konnten, und so gingen wir im Geiste unsere zahlreichen Bekannten durch. Es mußte in erster Linie ein technisch einfühlsamer Mensch sein, denn segeln konnten wir selber.

An Werner aus der Schweiz dachte ich als erstes, einer von den zahlenden Gästen. Er war mir nicht nur wegen seiner unkomplizierten Art, sondern auch wegen seines unglaublichen technischen Könnens aufgefallen. Als bei unserem gemeinsamen Törn der Kühlkompressor gefressen hatte, machte sich Werner mit seinem Schweizer Unteroffiziersmesser (das ich seitdem immer in der Tasche trage) darüber her, zerlegte ihn während eines Regentages in Moorea in seine Einzelteile und baute ihn ohne weiteres Werkzeug wieder zusammen. Die Lager, die er mit dem Messer neu eingeschliffen hatte, arbeiten – wie der ganze Kompressor – heute noch.

Werner hatte zwar noch nie vorher gesegelt. Ich sagte mir aber, wenn jemand in technischen Dingen so schnell von Begriff ist, dann ist die Segelei für ihn auch kein Problem. Das war unser Mann.

Leider lachte mir Werner gleich ins Gesicht und meinte, monatelang auf See sei ihm viel zu langweilig.

Karin war auf einem stürmischen Törn von Raiatea nach Tahiti als einzige auf der THALASSA II nicht seekrank geworden - neben Carla natürlich. Stunde um Stunde ging sie die Wachen der ausgefallenen Crewmitglieder und blieb dabei immer noch guter Stimmung. Sie schien mir die richtige Verstärkung. Aber Karin sagte aus Zeitmangel ab.

Porschefahrer Martin schließlich, den wir ebenfalls gerne dabeigehabt hätten und der sich schon auf die Reise gefreut hatte, mußte auf Wunsch seiner Eltern verzichten, denen das Ganze zu gefährlich schien.

So entschieden Carla und ich, daß wir dann eben allein die 25 Tonnen Stahl an der Eisberggrenze entlang heimsegeln mußten.

Wir brachten die THALASSA II auf das Trockendock der französischen Marine, wo ihr noch ein neuer Anstrich verpaßt wurde. Man empfahl uns zu diesem Zweck eine Spezialfarbe, wie sie die Marine selbst verwendet. Wir nahmen das Angebot gerne an, denn wir glaubten fest, daß für militärische Zwecke das Beste gerade gut genug sei.

Den Tag der Abreise hatte ich auf den 28. November festgesetzt. Die THALASSA II war klar, bis auf mein Amateurradio, das immer noch nicht aus den USA zurück war. Um das Vorschiff zu erleichtern und vor dem Unterschneiden beim Runterschießen ins Wellental zu bewahren, stauten wir die schwere Ankerkette nach achtern. Den Windsurfer, den ich an der Reling gefahren hatte, verkaufte ich.

Somit waren wir eine Woche früher fertig als geplant. Ein schlechtes Omen? Üblicherweise werden Schiffe nie fertig. Ach ja, da war noch der Amateursender. Der sollte nicht nur für Kommunikation mit der Außenwelt sorgen, sondern auch eine wichtige Sicherheitsfunktion im Notfall erfüllen. Im Krankheitsfalle konnten wir uns medizinische Ratschläge einholen oder Reparaturtips bei technischen Defekten. Täglich telefonierte ich mit Amerika (wie hasse ich bei Überseegesprächen die kostspieligen Worte „einen Moment, ich verbinde“), aber außer der Versicherung, daß das Gerät längst abgesandt sei, war nichts rauszubringen.

Schließlich erfuhr ich beim Zoll in Papeete, daß der Sender auf den Marquesasinseln gelandet war. Das war eine schöne Bescherung, denn von dort verkehrte nur jede Woche eine Maschine nach Tahiti. Aber man beruhigte mich, die Chance sei groß, daß die nächste Maschine noch erreicht worden war.

Ich war ziemlich verzweifelt, denn der Amateursender gehörte für mich zu einem der wichtigsten Ausrüstungsgegenstände. In Papeete war in der kurzen Zeit kein neues Gerät aufzutreiben – abgesehen von den Kosten. Wenn der Sender nicht bald kommen würde, wäre unser Starttermin verpaßt, und wir hätten nicht mehr viel Spielraum, um rechtzeitig am Hoorn zu sein. Dann könnten wir den Start ruhig abbrechen, wie bei der Raumfahrt, wenn das „Fenster" zum Mond wieder zu ist. Ich fühlte mich aber so auf den Sender angewiesen, daß ich beschloß: „Ohne Sender kein Kap Hoorn!"

Am nächsten Tag berichtete mir der Mann vom Zoll lachend, daß mein Paket zwar von den Marquesas in Papeete angekommen, aber aus Versehen nach Paris weitergeleitet worden sei. Zwei Tage verblieben noch, um rechtzeitig starten zu können.

Wir hatten uns für die letzten Vorbereitungen in Papeete in eine ruhige kleine Bucht beim Hotel „Beachcomber" verzogen. Am Tage vor unserer Abfahrt konnte ich endlich den ersehnten Sender auspacken und ihn in der Achterkajüte an seinen gewohnten Platz stellen. Ich schloß die Antenne an, schaltete das Gerät ein und erstarrte. Statt Stimmen, Morsezeichen oder Fernschreibgeräuschen prasselte mir ein solcher Lärm entgegen, daß der Zeiger des S-Meters auf vollen Ausschlag ging. Das konnte doch nicht wahr sein! Aber soviel ich auch an den Knöpfen drehte, das Geräusch verstummte nicht. Auch nachdem ich die Frequenz veränderte, auf andere Wellenbereiche ging, das Prasseln blieb konstant. Kein Zweifel, das Gerät war kaputt, in Papeete unreparierbar, wahrscheinlich beschädigt bei seinen Irrwegen um die Welt.

Mein Amateursender hatte mehrere tausend Mark gekostet. Aber das war mir in diesem Moment gleichgültig. Mir schoß das Blut in den Kopf. Hier gab es nur noch eine Lösung: über Bord!

Ich wollte den schwarzen Kasten an mich reißen, aber er bewegte sich nicht. Ich hatte ihn schon an der Bodenplatte angeschraubt. Das brachte mich wieder zur Besinnung. „Abschalten und nachdenken", befahl ich mir. Aber soviel ich auch nachdachte, mir fiel nichts dazu ein. Schließlich war ich kein Elektroniker und wußte nicht mal annähernd, wo ich in der Schaltung nach einem Fehler suchen sollte. Dann eben um Kap Hoorn ohne Radiokontakt!

Als wir von unserem letzten Mittagessen im Restaurant „Acajou" an der Wasserfront zurückkamen, hatte ich mich mit diesem Malheur schon abgefunden. Ich band unser Beiboot von einem Drahtseil, das an Land an einem Betonblock verankert war. Meine Augen folgten dem Drahtseil nach oben. Es endete an einem riesigen Mast, vielleicht 25 Meter hoch. An der Mastspitze waren eine Reihe parallel zueinander angeordnete Metallstangen waagerecht angebracht, eine riesige Richtantenne, wie sie die Post in Tahiti für den Funkverkehr mit den anderen Inseln benutzte.

Mein Gott, das war die Erklärung für den Krach aus meinem Radio. Die THALASSA II lag so nahe unter der Antenne eines viele tausend Watt starken Senders, daß die Sendeenergie jeden anderen Sender weit überdeckte, ja, einen normalen Radioempfang unmöglich machte. Diese Erscheinung kennt jeder Funkamateur an Land; auf der THALASSA II war sie ungewohnt, denn wann war sie schon nur 20 Meter von einer starken Landstation entfernt gewesen. Mein Amateurradio war also ganz in Ordnung, um ein Haar hätte ich es in meinem Zorn und meiner Wut versenkt. Ja, die Nerven!

Abschied

Am Vormittag des 27. November ging ich zum Wetterbüro von Faaa und ließ mir vom dortigen Offizier die Großwetterlage schildern. Der Mann war schwer von Begriff. So häufig hatte er mir nun das Wettergeschehen um die Gesellschaftsinseln herum verklickert, daß er gar nicht begreifen konnte, daß ich mich nun für die Tubuai-Inseln im Süden von Tahiti interessierte.

„Aber, Sie dürfen mit der Einmotorigen nicht in die Tubuai-Gruppe. Was interessiert Sie dort das Wetter?"

Das war wirklich jämmerlich: Jetzt hatte ich drei Jahre in Polynesien gelebt und noch nicht einmal soviel Französisch gelernt, daß ich den Irrtum aufklären konnte.

Aber schließlich kapierte er doch und gab mir alle Hilfen, die er zur Verfügung hatte: Von einem Blick ins Radar mit 200 Kilometer Reichweite bis zum neuesten Satellitenfoto. Wir hatten immer noch Passatzeit, aber der Passat war bereits nicht mehr so beständig wie im Winter. Für die Einhaltung unseres Fahrplans war entscheidend, wie schnell wir uns aus den windflauen Gewässern der Gesellschaftsinseln lösen konnten. Denn wir mußten möglichst schnell die Westwinde bei Rapa zu fassen bekommen; erst dann konnten wir mit großen Etmalen rechnen.

Für Tahiti und Umgebung waren fünf Windstärken gemeldet. Ich konnte es nicht glauben, denn vom Flugplatz aus war draußen keine Schaumkrone zu sehen. Also setzte ich mich in die India Viktor und flog zum letztenmal die Küste von Tahiti ab, vorbei am großen Leuchtturm von Venus Point, bis ich die offene See vor mir hatte. Typisch Wetterfrosch, von wegen fünf Windstärken. Spiegelglatt war die See unter mir, und auch voraus kräuselte sie sich nicht. Unsichtbar hinter dem Horizont, viele tausend Kilometer entfernt, war die Südspitze von Südamerika, ohne Land dazwischen.

Wie schön wäre es jetzt gewesen, mit dem kleinen Flugzeug dorthin zu fliegen. Wieviel Zeit würde ich benötigen? Auf dem größten Kreis wären das 4200 Seemeilen Luftlinie. 100 Knoten machte meine kleine Piper, das wären nur 42 Stunden. So lange könnte ich im äußersten Notfall sogar wachbleiben. Aber ich träumte, denn schon nach fünf Stunden würde der Propeller stehenbleiben, und die Reise wäre für immer zu Ende. Schweren Herzens - es war für lange Zeit, wenn nicht sogar für immer mein letzter Flug von Tahiti aus - drehte ich um und bekam zum letztenmal vom Tower die Landeerlaubnis: „Landebahn 22.“

Am Nachmittag ging Carla zum Finanzamt und fragte, ob wir noch Steuerschulden hätten. Denn wir hatten durch die Mitnahme von „paying guests“ doch nennenswerte Einnahmen erzielt, sie auch in Papeete versteuert. Aber wir wollten sichergehen. Schließlich wollten wir Tahiti nicht für immer das Heck zeigen. Dafür war es dort zu schön gewesen.

Unser Grundstück hatte ein Nachbar gekauft, der darauf ein Hotel errichten wollte. Alle jene Genehmigungen, auf die wir noch heute warten, hatte der Franzose in wenigen Tagen bekommen. Zum Entsetzen der Tahitianer in der Cook's Bay durfte er sogar ein Restaurant auf das Riff bauen, das doch angeblich aus Naturschutzgründen unantastbar sein sollte. Aber das konnte uns nun ziemlich gleichgültig sein. Wir hatten jedenfalls unsere Rechnungen beglichen.

Der Morgen des 28. November begann mit einem Regenbogen, der in den Tropen kein Vorbote irgendeines bestimmten Wetters, sondern ganz einfach schön ist. Wir waren die ersten auf dem Ankerplatz, auf deren Schiff sich irgend etwas rührte. Normalerweise sind Carla und ich Langschläfer, aber vor einem langen Törn beginnen wir den Tag zeitig, damit bei Tageslicht noch möglichst viel Abstand von der Küste gewonnen werden kann. Das Beiboot hatten wir schon verzurrt, nur noch der Anker mußte an der schmutzigen Trosse raufgeholt werden.

Wie oft schon habe ich den Anker vor einer langen Blauwasserreise an Bord gewuchtet, aber jedesmal stimmt es mich besonders nachdenklich, wenn ich auf Deck den Dreck sehe, den ich mit dem Eisen zusammen aus der Tiefe gezogen habe. Das ist die letzte Spur des Landes, das wir verlassen. Wann wird der Anker sich wieder in den Grund eingraben? Haben wir uns bis dahin verändert? Hat sich dann schon die unendliche Einsamkeit des offenen Ozeans auf unsere Persönlichkeit ausgewirkt? Werden Freunde, die uns im Zielhafen mit dem Beiboot entgegenrudern, helfen, den Anker klarzumachen? Wenn sie ihn über die Bugrolle schieben, dann wird ihnen der Sand aus der Beachcomber-Bucht von Tahiti in die Hände bröseln. Was wird zwischen diesem Moment und dem Morgen des 28. Novembers sein?

Langsam tuckerte die THALASSA II innerhalb des Riffs die wenigen Seemeilen bis zum Paß von Papeete, der zum offenen Meer führte. Offen über 4000 Seemeilen bis zur Südspitze von Südamerika. Gleich nach dem Beachcomber-Hotel bogen wir in das von kleinen – nicht offiziellen – Seezeichen angedeuteten Fahrwasser, das an den Korallenköpfen vorbeiführte. Dann passierten wir das Lande-Anflugfeuer der 3500 Meter langen Landebahn von Faaa. Am äußersten Ende stand gerade ein Jumbo der Air New Zealand mit heulenden Triebwerken, fertig zum Start. Ich blickte auf meine Uhr, die noch nicht auf Weltzeit gestellt war. Das war die Maschine nach Los Angeles. Der wenige Wind kam aus südlicher Richtung; das erkannte ich an der Startrichtung des Flugzeugs.

Einen unangenehmeren letzten Anblick hätte mir Tahiti nicht bieten können, denn zum wiederholten Male wurde uns damit vor Augen geführt, welch anachronistische Reise vor uns lag. Mit einigem Glück würden wir nach sechs oder sieben Wochen auf See wieder Land sehen. Land, das so rauh sein würde, daß wir es nicht betreten konnten. Der Jet dagegen würde in sechs bis sieben Stunden am Ziel sein. Selbst diese Stunden würden den Passagieren im wahrsten Sinne des Wortes wie im Fluge vergehen, denn sie hatten die Auswahl unter acht Musikprogrammen, einem Film, 30 Bargetränken und zwei Menüs. Gleich nach dem Start würden ihnen zwei Stewards zum Abschied von der Südsee einen Maitai reichen. Das wußte ich, denn genau mit dieser Maschine war ich schon einmal nach Deutschland geflogen.

Wir dagegen hatten die rauhesten Gewässer der Welt, vielleicht auch Eisberge, vor uns und die Gewißheit, daß wir in einem Notfall auf uns allein gestellt sein würden. Selbst wenn wir heil um das Hoorn kommen sollten, wären noch weitere 9000 Seemeilen bis in unseren „Heimathafen“ Mallorca zu segeln. Mit einem Jet bräuchten wir in Los Angeles nur in eine andere Maschine umzusteigen, und zehn Stunden später wären wir am Ziel.

Aber wir hatten uns nun einmal so entschieden. Es gab kein Zurück mehr. Der Jumbo verweilte länger als sonst auf der Landebahn, fast, als wollte er uns den Vortritt lassen. Aber das schien nur so. Am Ende der Landebahn, wo die Fahrrinne einen leichten Bogen zum Land hin machte und wir deshalb die Achse der Landebahn überquerten, donnerte der große Vogel über uns hinweg und leitete sofort eine Kurve nach links ein. Ich konnte gerade noch sehen, wie die Klappen unter dem Fahrgestell zumachten. Dann verschwand er hinter Moorea.

Papeete machte noch einen verschlafenen Eindruck, auf den zahlreichen Yachten im Hafenbecken rührte sich kaum etwas. Da sahen wir ein kleines Motorboot mit an die 20 Leuten darauf auf uns zukommen. Die deutsche Konsulin stand am Ruder, und auf der Seite saß ihr Mann, Herr Weinmann, der immer von sich behauptete, er sei nicht der größte Architekt von Tahiti, sondern der dickste. Zumindest war er sicher der netteste. Er saß auf dem Seitendeck, ließ sich von unten eine Ziehharmonika heraufreichen, und als das Motorboot uns im Paß erreicht hatte, kam es längsseits, und die laute Stimme Herrn Weinmanns mischte sich in den Motorenklang: „Muß i denn zum Städtele hinaus!“

Mit dem Bootshaken reichten sie uns Muschel- und Blumenketten herüber, so wie es seit jeher in Tahiti der Brauch ist. Ein schöner, doch wehmütiger Abschied. Ich mußte daran denken, daß wir auf unseren weiten Reisen so häufig schon mit viel Herzlichkeit verabschiedet wurden. Und immer hatten sich unsere neugewonnenen Freunde viel Zeit dafür genommen. Das ist nach unserer ganz persönlichen Erfahrung vielleicht der wesentliche Unterschied zwischen den Freunden in Deutschland und denen in Übersee: Man hat dort Zeit füreinander. Ich malte mir aus, wie es ist, wenn wir heimkommen. Werden Freunde für den ersten Abend, an dem wir zusammensein werden, das Fernsehen abschalten? Oder heißt es: „Bitte nur einen kleinen Moment, die Abendschau ...“

Wir hatten das offene Meer erreicht. Nach ein paar Meilen drehte das Motorboot ab. Wir waren allein. Eine Brise kam auf, und die THALASSA II begann, ihren Bug kraftvoll und rhythmisch in die See zu setzen. Voraus lag der Horziont und dahinter Kap Hoorn.

Kurs liegt an: Kap Hoorn

Wir kämpften uns nach Süden. Den Kurs direkt zum Hoorn durften wir nicht anliegen, weil nur die stürmischen Westwinde weit unten im Süden uns zum Kap Hoorn bringen konnten. Gegen den Passat, also auf dem direkten Weg, hätten wir nie und nimmer Südamerika erreicht. Auch heute noch kann ich mir nicht schlüssig erklären, warum eine Segelyacht auf der offenen See nicht gegen den Wind segeln kann, wo doch in den Prospekten stets auf die hervorragenden Amwindeigenschaften verwiesen wird. Warum also ist es nicht möglich, gegen den Passat zu segeln? Von den Kanaren aus beispielsweise sind schon Tausende von Segelschiffen nach Westindien gesegelt, noch nicht eines aber in umgekehrter Richtung.

Dabei müßte das möglich sein. Eine moderne Yacht sollte immer in der Lage sein, 40 Grad gegen den Wind an Höhe zu gewinnen. Das läßt sich leicht messen. Man braucht nur auf einem Bug zu segeln, den Kompaß hierbei abzulesen und anschließend zu wenden und den neuen Kurs vom alten abzuziehen. Die Differenz durch „zwei" geteilt, ergibt die „Höhe" am Wind. Wenn ich dann im Zickzack segle, müßte ich jedes Ziel im Wind erreichen können.

Leider sieht die Praxis anders aus. In der Dünung des offenen Meeres erreichen selbst „Rennziegen" nicht mehr diese Höhe, erst recht keine behäbigen Fahrtenschiffe. Durch die stetigen Winde wird zusätzlich fast immer eine Strömung gegen den Segler erzeugt. Die Wellen haben wegen des Windes eine steile und eine mäßige Seite. Beim Gegenansegeln muß der Bug gegen die steile Seite ankämpfen, was die Fahrt stark vermindert. Dadurch werden die Amwindeigenschaften erheblich verschlechtert. Die Yacht fällt ab, benötigt eine Zeit, bis sie wieder ihre beste Geschwindigkeit zum Höhelaufen erreicht hat, und knallt dann mit voller Fahrt in die nächste steile See, um wieder abgestoppt zu werden. Sie fällt ab, das Spiel beginnt von neuem.

Trotzdem ist damit nicht erklärt, warum es über weite Strecken unmöglich ist, gegen den Passat zu segeln. Ich glaube, es liegt am Menschen selbst. Er hält es psychisch einfach nicht durch, mehrere Tage gegenanzubolzen. Man muß das auf einem Segelschiff einmal erlebt haben, was es heißt, gegenanzukämpfen. Auf der hohen See, nicht in irgendeinem Küstengewässer. Da ist es vorbei mit dem harmonischen Wiegen in den Wogen, da ist es vorbei mit dem leisen Gurgeln an der Bordwand, das einem im Halbschlaf schnelle Fahrt signalisiert. Und auch das Ächzen der Takelage hört sich nicht mehr wie leichte Musik an.

Wenn eine Yacht gegenanbolzt, dann scheint sich das Wetter verwandelt zu haben. Was der Skipper auf Vorwindkurs noch als mäßige Brise im Nacken verspürt, wird zum stürmischen Wind, der einem die Gischt wie Nadelstiche ins Gesicht treibt. Das Deck, vorher strohtrocken, ist nun schaumüberspült, und das Schanzkleid in Lee wird durchs Wasser geschleift. Der Bug, der vorher fast bewegungslos durch das Wasser schnitt, wird über jede anrollende Welle weit emporgehoben und kracht dann mit Wucht in das Wellental. Kaskaden von Seewasser werden seitlich weggeschleudert, und ein ums andere Mal steigen sie an Deck, häufig direkt ins Cockpit, wo die Crew im Ölzeug für ein paar Sekunden massives Wasser im Gesicht und im Nacken spürt, wenn sie keinen Südwester trägt.

Wirklich ohrenbetäubend ist das Getöse aber im Inneren des Schiffes. Wenn es krachend in die See einsetzt, dann glaubt man, in einer Fabrikhalle zu sein, wo mit Dampfhämmern gearbeitet wird. Es ist nicht so sehr der Lärm, der auf die Nerven geht, es ist das Vibrieren, das durch das ächzende Schiff läuft. Dann glaubt man bei jedem Schlag, der nächste müsse den Rumpf zerreißen. Begleitet wird das Ganze vom Knallen des Riggs, das dadurch entsteht, daß die fingerdicken Drahtseile im Rigg bei den peitschenartigen Bewegungen des Masttopps für Sekundenbruchteile durchhängen und dann ruckartig wie Geigensaiten gespannt werden. Ganz unwillkürlich beiße ich mir bei jedem Donner auf die Zähne, und meine Muskeln verkrampfen sich, weil ich zu fühlen glaube, das Schiff müsse auseinanderbrechen. Das passiert natürlich nicht, aber auch im Laufe von vielen zigtausend Meilen habe ich es in diesen Momenten noch nicht gelernt, meine Gedanken von der Vernunft leiten zu lassen.

Anderen Yachties ergeht es ebenso, und alle kommen nach einer gewissen Zeit, der eine nach ein paar Stunden, der andere nach ein paar Tagen, zu der Feststellung, das Schiff halte eine weitere Gegenanbolzerei nicht mehr aus. Das ist falsch, denn in Wirklichkeit ist der Mensch zu nervenschwach. Fällt die Yacht ein paar Grad ab, sind Mannschaft und Schiff gleich wieder ein harmonischer Teil der Natur.

Niemand ist dagegen gefeit, auch die nicht, die angeblich auf den unmöglichen Routen segeln. Betrachten wir einmal die Reise von Chay Blyth, der südlich der großen Kaps in westliche Richtung, also gegen die Westwinde gesegelt ist. Eine ganz großartige Leistung, sicher, aber so, wie sie vermarktet wurde, ist es nicht gewesen. Immer wenn er eines der Kaps umrundet hatte, segelte Chay Blyth sofort wieder nach Nordwesten, um aus dem Bereich der Westwinde herauszukommen und wechselnde Winde für sich auszunutzen. Möglicherweise war dies die sportlichste Reise eines Segelschiffs in der kurzen Yachtgeschichte, aber auch ein Bulle wie Chay Blyth hatte offensichtlich nicht die Nerven, mit seiner BRITISH STEEL um die Welt *nur* gegenanzubolzen.

Man braucht sich auf langen Ozeanreisen gar nicht vorzunehmen, den Weg des geringsten Widerstandes zu gehen, die See zwingt einen ohnehin dazu. Moitessier mußte das erleben. Oft hatten wir uns den Kurs der JOSHUA auf Bernards Zeichnungen in seinem Buch „Kap Hoorn – der logische Weg“ angesehen und uns damit abgefunden, daß wir einen weiten Umweg machen mußten. 1200 Seemeilen vom direkten Kurs oder fast zwölf Tage. Aber trotzdem war dieser Kurs von der Zeit her gesehen der kürzere.

Unser Plan lehnte sich natürlich an Moitessiers Reise an, auch wenn wir versuchen wollten, von Anfang an etwas mehr Weg nach Osten zu gewinnen. Nicht mit Gegenangehen, aber doch so weit am Wind, wie wir es gerade noch aushalten konnten. In mein Logbuch hatte ich einen kleinen Ausschnitt aus den amerikanischen Windkarten geklebt; die winzigen Rechtecke zeigten die Sturmhäufigkeit in Prozent an. Durch diese Rechtecke legte ich nun meinen Wunschkurs, wobei ich versuchte, so lange wie möglich nur durch jene mit „0“ Prozent zu segeln. Deutlich konnte man auf diesem Kärtchen sehen, wo es mit der Lieblichkeit der Tropen aufhörte: als keine „0“-Felder und dann auch keine Felder mehr mit einziffrigen Prozentzahlen vorhanden waren. Immerhin legte ich so unsere Traumroute fest und markierte drei Punkte „A“, „B“ und „C“, die uns zum Hoorn führen sollten. Wir nahmen uns aber nicht etwa vor, diese Wegpunkte unbedingt zu überfahren. Als Segler muß man flexibel bleiben. So konnten wir aber immer verfolgen, ob unsere Reise planmäßig verlief.

Nach ein paar Tagen bereits bekamen wir den richtigen Passat zu fassen. „Richtig“ deshalb, weil der Passat auf Tahiti durch die Landmassen beeinflußt war und deshalb nicht so regelmäßig blies, wie es der Freund aller Seeleute eigentlich tun sollte. Kaum aber lag Tahiti 500 Seemeilen achteraus, nahm der Wind auf freundliche vier bis fünf Beaufort zu und kam aus Osten, wo er herkommen sollte. Wir hatten Groß und Genua gesetzt und waren mit uns und der silbrigblauen Umwelt zufrieden. Die leichten Symptome der Seekrankheit, die sich bei mir immer zu Beginn einer Reise zeigen und mit Tabletten (Bonamine) erfolgreich niedergekämpft werden, waren verflogen.

Wir konnten der Versuchung nicht widerstehen, an der Selbststeueranlage den Kurs ein paar Grad höher zum Wind einzustellen, um ein wenig mehr in Richtung Südamerika zu halten. Sofort arbeitete die THALASSA II härter gegen die See an, und alle paar Minuten war unter der unendlichen Anzahl von Seen, die unter dem Bug der Yacht hindurchrollten, die eine oder andere, die eine Idee steiler war. Eigentlich trugen wie zuviel Segel für diesen Kurs, aber kaum hatten wir uns darüber unterhalten, war es schon geschehen.

Ich lag gerade in der Koje, als die THALASSA II erzitterte und ins Wellental krachte. Dann folgte ein ohrenbetäubendes Knattern. Sofort war mir klar, was passiert war, und ich stolperte an Deck. Carla war schon beim Fall und ließ die Genua langsam herunter, während ich mich auf das schlagende Tuch warf und es zusammenraffte, um die verbliebene Fläche noch zu verkleinern. Ein Blick, und ich wußte, was los war: Das Schothorn war abgerissen, die Genua vorerst nicht einsatzbereit.

Im Gebiet des Westwindes wäre das kein besonderes Problem gewesen; dort würden wir auf unser Leichtwindsegel nicht so sehr angewiesen sein. Hier aber war das ein ernstes Problem. Denn die THALASSA II ist eine tüchtige Yacht, die vor allem vor dem Mast viel Segelfläche benötigt, um wirklich marschieren zu können. Die Genua war für uns sozusagen der „vierte Gang“.

Zu Hause hätte ich gesagt: „Paß auf, da brauchst du dich mit einer Reparatur gar nicht versuchen, denn ein abgerissenes Schothorn ist nur für die kräftigen Finger eines Segelmachers etwas. Wir bringen die Genua im nächsten Hafen in eine Werkstätte.“

Hier draußen gab es keinen Segelmacher und auch keine Werkstätte. Nur uns und unseren Werkzeugschrank. Ich muß zugeben, daß mir irgendwelche Segel- und Spleißarbeiten derart auf den Wekker gehen, daß ich sie noch nicht probiert habe. Das war von jeher Carlas Job. Also zerrten wir die Genua ins Cockpit, und ich löste das abgerissene Schothorn aus der Genuaschot. Carla holte sich den gelben Sack mit den Werkzeugen für die Segelreparatur. Die Segelnadeln waren zum Schutz gegen Rost in einem Glas mit Öl aufbewahrt. Carla probierte die verschiedenen Größen der Nadeln durch, aber so sehr sie sich auch anstrengte, mit ihrem lederbewehrten Handballen die Nadeln durch die 13 Lagen Segeltuch zu drücken, es gelang einfach nicht. Nicht ein einziges Loch konnte sie stechen.

Ich schleppte unsere schwere Segelnähmaschine ins Cockpit, und wir versuchten es damit, indem wir darauf achteten, den Stromschalter zur Maschine immer erst dann einzuschalten, wenn die Nadel sozusagen ein paar Zentimeter Anlauf hatte, um in das Tuch zu schlagen. Aber jeder neue Anlauf hatte eine abgebrochene Nadel zur Folge. Wir montierten den Elektromotor ab und versuchten es mit der Hand – ebenfalls vergeblich.

Enttäuscht legte Carla das Werkzeug zur Seite. „Komm, wir lassen's. Vielleicht fällt uns bis morgen etwas ein", meinte ich.

Aber am nächsten Morgen war mir immer noch nichts eingefallen, und wir trödelten weiter unter der Fock dahin. Mit jeder Stunde verloren wir eineinhalb Seemeilen zum Hoorn.

Weitere zwei Tage überlegte ich: Wenn die Nadeln nicht durch die vielen Lagen Segeltuch durchkamen, dann mußte man ihnen den Weg ebnen. Warum nicht alle Löcher vorbohren?

Aber mit was? Vielleicht mit einer glühenden Nadel? Ja, das wäre eine Möglichkeit, denn der Kunststoff schmilzt schon bei relativ niedrigen Temperaturen. Aber würde dadurch das Gewebe nicht spröde? Oder würden sich die Löcher nicht gleich wieder schließen, wenn man die heiße Nadel zurückziehen würde?

Besser wäre es vielleicht, wenn man die Löcher mit einem Nagel vorschlagen würde. Aber woher einen Nagel nehmen? Auf einem Stahlschiff gibt es keinen Nagel, höchstens Schrauben. Vielleicht könnte man so eine Schraube zufeilen? Es mußte eine praktischere Lösung geben, denn der Nagel, der beim Vorschlagen in die hölzerne Unterlage eindringen würde, müßte jedesmal wieder mit einer Zange entfernt werden. Plötzlich hatte ich es. Warum nicht einen handlichen Schraubenzieher zufeilen?

Ich griff in meinen Werkzeugkasten und hatte schnell einen

Schraubenzieher gefunden, der mich immer schon geärgert hatte, weil er jedesmal aus den Schraubenkopfschlitzen herausgerutscht war, wenn die Schrauben festsaßen. Ich ging in den Maschinenraum, wo ich neben dem Schraubstock auf dem Werktisch einen Schleifbock fest montiert hatte. In wenigen Sekunden war der Schraubendreher spitz wie ein Nagel geschliffen.

Den Schleifbock hatte mir Heinz empfohlen. Heinz war einer meiner bemerkenswertesten Mitsegler gewesen, der mich deshalb beeindruckte, weil er für alle technischen Probleme - und davon gibt es auf einer Yacht, die gleichzeitig ein schwimmendes Zuhause darstellt, jede Menge - irgendein Patentrezept wußte. So reparierte er beispielsweise auf hoher See meinen Drehzahlmesser und schliff die Achse mangels geeigneter Schleifmittel mit Zahnpasta neu ein. Der Drehzahlmesser funktiniert noch heute.

Den Schleifbock hatte er mir allerdings mit der Zusicherung aufgeredet, ich würde dann auf jedem Ankerplatz die schärfsten Messer haben. Das sah ich ein. Es wäre aber sicher nicht der einzige Grund gewesen, mir so ein Ding zuzulegen. Was Werkzeuge auf Yachten betrifft, ist meine Philosophie, lieber zuviel als zuwenig zu haben. Denn im Vergleich zu anderen Ausrüstungsgegenständen sind Werkzeuge preiswert, und wenn man ein einziges Werkzeug unterwegs nur einmal benötigt, dann hat es sich schon rentiert. So auch jetzt der Schleifbock, denn mit dem Schraubstock konnte das Segel endlich repariert werden. Nach zehn Stunden war das Schothorn wieder dran.

Keine zehn Minuten nachdem wir die Genua gesetzt hatten, gab es den gleichen häßlichen Knall. Jetzt wußten wir, daß die Rundkausch im Schothorn der Genua mit starken Stoffbändern befestigt werden mußte. Wir schnitten sie aus unserem Sonnensegel, das wir jetzt wirklich nicht mehr brauchten. Wieder saß Carla auf dem Boden des Cockpits unter einer Wolke von 70 Quadratmeter Segeltuch und hämmerte geduldig Stunde um Stunde Löcher in das Dacron, um der schwächlichen Segelnadel durch Tuch und Band den Weg zu bahnen. Dann aber hielt die Konstruktion.

Dieses Ereignis war für uns wichtig, weil es uns vor Augen führte, daß mit viel Zeit zum Nachdenken es für manche scheinbar unlösbaren Probleme doch Lösungen gibt.

Gleichzeitig war es eine Warnung. Denn wenn wir diesen Törn erfolgreich zu Ende führen wollten, mußten wir auf das Material Rücksicht nehmen. Wir waren von Schiff und Ausrüstung abhängig, nicht umgekehrt. Gut, das Schothorn war kein wirkliches Problem; auch ohne Genua hätten wir weitersegeln können. Aber es könnte auch etwas anderes passieren. Auf einer Yacht haben kleine Ursachen meist große Wirkungen. Ein Wantenspanner, der sich unbemerkt aufdreht, kann den Mast kosten. Ende!

Es wurde uns klar, daß wir defensiv segeln mußten. Schiff *und* Mannschaft mußten geschont werden, um dort unten bestehen zu können. Kurz gesagt, wir mußten so segeln, daß vor allem vier Forderungen erfüllt würden:

1. Der Mast muß auch noch nach Kap Hoorn nach oben zeigen!
2. Die THALASSA II darf nicht durchkentern!
3. Das Ruder muß heil bleiben!
4. Wir dürfen nicht krank werden!

Im Reich des Gottes der Westwinde

Am 17. Dezember erreichten wir den 38. südlichen Breitengrad. Unsere Westlänge betrug genau 128 Grad 30 Minuten. Damit hatten wir ziemlich genau den Punkt „A“ erwischt. Noch waren wir nicht in den Westwinden. Sturmhäufigkeit in diesem Quadrat „2%“. Umlaufende Winde, keine Passatbewölkung mehr.

Wir trafen die letzten Vorbereitungen für die Brüllenden Vierziger. Ich probierte den Petroleumofen zum ersten Male aus. Die Gebrauchsanweisung bestand aus zwei Zeilen. Aber ich hatte zu solch einfachen Erzeugnissen Vertrauen. Seit 15 Jahren hantierten wir mit Petroleum und kannten (ich glaube es wenigstens) die Tükken des Brennstoffs. Wenige Minuten nach dem Anzünden färbte sich der Glühkopf rot und strahlte Wärme ab. Er funktionierte.

Auf den Teakholzgrätings im Cockpit verteilte sich ein dünner Film. Ich hielt den Finger an die Nase: Natürlich, Petroleum. Wir liefen mit keinen zwei Knoten Geschwindigkeit, und die THALASSA II hatte im Höchstfall zehn Prozent Krängung. Also war ich wieder mal einem Verkäufer auf den Leim gegangen, der mir „garantiert“ hatte, daß der Ofen auch bei Lage funktionieren würde. Halt, ganz so unrecht hatte der Mann nicht gehabt, denn der Ofen funktionierte ja, sogar so gut, daß mir der Schweiß runterlief. Aber wir hatten ja noch Badehosentemperaturen!

Das Problem war: Die Wanne für den Brennstoff hatte eine zu niedrige Umrandung. Der Brennstoff schülperte bei Lage über. Man mußte die Umrandung erhöhen. Mit Blech, denn alles andere war wegen der Brandgefahr zu gefährlich. Welch ein lächerliches Detail. Aber so konnte der Ofen unter schwierigen Bedingungen nicht betrieben werden. Wir mußten eine Wärmequelle haben. Die Innentemperatur würde später in etwa der Wassertemperatur entsprechen: knapp über null Grad.

Wir hatten kein geeignetes Blech an Bord. Es brauchte nicht stark zu sein, nur dicht. Hatten wir wirklich kein Blech an Bord? Doch, natürlich, jede Menge: ein paar hundert Bierdosen in der Bilge. Kurz darauf hatte ich einige zerschnitten und versuchte nun, dem biegsamen Metall mit einer gewöhnlichen Schere die richtige Fasson zu geben.

Das Metall nahm das Lötzinn allerdings nicht an, und so behalf ich mich mit einem jener Wunderklebstoffe aus Epoxy und Tape. Schön sah mein Werk nicht aus, aber es funktionierte. Nie mehr während der ganzen Reise machte uns unser „Bully" Kopfzerbrechen. Nicht so der Kocher.

Kaum hatten wir dieses Problem gelöst, kam das nächste auf uns zu. Ich bin der Meinung, daß es auf einem Schiff gute und schlechte Tage gibt. Sie sind viel deutlicher als an Land ausgeprägt. Auf See läuft an einem schlechten Tage alles schief, während ein guter Tag unbedingt für weitere Unternehmungen genutzt werden muß. Nach meinem Erfolg mit dem Ofen nahm ich gleich noch ein paar andere Dinge in Angriff. Ich tauschte die vom Hersteller gelieferte Ersatzwindfahne gegen die Reservewindfahne aus, die mir Harald so liebevoll zugeschnitten und lackiert hatte. Jetzt war die Zeit, sie zu erproben. Denn wenn die Windfahne, die uns bis hierher gesteuert hatte, später bei schwerem Wetter unter grünem Wasser an Bord zerbrechen würde, mußte sofort Ersatz zur Hand sein. Und wehe, wenn der nicht gleich funktionieren würde. Dann müßten Carla und ich abwechselnd am Ruder sitzen, die Mannschaft wäre mit einem Schlag um 50 Prozent geschwächt.

Was ich befürchtet hatte, trat ein. Die neue Fahne war zu dick, sie paßte nicht in den Schlitz der Aluminiumhalterung. Aber das war kein so großes Problem. Mit einem Schwingschleifer konnte ich mit ein wenig Geduld das Holz am Fuße auf die erforderliche Stärke bringen. Die Fahne paßte.

Lange Gesichter machten wir allerdings, als die Fahne die THALASSA II steuern mußte. Statt sich immer wieder senkrecht aufzurichten, wenn der Wind auf die schmale Kante der Fahne blies, um so der Pinne „Geradeausfahrt" zu signalisieren, blieb sie auf der Seite liegen. Die THALASSA II schoß in den Wind und stampfte mit killenden Segeln ihren Bug in die schaumige See.

Ganz klar die Windfahne war zu schwer, weil das Holz ein paar Millimeter zu dick war. Zu Hause würde man damit zu einem Schreiner gehen, der das Holzbrett für zwei Mark Trinkgeld durch die Hobelmaschine schieben würde. Hier draußen aber war guter Rat teuer. Wenn uns da nichts einfiele, könnte unsere Selbststeuerung ausfallen, ein Mannschaftsmitglied, das brav 24 Stunden lang seinen Dienst versieht, besser als wir es können, nicht müde wird, nichts von den wertvollen Lebensmitteln verbraucht und vor allem nicht mault und mit niemand Streit sucht.

Einfach abzuschleifen und auf diese Weise auf das erforderliche Gewicht zu reduzieren, war wenig versprechend. Dazu hätte ich mit meinen Mitteln tagelang gebraucht. Abschneiden ging auch nicht, denn die Gesamtangriffsfläche für den Wind mußte gleichbleiben.

Diesmal hatte Carla die Idee wie simpel und schnell die Fahne funktionsfähig gemacht werden könnte. Mit der Stichsäge schnitt ich einfach ein ovales Stück Holz aus der Fahne. Das beanspruchte zwei Minuten und brachte sie auf das erforderliche Gewicht. Dann nähte Carla aus Spinnakertuch eine „Haube“, die wir über die Windfahne zogen. Damit stimmte auch die Gesamtangriffsfläche für den Wind wieder. Natürlich funktionierte sie gleich; wir überließen von nun an ihr die Steuerung der THALASSA II.

Langsam drehte der Wind auf West, die Etmale wurden größer und gleichmäßiger: 144, 150, 163, 115, 132 Seemeilen. Weihnachten. Wir setzten uns in der Pantry auf den Boden neben den brennenden Petroleumherd, der es nicht mehr schaffte, das ganze Schiff zu erwärmen. Unsere erste Flasche Champagner wurde geköpft. Sie war in der Bilge gelagert und hatte die richtige Temperatur, so um die sieben Grad. Das war die erste von fünfen, die wir dabeihatten. Die nächste sollte an Silvester aufgemacht werden. Dann war noch eine an Bord für das Hoorn. Die beiden anderen waren für „nach dem Sturm“, wir hatten uns das nach der statistischen Sturmhäufigkeit ausgerechnet. Hoffentlich reichte der Bestand.

Als wir uns zuprosteten, feierten wir den einsamsten Heiligen Abend in unserem Leben. Wahrscheinlich waren wir im Umkreis von 5000 Kilometer die einzigen Menschen.

Tiere hatten wir jede Menge um uns herum: Kakerlaken. Jedes Schiff, das sich etwas länger in den Tropen aufhält, kommt um diese Plage nicht herum, selbst am Ankerplatz ist man nicht gegen sie gefeit. Sie können mit jedem Karton, mit jeder Einkaufstasche, ja mit jedem Besucher an Bord kommen. Manchmal fliegen sie auch. Sieht man die erste, hat man schon tausend an Bord, sieht man zehn, dann ist es längst für einen Guerillakrieg zu spät. Dann helfen keine Geheimrezepte wie Borax, Kakao, Petroleum und ähnliches, dann muß der totale Krieg geführt werden: Fumigation, zu deutsch Ausräucherung, ist das letzte, aber auch wirksamste Mittel.

Aber wer macht das schon gerne. Alle offenen Lebensmittel müßten weggeräumt werden, damit der Kammerjäger seine Gasbomben ohne Nachwehen für die Menschen in Gang setzen kann. Wenn man dann nach drei Hoteltagen wieder aufs Schiff zieht, dann lebt kein Tier mehr an Bord, wohl aber noch die Eier. So muß, um ganz sicherzugehen, die ganze Prozedur nach drei Monaten wiederholt werden.

Wir glaubten, daß noch etwas anderes den Cucarachas den Garaus machen könnte: Kälte. Nachdem es diese Tierchen nur in den Tropen oder in den heißen Mittelmeerländern gibt, können sie wohl in kalten Gegenden nicht leben. So war ich ziemlich sicher, daß die THALASSA II nicht eigens ausgeräuchert werden müßte. Bei den niedrigen Temperaturen in Eisbergnähe würde sich das Problem von selbst erledigen.

Aber noch sah es nicht so aus. Die Tiere waren zwar langsamer geworden und man konnte sie ganz gut mit der Hand erwischen, was sonst nur eine sportliche Höchstleistung oder, besser gesagt, ein außerordentlicher Zufall war. Aber an kleinen Erfolgen waren wir gar nicht interessiert, denn – davon waren wir überzeugt – die große Lösung würde nicht mehr lange auf sich warten lassen.

Dann ging das Barometer in den Keller. Angst kam auf, unsere Sundowner am Abend wurden immer stärker. Täglich opferten wir einen großen Schluck dem Gott der Westwinde. Wir sprachen zu ihm, baten ihn um die Gunst, durch sein Reich segeln zu dürfen. Beteuerten, daß wir nicht der Meinung seien, daß die THALASSA II jedes Wetter abkönne, sondern daß wir ohnmächtig seien gegen seine Wut, mit der er Seen von 200 Meter Länge, aber auch mit 30 Meter Höhe aufbauen könne.

Ein ohrenbetäubender Seeschlag gegen die Breitseite der THALASSA II warf uns am 27. Dezember aus der Koje. Carla sagte ganz ruhig: „Jetzt ist es soweit!“

Vielleicht 70 Grad legte sich das steife Schiff über. Wasser auf dem Boden erschreckte mich. Aber falscher Alarm – es war nur Süßwasser aus der Spüle übergeschwappt.

Trotzdem wir trugen zuviel Segel. Und wir wußten, daß das Wetter noch schlechter werden würde. Mit Helmuth Hörmann auf Moorea hatte ich tägliche Funkverbindung, und er klärte mich über die jeweilige Großwetterlage auf. Bisher hatten wir unsere Wetterberichte immer von Radio Hawaii empfangen, das eine schön gesprochene Vorhersage für den Südpazifik gab. Aber für jenes Gebiet, wo wir uns jetzt befanden, gab es keine gesprochene Wetteranalyse mehr, sondern nur gemorste Ausstrahlungen. Nun kann ich als Funkamateur einigermaßen morsen, aber eben nur mit der Geschwindigkeit, die von einem Amateur in der Prüfung verlangt wird, also 60 Zeichen pro Minute. Die Berufsfunker auf den großen Schiffen aber müssen 120 Zeichen beherrschen, und dementsprechend schnell sind die Sendungen für sie.

Vor 20 Jahren war das ganz in Ordnung, da trieb sich nur eine Handvoll Yachtleute auf den Weltmeeren herum; jetzt aber hat sich das entscheidend geändert. Radio Hawaii nimmt darauf Rücksicht, aber mit Schiffen in der Nähe der Antarktis, auf denen kein Berufsfunker ist, rechnen sie wohl nicht. Jedenfalls bezogen sich ihre Wetterberichte nicht mehr auf die Gebiete südlich von 25 Grad.

Ohne Amateurfunk hätte ich mich über die Wetterlage nirgendwo erkundigen können. Die chilenischen und argentinischen Küstensender waren noch nicht zu hören, und das Vorhersagegebiet hätte auch nicht so weit herausgereicht. Es gab aber eine Möglichkeit, auch die gemorsten Berichte zu entziffern. Als wir damals an der südafrikanischen Küste Richtung Kap der Guten Hoffnung gesegelt waren, hatte ich die Berichte mit einem Tondbandgerät aufgenommen, dann mit der halben Geschwindigkeit abgespielt. Das ging ganz gut, war aber sehr zeitaufwendig.

Nun wird man sich fragen, was es schon ausmacht, ein paar Stunden für den Wetterbericht zu opfern, wo doch ohnehin nichts zu tun ist. Das ist richtig. Wir lagen tatsächlich die meiste Zeit in den Kojen und lasen oder schliefen. Der Tag floß auf diese Weise ziemlich schnell dahin. Unterbrochen wurde er nur, indem Carla die Mahlzeiten zubereitete und ich meinen Navigationspflichten nachkam. Aber dazu brauchte ich nur ein paar Minuten. Etwa zwei Stunden vor Schiffsmittag, also vor dem Zeitpunkt, an dem die Sonne am höchsten stand, ging ich schnell mal mit dem Sextanten ins Cockpit und schoß die Sonne. Wenn man etwas Übung hat, ist das in zwei Minuten erledigt.

Nur ganz selten war die Sonne nicht auf Anhieb zu sehen. Wenn der Himmel bedeckt war, dann verlegte Carla die Lektüre irgendwelcher Zeitschriften von der Koje ins Cockpit und achtete darauf, ob sie sich nicht doch einmal zwischen den Wolken oder hinter einer ganz dünnen Wolkendecke zeigen würde. So verging auf dieser

Reise nicht ein einziger Tag, an dem wir die Sonne nicht ausmachen konnten. Wenn wir mal bei besonders schlechtem Wetter keinen Standort aus Sonnenmessungen bekamen, dann lag es immer an der rauhen hohen See, die einfach nicht den Blick auf den Horizont freigab. Carla meinte, daß Weltumsegler, die von stetig bedecktem Himmel und von fehlenden Schiffspositionen sprechen, die Faulheit der Besatzung verschwiegen, sich ein paar Stunden in das Cockpit zu setzen und auf den richtigen Moment zu lauern.

Sah Carla dann die gelbe Scheibe durch die Wolkenfetzen hindurchschimmern, rief sie mich raus: „Die Soooonne!"

Dann sprang ich aus der Koje, lief zum Kartentisch, wo der Sextant griffbereit in seinem Holzkasten gehaltert war, und war eine Sekunde später im Cockpit. Meistens hatte ich die gelbe Scheibe dann ganz schnell im Spiegel meines Vollsichtsextanten, der die Messerei gegenüber dem alten Halbspiegelsextanten sehr vereinfacht. Ein Blick auf meine 50-Mark-Quarzuhr, deren Digitalziffern auf Weltzeit oder, wie man früher sagte, auf Greenwichzeit gestellt waren, gab mir die Meßzeit, von der ich, wenn ich es ganz genau machen wollte, noch eine Sekunde für meinen „Blick" abzog.

Wieder zurück, schrieb ich den abgelesenen Sextantwinkel und die genaue Zeit dazu auf einen Zettel. In einer Minute war somit die Navigationsarbeit am Vormittag erledigt, ich konnte mich wieder in die Koje verziehen. Genauso lief es ein paar Stunden später bei der Mittagsmessung ab, nur mit dem Unterschied, daß ich dann noch beide Werte in einen Elektronenrechner eintippen mußte, der mit meinem Programm eine Minute später den Schiffsort (auf ungefähr ein bis zwei Seemeilen genau) sowie Kurs und Entfernung zum Kap Hoorn und das erzielte Etmal auswarf. All das trug ich ins Logbuch ein, und so benötigten wir täglich nur etwa zehn Minuten für die Navigation.

Auf unseren ersten Blauwasserreisen war das ganz anders gewesen. Da mühte ich mich stundenlang mit großen Tafelwerken ab. Ich brauchte dafür wesentlich mehr Zeit als Carla für das Kochen. Zwischenzeitlich hatte ich vielleicht 1000 Stunden mit der Entwicklung entsprechend leistungsfähiger Computerprogramme verbracht, zwar am ruhigen Ankerplatz oder zu Hause am Schreibtisch, doch resultierten die wenigen Minuten unterwegs am Kartentisch aus dieser Arbeit, so daß ich gegenüber Carla kein schlechtes Gewissen hatte, wenn ich sie von der Koje her mit den Töpfen vor dem schwingenden Ofen hantieren sah.

Routinearbeiten gab es wenig. Das war gut so, denn wir brauchten den Schlaf untertags, wollten wir doch auf Vorrat für „den Sturm" schlafen, wenn es beispielsweise notwendig werden sollte, Ruder zu gehen. Die Aries-Anlage verrichtete zwar ihren Dienst perfekt, doch waren wir damit noch nie in einem schweren Sturm gewesen, so daß ich davor Angst hatte, einmal wie ein Sklave meines Schiffes am Ruder zu sitzen. Das hätte das Bordleben entscheidend verändert. Carla und ich fürchteten uns regelrecht vor dieser Situation. Aber wir waren guten Mutes, denn die Aries war schon mit Wetterverhältnissen fertig geworden, bei denen andere Anlagen aufgegeben hätten. Dabei ist unsere THALASSA II immerhin 25 Tonnen schwer und die Aries kostete einmal ganze 1400 DM, also rund die Hälfte der Konkurrenzprodukte.

Da hatte einmal ein Verkäufer die Nerven, mir eine 7000 DM teure Anlage andienen zu wollen, obwohl ich ihm erklärte, daß ich schon die Aries hatte und damit auch zufrieden sei. Dieser Mann genierte sich nicht, mir klarzumachen, daß seine Anlage aber genauer steuern würde wie die Aries. Außerdem sei die Neuseeländerin Naomi James damit um die Welt gesegelt. Er verschwieg dabei, daß Naomi in ihrem Buch geschrieben hatte, daß die Anlage die Reise nicht durchgehalten habe und man ihr nach Australien Ersatzteile nachsenden mußte. Wer würde uns schon Ersatzteile zu irgendeinem Ankerplatz in den Falklandinseln nachfliegen?

Nein, ein Reiz dieser Reise bestand sicher darin, daß wir unter Zuhilfenahme eigener Mittel mit Schwierigkeiten fertig werden mußten. Bisher hatten wir es auch geschafft. Aber wir waren noch nicht in der Zone des schweren Wetters. Deshalb schliefen wir, soviel wir konnten. Das galt natürlich nur für untertags. Nachts mußte abwechselnd Wache gegangen werden.

Nachdem wir nicht am Ruder sitzen mußten, waren die Wachen nicht besonders anstrengend. Neben sich eine Taschenlampe, machten wir es uns mit Decken bequem. Das Cockpit war mit einem Sprayhood geschützt, und die paar Spritzer, die das Cockpit erreichten, hätten es nicht gerechtfertigt, zu jeder Wache Ölzeug anzuziehen. Schon seit Tagen trugen wir ausschließlich Faserpelzanzüge, die ideale Wärmeschutzkleidung für einen derartig extremen Törn. Wir hatten uns angewöhnt, schon am frühen Abend unseren „Bully" in Gang zu setzen, der vor allem an den Beinen eine wohlige Wärme verbreitete. Es war erstaunlich, wie sparsam und gut der Ofen funktionierte. Wenn die THALASSA II zuviel Lage hatte, dann legten wir unter die eine Seite des Ofenbodens ein paar Bierdosen, so daß er einigermaßen waagerecht stand. Mit einigen Stropps gesichert, konnte er nicht verrutschen.

So alle fünf Minuten standen wir auf und hielten einen Rundblick – etwas frustrierend, denn es war nicht zu erwarten, daß wir hier ein Schiff sehen würden. Aber dazu war ich viel zu sehr Sicherheitsfanatiker, als daß ich darauf verzichtet hätte. Im Gegensatz zu unserer alten THALASSA war die Stromversorgung auf der THALASSA II so gut, daß wir es uns sogar leisten konnten, die ganze Nacht zwar nicht die drei vorgeschriebenen Lampen (Seitenlichter und Hecklicht), wohl aber ein Blitzlicht im Mast zu fahren.

Mit der Taschenlampe strahlten wir alle halbe Stunde unseren Kompaß an, um zu sehen, ob der Wind noch aus der gleichen Richtung kam. Manchmal war es notwendig, die Selbststeueranlage ein paar Zacken zu verändern. Um deswegen nicht das schützende Cockpit verlassen zu müssen, hatte ich die Justierleinen verlängert und ins Cockpit geführt. Denn wir hatten ausgemacht, daß niemand von uns das Cockpit verlassen darf, wenn der andere schläft.

Zwar wären wir angeleint gewesen – auch im Cockpit –, doch beim Umpicken der Sicherheitsleine hätte ebenfalls etwas passieren können. Wenn in diesen Gewässern jemand über Bord geht, dann ist die Lage ohnehin trostlos, wie es vor ein paar Jahren bei einer Rund-um-die-Welt-Regatta die Besatzungen zweier Rennyachten in den Brüllenden Vierzigern erleben mußten. Drei Leute gingen über Bord, und obwohl sofort darauf reagiert wurde, konnte keiner mehr gerettet werden. Ein eingepickter Sicherheitsgurt wäre besser gewesen als der nachfolgende Gottesdienst in einer Kathedrale, zu dem die Rennbesatzungen eingeladen wurden.

Auch untertags pickten wir uns im Cockpit ein, obwohl wir uns da nur aufhielten, um gegen die Langeweile anzukämpfen. Regelmäßige Wachen gingen wir ab Tageslicht nicht mehr. Denn eine Segelyacht hat gegenüber einem Motorschiff Vorfahrt. Nun sollte man als der Schwächere nicht darauf beharren, doch sehe ich die Wahrscheinlichkeit eines Zusammenstoßes untertags als so gering an, daß sie vernachlässigt werden kann. Immerhin müßte zur recht unwahrscheinlichen Möglichkeit, daß man sich in diesen einsamen Gewässern überhaupt mit einem Dampfer auf Kollisionskurs befindet, hinzukommen, daß der andere uns am hellichten Tag nicht sieht oder *unsere* Vorfahrt vorsätzlich mißachtet.

Von Helmuth bekam ich nach wie vor die tägliche Wettervorhersage, und zwar aus erster Hand. Er hatte im Met-Office auf dem Flughafen Faaa einen Bekannten, der für uns die täglichen Satellitenfotos abcheckte und sozusagen eine Spezialvorhersage für die Umgebung der THALASSA II fertigte. Keine halbe Stunde später konnte ich sie am Radio nach Helmuths Diktat mitschreiben. Trotz der paar tausend Seemeilen, die jetzt schon zwischen Moorea und uns lagen, kam Helmuth immer noch mit Stärke sechs durch. So waren wir auch über alle Neuigkeiten auf Tahiti orientiert und hatten nicht das Gefühl, von der Welt ganz abgeschnitten zu sein.

Aber an jenem 27. Dezember interessierte mich nicht so sehr der Tratsch aus Tahiti, sondern mehr die Wettervorhersage. Die verhieß nichts Gutes. Unser Barometer zeigte zwar immer noch 1018 Hektopascal, doch sprang die Nadel mit stark fallender Tendenz. Wir mußten weiter reffen.

Carla und ich waren ein eingespieltes Team. So ein Reffvorgang dauerte nur ein paar Minuten. Dazu legte ich nicht eigens Ölzeug an, sondern zog mich trotz der niedrigen Temperaturen splitternackt aus. Wenn ich hart am Großbaum arbeitete, wurde es mir ziemlich schnell warm. Ich erinnerte mich dabei immer an die Fischer Lex vom Chiemsee. „Wenn du hart zugreifst, dann brauchst du keine Handschuhe", meinten sie, wenn sie ihre Netze im Winter aus dem eiseskalten Wasser zogen. Ich arbeitete am Mast, wo ich mich mit der Sicherheitsleine gut an den Fallen einpicken konnte. Damit das Schiff während dieser Arbeit ruhiger lag, hatten wir es mit ein paar Zügen an der Selbststeueranlage auf einem Kurs fast vor den Wind gebracht, eine Methode, auf die ich schwöre. Die Yacht hört auf zu stampfen, es kommt kein Wasser mehr über, die Bewegungen werden harmonischer und die Luft wärmer. Kurz, alles ist einfach sonniger.

Carla zog derweil vom Cockpit aus das Achterliek nach hinten, so daß das Segel leicht eingebunden werden konnte. Auf der THALASSA hatte ich ein Rollreff, mit dem ich sehr zufrieden war; auf der THALASSA II kamen wir glänzend mit dem Bindereff zurecht. So weiß ich immer noch nicht, welches das bessere ist. In Zukunft würde ich deshalb das preiswertere, also das Bindereff vorziehen.

Nach wenigen Augenblicken waren zwei weitere Reffs eingebunden, und ich konnte ins Cockpit zurück. Carla legte einstweilen die Yacht wieder auf Kurs. Mit einem Handtuch frottierte ich mich ab und schlüpfte wieder in meinen „Helly Hansen". Die Arbeit war getan, ich spürte, wie sich die THALASSA II wohlerfühlte, mir war warm, und mein Ölzeug lag immer noch trocken unten neben dem Niedergang am Boden.

Von der alten THALASSA wußte ich, wie unangenehm die Segelei werden konnte, wenn in der Kajüte alles naß wurde. Wir hatten damals nie die Stellen gefunden, wo das Wasser hereinkam, obwohl wir mehrere Male die Wandverkleidung abgenommen hatten. Das war nicht zuletzt ein Grund gewesen, als nächstes Schiff eine Stahlyacht zu kaufen. Deshalb legten wir speziell bei diesem alles entscheidenden Törn größten Wert darauf, das Schiffsinnere trockenzuhalten. Bis zu diesem Zeitpunkt war noch alles einigermaßen gemütlich verlaufen; das würde sich sofort ändern, wenn beispielsweise die Kojen naß werden würden.

Noch nie hatte – außer einigen Tropfen vom Himmel – Wasser den Weg in die Bilge der THALASSA II gefunden. Dort, an der tiefsten Stelle des Schiffbodens, wo fast traditionell in fast allen Yachten eine ölige Brühe schwappt, waren in der THALASSA II Kartons gestaut – zum Teil Jahre alt – ohne daß sie jemals aufgeweicht worden waren. Die Bilge war staubtrocken, wortwörtlich, denn noch immer lagen die Reste der Schreinerarbeiten herum,obwohl ich schon ein paarmal mit dem Staubsauger drübergegangen war. Diese Bilge war so eine Art Manie von mir, und ich wollte sie auch in diesem Zustand um Kap Hoorn bringen. Das mußte möglich sein, denn die THALASSA II war pottendicht. Natürlich leckten die Luken gelegentlich bei starkem Regen oder wenn mal von vorne ein Brecher überkam – welche Luken tun das nicht?

Aber auch das hatte ich ihnen abgewöhnt, mit einem simplen Trick, den mir mal ein Ami auf seiner Yacht am Ende seiner Atlantiküberquerung gezeigt hatte. Er hatte ganz einfach die geschlossenen Luken rundum zusätzlich mit Tape zugeklebt. Dadurch konnte er sie zwar unterwegs nicht öffnen, andererseits war er aber nicht auf die unzulänglichen Gummidichtungen angewiesen.

Auf dieser Reise bekamen wir genügend frische Luft durch den Niedergang, was mußten wir da die Luken öffnen. Die Außentemperaturen hätten das ohnehin verboten. Ebenso war das untere Steckschott mit Tape im Brückendeck abgedichtet. So konnte es zwar nicht mehr herausgenommen werden – wir mußten jedesmal beim Runtersteigen einen großen Schritt tun –, dafür hatten wir die Sicherheit, daß nicht gleich die ganze Kajüte unter Wasser stand, sollte einmal eine See ins Cockpit einsteigen.

Carla hatte beim Bau der THALASSA II verlangt, daß das Brückendeck wesentlich erhöht wurde. Das zahlte sich jetzt aus, denn mit dem standardmäßig vorgesehenen Blech von ein paar Zentimetern hätten hundert Liter im Cockpit schon ungehinderten Zugang zur Kajüte gefunden. Aber nicht nur die großen Mengen Wasser können einem das Leben vergällen. Jede Art von Seewasser ist unter Deck von Übel. Denn man muß dann für die Dauer der Reise mit ihm leben. Im Gegensatz zu Süßwasser verdunstet es nicht rückstandslos; es bleiben immer Salzrückstände, selbst wenn man durch trockene Wärme das Wasser loskriegt. Wird die Luft wieder feucht, dann zieht das Salz die Feuchtigkeit an, und die Kissen oder Betten sind klamm wie vorher. Nur Süßwasserwäsche würde helfen, zu kostbar auf einem langen Törn, um es für Wäsche zu vergeuden.

Wir vereinbarten, daß auch nasses Ölzeug draußen unter dem Klappverdeck bleiben müsse, damit ja keine Spur von Feuchtigkeit ins Schiff geschleppt wird.

Manchem mag das als übertrieben erscheinen, aber das Gelingen eines solch extremen Törns hängt vom Wohlergehen der Crew als dem schwächeren Teil mindestens ebenso ab, wie von der Zuverlässigkeit des Materials.

Im Griff des Riesen des Westens

Am 28. Dezember standen wir auf 46 Grad 2 Minuten Süd und 102 Grad 18 Minuten West, ungefähr 500 Seemeilen nördlich der Eisberggrenze. Wir hatten meinen Wegpunkt „B“, der uns über die Quadrate auf der Windkarte mit der geringsten Sturmhäufigkeit führen sollte, nur wenig verfehlt. Das war jetzt ohnehin egal, ab hier gab es nur noch Rechtecke mit zweistelliger Sturmhäufigkeit. Wir waren noch in einem mit „10%“, was uns alle zehn Tage Windstärke acht und mehr versprach. Die Zahl mag harmlos erscheinen, aber man darf hier nicht das Gerede in der Clubbar, wo es zum guten Ton gehört, mit „satten zwölf Windstärken“ zu renommieren, als Maßstab heranziehen. Da glaube ich schon eher dem alten Berufskapitän, der 30 Jahre auf den Weltmeeren zu Hause war und den ich einmal nach dem schlimmsten Wetter in seinem Seemannsleben gefragt habe: „Zehn Windstärken in der Biskaya“, war seine ehrliche Antwort, und er fügte hinzu: „Das war fürchterlich.“

Am Chiemsee habe ich schon mal eine Bö aus einer Gewitterwolke mit über 65 Knoten Windgeschwindigkeit erlebt, aber da baute sich keine See auf. Man konnte zwar nicht mehr aufrecht gehen, doch vom See wurde nur so die Gischt weggerissen, was die Sicht unmöglich machte. Nach ein paar Minuten war der Spuk vorbei und das Wasser wieder glatt. Die Bora in Jugoslawien kann ähnliche Windstärken entwickeln, aber sie weht von Land, es kann sich keine entsprechende See aufbauen. Der Seemann fürchtet die See, nicht den Wind.

Wir hatten bereits einen kleinen Vorgeschmack bekommen, was uns ein Sturm hier unten bringen kann. Tagelang war aus Südwesten eine Dünung angerollt, die höher und steiler war als alles andere, was wir bisher erlebt hatten. Unter dem grauen, wolkenverhangenen Himmel sah sie fast schwarz aus. Und da Schaumkronen auf den Wellengipfeln fehlten, flößte sie uns in ihrer Düsternis

Angst ein. Noch fehlte der Wind. So hatten die Segel wenig Druck. Die THALASSA II torkelte in die Wellentäler, wo sie wie ein Schaukelpferd zwei- oder dreimal abwechselnd mit Bug und Heck stampfte. Der Barograph schrieb deutlich nach unten, und die Nadel des Barometers machte einen Sprung, wenn Carla oder ich alle halbe Stunde an das Messinginstrument klopften.

Noch 1400 Seemeilen direkten Weg hatten wir bis zum Hoorn, also keine statistische Chance, ohne Sturm hier durchzukommen. Daran hatten wir ohnehin nicht gedacht, denn dem Gott der Westwinde muß hier jeder Tribut zahlen, nur: Mit dem einen macht er es gnädig, den anderen vernichtet er. Das ist kein physikalisches Gesetz, sondern ein Gottesgesetz. Diese Erkenntnis hatten wir aus einem der besten Bücher über das Blauwassersegeln, aus „Kap Hoorn - der logische Weg“ von Moitessier.

Über eine Reise wie unsere jetzt gab es nur einen einzigen Bericht, weil vor uns nur noch ein Ehepaar von Tahiti um Kap Hoorn nach Europa gesegelt war: Bernard und seine Frau Françoise. In diesem Buch beschrieb er meilengenau seine damalige Route. So konnten wir Bernards Fortschritte, die freilich ein paar Jahre zurücklagen, genau verfolgen.

Wir „führten“ immerhin mit zehn Tagen Vorsprung. Allerdings war die JOSHUA etwas kleiner gewesen, und Bernard war auf seinem Weg von Tahiti nach dem Süden vom Passat viel weiter nach Westen gedrückt worden als wir. Trotzdem hätte ich jetzt gerne mit Bernard getauscht, denn er hatte „seinen“ Sturm schon hinter sich, wir aber segelten gerade hinein.

Es gab nichts vorzubereiten. Immer, wenn die THALASSA II auf See ist, könnte sie in den Sturm ihres Lebens segeln. Wir konnten nur warten. Ich machte mir jetzt Gedanken, welche Sturmtaktik ich anwenden sollte, und ich las viele Male in Bernards Buch die in der Segelliteratur berühmte Stelle nach, wo er beschreibt, wie er von der Natur vom Leinennachschleppen zur richtigen Sturmtaktik bekehrt wird. Diese Taktik, die Seen in einem Winkel von 20 Grad zur Kielrichtung nehmen soll, hatte viel Unruhe in der Welt der Blauwassersegler gestiftet. Heftige Ablehnung traf sich mit begeisterter Zustimmung unter den sogenannten Fachleuten. Ich gebe es ganz ehrlich zu, mir gefiel diese Theorie deshalb nicht, weil ich mich dann während eines Sturmes an das Ruder hätte setzen müssen, und dsa behagte mir ganz und gar nicht. Und so suchte ich Argumente gegen die Darstellung Moitessiers.

Bernard hatte eine Selbststeuerung, die bei härterem Wetter ziemlich bald aufgab und die Mannschaft zwang, das Ruder zu bedienen. Die JOSHUA befand sich also in Händen, die sicher nach 20 oder 30 Stunden am Ruder nicht mehr so leistungsfähig waren wie eine gut funktionierende mechanische Selbststeuerung. Da kann es leicht zu Erkenntnissen kommen, die man sich einfach vormacht. Dann seine großartige Beschreibung, wie er zum Beil greift, die nachgeschleppten Leinen abhackt und damit in wenigen Sekunden sein Schiff von einer verhängnisvollen Bremse befreit. Wer Bernard persönlich kennt oder wer auch nur aufmerksam seine Bücher gelesen hat, wird Zweifel hegen, ob der Franzose, ein Meister im Organisieren von Material und Sammler der unmöglichsten Dinge („man weiß nie, zu was das noch einmal gut ist"), sich so einfach von einem Satz wertvoller Trossen trennte. Auch nicht in der plötzlichen Erkenntnis, daß ihm der große Vito Dumas den Weg durch die Wellenberge gezeigt hatte. Wahrscheinlicher ist, daß der Poet die Wirkung seiner Beschreibung auf seine Leser voraussah.

Aber das stärkste Argument gegen die 20-Grad-Theorie hat Bernard mir selbst geliefert, als er locker in Tahiti erzählte, bei einer Reise mit der JOSHUA auf der gleichen Strecke ein paar Jahre später habe er eine ganz andere Sturmtaktik angewandt, weil die JOSHUA weniger beladen und damit ein ganz anderes Schiff gewesen sei. Damit ließ der Schalk die zerstrittenen „Experten" unter sich und verabschiedete sich aus der Diskussion. Aber um Zweifel auszuräumen: Bernard Moitessier ist einer der besten Blauwassersegler und größten Erzähler, der die Weltmeere abgesegelt hat.

Das eigentliche Verdienst von Moitessier auf dem Gebiet des Schwerwettersegelns mit Fahrtenyachten besteht darin, daß es ihm gelungen ist, die Problematik der verschiedenen Sturmtaktiken herauszuarbeiten und dabei aufzuzeigen, worin die Gefahr für eine Yacht in den riesigen Seen der hohen Breiten besteht. Viele Autoren haben das schon versucht. Wie oft habe ich früher deren theoretische Ausführungen gelesen, ohne sie wirklich zu kapieren. Dabei ist alles recht einfach, wenn man sich einmal an die Tatsache gewöhnt hat, daß die Wassermassen einer Welle sich nicht vorwärts bewegen, wie sich das Auge einbildet, sondern nur auf und ab.

Lediglich die Wellenkämme können überkippen, aber sie sind vergleichsweise harmlos, denn vor allem bestehen sie aus Schaum. Manchmal versetzen sie der Yacht, vor allem, wenn sie breitseits vor ihnen liegt, einen Schlag, daß die Insassen meinen, die Yacht würde explodieren. Aber hinter diesem Knockdown sitzt nicht die Wucht massiven Wassers. Moitessier spricht hier vom Schlag mit einem Gummihammer und hat damit den Nagel auf den Kopf getroffen.

Von solchen Schlägen sind die echten Brecher zu unterscheiden, die man am Strand in der Brandung gut beobachten kann, aber jene entstehen eben nur, wenn die Wellen auf ein festes Hindernis treffen und nicht mehr wie gewohnt weiterwandern können. Auf offener See gibt es kaum feste Hindernisse, und so kommen echte Brecher nach meiner Meinung nicht vor. Gott sei Dank, denn dann würde aus dem Auf und Ab einer Welle urplötzlich eine Vorwärtsbewegung von Tausenden von Tonnen massiven Wassers mit einer alles vernichtenden Gewalt entstehen, wie es zu beobachten ist, wenn die Welle aus einem entfernten Seebeben irgendwo auf eine Insel trifft und diese mit Mensch und Baum abräumt.

„Experten" behaupten nun, solche Brecher könnten auch dann entstehen, wenn eine See auf eine Wassermasse trifft, die eine andere Bewegungsrichtung und -intensität hat, beispielsweise auf das Kielwasser eines großen Schiffes. Ich halte es für möglich, daß der Wellenberg abbricht, also Schaum, vermischt mit großen Anteilen massiven (grünen) Wassers, nach vorne schießt, gesehen habe ich aber einen echten Brecher auf hoher See noch nicht. Wenn ich ihn erlebt hätte, könnte ich nicht mehr davon berichten.

Nein, die Gefahr für eine Yacht in den hohen Breiten liegt darin, zu stolpern. So wie es der SANDEFJORD passiert ist. Sie erwischte einen besonders hohen Wellenberg, steiler als alle zuvor, der ihr Heck anhob und sie ins Tal surfen ließ. Dort rammte sie ihren Bug ins Wasser, wodurch urplötzlich eine rasende Fahrt zum Stillstand gebracht wurde. Nachdem sie leicht seitlich zur Surfrichtung lag, wäre sie um den Bug herumgeschleudert, wenn ihr tiefer Kiel sie nicht wie mit eiserner Faust auf der Stelle gehalten hätte. So vollzog sich das Gesetz von der Trägheit, sie ging seitlich über Kopf. Sie verlor hierbei „den Besan und einen Mann" (die pietätvolle Reihenfolge stammt von Hiscock).

Wenn eine Yacht von einer See „eingeholt" wird und die Mannschaft im Cockpit plötzlich in Schaum und Wasser sitzt, dann meint sie natürlich, ein Brecher habe sie eingedeckt. Wenn aber der gleiche Vorgang vom Flugzeug aus beobachtet wird, werden die Verhältnisse wieder zurechtgerückt. Dann kann man erkennen, daß sich tatsächlich nur die riesige Schaumkrone einer breiten See, ihr Hut sozusagen, über die Menschlein ergossen hat.

Doch ist es ratsam, auch diesem aus dem Wege zu gehen, und das kann nur durch Ablaufen vor dem Wind oder fast vor dem Wind geschehen. Andere „Sturmtaktiken" läßt man ohnehin ganz schnell bleiben, weil die Yacht derart viele Ohrfeigen einsteckt, daß es jeden, der sich Seemann nennt, in der Seele schmerzen muß. Wenn man aber defensiv segelt, also sich vom Wind treiben läßt, dann muß das wirklich lebensgefährliche Stolpern vermieden werden, daß also die Yacht in das Wellental gerammt wird und über Kopf geht: Fahrt heruntersetzen, auf jeden Fall so langsam wie möglich, also kaum oder gar keine Segel! Wenn dann aber immer noch die Fahrt im ausgewachsenen Sturm bei sehr steilen Seen Rumpfgeschwindigkeit erreicht oder gar beim Surfen regelmäßig überschreitet, dann müssen Hindernisse nachgeschleppt werden, die gerade so bemessen sind, daß sie das Heck nicht unbeweglich werden lassen. Das Ruder muß immer wirken können.

Schließlich noch eines: Es gibt in der Gegend um Kap Hoorn Wetterverhältnisse, gegen die keine Taktik hilft. Viele der auf den Weltmeeren verschwundenen Yachten haben sie erlebt, ohne noch darüber berichten zu können. Es existiert keine unbeschränkt hochseetüchtige Yacht. Diejenigen, die das behaupten, hat der Gott der Westwinde mit Sicherheit schon vorgemerkt.

Der Barograph näherte sich nunmehr 980 Hektopascal, so tief hatte er auf der THALASSA II noch nicht gestanden.

Ich ließ die Dinge auf mich zukommen, weil ich glaubte, daß die See uns immer die Entscheidung aufzwingt. Was nutzt die Überlegung, beidrehen oder vor dem Wind ablaufen, wenn der Sturm bereits so zugenommen hat, daß die Yacht das zum Beidrehen nötige Tuch gar nicht mehr tragen kann? Außerdem: Wenn man wachsam ist, geht auf hoher See alles langsam genug, um in Ruhe auf See und Wind reagieren zu können.

Gegen Mitternacht des 28. Dezember hatte der Wind auf gut Stärke sieben aufgefrischt. Die See war drohender geworden. Noch konnten wir den Klüver ganz gut fahren. Die Fock mußte weg. Das war eine einfache Sache. Ich ging nach vorne, warf das Fall los und ließ die Fock auf dem breiten Deck einfach liegen. Nur das Fall wurde gesichert. Das Ganze dauerte ein paar Sekunden; am meisten Zeit brauchte ich, um die Sicherheitsleine umzupicken, als ich aus dem Cockpit kam. Gleich bei der Genuawinsch begannen die Drahtseile, die ich eigens für den großen Karabinerhaken der Sicherheitsleine angebracht hatte. Damit kam man ohne weitere Hindernisse bis zur Fock, nicht aber zum Klüver, weil naturgemäß die Fockschot über das Drahtseil laufen mußte, sonst wären Wenden nicht möglich gewesen.

Statt unserer einfachen Lifebelts trugen wir Gürtel, die in vollautomatische Rettungskragen eingearbeitet waren. Das hätte wahrscheinlich auch nichts gebracht, wenn einer von uns über Bord gegangen wäre, denn ein Auffinden in der aufgewühlten See wäre nicht möglich gewesen und hätte die Qualen nur verlängert. Aber nachdem der Rettungskragen nicht mehr auftrug als unsere alten Gürtel, zog ich ihn vor, da er einem zumindest ein besseres Gefühl verlieh. Im übrigen funktionierte die Automatik während der ganzen Reise; auch wenn ich fast im massiven Wasser auf dem Vorschiff arbeitete, ging die Weste nicht ein einziges Mal los. (Als ich später zum Test im Hafen damit ins Wasser sprang, reagierte die Preßgaspatrone sofort; innerhalb weniger Sekunden war die Weste aufgeblasen.)

Noch in der gleichen Nacht wurde der Wind grob. Einen Windmesser hatten wir nicht an Bord, ich schätzte aber, daß es mit acht Windstärken blies. Jetzt mußte das Groß ganz weg; das war bislang noch nie notwendig gewesen. Auch hierzu benötigten wir nur ein paar Sekunden. Wir gingen noch ein wenig mehr vor den Wind, damit Ruhe ins Schiff kam. Dann hantelte ich mich im fahlen Schein der Salinglampen zum Mast. Carla gab Lose in die Großschot, damit ich den Großmast leicht andirken konnte, und schon warf ich das Fall los. Ein paar Meter rutschte das Segel runter, drückte sich über die Saling. Kein Problem, ich kannte mein Großsegel gut genug, um zu wissen, daß ich mich nur etwas ins Tuch zu hängen brauchte, um es noch weiter runterzuholen. Und mit jedem Dezimeter ging es leichter, denn die Segelfläche wurde kleiner. Carla holte inzwischen im Cockpit die Großschot dicht.

Ich bin ein großer Anhänger von Großsegelmanövern vor dem Wind, was in den Segelschulen als Todsünde betrachtet wird. Das ist nur eine der vielen Unsinnigkeiten, die ich dort gelernt habe. Wäre ich bei diesen Wetterverhältnissen lehrbuchartig in den Wind gegangen, hätte ich alle Hände voll zu tun gehabt, um den Mast zu umklammern, denn die THALASSA II wäre haltlos wie ein Betrunkener im Seegang hin und her getorkelt, und der Bug hätte so gestampft, daß ein ums andere Mal reißendes Wasser über das Deck gebraust wäre. Zusätzlich hätte ich mit den Beinen die knallende Klüverschot abwehren und Carla im Cockpit den Großbaum bändigen müssen. Und wehe, wenn das Segel nicht rechtzeitig herunten gewesen wäre. Dann wäre die THALASSA II ruderlos ohne Fahrt auf einen beliebigen Bug abgefallen. Erneut hätte Fahrt aufgenommen werden müssen, und der ganze Zauber hätte von vorne angefangen.

Solche „schulmäßigen" Manöver betrachte ich als Anfängerfehler. Ein großes Schiff wie die THALASSA II kann überhaupt nur dann von zwei Mann gesegelt werden, wenn man sich crewfreundliche Manöver wie eben das „Großbergen vor dem Wind" einfallen läßt.

Als das Groß aufgezeisert war, blieb ich noch einen Moment am Mast stehen. Wie klein und heimelig war unsere Welt unter den Salinglampen. Einen Umkreis von vielleicht 15 Meter konnte ich nur wahrnehmen. Die Gischtwellen, die im Lichtschimmer durchhuschten, hatten wenig Gefährliches an sich, und die Bugwelle rauschte so laut, daß man das Sturmgetöse weiter weg nicht hören konnte. Dieser Anblick war mir lieber als untertags die aufgewühlte See unter den tiefhängenden schwarzen Wolken.

Am späten Abend dieses ersten Sturmtages trug ich in das Logbuch ein:

Barometer 979. Nur noch 6,4 Knoten im Schnitt.
Das nicht gesetzte Groß kostet uns also 1,4 Knoten.
Dafür ist der Kurs besser. Alles grau in grau, Regen, Regen.
Petroleumofen zum x-ten Male repariert.
Recht greußliches Wetter. Ein harter Sundowner bringt die Stimmung etwas in die Höhe.
Die Dünung ist das Unangenehme.
Manche Brecher klingen wie Bombeneinschläge.
Seen waschen pausenlos über das Deck.

Der nächste Morgen brachte Sonne und damit sofort bessere Stimmung, obwohl der Wind noch stärker geworden war. Aber der Mensch ist psychisch ja so wenig belastbar. Sonne läßt Wasser gleich ungefährlicher aussehen. Die Seen waren hoch, doch auch sehr lang. So wirkten sie etwas harmloser. Mich erschreckte immer wieder, wenn der Kamm einer riesigen See über die ganze Breite von ein paar hundert Metern kippte und nach dem Durchbrausen des Schaumteppiches für Minuten ein riesiger Fleck – sicher größer als ein Fußballfeld – von hellem türkisgrünem Wasser zurückblieb, so als ob dort ein gewaltiges Riff unter der Wasseroberfläche verborgen wäre.

Dann mußte der Klüver gegen die viel kleinere Fock ausgetauscht werden. Damit die THALASSA II ihren Halt im Wind behielt, kurbelte ich die Fock zunächst mit der Winsch hoch; dabei glaubte ich einen leichten Knack in der Winsch zu spüren. Anschließend warf ich das Klüverfall los und kämpfte das wild um sich schlagende Segeltuch nieder, indem ich mich mit meinem Körper draufwarf.

So wenig Segel hatte die THALASSA II noch nie getragen. Vor dem Wind lief sie immer noch zwischen sechs und sieben Knoten. Wenn der Wind noch weiter zunehmen würde, dann müßte die Sturmfock rauf. Ich wußte gar nicht so recht, wo die war, denn die lag seit der Schiffsübernahme bei der Werft irgendwo in ihrem Segelsack im Vorschiff. Ich beschloß, auf sie zu verzichten, denn vor dem Wind würde auch die THALASSA II selbst genügend Windwiderstand bieten, um nennenswerte Fahrt zu laufen. Ob sie noch zusätzliche drei oder vier Quadratmeter Tuch tragen würde, machte das Kraut angesichts des Schiffsgewichts sicher nicht mehr fett.

Aber ich mußte nicht nach der Sturmfock suchen, denn der Wind nahm nicht mehr zu. Allerdings wurde die Dünung allmählich furchterregend. Sonne konnte ich keine mehr schießen, weil der Horizont nicht mehr zu sehen war. Es war auch ziemlich gleichgültig. Ungefähr wußte ich unseren Standort, und das nächste Land war immerhin noch 1300 Seemeilen weg. Also hätte ein genauer Schiffsort ohnehin nur als statistischer Wert für das Logbuch Bedeutung gehabt. Der genaue Kurs war im Moment auch nicht so wichtig, denn wir stellten den Kurs nicht nach dem Kompaß ein, sondern danach, wie der Sturm der THALASSA II am besten erlaubte, die Wellenberge runterzusurfen. Die Aries schien auf so ein Wetter programmiert. Sie steuerte die THALASSA II genauso, wie ich es getan hätte. Nur wäre ich sicher nicht in der Lage gewesen, über Stunden und Tage hinweg mit einer solchen Präzision wie die Aries zu arbeiten.

Drei Tage dauerte der Zauber, in denen die Seen sogar die Farbe von der Stirnseite des Kajütaufbaus wegschlugen. Vorsichtig setzten wir wieder mehr Tuch. Also, langweilig war es jetzt nicht mehr. Die ersten Verschleißerscheinungen zeigten sich am Schiff. Die Winsch für die Fock war hinüber. Das war nicht weiter schlimm, denn die Fock war auch per Hand hochzuholen, wenn Clara gleichzeitig die Fockschot fierte. Natürlich sah so ein Segel nicht besonders gut aus, wenn das Vorliek in S-Linien am Fockstag durchhing. Aber wen kümmerte das schon. Die THALASSA II segelte nicht in Gewässern, wo von einem anderen Segelschiff herübergerufen werden konnte: „Sie sollten mal ihre Fock ordentlich durchsetzen!"

Trotzdem störte es mich, wenn mein Schiff technisch nicht hundertprozentig in Ordnung war. Ich nahm mir vor, bei der nächsten Gelegenheit die Winsch auseinanderzunehmen.

Das größte Ärgernis aber war der Petroleumherd in der Pantry. Wäre ich doch bloß nicht auf den „English-Look" dieses kupferfarbenen Kastens hereingefallen. Wie waren wir mit dem Primus-Ofen aus Schweden auf unserer THALASSA zufrieden gewesen! Nie gab es eine ernsthafte Störung. Wenn ein Brenner nicht mehr wollte, dann wurde er einfach ausgetauscht, und weiter ging es.

Unser jetziger Herd – made in England – hatte uns von Beginn an geärgert. Entweder funktionierte er gar nicht, oder die Brenner brannten so schlecht, daß ein Liter Wasser ungefähr eine halbe Stunde benötigte, um zu kochen. Dafür wurde der ganze Kocher so heiß, daß man sich daran die Finger verbrannte. Schon in England hatte ich mich darüber beschwert. Der Hersteller persönlich baute ein neues Exemplar ein, kostenlos, wirklich nett. Aber was half das schon gegen den nachfolgenden Ärger. Alle Teile, die kaputtgehen konnten, gingen auch kaputt. Ich tauschte die Brenner aus, lötete den Tank, reinigte die Brennstoffleitung, ersetzte die Ventile in der Leitung und tauschte die schöne nutzlose Pumpe aus Messing gegen eine solche für Mopeds aus.

Einen Vorteil hatten die Reparaturarbeiten: Sie lenkten vom Krachen und Heulen draußen ab. Denn sie erforderten meine ganze Konzentration. Ich saß auf dem Boden und hatte um mich herum jede Menge Schalen, in die ich die diversen Schräubchen und Muttern verteilte. Dazwischen war ich immer wieder damit beschäftigt, die Schalen, die mit der Schiffsbewegung abhauen wollten, einzufangen und neu zu verkeilen. Und immer wieder die Angst, daß ich – schließlich bin ich kein Mechaniker – mal so eine Schraube, die fest sein mußte, abdrehte. Denn natürlich hatten alle Bolzen und Muttern englische Gewinde, Ersatz war nicht an Bord.

Aber dieses Ungeheuer aus Messing dachte gar nicht daran, wieder richtig zu arbeiten. Dabei bestand es nur aus ein paar Teilen, die eigentlich gar nicht funktionsunfähig sein konnten. Ich tauschte das Petroleum gegen ein anderes aus. Auch das half nicht. In den Tropen war der Herd über Jahre hinweg mit vielen Mühen einigermaßen einsatzfähig geblieben. Die einzige Erklärung für sein jetziges Versagen – ich weiß, es klingt seltsam, aber ich fand wirklich keine andere – konnte nur in der niedrigen Raumtemperatur zu finden sein. Dabei hatten wir auf ihn auch als Heizung gesetzt. Gott sei Dank mußten wir wenigstens unser Gulasch aus der Dose nicht kalt verzehren, denn unser Heizofen „Bully“, nie für Yachten erfunden, eignete sich hervorragend, um auf dem Gitter Speisen zu erwärmen.

Wenn mich nicht gerade unser Ofen beschäftigte, dann verzog ich mich in meine Koje und las zum x-ten Male die „rote Bibel“, Moitessiers Kap-Hoorn-Buch. Jedesmal entdeckte ich neue Tips, deren Gewicht man eigentlich nur begreifen kann, wenn man wie wir hier inmitten des Schlamassels sitzt. Etwas ganz Banales, beispielsweise „Die Taktik der kleinen Segel“, was in unserem Fall hieß: Weniger Segelfläche ist ein Mehr an Sicherheit. Das ist eine Weisheit, über die man im Hafen oder zu Hause in der warmen Stube viele Male hinwegliest. In den „Screaming Fifties“ kann sie den Unterschied zwischen einer Katastrophe – dem Mastbruch – und einem sicheren Törn bedeuten.

Der Wind ließ nach, aber ich wartete noch ein wenig, die Segelfläche wieder zu vergrößern.

Zum erstenmal wurde mir auch der Vorteil des Kutterriggs bewußt. Damals in der Werft hatte ich nicht etwa lange zwischen mehreren Riggs abgewogen, sondern nur gedacht, die sind ja auch nicht ganz blöd, die werden dir schon was Schönes draufstellen. Nur einen Zweimaster wollte ich wegen der Mehrarbeit nicht haben. Eines Tages fand ich die THALASSA II im Wasser mit einer Kuttertakelage vor, also mit je einem Extrastag für Klüver und Fock – und leider auch Backstagen. Jetzt war ich um dieses Rigg froh. Die Backstagen störten mich nicht mehr, denn sie sind nur beim Überstaggehen zu bedienen. Wie oft kam das schon vor? In der Woche zweimal, im Durchschnitt. Aber wie wundervoll ließ es sich mit dem unterteilten Vorsegeldreieck arbeiten!

Vorsegelwechsel gab es nicht mehr. Klüver und Fock blieben ständig angeschlagen. Je nach Bedarf wurde das eine oder andere Fall losgeworfen oder aufgewinscht. So wurde der gefährliche Aufenthalt auf dem Vorschiff jeweils auf Sekunden reduziert. Und mit den zwei Reffs im Großsegel konnte die Gesamtsegelfläche zwölffach variiert werden. Eine Zwölfgangschaltung sozusagen. Im Moment hatten wir den ersten Gang für schwerstes Wetter eingelegt.

Drei Tage Windstärke acht – damit waren das statistische Soll und der Tribut an den Riesen der Westwinde erfüllt. Aber den Champagner holten wir noch nicht heraus. Das hätte ihn sicher verärgert: „So, ihr glaubt wohl, daß das alles ist, was ich kann!"

Es gehörte ohnehin zur Bordroutine, ihm täglich einen Schluck zu opfern. Riese des Westens, nur noch eine Woche!

Das Hoorn backbord voraus

Nur noch einen einzigen Tag!

8. Januar. Position 56 Grad 58 Minuten Süd, 69 Grad 25 Minuten West. Seit einer Woche begleitet uns ein Albatros-Paar. Er heißt „Horny“ - nach „Käptn Hornblower“, denn in den Albatrossen sollen die Seelen der Seeleute weiterleben. Wir sind so nahe an unserem Ziel, daß wir, wenn auch etwas schüchtern, von dem Moment der Kap-Hoorn-Umrundung reden. Hoffentlich haben wir keinen Sturm und wenn, dann bitte aus Westen. Oststürme kommen vor, sind wegen der auflaufenden Strömung gefährlicher, können uns aber kaum ins Land treiben. Da kommen wir eben nicht ran ans Hoorn und verlieren ein paar Tage.

Bei Weststurm dagegen können wir leicht auf Legerwall geraten, eine wirklich tödliche Falle in dem Inselgewirr um die Südspitze Amerikas. Da hatte es Hal Roth leichter, der schoß bei gutem Wetter aus einem sicheren Ankerplatz hinter einer Insel raus und schaffte so den Felsen. Wir müssen das Wetter so nehmen, wie es ist. Aber der Seemann Hal Roth hat kein Hehl daraus gemacht, daß er eben deswegen diesen Weg um das Hoorn genommen hat. In einem sind wir uns einig: Wenn Kap Hoorn achterlicher als querab liegt, dann nichts wie um die Ecke in den Südatlantik. Selten habe ich mich nach einem Zeitpunkt so gesehnt wie nach diesem!

Das Wetter ist friedlich, es riecht nicht nach Eisbergen. Wir zählen trotzdem jede einzelne Meile zum Hoorn, so, wie ein Bergsteiger die Schritte kurz vor dem Gipfel zählt. Bei mäßigem Ostwind - selten, doch hier nicht ungewöhnlich - kracht die THALASSA II hart in die nicht sehr hohe See. Das Hoorn - hundert Seemeilen hinter dem Horizont - können wir so eben anliegen. Aber das ist für Schiff und Mannschaft eine Qual. Dreimal zupfe ich an der Steuerleine der Aries, und sofort kehrt Ruhe ein. Geduld für Kap Hoorn.

Dafür ist die 50 Seemeilen südlich vom Hoorn gelegene Insel Diego Ramirez genau vor dem Bug. Land ahoi!

Am späten Nachmittag dreht der Wind, und wir können Diego Ramirez, einen öden Steinhaufen (zumindest aus der Ferne) runden und Kap Hoorn anliegen. Um zwei Uhr morgens habe ich mein tägliches Radiotreffen mit Funkamateuren. Arno in Hannover, Dieter in Hamburg, Detlev auf Suva, Gert in Frankfurt, Bruno in Rom und Tony in Australien. Ich freue mich, daß ich ihnen heute ein QSO (Gespräch) mit QTH (Position) Kap Hoorn anbieten kann. Mitten in unser gemütliches Geplauder platzt Carla herunter: „Wenn du nicht gleich kommst, fahren wir in den Felsen."

Der Felsen vor uns ist das Hoorn. Am 9. Januar - genau nach Fahrplan - stehen wir um drei Uhr morgens 1,3 Seemeilen (wie ich aus einem Polaroid-Foto rausmesse) vor dem Gipfel unseres Seglerlebens. Denn was für den Bergsteiger der Mount Everest, das ist für den Segler dieser Felsen, an dem schon Hunderte von Seeleuten den nassen Tod gefunden haben.

Die Nacht ist in diesen hohen Breiten in Antarktisnähe im Sommer so hell, daß ich mit einem empfindlichen Film fotografieren kann. Lieblich in gelbgrünen Farben schimmert der Felsen im ersten Licht der Morgensonne. Die See ist ruhig, die Luft hat zehn Grad, wie die Wassertemperatur. Vier mäßige Windstärken, ein Hauch des Riesen des Westens, runden den friedlichen Eindruck ab. Statistische 20 Prozent Sturmhäufigkeit, fast die höchste auf der Welt, heißt auch: „An vier von fünf Tagen kein Sturm!"

Uns ist zum Feiern zumute und so stoßen wir an: zuerst auf den Riesen des Westens, ohne dessen Huld sich hier niemand ungeschoren durchschwindeln kann, dann auf die THALASSA II mit all ihrer hervorragenden Ausrüstung, wobei an erster Stelle die Aries steht. Ohne sie wäre der Törn nicht vorstellbar gewesen. Nicht einen Meter, auch nicht beim dreitägigen Sturm, mußten wir die Selbststeuerung mit unseren Händen entlasten.

Langsam setzt uns der Oststrom am Hoorn vorbei. Mir kommen die vielen Diskussionen über den einfacheren Weg um das Hoorn in den Sinn. Was ist schwerer? Linksherum oder rechtsherum? Heute könnte ich diese Frage beantworten. Der Champagner auf nüchternen Magen tut seine Wirkung. Ich bringe die THALASSA II auf den anderen Bug und segle zurück. Das Hoorn schiebt sich nun an Steuerbord vorbei. Kap Hoorn von Ost nach West.

Aber mit der gleißenden Morgensonne, die der Szenerie mehr

Realität verleiht, kommt uns jäh zum Bewußtsein, daß diese Gegend auch dafür berüchtigt ist, daß sich das Wetter schlagartig ändern kann. „Das ist hier kein Platz für Shows, laß uns hier verschwinden!“ meint Carla böse.

Willkommen in Argentinien

So richtig gemütlich war es im Cockpit. Der Petroleumheizer bullerte vor sich hin, in der heißen Pfanne begann das Abendessen gerade zu brutzeln, und die Aries steuerte die THALASSA II durch die Dunkelheit. Kap Hoorn lag längst hinter uns, die Falklandinseln querab, und wir waren uns sicher, daß uns hier im Südatlantik nicht mehr viel passieren konnte. Plötzlich glaubten wir zu träumen: Keine 50 Meter neben uns ging eine Rakete hoch und beleuchtete ein finsteres graues Monstrum von Schiff. Nicht undankbar für die Abwechslung preite ich es an: „Schönen Abend, wir haben seit 45 Tagen keine Menschen gesehen."

Eine mürrische Stimme antwortete: „Dies ist ein britisches Kriegsschiff, und wir haben keine Frau gesehen, und zwar seit hundert Tagen, Mister Schenk!"

Selber schuld, dachte ich und beobachtete den Engländer, wie er lautlos und ohne jegliche Beleuchtung in die Finsternis dampfte. Das war seit 5000 Seemeilen der erste persönliche Kontakt mit Menschen. Nicht ein einziges Schiff hatten wir gesehen. Da hätten wir im Notfall lange in unserer Rettungsinsel sitzen können.

Zwei Tage fuhren wir an den Falklandinseln entlang, wo wir zahlreiche Schiffe patrouillieren sahen. Unser Freund, der uns seinen Namen nicht genannt hatte, besuchte uns noch einige Male, abends, nach Mitternacht und morgens. Wenn der Tag kam, verschwand er im Morgenrot. Der letzte Gruß von den Falklands war ein Hubschrauber, der plötzlich achteraus wie ein schwarzes Insekt unbeweglich in einer Höhe von vielleicht 100 Meter am Horizont stand und uns anglotzte. Nicht einen Moment waren wir unbeobachtet geblieben. Aber wir hatten auch Wetterberichte bekommen und die beruhigende Mitteilung: „Keine Eisberge von hier bis Montevideo!"

Wir waren froh, denn nach speziellen Eiskarten reicht die Eisberggrenze im Januar tatsächlich bis Uruguay. Die gigantischen Eisbrocken im Meer hatten wir mehr gefürchtet als andere Schiffe. Schiffe sind nämlich beleuchtet. Viele Male hatte ich mein Radar eingeschaltet, denn Eisberge sollen ein hervorragendes Echo geben. Aber immer Fehlanzeige. Das beruhigte nur wenig, denn selbst kleine Eisbrocken, die auf dem Bildschirm nur ein paar Meilen weit zu sehen sind, hätten eine Yacht wie die THALASSA II zum Sinken bringen können. Aber nunmehr waren wir diese Sorge los. Die Stimmung stieg mit dem Barometer. Der Südatlantik würde keine Probleme bereiten, das fühlten wir. Denn von allen Ozeanen war uns der Südatlantik der sympathischste. Vielleicht lag das daran, weil er keine Hurrikane kennt.

Unsere lange Reise näherte sich dem Ende. Bald konnten wir die Faserpelzanzüge – die einzige Kleidung in den Vierzigern und Fünfzigern – in den Schrank hängen und wieder die ersten Seewasserduschen nehmen. Mit der Wärme kamen leider unsere Mitsegler wieder zum Vorschein, die Kakerlaken. Dabei hätte ich jeden Betrag gewettet, daß sie die Kälte unten nie überleben würden. Offensichtlich war es der einzige Erfolg, daß sie sich für ein paar Wochen zurückgezogen hatten, vielleicht in eine Art Kälteschlaf. Na, jetzt würden wir um das Ausräuchern in Argentinien nicht mehr herumkommen.

Über mein Radio hatte ich schon die ersten Kontakte mit Funkamateuren in Mar del Plata aufgenommen, ein Liegeplatz war reserviert. Am 20. Januar abends konnten wir die ersten Lichter an Land wahrnehmen. Am nächsten Morgen würden wir im Hafen frühstükken.

Aber ich hatte ein wichtiges seemännisches Gesetz außer acht gelassen: „Eine Reise ist erst dann zu Ende, wenn im Hafen die Leinen fest sind.“

Am frühen Morgen fiel die schwache achterliche Brise immer ungünstiger für unseren Kurs ein. Wenn ich nicht in die Küste reinlaufen wollte, mußte der Großbaum geschiftet werden, eine Arbeit, die wir immer zu zweit vornahmen, damit der eine die Großschot holen und der andere den Bullenstander umsetzen konnte. Carla schlief, die Lichter von Mar del Plata schienen nah, und der Wind war so leicht, daß ich mich über den Traveller stellte und den Bullenstander aufmachte.

Die Dünung war jedoch so stark, daß der wenige Wind das Großsegel nicht mehr richtig stützte. Obwohl ich das ganz genau sah, richtete ich mich auf und sah dem Großbaum entgegen. Ich kann nicht erklären, warum ich nicht einmal die Hand zum Schutze hob oder mich ganz einfach duckte; jedenfalls knallte mir das Aluminiumrohr direkt auf die Stirne. Das nächste, was ich wußte, daß ich mir – im Cockpit liegend – an die Stirn griff und etwas Warmes, Klebriges an den Fingern spürte. Ich begann wie am Spieß zu schreien, aber Carla wäre auch durch den rumknallenden Großbaum nach oben geholt worden. Sie legte mir einen Notverband über die tiefe Rißwunde, und ich ärgerte mich, daß ich mir durch meinen Leichtsinn selbst das Ende einer so schönen Reise versaut hatte. Dabei hatte ich noch Glück gehabt, nachdem mich der Großbaum nur in das Cockpit zurück geschleudert hatte.

Da waren wir 55 Tage auf See gewesen, hatten alle Strapazen ohne die geringste Blessur überstanden, aber auf den letzten von 5500 Seemeilen passiert so was. Das Ganze geschah so nahe beim Hafen von Mar del Plata, daß die Wunde noch frisch genug zum Vernähen war. Der freundliche Arzt in der überfüllten Notaufnahme im Krankenhaus konnte einen solchen Zufall gar nicht glauben, noch weniger, daß ich direkt von Tahiti hierher ins Krankenhaus gekommen war. Er legte Nadel und Faden zur Seite und bereitete mir und seinen Kollegen, die hinzugekommen waren, in der Kantine des Krankenhauses das argentinische Nationalgetränk Mate, und bald ging das Glas mit dem typischen silbernen Trinkröhrchen von Mund zu Mund. Willkommen in Argentinien!

Für meinen Begrüßungstrunk nach der langen Reise um Kap Hoorn hatte ich mir allerdings eine andere Umgebung und etwas Alkoholisches vorgestellt. Aber nach ein paar Stunden Krankenhausaufenthalt wurde alles nachgeholt.

Zum zweitenmal Kap Hoorn

Auch nachdem ich zurück im Hafen war, wollte sich keine Freude über unsere geglückte Reise einstellen. In der Ecke des Hafens lag ein kleines gelbes Stahlschiff, mit einer zerfledderten Bundesflagge am Achterstag. Das Groß war kaum aufgetucht, und wenn ein Motorboot vorbeikam, dann schlug der Großbaum hin und her. Irgendwie kam mir das Schiff bekannt vor, zumindest hatte ich es schon auf Fotos gesehen. Aber an eine HURRICANE konnte ich mich beim besten Willen nicht erinnern. Ich fragte unsere neuen Freunde Heriberth und Ute, die uns so herzlich empfangen hatten, nach diesem Schiff. „Das ist das Schiff von Axel Czuday, hast du von dem schon gehört?"

„Natürlich erinnere ich mich an Axel, den verrückten Vogel, der, nachdem er auf seiner Polarfahrt in Marokko gestrandet war, den Preis für den schlechtesten Segler erfand und sich gleich Axel ‚Slocum' nannte."

Aber Heriberth lächelte nicht, als er von Axel, der mich einst in sein „Polar Sailing Team" aufnehmen wollte, zu erzählen begann:

„Axel wollte mal wieder so eine wilde Tour durchs Eis unternehmen, diesmal mit Freundin, einem sehr netten Mädchen, das er aus Deutschland mitgebracht hatte. die HURRICANE war seine alte SOLARIS. Sie wurde mit einem Frachter hergebracht. Aber die ganze Unternehmung litt von Anfang an unter chronischem Geldmangel. Obwohl die Leute hier im Club selbst nicht sehr viel haben, bot man ihm ein paar Jobs an. Allen war Axel sympathisch. Er durfte einen Vortrag halten. Einen Job nahm er nicht an. Axel war so von seiner Segelei besessen, daß er dafür keine Ohren hatte. Statt dessen begann er irgendwelche Ausrüstungsgegenstände zu verscheuern, die ihm von Firmen zu Werbezwecken zur Verfügung gestellt worden waren."

Trotz der wenig schmeichelhaften Worte spürte ich, daß Heriberth für Axel viel Sympathie übrig hatte. Er fuhr fort: „Dann fuhren Axel und seine Freundin los. Aber sie kamen nicht weit. Der Falklandkrieg war dazwischengekommen, und die Argentinier ließen die beiden in ihrer kleinen Konservendose nicht weitersegeln. In Ushuaya, unten in Feuerland, durfte Axel nicht mehr weiter nach Süden laufen. Kurze Zeit später kamen die beiden tief enttäuscht zurück. In Axel mußte etwas passiert sein, was mit der abgebrochenen Reise allein nicht mehr zu erklären war. Finanziell waren die beiden am Ende. Sie versuchten noch, über die Deutsche Botschaft in Buenos Aires Geld zu bekommen.

Als Axel und seine Freundin in diesen Tagen an einer belebten Straße in Streit gerieten, stieß der wütende Axel das Mädchen auf die Straße, wo es von einem Auto überfahren und tödlich verletzt wurde. Axel wurde verhaftet, stürzte sich in seiner Zelle in offensichtlich selbstmörderischer Absicht von einem Stuhl zu Boden und verletzte sich schwer am Genick. Das war vor einem halben Jahr. Seit damals war Axel Czuday gelähmt, bis ihn jetzt der Tod erlöste."

Ich sah nach der Solaris. Sie war vom Richter versiegelt worden. Niemand wußte, was mit dem Schiff, das weder geöffnet noch entfernt werden durfte, geschehen sollte. Wann immer in diesem Yachthafen die Rede auf Axel Czuday kam, schüttelte jedermann den Kopf: „Wer soll das Ganze verstehen, wo doch Axel immer so lustig war und wir ihn alle mochten."

Axel war nicht der einzige, den die Argentinier mochten. Wir hatten noch selten einen so gastfreundlichen Club auf der Welt erlebt. Vielleicht, weil noch nicht allzuviele Yachties den Yachtclub von Mar del Plata heimgesucht hatten?

Die Freundlichkeit der Menschen von Mar del Plata, allen voran von Ute und Heriberth, schien grenzenlos. Der Kommodore brachte uns die Zeitung. Der Hafenmeister Matias mit seinen 150 Mark Gehalt ließ es sich nicht nehmen, mich mit dem Taxi, das ich nicht zahlen durfte, zur Nachbehandlung ins Krankenhaus zu fahren.

Weil im Yachthafen nicht sehr viel Platz für Besucheryachten vorhanden war, hatte man uns unter den Takelmast gelegt, obwohl am nächsten Sonntag große Regatta war und der Takelmast eigentlich dringend benötigt wurde. „Seht ihr nicht, daß hier Gäste liegen?" scheuchte Matias seine Mitglieder weiter, wenn sie sich zum Takelmast rübertreiben ließen. Wir halfen, so gut es ging, von unserem Mast aus.

So schön Gastfreundschaft ist, so anstrengend kann sie sein. Den ganzen Tag hatten wir Besuch auf der THALASSA II. Nachdem wir leichtfertigerweise erzählt hatten, daß wir sechs Wochen Zeit für Argentinien hätten und das Land etwas kennenlernen wollten, überschüttete man uns mit Prospektmaterial, und nahezu jeder zweite Besucher ließ es sich nicht nehmen, uns ein genaues Programm aufzustellen, welche Sehenswürdigkeiten wir unbedingt besuchen sollten.

Mein Traum wäre gewesen, zum Kap Hoorn mit einer kleinen Sportmaschine selbst zu fliegen. Vielleicht lächelt der eine oder andere über diese Idee. Aber jeder Rekord hat etwas Lächerliches an sich. Warum sollte ich nicht der erste Mensch sein, der sowohl um Kap Hoorn gesegelt als auch geflogen ist?

Aber der örtliche Aero-Club brachte mich bald auf den Boden der Tatsachen zurück. Natürlich könnte ich eine Maschine chartern, aber zum Kap Hoorn käme ich damit bestimmt nicht. Man dürfe schließlich in dieser gefährlichen Gegend ohne Notlandeplatz nur mit zweimotorigen Maschinen fliegen, die der Club nicht besäße. Außerdem würde ich nie die notwendige Genehmigung vom Gouverneur von Feuerland erhalten, nachdem man sich mit Chile fast in einem Kriegszustand befinde. Schließlich beanspruche Chile das Cabo de Hornos für sich.

Ute organisierte für uns letztlich eine Reise kreuz und quer durch Argentinien mit einem Linienflugzeug. Das ist die einzige Möglichkeit, dieses weite Land mit seinen riesigen Entfernungen einigermaßen kennenzulernen, und noch dazu eine preiswerte. Rund 500 Mark kostete das Ticket, das uns berechtigte, 30 Tage lang ohne Rücksicht auf die Kilometer soviel Plätze anzufliegen, wie wir wollten.

Am besten gefiel es uns in Ushuaya, der südlichsten Stadt der Welt und Hauptstadt von Feuerland. Ich mietete mir im dortigen Aero-Club eine kleine Piper, und wir flogen den ganzen Beagle-Kanal ab. Aber mit meinem Kap-Hoorn-Plan hatte ich wieder Pech. Man winkte ab. In ganz Feuerland gebe es nur ein einziges zweimotoriges Flugzeug, nämlich die Regierungsmaschine, und die Genehmigung . . .

Am letzten Tag machte Carla einen Ausflug, zu dem ich keine Lust hatte. Ich flegelte lieber ein paar Stunden am Flugplatz herum. Gegen Nachmittag stürmte plötzlich der Chef der zivilen Luftfahrt heraus, rannte auf mich zu und keuchte: „Ich kann es nicht verstehen. Aber eben hat der Gouverneur angerufen, er gibt Ihnen die Genehmigung für Kap Hoorn und stellt auch die zweimotorige Regierungsmaschine zur Verfügung. Beeilen Sie sich, es ist schon spät, und Sie wissen ja, das Wetter kann sich hier schnell ändern!"

Das ließ ich mir nicht zweimal sagen. Mit einem argentinischen Piloten zogen wir die verstaubte Apache aus dem Hangar und versuchten den Gabelstapler, der das Benzinfaß hochheben sollte, in Gang zu kriegen. Aber der Anlasser machte nur „klack".

Das war zu dumm, wenn das Ganze jetzt an so was scheitern sollte. In der Ecke stand ein vergammelter Batterielader. Ich schloß ihn an, die Nadel am Amperemeter bewegte sich nicht. Das Kabel hing aus dem Stecker raus. „Das geht ja zu wie auf der Yacht", dachte ich, „da mußt du auch erst vor dem Reparieren das Werkzeug reparieren." Aber dann klappte doch noch alles, und wenige Minuten später waren wir in der Luft, leider ohne Carla.

Die Sicht war glasklar, und schon nach einer halben Stunde konnten wir voraus in diesem Inselgewirr die letzte aller Inseln ausmachen. Genaugenommen hätte ich im Zickzack der Grenze entlangfliegen müssen, da diese selbst nach der argentinischen Karte so unregelmäßig verlief. Aber mein argentinischer Begleiter beruhigte mich und wies nach unten: „Schau, da ist der chilenische Flughafen, die haben heute nicht einen einzigen Düsenjäger da!"

„Na ja, wenn es dir egal ist, mit einer argentinischen Regierungsmaschine über das feindliche Chile zu fliegen, bitte schön!"

Am Kap Hoorn angekommen, ließ uns ein kleines graues Schiff vor Anker, keine 300 Meter auf der Atlantikseite vom Felsen entfernt, schnell hochsteigen. Unverkennbar war es ein chilenisches Kriegsschiff mit kleinen Kanonen drauf. Zumindest sahen sie aus unserer Höhe niedlich aus.

Das Schiff lag ruhig vor Anker, wie die ganze Umgebung vom Hoorn selbst friedlich wirkte. Das Wasser war ganz zart gekräuselt. Das deutete an, daß die Flaute gelegentlich doch von einer leichten Brise unterbrochen wurde. Ein paar Male flogen wir um das Hoorn und drehten dann „nach Hause" ab, nunmehr brav dem Grenzverlauf folgend, bis wir gezwungen wurden, einem örtlich begrenzten Schneegestöber auszuweichen. Ich blickte zurück. Kap Hoorn war nicht mehr zu sehen. Es war urplötzlich in Schlechtwetterwolken eingehüllt, und die See unter uns hatte sich schwarzgrau verfärbt. Von Süden her bildeten sich breite weiße Streifen. Am Kap Hoorn herrschte Sturm.

7000 Meilen zum Ziel

Matias gab für alle Yachten eine gewaltige Abschiedsparty. Das hatte er sich nicht nehmen lassen, obwohl wir mit allen Tricks versuchten, zumindest die Kosten hierfür zu tragen. Denn für ihn war das eine teure Angelegenheit, uns aber schien das Fleisch spottbillig zu sein, was bei der phantastischen argentinischen Inflation von damals 300 Prozent am Wechselkurs lag. Pro Person kalkulierte Matias ein Kilo Fleisch für sein Asado. Das waren argentinische Maßstäbe. Brot wurde keines gegessen. Dafür habe man ja Fleisch, meinte Matias.

Matias begleitete uns auch am 2. März durch die schmale Ausfahrt des Yachthafens von Mar del Plata.

Am 1. Juni hatte ich meine Arbeitsstelle in Deutschland anzutreten. Fast drei Monate für rund 7000 Seemeilen sollten eigentlich reichen. Wir hatten also genügend Reservezeit einkalkuliert, denn es wäre zu blöd gewesen, wenn ich um ein paar Tage meinen Dienstantritt versäumt hätte. Dann wäre alles vergebens gewesen.

Ich mußte mir energisch einschärfen, daß die vor uns liegende Segelei nicht eine reine Pflichtübung war, sondern daß wir sie mit dem gleichen seemännischen Ernst angehen mußten wie bei allen anderen Ozeanüberquerungen in unserem Leben zuvor. Aber, wenn man Kap Hoorn hinter sich hat, neigt man leicht zur Überheblichkeit.

Wir entfernten uns von der südamerikanischen Küste, ohne einen der gefürchteten Pamperos aufs Haupt zu bekommen, aber dann erwischte uns der Passat voll. Leider kam er nicht aus Südost, wo er eigentlich herkommen sollte, sondern aus Nordost, was bedeutete, daß wir nicht nur gegenanbolzen mußten, sondern nicht einmal unseren Kurs zum Ziel anliegen konnten. Tag um Tag kämpfte die THALASSA II gegen die heranrollende See. Wenn mittags die Position ins Logbuch eingetragen wurde, dann stand da zwar „Etmal 154

Seemeilen“, aber gleich darunter hieß es: „Nur 45 Seemeilen zum Ziel geschafft.“

Dann erwischten wir endlich die Doldrums, die eigentlich berüchtigte Zone von Windstillen am Äquator. Aber nach den harten Wochen auf der Kreuz war es eine Wohltat, unter Maschine mit aufrechtem Mast durch das ölige Wasser zu fahren. Wir hatten uns in Mar del Plata mit reichlich Diesel eingedeckt, und ungeniert motorten wir über den Äquator. Ein Etmal von 120 Seemeilen mit der Maschine war für meinen Zeitplan genausogut wie ein Etmal von 120 Seemeilen unter Segeln.

Ringsherum hingen dunkle Regenwolken, und wir hofften auf eine Süßwasserdusche. Aber ein ums andere Mal passierte es, daß wir uns auf dem Vorschiff einseiften, die erwartete Regenwalze aber in ein paar hundert Metern Entfernung vorüberzog.

Nach den Doldrums ging die Bolzerei wieder an, wir mußten Weg nach Osten gutmachen. Schließlich wollten wir ins Mittelmeer und nicht zum Kanal. Wie hatte Moitessier das geschafft, fast bei den Kanaren schon ins Mittelmeer zu kommen? Hatte er vielleicht für den Atlantik ebenso einen Schutzheiligen, wie den Riesen des Westens? Aber Moitessier kann auch mal Pech haben.

Über Amateurfunk erfuhr ich, daß Bernard in den Vereinigten Staaten sein Schiff verloren hatte. Der Wind war mit Sturmesstärke auflandig geworden und hatte eine Reihe von Yachten, darunter auch die JOSHUA, auf die Küste getrieben. Totalschaden. Wenn ich mich unter meinen Bekannten und Seegenossen der letzten Jahre umsah, hatten doch eine Reihe von ihnen ihr Schiff eingebüßt: Wolfgang Hausner, Gilda le Gruen, Bernard von der L’AFFRANCHI, Moitessier, Curt Priester, Wolfgang Quix, um nur ein paar zu nennen. Bei einigen war sicher Leichtsinn mit im Spiel. Andere hatten ganz einfach Pech. Eine Statistik über viele Jahre hinweg, die im Hafenamt von Papeete hängt, ergibt eine Ausfallquote von vier Prozent aller Yachten, die durch Französisch-Polynesien ziehen. Das ist jede fünfundzwanzigste. Das beweist, daß der Mensch auch heute noch auf die Gunst des Meeres angewiesen ist.

Unsere Geschwindigkeit ging zurück, es wurde für meinen Termin sehr eng. Schuld konnte nur der Bewuchs am Unterwasserschiff sein. Eigenlich hätte dem Problem in einer Flaute mit Flossen und Schnorchel zu Leibe gerückt werden müssen. Aber ich hatte Angst. Die Haie. Unter Wasser fühle ich mich eigentlich ganz wohl, aber nicht, wenn ich nur ein Blau sehe, das irgendwo im Unendlichen versinkt. Tag um Tag schob ich das Problem vor mir her. Dann traf ich eines Nachmittags Wolfgang Hausner am Funk.

Ich hatte mich gerade mit Peter in Brasilien unterhalten, als ich rein zufällig fragte, ob er Wolfgang Hausner kennen würde. Seine Antwort: „Der liegt hier vor der Haustüre in der Bucht!"

So klein ist die Welt. Ein paar Minuten später hatte ich Wolfgang am Mikrofon. Mit seinem 17-Meter-Katamaran war er inzwischen um das Kap der Guten Hoffnung nach Brasilien gesegelt. Da hatte ich natürlich den Fachmann ersten Ranges wegen der Taucherei an der Strippe. Nur, er verstand mein Problem nicht.

Für Wolfgang sind Haie offensichtlich etwas so Normales, daß er sich dadurch nicht abhalten läßt, ins Wasser zu gehen. Entsprechend hilfreich war sein Rat: „Wenn einer kommt, dann gehst halt raus!"

Das sowieso. Wie aber konnte ich rechtzeitig erkennen, daß ein Hai kam. Ich drückte Carla die Signalpistole in die Hand, damit sie notfalls dem Hai eine aufs Fell brennen konnte. In die andere Hand nahm sie eine Pütz, die sie mir bei Gefahr zur Warnung auf den Rücken werfen sollte, denn unter Wasser hört man keinen Warnruf.

Dann sprang ich ins Blaue. Fieberhaft arbeitete ich gegen den Bewuchs an. Manche Entenmuscheln waren schon über zehn Zentimeter lang. Kein Wunder, daß die THALASSA II so langsam geworden war. Umgedreht habe ich mich nicht, denn zu groß war die Furcht, etwas zu bemerken, was ich hier auf keinen Fall sehen wollte. Nach einer halben Stunde war ich wieder an Deck. Keine drei Minuten später strich ein zweieinhalb Meter langer Weißspitzenhai am Rumpf der THALASSA II entlang.

Jetzt lief es wieder. Fast hatte ich die Hoffnung schon aufgegeben, den Törn ins Mittelmeer zu Ende zu fahren. Die Azoren wären dann das Ende gewesen, und Carla hätte sich unter den Yachties eine Crew zusammensuchen müssen, um die THALASSA II ins Mittelmeer zu bringen. Eine Idee, die mir nicht besonders gut gefiel. Aber ein paar Etmals gaben uns Auftrieb. Und dann, knapp unter den Azoren, erwischten wir endlich, endlich den Westwind.

Zum erstenmal auf diesem Törn konnten wir die Schoten auffieren, um mit Backstagsbrise direkt aufs Ziel zuzulaufen. Ein paarmal zerfetzte es uns die Genua, aber mit der elektrischen Nähmaschine brachte Carla das Segel wieder in Ordnung. Das beunruhigte uns nicht mehr besonders, denn die Genua konnte durch ein anderes Segel ersetzt werden; wenn man dann auch einen Knoten Geschwindigkeitsverlust in Kauf nehmen mußte. Das Großsegel war unser schwacher Punkt gewesen, wie die zurückgelegten Kurse bewiesen. Wenn das nicht gehalten hätte, wären wir wirklich unseres Hauptantriebs beraubt gewesen, und ich hätte keine Alternative gewußt. Aber das ist vielleicht etwas voreilig, denn wie oft hatten wir auf den vergangenen 80000 Seemeilen vor einer Situation gestanden, wo wir zunächst nicht mehr weiterwußten. Am nächsten Tag zeichnete sich meist schon die Lösung ab.

Am 4. Mai standen wir 196 Seemeilen nördlich von Madeira und 590 Seemeilen vor Gibraltar. Seit genau neun Wochen waren wir unterwegs, ohne einen Menschen gesehen zu haben. Vielleicht noch eine Woche oder ein wenig mehr, und der Abstieg vom Gipfel Kap Hoorn war geschafft. An diesem Nachmittag erlebten wir den kritischsten Moment in unserem ganzen Seglerleben, die gefährlichste von achtzigtausend Meilen.

Carla und ich lagen in den Kojen. Ich döste im Halbschlaf vor mich hin, als ich deutlich Stimmen hörte. Oder zu hören glaubte, denn das Achterschiff der THALASSA II ist so lärmunempfindlich nach draußen, daß selbst ein Rufer auf der Pier es schwer hätte, mich zu wecken.

„Carla, da ruft jemand!"

„Wer soll da rufen, du spinnst!"

„Nein, ich bin mir ganz sicher, da ruft jemand!"

Ich hatte daran tatsächlich keinen Zweifel, konnte mir aber die Stimmen nicht erklären. Vielleicht eine bemannte Rettungsinsel, die an uns vorbeitrieb? Was anderes fiel mir nicht ein. Ich sprang jedenfalls aus der Koje und stürzte zum Niedergang. Was ich da sah, verwirrte mich, das konnte ich in meine Vorstellung nun gar nicht einordnen. Statt einer normalen See sah ich achteraus nur eine weiße Fläche, wie ein Schneefeld.

Dann sah ich nach Backbord durch den Niedergang: Nichts!

Steuerbord? Ich blickte nach oben auf das Heck eines riesigen Schiffes, von dem aus eine Menge Leute auf uns runterwinkten. Mein Gott, wenn ich die Zeit von den Kojen bis zum Cockpit berücksichtige, dann mußten wir ungefähr unter dem Heck des Riesen durchgesegelt sein. Und die Stimmen? Das waren die Leute oben auf dem Biggy, die vergeblich versuchten, uns zu warnen.

Wir hätten Vorfahrt gehabt.

Warum besteht Segeln immer nur aus Erfahrungen sammeln? Gibt es da nicht einmal den Moment, wo man sagen kann: „Ich kann segeln?" Habe ich nie ausgelernt?

Die letzten paar Tage auf See sind wir rund um die Uhr Wache gegangen.

Als wir nachts mit Radarhilfe durch die Straße von Gibraltar motorten, dachte ich an John Nichols. Ob der wohl wieder ein altes neues Wrack ausbaute? Oder hatte er es endlich geschafft, ein einigermaßen normales Zuhause für seine Carol zu schaffen. John war zäh, der würde sich durchsetzen. Irgendwann.

Am nächsten Morgen lag vor uns der Hafen. Ein paar hundert Meter vor der Einfahrt knallte es. Das Großsegel hatte sich in seine Bahnen aufgelöst. Irreparabel für uns. So als ob es uns sagen wollte: „72 Tage habe ich euch hierher gesegelt, die letzten Meter macht alleine!“

Dann lief die THALASSA II in den Hafen. Wir hatten nicht über die Toppen geflaggt. Es gab keinen Grund zur Freude. Die THALASSA II ist kein Schiff, das in eine Marina mit deutschen Motorbooten gehört. Ein tropischer Ankerplatz mit Palmen ringsum oder die hohe See ist ihre wahre Heimat.

Am nächsten Morgen saß ich in meinem Büro und schaffte Akten von einer Seite zur anderen. Ein paar Wochen später wurden wir von der Marinaleitung angerufen, die THALASSA II würde Schwierigkeiten machen. Sie sei voller Kakerlaken, und die Tierchen würden auch das Motoboot auf ihrer Seite belästigen. Es müsse sich sofort jemand um das Schiff kümmern.

Mit der nächsten Linienmaschine flog Carla zur Marina. Aber sie kam zu spät. Der deutsche Motorbootfahrer hatte den Hafenkapitän so eingeschüchtert, daß dieser die THALASSA II mit einem Kahn vor den Hafen auf die offene See geschleppt und dort den Anker geworfen hatte. Den gleichen Anker, an dem noch der Sand von Tahiti haftete.

Bitte beachten Sie die folgenden Seiten!

Weitere Bücher von Bobby Schenk

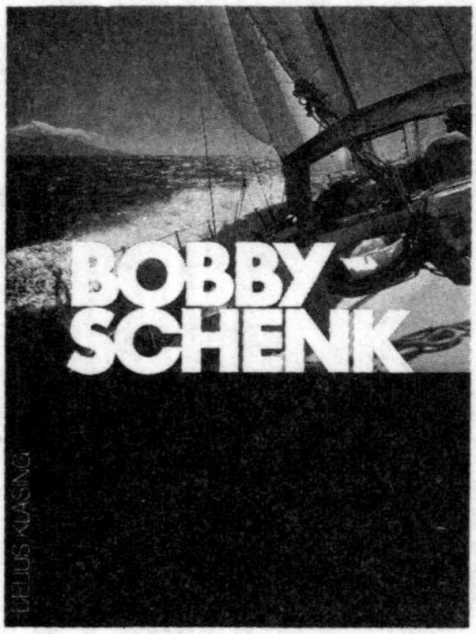

Blauwassersegeln

In diesem Buch vereint Schenk all seine Erfahrungen zu einem Ratgeber für mehr oder weniger ausgedehnte Langfahrten. Er gibt Antworten auf jegliche Fragen, die bedacht sein sollten, weil von ihnen Erfolg und Gelingen von Blauwasserreisen abhängen. Die Crew, Form, Baumaterial, Ausrüstung und Einrichtung des Schiffes, besondere Segelmanöver, Probleme mit Behörden, Hobbies und Unterhaltung unterwegs – das ist eine kleine Auswahl aus der Themenfülle, die mit Hinweisen zur Wartung und Pflege des Schiffes und seiner Technik endet. Neben seinen eigenen verarbeitete der Autor auch Erfahrungen anderer Segler und schuf damit eine Informationsquelle, die in jeder Beziehung hilft, Schwierigkeiten beim Segeln und beim Leben auf dem Schiff zu vermeiden.
504 Seiten mit 208 Fotos, davon 21 farbig, sowie 38 Zeichnungen und Karten, Leinen DM 58,–.

Yachtnavigation

Vom Zirkel bis zur Satellitenpeilung

Viele Sportschiffer sehen in der Navigation nicht mehr als eine lästige Pflicht. Wie interessant sie aber sein kann, wenn man sich ein bißchen intensiver mit ihr beschäftigt – von dem Mehr an Sicherheit, das man dadurch erzielt, ganz zu schweigen – zeigt dieses Buch. Ganz aus praktischer Sicht breitet der Autor das weite Feld aller Möglichkeiten der Yachtnavigation aus und stellt dabei auch die technischen Hilfsmittel und den Umgang mit ihnen vor, von der Seekarte bis zu jenen aufwendigen Geräten, die nur auf sehr großen Yachten zu finden sind. Man kann das Buch als allgemeine Informationsquelle verwenden, mit ihm lernen, es vor dem Kauf und der Installation einer navigatorischen Ausrüstung zu Rate ziehen – sein Nutzen ist überaus vielseitig. 312 Seiten mit 142 Fotos, 140 zweifarbigen Zeichnungen, 38 Tafeln, 1 Übungskarte, Großformat, Leinen DM 68,–.

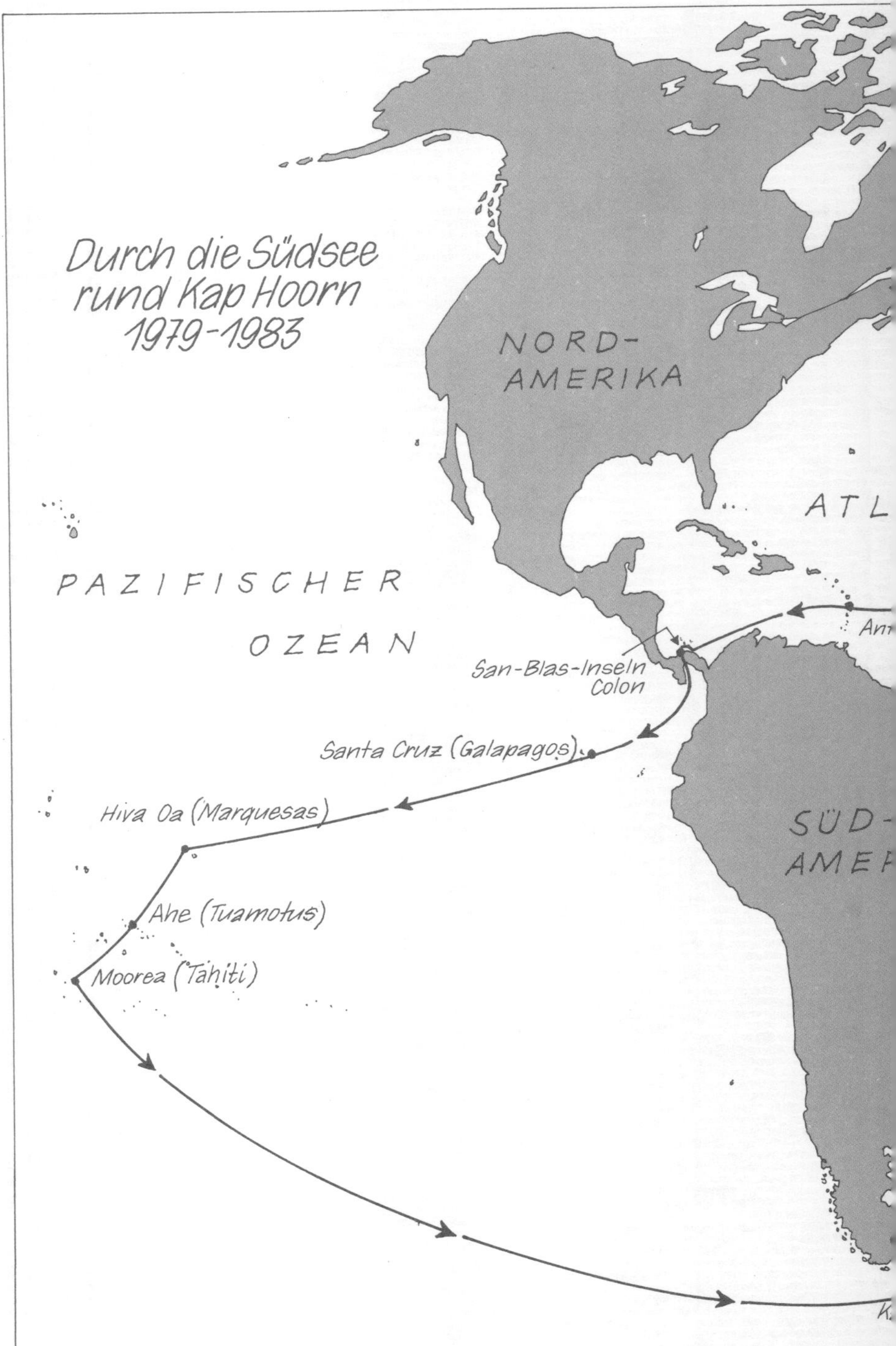
Durch die Südsee
rund Kap Hoorn
1979-1983
NORD-
AMERIKA
ATL
PAZIFISCHER
OZEAN
San-Blas-Inseln
Colon
Santa Cruz (Galapagos)
Hiva Oa (Marquesas)
SÜD-
AMER
Ahe (Tuamotus)
Moorea (Tahiti)